国家出版基金2017年资助项目
东北老工业基地新一轮全面振兴系列丛书

东北老工业基地新一轮产业结构优化

—— 以制造业为例

唐晓华　李占芳　等编著

中国财经出版传媒集团
经济科学出版社
Economic Science Press

图书在版编目（CIP）数据

东北老工业基地新一轮产业结构优化/唐晓华等编著． —北京：经济科学出版社，2018.6
（东北老工业基地新一轮全面振兴系列丛书/无）
ISBN 978-7-5141-9494-4

Ⅰ．①东⋯　Ⅱ．①唐⋯　Ⅲ．①老工业基地－产业结构优化－研究－东北地区　Ⅳ．①F427.3

中国版本图书馆 CIP 数据核字（2018）第 138957 号

责任编辑：于海汛
责任校对：杨　海
责任印制：李　鹏

东北老工业基地新一轮产业结构优化
—— 以制造业为例
唐晓华　李占芳　等编著
经济科学出版社出版、发行　新华书店经销
社址：北京市海淀区阜成路甲 28 号　邮编：100142
总编部电话：010-88191217　发行部电话：010-88191522
网址：www.esp.com.cn
电子邮件：esp@esp.com.cn
天猫网店：经济科学出版社旗舰店
网址：http://jjkxcbs.tmall.com
北京季蜂印刷有限公司印装
710×1000　16 开　29.75 印张　390000 字
2019 年 7 月第 1 版　2019 年 7 月第 1 次印刷
ISBN 978-7-5141-9494-4　定价：89.00 元
（图书出现印装问题，本社负责调换。电话：010-88191510）
（版权所有　侵权必究　打击盗版　举报热线：010-88191661
QQ：2242791300　营销中心电话：010-88191537
电子邮箱：dbts@esp.com.cn）

总　　序

　　国家出版基金项目《东北老工业基地新一轮全面振兴系列丛书》是我主编的第四套系列丛书。第一套丛书是《国民经济学系列丛书》，为国家重点学科"国民经济学"标志性成果，入选"十二五"国家重点图书出版物出版规划项目；第二套丛书是《东北老工业基地全面振兴系列丛书》，为国家"211工程"三期重点学科建设项目"东北老工业基地全面振兴"标志性著作，入选"十二五"国家重点图书出版物出版规划项目以及2011年"十二五"国家重点出版规划400种精品项目（社会科学与人文科学155种）；第三套丛书是《辽宁大学应用经济学系列丛书》，为国家"双一流"建设学科"应用经济学"标志性出版物，入选财政部"十三五"规划教材。

　　长期以来，我与我校的科研团队在东北老工业基地改造与振兴方面做了长期不懈地努力，主要集中体现在以下六个方面：

　　一是在学科建设方面，确定"十五""211工程"重点学科建设项目为"辽宁城市经济"，"211工程"三期重点学科建设项目为"东北老工业基地全面振兴"，国家"双一流"建设学科确定第一学科方向为"区域经济学、产业经济学与东北振兴"。

　　二是在平台建设方面，2004年成立的第一批辽宁省普通高等学校人文社科重点研究基地"辽宁大学东北振兴研究中心"；2014年在省教育厅评估总分数排名、学科分类排名、标志性成果排名和标志性成果学科排名等全部四项指标均列全省第一名；

2017年入选中国智库索引（CTTI）、成为国家级智库；成立于2009年的第一批辽宁省社会科学界联合会辽宁经济社会发展研究基地"辽宁区域经济发展研究基地"，2012年量化评估名列全省第一名；分别于2013年和2017年建立的辽宁省2011协同创新中心"东北地区面向东北亚区域开放协同创新中心"、辽宁省研究生创新与交流中心"辽宁省研究生东北振兴研究生创新与交流中心"近年来取得了较好的进展。

三是在服务社会方面，致力于建言立论和智库建设，部分研究成果曾获习近平、李克强和温家宝等党和国家领导人以及省部级主要领导的表扬和批示。先后参与《东北振兴规划》《东北振兴"十二五"规划》《全国老工业基地调整改造规划》专家论证，主持《东北振兴"十三五"规划》两项前期研究重大课题的研究，以及历次省市党代会建议、五年规划、历年《政府工作报告》的起草和决策咨询，其中的一些建议也被地方党委、政府和企业（集团）所采纳。

四是在科学研究方面，"八五"至"十三五"时期，围绕东北地区等老工业基地改造与振兴，连续主持国家社科基金重大或重点项目和教育部哲学社会科学研究重大课题攻关项目；多次主持国家发展和改革委员会东北振兴司招标课题，部分研究成果曾得到有关部门的肯定和表扬，2017年入选项目总数列全国19个承担单位第二、全国高校之首；相关研究成果在《经济研究》《中国工业经济》《数量经济技术经济研究》等期刊发表。

五是在成果获奖方面，《东北老工业基地制度创新》和《东北老工业基地振兴与区域经济创新》曾获高等学校科学研究优秀成果三等奖、辽宁省哲学社会成果一等奖；《东北老工业基地制度创新》入选"中文学术图书引文索引"。

六是在学术交流方面，连续七年举办"辽宁老工业基地全面振兴系列论坛"，业已成为东北振兴学术论坛品牌；与美国哈佛大学、斯坦福大学、英国剑桥大学等世界一流大学开展相关课题

总　　序

国际合作，2017年与剑桥大学三一学院联合召开"宋则行经济思想研讨会"和剑桥－辽大"首届创新创业经济论坛"获得圆满成功；受邀参加2017年冬季达沃斯论坛并做分论坛发言。

根据国家出版基金的要求，《东北老工业基地新一轮全面振兴系列丛书》共三部，分别为《东北老工业基地新一轮体制机制创新》《东北老工业基地新一轮产业结构优化》和《东北老工业基地新一轮技术创新》，分别由我和唐晓华教授、王伟光教授担任第一主编。

在本丛书的编写过程中，得到了中国社会科学院副院长高培勇研究员，中央民族大学校长黄泰岩教授，北京大学张圣平教授，山东大学臧旭恒教授、杨蕙馨教授、徐向艺教授、钟耕深教授，中国社会科学院曲永义研究员，光明日报社理论部张雁编辑，北京工商大学盛秀金教授，中国人民大学张培丽副教授等的大力支持和帮助，在此谨致谢忱。对中国财经出版传媒集团副总经理、经济科学出版社党委书记、社长吕萍，经济科学出版社财经分社社长于海汛和编辑宋涛为本套丛书入选国家出版基金和顺利出版所做的努力，表示衷心的感谢！

林木西
2018年6月11日于辽宁大学

目 录

导论 ………………………………………………………… 1

第一章　方位判断：东北老工业基地制造业发展水平 …………………………………………… 8

第一节　辽宁省制造业发展水平分析 / 9

第二节　吉林省制造业发展水平分析 / 22

第三节　黑龙江省制造业发展水平分析 / 34

第四节　东北制造业发展水平地区比较分析 / 46

第五节　提升东北制造业发展水平的对策建议 / 56

第二章　体制突破：东北老工业基地国有企业混合所有制改革 ………………………………… 61

第一节　国有企业混合所有制改革进程与混合所有制政策演进 / 62

第二节　国有企业混合所有制改革的动因、目标与方案设计 / 69

第三节　东北地区国有企业混合所有制改革的困境 / 75

第四节　东北地区国有企业实施混合所有制改革的
　　　　制约因素 / 83
第五节　深化东北地区国有企业混合所有制改革的
　　　　对策建议 / 88

第三章　结构转型：东北老工业基地制造业结构转型升级 …… 97

第一节　东北地区制造产业结构分析 / 98
第二节　东北制造业能源消耗与碳排放现状分析 / 118
第三节　低碳经济视域下制造业产业结构转型升级的
　　　　内涵界定 / 125
第四节　东北地区制造产业结构转型升级调整方案 / 132
第五节　政策建议 / 144

第四章　协同提效：东北老工业基地制造业与生产性服务业协同发展 …… 147

第一节　制造业与生产性服务业协同发展的历史演进 / 148
第二节　东北地区制造业与生产性服务业协同发展态势
　　　　分析 / 158
第三节　东北地区制造业与生产性服务业协同发展的
　　　　对策建议 / 177

第五章　组织创新：东北老工业基地制造业集群化发展 …… 182

第一节　东北地区制造业集群化发展的必然性 / 183
第二节　东北地区制造业集聚现状 / 188
第三节　东北地区制造业集群存在的问题 / 196
第四节　制造业集群化发展的经验、启示与趋势 / 198
第五节　东北地区制造业集群化发展的对策建议 / 213

目 录

第六章 产业整合：东北老工业基地制造业并购 …… 217

第一节 产业链理论解读与经验分析 / 218
第二节 制造业企业并购技术效应分析 / 229
第三节 制造业企业并购的案例分析与借鉴 / 242
第四节 通过并购推动东北老工业基地制造业转型升级的建议 / 261

第七章 扩大开放：东北老工业基地制造业国际化 …… 272

第一节 德美中老工业基地制造业国际化路径比较与启示 / 273
第二节 东北老工业基地制造业国际化进程与成效分析 / 281
第三节 东北老工业基地制造业国际化发展路径选择与对策建议 / 293

第八章 产业引领：东北老工业基地机器人产业发展 …… 302

第一节 国际工业化进程下智能制造战略背景对比 / 303
第二节 工业机器人产业的发展态势 / 315
第三节 工业机器人产业竞争力评价 / 327
第四节 工业机器人产业经济带动作用案例分析 / 367
第五节 工业机器人产业驱动东北地区传统制造业优化升级政策建议 / 373

第九章 创新驱动：东北老工业基地制造业发展动力 …… 380

第一节 东北老工业基地制造业创新的总体概况 / 381

第二节 东北老工业基地制造业分类：基于R&D投入 / 386

第三节 东北老工业基地制造业的创新路径：基于Pavitt分类的分析 / 390

第四节 东北老工业基地制造业创新发展的政策建议 / 393

第十章 体系再造：东北老工业基地制造业现代产业体系构建 …… 397

第一节 东北老工业基地制造业产业体系形成的历史沿革和评价 / 397

第二节 东北老工业基地构建制造业现代产业体系的环境与因素 / 415

第三节 东北老工业基地制造业现代产业体系构建的设想与对策建议 / 425

参考文献 / 441
后记 / 466

导　　论

　　新一轮东北振兴战略是进入新时代党中央国务院提出的国家战略。东北老工业基地在长期的发展中，形成了比较健全的制造业产业体系，是国家装备制造业中心，在装备制造业、能源工业、原材料工业以及汽车制造业等产业具有雄厚的产业基础，具有重要的战略地位，是国民经济的重要支撑。因此，东北老工业基地振兴是国家发展的战略大局。

　　进入新时代，新科技革命和新工业革命浪潮正在引起各国产业分工的深化调整，全球产业链、供应链、价值链重构的态势正在凸显，世界经济格局大变迁的时代已经到来。在这一历史背景下，东北老工业基地正处于经济发展换动能、转方式、调结构的紧要关口，因此，推动东北老工业基地新一轮产业结构优化，则成为实现东北振兴的关键。与以往各期的东北振兴有所不同，经过改革开放40多年的发展，东北老工业基地制造业发展基础不断增强，增长动力、生产组织模式、市场环境、发展条件等方面均都在发生着深刻的变化，时代赋予东北振兴新的内涵，新的要求。

　　当前，东北老工业基地产业结构严重老化，导致产业结构调整主体矛盾不断深化，制造业下行压力巨大，人才流失现象严重，政府与市场的边界界定不清，发展环境和增长潜力均受到制约，严重阻碍了东北振兴的步伐。东北老工业基地这种困局的出现并非一朝一夕，是各种因素交织的结果。从历史演进的角度看，东北制造业的发展受益于传统的计划经济。在国民经济恢复和建设时期国家利用东北原有的工业基础，通过国家政策扶持和重点建设，助推东北地区形成了较为完善的工业体系，为国民经济高速增长做出了重要贡献。然而，随着市场经济的快速发展，东北制造业的发展愈发受限于传统的计划经济，在长期传统的增长模式影响下，东北地区制造业的增长方式相对固化，国有经济比重大，未能摆脱传统的低效率的产业结构与产业格局。同时，不可否认的是，东北老工业基地由于长期传统计划经济思想的束缚，发展路径固化，加之传统产业比重过大，重化工业聚集，企业属性与产业类型单一，产业结构不合理，导致资源型产业转型受阻，市场化程度低，历史包袱重，特别是传统发展思维与发展模式的路径依赖仍然是长期困扰东北地区实现内生增长的主要障碍。因此，如何摆脱陈旧发展思维与发展模式的束缚，构建符合时代发展要求的体制机制，全面优化产业结构，探求经济增长新引擎，是当下新一轮东北振兴的迫切任务。

在新一轮振兴发展路径的探寻上，国内学术界仍然存在较大争论。林毅夫、付才辉（2017）认为振兴东北的思路是按照比较优势"扬长补短"，以产业结构调整促进体制机制改革，并在新结构经济学的基础上指导性的给出了统领结构转型升级的融合型五大产业集群；张可云（2017）在分析老工业基地的内部"缺新"与外部"有新"时，认为比较优势理论已经不适用于分析老工业基地，而适用于老工业基地的分析理论则是绝对优势与竞争优势，并强调在抢抓外部机遇的基础上，把转型和重构相结合是振兴的基本思路；王塑峰、纪玉山（2017）认为东北重化工业转型升级的战略思路是打造综合竞争优势；魏后凯（2017）认为重振思路在于构建有利于全面振兴与可持续的长效机制，实施路径是将经济脱困、转型升级与体制再造结合；赵儒煜、王媛玉（2017）认为东北困境的破解之道在于重建产业体系。

尽管学术界在新一轮东北振兴与产业发展的理论遵循与路

径选择上存在巨大分歧，但是以往的振兴没有从根本上解决东北市场机制与产业、就业以及所有制等结构性问题却是不争的事实，而强调培育东北内生发展动力，聚焦深层次问题的解决，推进新旧动能实现转换，促进传统优势制造业攀登产业链高端等已成为普遍共识。反思以往振兴的成果，东北产业结构问题依然突出，第二产业的行业结构也未得到根本改善，显然工业特别是制造业在新一轮振兴中占有举足轻重的地位。反观国际经验，老工业基地的振兴过程无一不是通过打破锁定与固化，改造传统工业与发展新兴实体经济业态，进而重塑制造业竞争优势来实现的。因此，新一轮东北振兴无论是破除体制机制障碍、还是探寻经济增长新引擎，都应以实体经济为立足点，忽视实体经济谈东北振兴无异于空中楼阁。

从历次东北振兴的演进趋势上看，在不同时期赋予东北振兴新的内涵的同时也给予了更大挑战，但依托实体经济实现东北振兴的步伐是从未改变的。通过大力改造传统制造业，积极发展高附加值的产业形态，提高先进制造业产业份额，进而提升制造业发展水平，不仅有助于东北制造业尽快摆脱产业颓势，而且能有效助推东北老工业基地制造业的转型升级。自2003年开启东北振兴战略以来，东北老工业基地制造业取得了明显成效与阶段性发展。东北制造业产值由2003年的9391.14亿元增加到2012年的69623.31亿元，年均增长率为24.93%[1]，制造业内部结构优化趋向明显，高新技术产业初步发展，装备制造业优势更加凸显，部分技术装备水平已达国际先进水平，装备产品的竞争力能够与国际同行相媲美。然而2013年以来，东北经济一改高速增长态势而呈现断崖式下跌，工业经济严重衰退，企业利润趋于下降。2013年全国规模以上工业企业销售产值为1019405.30亿元，比2012年的909797.17亿元增长

---

[1] 资料来源：根据辽宁、吉林、黑龙江三省统计年鉴整理计算而来。

12.05%，东北地区规模以上工业企业销售产值为86841.46亿元，比2012年的79826.46亿元增长8.79%，其中辽宁省增长7.90%，吉林省增长10.51%，黑龙江省增长9.49%。同时，全国规模以上工业企业利润总额为68378.91亿元，比2012年的61910.06亿元增长10.45%，东北地区规模以上工业企业利润总额为5440.03亿元，比2012年的4989.29亿元增长9.03%，其中辽宁省增长22.19%，吉林省增长5.21%，黑龙江省下降11.44%；同期全国制造业销售产值增长13.02%，东北地区增长10.01%，其中辽宁省增长8.20%，吉林省增长11.90%，黑龙江省增长15.56%，同时全国制造业利润总额增长14.06%，东北地区增长16.42%，其中辽宁省增长23.42%，吉林省增长12.30%，黑龙江省下降8.23%。由此看出，东北工业及制造业相关指标占全国比重均有不同程度的下降。[①] 这不但暴露出东北经济长期积累的结构性难题，而且暴露出东北工业尤其是制造业产业发展的软肋与困境。由此，继2014年出台《国务院关于近期支持东北振兴若干重大政策举措的意见》[②]后，2016年又出台《中共中央 国务院关于全面振兴东北地区等老工业基地的若干意见》[③]，意味着新一轮东北振兴的全面开启。2019年6月，李克强主持召开领导小组会议再次强调东北振兴工作，强调加大力度刀刃向内转变政府职能，加快推广自贸试验区改革经验，努力在推进"放管服"改革、优化营商环境上走在前列。此外，还要落实好更大规模减税降费等各项政策，国家将设立东北振兴专项转移支付给予倾斜支持。要加快推进国企国资改革取得突破，分类施策解决好历史遗留问题。破除隐性壁垒，壮大民营经济。做好沿海经济带和沿边开放大文章，采取更大力度开放措施，打造重点面向东北亚的开放合作高地。这意味

---

① 资料来源：根据中国工业统计年鉴整理计算而来。
②③ 具体内容参见相关文件。

着，依托实体经济解决体制机制障碍与探寻经济增长新引擎两手抓将成为新一轮东北振兴的重要内涵。

总体上看，新一轮东北振兴需要具备更加丰富的内涵，培育经济发展内生动力的要求更加迫切。因而，新一轮东北振兴从根本上讲，就是要解决深层次体制机制与结构性问题，激发市场活力与内生增长动力，以实现提质增效和高质量发展。相比于上一轮振兴而言，东北新一轮全面振兴面临的产业发展环境，特别是实体经济发展环境发生了深刻变化，这都对新一轮东北振兴路径的选择提出了挑战：第一，全球制造业高端化、绿色化、服务化、智能化趋势加强，国际分工日益复杂，国内制造业转型升级面临严峻挑战；第二，国际产业竞争更加激烈，发达国家重振制造业致使高端制造业回流，同时各国抢抓国际产业转移致使低端制造业向低成本国家转移，国内制造业面临双重挤压；第三，提升东北制造业产业发展水平面临着诸多约束条件，比如资源环境约束、要素成本约束以及国内经济高质量发展的目标要求约束等等；第四，东北经济在新常态下落入低谷，而金融危机后国内一些省份的制造业逆势而上，并取得显著成效，区域竞争明显加剧，对东北制造业形成严重冲击。

推动产业结构优化是实施新一轮东北振兴战略的关键之举，而实现产业结构优化的关键在于制造业的转型升级。这是基于东北地区资源禀赋和产业优势的合理选择，也是顺应全球产业发展与竞争趋势的最优选择。当前，制造业在国家经济中的基础载体与核心支撑作用愈发凸显，制造业发展水平不仅体现了一国或地区经济的质量与层次，而且在一定程度上决定着一个国家或地区经济的产业基础与竞争实力。美国通过"再工业化"重振自己的制造业，德国意图通过"工业4.0"抢占先机，中国提出"中国制造2025"奋发图强，发达国家、新兴市场国家、其他发展中国家、以及国内其他地区都在努力通过发展制造业来提升本国或本地区的竞争力。

东北制造业结构优化是一个动态演进的过程，既要注重产业间数量比重关系的调整，又要考虑行业内部的结构优化，更要秉持结构调整与新动能培育协同推进的理念，加大力度不断推进技术创新和产业创新，发挥技术进步与产业比较优势的潜能。首先，改造升级"老字号"，要求运用"云物移大智"等新兴工业科技，让传统产业融入新元素、赋予新内涵、配备新价值，促进新技术与旧产业相结合以改造传统产业与创造新产业、新产品，推动装备制造业等优势产业向绿色化、智能化、服务化、个性化、专业化方向发展，最终实现"老字号"提质增效与升级换代；其次，要深度开发"原字号"，要求发挥东北基础科研优势，重视原创技术，补齐产业短板，延伸产业链，推进原发性核心技术突破，促进产品深度加工，提高产品附加值，强化产业链、供应链、价值链的深度塑造与高端攀升；再有，就是要培育壮大"新字号"，要求以市场为导向，企业为主体，发挥综合优势，构建区域创新生态系统，增强自主创新能力，培育壮大一批新产业、新业态、新产品、新模式。实践中，三个"字号"需协同发力，促进东北产业结构层次实现跃升。

有鉴于此，需要从多个维度去全面考察东北老工业基地制造业，这关乎东北老工业基地能否顺利摆脱路径依赖，能否重新塑造区域产业竞争优势，能否有效提升产业发展水平。如果忽略东北制造业的优势与产业发展水平而开出振兴药方，很有可能会因重振战略失灵而陷入"衰退—振兴—衰退—再振兴"的困境。因此，其发展方式转变与结构调整的任务较国内其他地区更加艰巨。故而，新一轮振兴要深入推进产业供给侧结构性改革，坚持"加减乘除"一起做，改造升级"老字号"、深度开发"原字号"、培育壮大"新字号"，着力优化产业结构。

新一轮东北振兴，正是处于新工业革命重构全球经济格局的时代，要抓住这一难得的历史机遇，迎接挑战。将东北振兴战略融于国家发展战略大局，充分发挥东北老工业基地制造业的产业集聚和东北亚桥头的地缘优势,利用好国家赋予的东北振兴战略新红利,锐意改革开放,构建符合新工业革命发展的新业态,健全创新驱动发展平台,营造良好的营商环境,搭建人才集聚的新高地,真正实现东北的全面振兴。

第一章

方位判断：东北老工业基地制造业发展水平

　　制造业是国家经济的基础载体与核心支撑，是国家经济增长、繁荣与创新的引擎。制造业发展水平不仅体现了一国或地区经济发展的质量与层次，而且在一定程度上决定着一国或地区经济发展的竞争能力与潜在素质。从世界范围来看，当前的发达国家，像美、日、英、德，以及新兴工业化国家，莫不如此。随着新一轮科技革命与产业革命的到来，制造业在创造就业与激发创新等方面的作用越发明显。据统计，即使不算间接制造的就业机会，制造业本身就贡献了全球就业总量的近四分之一份额，美国的数据显示，美国每诞生一个制造业全职岗位，非制造业领域就会出现3.4个同等全职岗位[①]。目前，正当东北振兴处于十分关键与紧要的节点上，根据东北的资源禀赋、产业基础与国内外经济形势，制造业都应当成为新一轮振兴的主要抓手，积极推进制造业转型升级，对东北老工业基地实施创新驱动发展战略、促进产业结构优化、实现全面振兴具有十分重要的战略意义。鉴于此，有必要对东北制造业的产业发展水平作一全面、准确的评价，这对于有效识别东北制造业的优劣势，进而提出可操作的针对性方案具有现实意义。

---

① 资料来源：http://www.sohu.com/a/257455232_479794。

第一章　方位判断：东北老工业基地制造业发展水平

目前，关于东北制造业发展水平的衡量学者们已有研究。念沛豪、邵立国（2018）通过聚类分析方法得出东北制造业水平类属转型发展地区；马晓蕾（2016）采用DEA模型分析了东北老工业基地2002~2012年间制造业的效率变化，认为制造业效率总体水平不高，行业效率差距较大；高寒峰（2008）构建了东北制造业的区域创新指标体系，运用层次分析法和模糊综合评价，分析了东北制造业的区域创新能力；陈艳芳（2012）运用因子分析法对辽宁省制造业的内部竞争力进行了评价；陈春明、刘新华（2017）探讨了供给侧结构性改革背景下东北地区制造业的运行表现、存在问题及创新发展的对策。

本章将借鉴已有研究成果，结合高质量发展的内涵要求及东北产业发展的新形势，以新一轮东北振兴与产业转型升级为切入背景，从规模、效益、结构、效率等维度深入考察东北三省制造业产业发展的现实水平与特征变化，并且从多个层面上对东北与国内典型地区的制造业发展情况进行比较分析，以期为突破东北制造业发展瓶颈与转型升级提供产业发展路径。

第一节　辽宁省制造业发展水平分析

一、制造业总体状况分析

近年来，辽宁省制造业进入瓶颈期，呈现出增长放缓、支撑不足、结构调整、企业乏力、动能转化等鲜明特征，现从企业数量、主营业务收入、利润总额、工业总产值、出口交货值、工业销售产值、资产总计等7个方面对辽宁省制造业的发展情况进行考察（见表1-1）。

表1-1　　2011~2015年辽宁省制造业发展情况表

指标	2011年	2012年	2013年	2014年	2015年
工业总产值（亿元）	41776.73	43622.95	47152.33	44664.04	29917.72
工业销售产值（亿元）	41100.74	42843.98	46355.38	43639.11	29462.66
出口交货值（亿元）	2855.99	3082.06	3343.41	3091.50	2333.42
资产总计（亿元）	25855.91	28760.76	31567.61	32116.19	31391.49
主营业务收入（亿元）	37947.73	43062.79	46088.93	43405.84	29650.17
利润总额（亿元）	2066.79	2104.79	2597.81	1864.55	1047.03
企业数量（个）	14992	15368	15229	13875	11079

资料来源：根据2012~2016年《辽宁统计年鉴》与《中国工业统计年鉴》整理计算。

从表1-1可以看出，在2011~2015年的5年间辽宁省制造业的企业数量由14992个减少到了11079个，减少了3913个，减少幅度达26.10%。企业数量的减少不仅说明辽宁省制造业增长疲软，在市场环境的浪潮下部分行业无法与同行竞争而被淘汰，而且说明在深化国有企业改革的过程中，积极推进供给侧结构性改革，有效调整制造业的内部生产结构，特别是在传统产业改造升级与淘汰落后产能的推进中，为了切实增强制造企业的市场竞争力与抗风险能力，对制造业企业进行了兼并重组调整。与企业数量的变化不同的是资产总额，辽宁省制造业的资产总额由2011年的25855.91亿元增加到2015年的31391.49亿元，增长了5535.58亿元，增长幅度为21.41%，资产总额的增加说明辽宁省制造业的规模正在不断扩容。

制造业的主营业务收入由2011年的37947.73亿元减少到2015年的29650.17亿元，降低了8297.56亿元，降幅为21.87%；利润总额由2011年的2066.79亿元减少到2015年的1047.03亿元，降低了1019.76亿元，降幅为49.34%；工业总产值由2011年的41776.73亿元减少到2015年的29917.72亿元，降低了11859.01

亿元，降幅为 28.39%；工业销售产值由 2011 年的 41100.74 亿元减少到 2015 年的 29462.66 亿元，降低了 11638.08 亿元，降幅为 28.32%；出口交货值由 2011 年的 2855.99 亿元减少到 2015 年的 2333.42 亿元，降低了 522.57 亿元，降幅为 18.30%，这 5 项指标的变化轨迹呈现出一致趋势，即在 2011~2013 年间逐年上升，而在 2014 年开始出现下降苗头，2015 年则呈现断崖式下降，5 项指标的降幅分别达 31.69%、43.85%、33.02%、32.49%、24.52%，可见辽宁省制造业陷入僵局，产业发展水平不容乐观，这也印证了开启新一轮制造产业转型升级的必要。此外，2011~2015 年出口交货值占工业销售产值的比重依次是 6.95%、7.19%、7.21%、7.08%、7.92%，5 年间变化不大，说明制造业的国际竞争力还有待提高。

二、制造业结构特征分析

（一）高技术产业与制造业比较分析

制造业内部结构的优化是推动其健康持续与高质量发展的重要保障，也是提升其产业发展水平的重要途径，而技术密集型产业份额的增加是优化制造业行业结构的有效手段。现将高技术产业与制造业的发展状况作一比较分析，以考察高技术产业相对于其他制造业的发展有何变化特征（见表 1-2、图 1-1）。

表 1-2　　2011~2015 年辽宁省高技术产业发展情况

指标		2011 年	2012 年	2013 年	2014 年	2015 年
企业数量	个数（个）	701	738	735	687	604
	占比（%）	4.68	4.80	4.83	4.95	5.45
主营业务收入	额度（亿元）	1898.50	2214.10	2362.40	2351.70	1814.00
	占比（%）	5.00	5.14	5.13	5.42	6.12

续表

指标		2011年	2012年	2013年	2014年	2015年
利润总额	额度（亿元）	153.50	160.00	173.10	196.10	155.00
	占比（%）	7.43	7.60	6.66	10.52	14.80
出口交货值	额度（亿元）	415.80	466.60	417.00	370.50	306.00
	占比（%）	14.56	15.14	12.47	11.98	13.11

资料来源：根据2012~2016年《中国科技统计年鉴》与《中国工业统计年鉴》整理计算。

首先是企业数量的比较。2011~2012年，辽宁省高技术产业的企业数量由701个增加到738个，增加了37个，增长幅度为5.28%，随后企业数量趋于下降，至2015年时下降至604个，较2011年下降了13.84%，而高技术产业企业数量占制造业的比重却处于逐年上升状态，5年间的占比依次为4.68%、4.80%、4.83%、4.95%、5.45%，展现出高技术产业在辽宁制造业中稳步发展的态势。

其次是主营业务收入与利润总额的比较。高技术产业的主营业务收入在2011~2013年由1898.50亿元增长到2362.40亿元，增长了463.90亿元，增幅为24.44%，之后主营业务收入连续下降，到2015年降至1814.00亿元；利润总额在2011~2014年由153.50亿元增加到196.10亿元，增长了42.60亿元，增幅为27.75%，2015年利润趋于下降，而两者占制造业的比重除2013年稍有回落外均处于上升状态，后者的占比要明显高于前者，总体上高技术产业的盈利能力正在不断增强，但是在制造业中的份额仍然不足。

最后是出口交货值的比较。相对于上述3项指标而言，高技术产业的出口交货值占制造业的比重相对较高，5年间的占比依次为14.56%、15.14%、12.47%、11.98%、13.11%，而出口交货值额度由 415.80 亿元降至 306.00 亿元，降低了 109.80 亿元，降幅达 26.41%。显示出高技术产业有较高的技术密集度与出口竞争力，承担了制造业出口的相当一部分，但由于其制造产品的附加值尚未根本性提高，产业效益仍然不高，产业发展尚不稳健，还不足以支撑辽宁省制造业的产业升级。

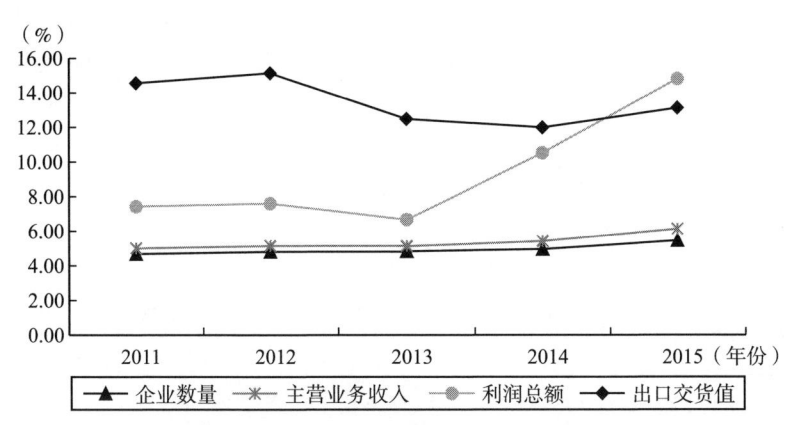

图 1-1　2011~2015 年辽宁省高技术产业占制造业比重变化

资料来源：根据计算数据绘制。

（二）制造业产权结构分析

辽宁省适应新一轮制造业转型升级趋势，需要加快优化产权结构，这不仅关乎制造业整体效率的提高，而且关乎制造企业的转型。表 1-3 反映的是 2012~2016 年辽宁省制造业产权结构的变化情况。可以看出，5 年间辽宁省制造业实收资本总额呈现先升后降的特点，2012~2014 年间，由 5792.27 亿元增加到 6234.81 亿元，增长了 442.54 亿元，增长幅度为 7.64%，随后资本总额趋于下降，至 2016 年时下降至 5397.49 亿元，较 2012 年下降了 6.82%。

表1-3　　2012~2016年辽宁省制造业产权结构变化表

指标		2012年	2013年	2014年	2015年	2016年
资本总额（亿元）		5792.27	6015.86	6234.81	5934.11	5397.49
国家资本	金额（亿元）	832.33	882.96	972.00	953.02	1302.61
	占比（%）	14.37	14.68	15.59	16.06	24.13
集体资本	金额（亿元）	295.64	267.15	310.58	326.15	308.08
	占比（%）	5.10	4.44	4.98	5.50	5.71
法人资本	金额（亿元）	2173.79	2265.83	2255.93	2317.18	1688.23
	占比（%）	37.53	37.66	36.18	39.05	31.28
个人资本	金额（亿元）	1320.99	1418.59	1463.42	1115.56	839.93
	占比（%）	22.81	23.58	23.47	18.80	15.56
港澳台资本	金额（亿元）	366.92	330.47	401.34	437.32	461.99
	占比（%）	6.33	5.49	6.44	7.37	8.56
外商资本	金额（亿元）	802.58	845.78	827.54	780.78	796.19
	占比（%）	13.86	14.06	13.27	13.16	14.75

资料来源：根据2013~2017年《中国工业统计年鉴》整理计算。

从各资本投入主体来看，2012年国家资本为832.33亿元，占14.37%；集体资本为295.64亿元，占5.10%；法人资本为2173.79亿元，占37.53%；个人资本为1320.99亿元，占22.81%；港澳台资本为366.92亿元，占6.33%；外商资本为802.58亿元，占13.86%，是一个以法人资本和个人资本投入为主的资本结构。到2016年时，国家资本为1302.61亿元，占24.13%；集体资本为308.08亿元，占5.71%；法人资本为1688.23亿元，占31.28%；个人资本为839.93亿元，占15.56%；港澳台资本为461.99亿元，占8.56%；外商资本为796.19亿元，占14.75%，是一个以国家资本和法人资本投入为主的资本结构。5年间个人资本投入下降明显，而国家资本投入持续增加，辽宁省制造业的国字号特征更加明显，产权结构尚未根本改善（见图1-2）。

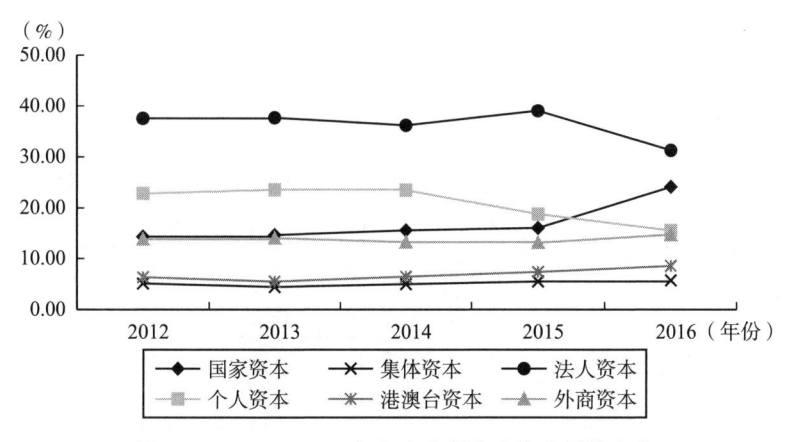

图 1-2　2012~2016 年辽宁省制造业资本结构变化

资料来源：根据计算数据绘制。

（三）轻重工业结构分析

轻重结构是评价产业结构特征的一个重要方面。表 1-4 反映的是 2011~2015 年辽宁省轻重工业结构变化情况。从不同指标的轻重比例构成来看，2011 年企业数量轻工业占 27.27%，重工业占 72.73%；工业总产值轻工业占 19.52%，重工业占 80.48%；资产总计轻工业占 13.04%，重工业占 86.96%；主营业务收入轻工业占 18.83%，重工业占 81.17%；利润总额轻工业占 21.88%，重工业占 78.12%。到 2015 年时，企业数量轻工业占 27.24%，重工业占 72.76%；工业总产值轻工业占 20.09%，重工业占 79.91%；资产总计轻工业占 13.57%，重工业占 86.43%；主营业务收入轻工业占 19.85%，重工业占 80.15%；利润总额轻工业占 34.70%，重工业占 65.30%。5 年间除利润总额轻工业比例上升外，其余评价指标的轻重比例几乎没有什么变化，显示出辽宁省重字号特征非常突出，轻重工业结构依然失衡，重工业比例过高导致产业结构调整的内生动力将被重化工业优势所稀释，这些制造部门严重的重复建设与产能过剩也成为产业转型升级的顽疾。

表1-4　　2011~2015年辽宁省轻重工业结构变化表　　单位：%

指标		2011年	2012年	2013年	2014年	2015年
企业数量	轻工业	27.27	27.04	26.72	26.70	27.24
	重工业	72.73	72.96	73.28	73.30	72.76
工业总产值	轻工业	19.52	20.86	21.11	20.52	20.09
	重工业	80.48	79.14	78.89	79.48	79.91
资产总计	轻工业	13.04	13.73	13.72	14.29	13.57
	重工业	86.96	86.27	86.28	85.71	86.43
主营业务收入	轻工业	18.83	20.76	21.17	20.36	19.85
	重工业	81.17	79.24	78.83	79.64	80.15
利润总额	轻工业	21.88	29.93	25.52	25.96	34.70
	重工业	78.12	70.07	74.48	74.04	65.30

资料来源：根据2012~2016年《辽宁统计年鉴》整理计算。

三、制造业行业效率分析

下面本部分考察辽宁省制造业各子行业的效率状况，表1-5反映的是2015年辽宁省制造业各子行业基本的投入与产出状况，选用固定资产合计代表资本投入，从业人员平均人数是劳动力投入，工业总产值则代表了产出。

表1-5　　2015年辽宁省制造业行业效率评价投入产出状况表

行业	固定资产合计（亿元）	从业人员平均人数（万人）	工业总产值（亿元）
农副食品加工业	585.28	20.27	2925.30
食品制造业	135.58	4.61	442.73
酒、饮料和精制茶制造业	121.83	3.26	347.75

第一章 方位判断：东北老工业基地制造业发展水平

续表

行业	固定资产合计（亿元）	从业人员平均人数（万人）	工业总产值（亿元）
烟草制品业	18.74	0.21	87.08
纺织业	64.48	3.20	231.42
纺织服装、服饰业	47.23	8.60	367.40
皮革、毛皮、羽毛及其制品和制鞋业	38.88	1.23	201.90
木材加工及木、竹、藤、棕、草制品业	71.11	3.27	309.04
家具制造业	61.83	2.93	198.09
造纸及纸制品业	75.72	1.95	218.19
印刷和记录媒介复制业	27.59	1.03	78.64
文教、工美、体育和娱乐用品制造业	18.76	1.12	105.80
石油加工、炼焦和核燃料加工业	892.19	9.81	3307.85
化学原料和化学制品制造业	914.57	11.67	2173.75
医药制造业	348.13	5.07	624.73
化学纤维制造业	13.92	0.60	39.79
橡胶和塑料制品业	377.36	11.24	1014.53
非金属矿物制品业	755.49	18.29	2279.09
黑色金属冶炼及压延加工业	1886.42	31.20	3204.74
有色金属冶炼及压延加工业	293.68	4.97	819.94
金属制品业	314.98	12.89	1147.08
通用设备制造业	723.98	27.28	2352.02
专用设备制造业	574.12	13.46	1537.92
汽车制造业	744.69	14.28	2776.42
铁路、船舶、航空航天和其他运输设备制造业	421.89	10.91	1026.67
电气机械和器材制造业	355.42	11.47	1315.88
计算机、通信和其他电子设备制造业	132.21	6.93	577.59
仪器仪表制造业	51.51	2.41	165.87
其他制造业	16.57	0.82	40.51

资料来源：根据2016年《辽宁统计年鉴》整理计算。

从表1-5可以看出，辽宁省制造业各子行业的发展状况差异显著，固定资产合计最高的行业是黑色金属冶炼及压延加工业，为1886.42亿元，最低的行业是化学纤维制造业，为13.92亿元，两者相差了近135.52倍。工业总产值最高的行业是石油加工、炼焦和核燃料加工业，为3307.85亿元，最低的行业是化学纤维制造业，为39.79亿元，两者相差了近83.13倍。从业人员平均人数最高的行业是黑色金属冶炼及压延加工业，为31.20万人，最低的行业是烟草制品业，为0.21万人，两者相差了近148.57倍。当然，造成辽宁省制造业行业间这种差距的原因是多种多样的，产值很大的行业，并不一定就意味着其生产效率自然也高。而如果要考察辽宁省制造业各子行业的生产效率就需要综合考虑其投入与产出情况，由于这可能涉及多个投入及多个产出指标下的效率评价问题，因此本部分采用DEA方法来进行辽宁省制造业各子行业效率的测算和评价。下面将首先对DEA效率评价方法给予说明，然后对辽宁省制造业各子行业的效率进行评价。

现在我们可以将制造业每个子行业看作是一个评价单元，然后用数据包络分析（Data Envelopment Analysis，DEA）来评价制造业每个子行业发展水平的效率状况。这种方法的特点是适合于评价具有多种投入和多种产出情况下的效率问题。由于制造业每个子行业的生产可以看作是多种投入和多种产出的集合体，因而DEA方法可以被使用于产业发展效率的评价问题中。

DEA将效率的测量对象称为决策单元（Decision Making Unit，DMU），DMU可以是任何具有可测量的投入、产出的行业、部门或单位，各DMU之间要求具有投入产出上的可比性，笼统地讲，若DMU的投入越少、而产出越大，则效率越高。如果将制造业每个子行业的投入产出状况作为一个DMU，自然满足可比性的要求。

假设有N个DMU，每个DMU都有M种投入和L种产出，X

是 $M \times N$ 投入矩阵，Y 是 $L \times N$ 产出矩阵。第 i 个 DMU_i 的技术效率 θ_i 可以表示成如下的线性规划模型形式（Coelli，2005）：

$$\min_{\theta, \lambda, s^-, s^+} \theta_i \qquad (1-1)$$
$$\text{s.t.} \quad \theta_i X_i - X\lambda - s^- = 0$$
$$Y\lambda - Y_i - s^+ = 0$$
$$\lambda \geq 0, \ s^- \geq 0, \ s^+ \geq 0$$

其中，$\theta_i \leq 1$ 是一个标量，λ 是 $N \times 1$ 向量，s^- 和 s^+ 是松弛变量，X_i 和 Y_i 分别是第 i 个 DMU 的投入（$M \times 1$）和产出（$L \times 1$）向量。θ_i 的经济含义是：构建一个由全部 DMU 组成的线性组合（投入为 $X\lambda$，产出为 $Y\lambda$，$\lambda \geq 0$），则第 i 个 DMU 在产出 Y_i 不超过该线性组合的产出（$Y\lambda$）情况下，投入 $\theta_i X_i$ 比该线性组合的投入（$X\lambda$）可以沿径向缩减的最大比值（θ_i）是多少。线性规划问题必须对于每个样本 DMU 都要计算一次（总共 N 次），才能得到每个 DMU 的 θ_i 值。在模型（1）中 $\lambda \geq 0$ 表示被评价对象的技术特征是规模报酬不变（CRS）的，如果将这个约束条件改为 $N1'\lambda \leq 1$ 且 $\lambda \geq 0$，则可以在技术是规模报酬可变（VRS）情况下评价各个 DMU 的效率。

在利用 DEA 计算第 i 个制造业子行业的经济产出技术效率时，以该行业的增加值（Y_i）为产出，资本（K_i）、劳动力（L_i）为投入量，故上述线性规划问题（1-1）可以具体化表述为线性规划（1-2）的形式。其中，如果假设技术是 VRS 的，则最后一个约束条件需要改为 $N1'\lambda \leq 1$ 且 $\lambda \geq 0$。

$$\min \theta_i \qquad (1-2)$$
$$\text{s.t.} \quad \sum_{j=1}^{N} K_j \lambda_j \leq \theta_i K_i$$
$$\sum_{j=1}^{N} L_j \lambda_j \leq \theta_i L_i$$
$$\sum_{j=1}^{N} Y_j \lambda_j \geq Y_i$$

$$\lambda_j \geq 0$$

表1-6以辽宁省制造业29个子行业经济发展状况为研究对象,构造了制造业各子行业的生产前沿面,将每个子行业与生产前沿面的距离作为技术效率的有效程度评价指标,分别在假设技术是CRS和VRS两种情况下得到的评价结果,以及由此得到的子行业规模效率情况的一个判断。

表1-6　　　　辽宁省制造业行业效率评价结果

行业	技术效率	纯技术效率	规模效率	规模报酬
农副食品加工业	0.953	1.000	0.953	drs
食品制造业	0.624	0.642	0.972	drs
酒、饮料和精制茶制造业	0.564	0.596	0.945	drs
烟草制品业	1.000	1.000	1.000	—
纺织业	0.652	0.654	0.997	drs
纺织服装、服饰业	1.000	1.000	1.000	—
皮革、毛皮、羽毛及其制品和制鞋业	1.000	1.000	1.000	—
木材加工及木、竹、藤、棕、草制品业	0.799	0.811	0.985	drs
家具制造业	0.586	0.587	0.999	—
造纸及纸制品业	0.572	0.591	0.969	drs
印刷和记录媒介复制业	0.539	0.625	0.862	irs
文教、工美、体育和娱乐用品制造业	0.994	1.000	0.994	irs
石油加工、炼焦和核燃料加工业	0.813	1.000	0.813	drs
化学原料和化学制品制造业	0.507	0.623	0.814	drs
医药制造业	0.379	0.449	0.843	drs
化学纤维制造业	0.530	1.000	0.530	irs
橡胶和塑料制品业	0.523	0.561	0.931	drs
非金属矿物制品业	0.604	0.680	0.889	drs
黑色金属冶炼及压延加工业	0.355	0.429	0.827	drs
有色金属冶炼及压延加工业	0.582	0.681	0.854	drs

第一章　方位判断：东北老工业基地制造业发展水平

续表

行业	技术效率	纯技术效率	规模效率	规模报酬
金属制品业	0.680	0.709	0.960	drs
通用设备制造业	0.613	0.643	0.955	drs
专用设备制造业	0.539	0.607	0.887	drs
汽车制造业	0.767	0.897	0.855	drs
铁路、船舶、航空航天和其他运输设备制造业	0.483	0.532	0.907	drs
电气机械和器材制造业	0.711	0.755	0.943	drs
计算机、通信和其他电子设备制造业	0.787	0.811	0.971	drs
仪器仪表制造业	0.590	0.592	0.998	irs
其他制造业	0.445	0.843	0.527	irs
平均值	0.662	0.735	0.903	

资料来源：笔者计算。

总体上看，各子行业的技术效率值的平均值无论是用 CRS 还是 VRS 进行评价其结果没有很大区别，分别为 0.662 和 0.735。从表 1-6 可以看出，辽宁省制造业各子行业的技术效率各不相同，现在以 CRS 下的技术效率为主分析制造业各子行业与生产前沿面的关系。在所有 29 个制造业子行业中，烟草制品业，纺织服装、服饰业，皮革、毛皮、羽毛及其制品和制鞋业的技术效率值等于 1，这意味着这三个子行业处于生产前沿面上，生产是有效率的行业，在给定投入下的产出已经达到了最大化状态。如果考虑到技术有可能是 VRS 的，则农副食品加工业，文教、工美、体育和娱乐用品制造业，石油加工、炼焦和核燃料加工业，化学纤维制造业这四个制造业子行业也处于有效率的状态。技术效率值处于（0.9, 1）这个区间的行业包括农副食品加工业（0.953），文教、工美、体育和娱乐用品制造业（0.994），这说明这两个制造业子行业的生产效率比较高，已经接近于生产前沿面了。石油加工、炼焦和核燃料加工业（0.813）的技术效率值位于（0.8，0.9）之间，是辽宁省制造业中发展比较好和比较有效率的行业。技术效率值处于（0.7，0.8）这个区间的行业包括木材加工及木、竹、藤、棕、草制品业（0.799），汽车制造业（0.767），电气机械和器材制造业（0.711），计算机、通信和其他电子设备制造业（0.787），这四个子行业是辽宁省制造业中发展比较有潜力和比较有效率提升潜力的行业。技术效率值处于（0.6，0.7）这个区间的行业包括食品制造业（0.624），纺织业（0.652），非金属矿物制品业（0.604），金属制品业（0.680），通用设备制造业（0.613），这些行业的效率值接近于制造业各行业的平均值0.662。技术效率值在0.5以下的行业是医药制造业（0.379），黑色金属冶炼及压延加工业（0.355），铁路、船舶、航空航天和其他运输设备制造业（0.483），其他制造业（0.445），说明这些行业的生产效率不是很理想。处于规模报酬递增状态的行业包括印刷和记录媒介复制业，文教、工美、体育和娱乐用品制造业，化学纤维制造业，仪器仪表制造业，其他制造业这五个行业。

第二节 吉林省制造业发展水平分析

一、制造业总体状况分析

制造业发展水平之于吉林省经济的影响巨大而深远。当前，吉林省制造业产业支撑单一、内生性扭曲等问题依然没有得到解决，在进入培育实现转型升级的内生动力的关键期，积极促进结构调整与实现动能转换，以提高产业发展水平就尤显重要。现从企业数量、主营业务收入、利润总额、工业总产值、出口交货值、工业销售产值、资产总计等7个方面对吉林省制造业的现实水平作一评价（见表1-7）。

表1-7　　2011~2015年吉林省制造业发展情况表

指标	2011年	2012年	2013年	2014年	2015年
工业总产值（亿元）	14875.85	17602.46	19723.45	21645.91	20858.03
工业销售产值（亿元）	14632.26	17356.55	19422.11	20632.94	20393.03
出口交货值（亿元）	287.14	330.79	360.93	383.16	395.47
资产总计（个）	8893.26	10499.15	12155.27	13086.88	14282.71
主营业务收入（亿元）	14675.06	17546.25	19893.81	20985.77	20157.45
利润总额（亿元）	1016.63	1050.85	1180.13	1385.23	1241.85
企业数量（个）	4484	4597	4700	4768	5033

资料来源：根据2012~2016年《吉林统计年鉴》与《中国工业统计年鉴》整理计算。

从表1-7可以看出，与辽宁省制造业的企业数量变化不同，吉林省制造业的企业数量呈现逐年增加趋势，由2011年的4484个增加到2015年的5033个，增加了549个，增加幅度达12.24%，年均增长率为2.93%。企业数量的增加说明近年来在供给侧结构性改革的积极推进下，吉林省深入推进国有企业改革与制造业企业产品结构的调整，促进市场潜能释放，增强了企业在市场竞争中的生存能力，制造业得以稳步发展。

与企业数量的变化轨迹不同的是工业总产值、工业销售产值、主营业务收入及利润总额，这4项指标呈现出先增长后下降的趋势，即在2011~2014年间逐年上升，而在2015年却趋向下降，4项指标2015年较2014年分别下降3.64%、1.16%、3.95%、10.35%，而总体上，这4项指标5年内均取得积极成效。工业总产值由2011年的14875.85亿元增加到2015年的20858.03亿元，增加了5982.18亿元，增幅为40.21%；工业销售产值由2011年的14632.26亿元增加到2015年的20393.03亿元，增加了 5760.77 亿元，增幅为 39.37%；主营业务收入由 2011 年的 14675.06 亿元增加到 2015 年的 20157.45 亿元，增加了 5482.39 亿元，增幅为 37.36%；利润总额由 2011 年的 1016.63 亿元增加到 2015 年的 1241.85 亿元，增加了 225.22 亿元，增幅为 22.15%，可见吉林省制造业虽然存在发展症结，但在宏观经济下行压力下能够逆势而上，积极发挥优势制造行业，促进产业规模不断扩大，推进产业实力逐步增强，为新一轮制造业的转型升级积蓄条件支撑。

与此同时，制造业的资产总额由 2011 年的 8893.26 亿元增加到 2015 年的 14282.71 亿元，增长了 5389.45 亿元，增长幅度为 60.60%，年均增长率为 12.57%，资产总额的逐年增加是制造业规模水平提升的一个侧影；出口交货值由 2011 年的 287.14 亿元增加到 2015 年的 395.47 亿元，增长了 108.33 亿元，增长幅度为 37.73%，年均增长率为 8.33%，而且 2011~2015 年出口交货值占工业销售产值的比重依次是 1.96%、1.91%、1.86%、1.86%、1.94%，5 年间不升反降，说明吉林省制造业的开放程度很低，国际竞争力十分有限。

二、制造业结构特征分析

（一）高技术产业与制造业比较分析

从吉林省的情况来看，制造业正面临着增长下行与转型升级的双重压力，而以原字号、粗字号、初字号等传统制造产业产品为主的结构特征非常明显，并且长期没有转变过来，这已经越来越不能适应市场竞争，吉林新一轮制造业转型升级的关键在于培育高素质的产业形态，这也是优化制造业结构的目标选择。下面就以高技术产业为代表的技术密集型产业与制造业的发展情况进行比较分析，进而考察吉林制造业的行业结构水平（见表 1-8、图 1-3）。

表1-8　2011~2015年吉林省高技术产业发展情况

指标		2011年	2012年	2013年	2014年	2015年
企业数量	个数（个）	368	394	394	393	406
	占比（%）	8.21	8.57	8.38	8.24	8.07
主营业务收入	额度（亿元）	918.10	1138.70	1431.30	1667.90	1848.00
	占比（%）	6.26	6.49	7.19	7.95	9.17
利润总额	额度（亿元）	98.00	93.40	115.30	137.30	186.00
	占比（%）	9.64	8.89	9.77	9.91	14.98
出口交货值	额度（亿元）	10.60	13.50	19.70	23.90	25.00
	占比（%）	3.69	4.08	5.46	6.24	6.32

资料来源：根据2012~2016年《中国科技统计年鉴》与《中国工业统计年鉴》整理计算。

第一，企业数量方面。2011~2015年，吉林省高技术产业的企业数量由368个增加到406个，增加了38个，增长幅度为10.33%，企业数量占制造业的比重呈现倒U型变动趋势，先由8.21%升至8.57%后又降至8.07%，可见吉林高技术产业发展不充分，产品优势不明显，在增长下行压力下无法保持足够的产业份额。

第二，主营业务收入与利润总额方面。2011~2015年，高技术产业的主营业务收入处于逐年上升的状态，由918.10亿元增长到1848.00亿元，增长了929.90亿元，增幅高达101.29%，年均增长率为19.11%，同样其占制造业的比重连年攀升；利润总额由2011年的98.00亿元增加到2015年的186.00亿元，增长了88.00亿元，增幅达89.80%，当然2012年利润有所波动，其占制造业的比重以2012年为拐点呈现"U"型变动趋势，可见高技术产业的盈利能力正在不断增强，但是由于吉林制造业处于价值链的低端，受到多重挤压，呈现营业收入高而利润低的尴尬局面，获利空间依然有限。

第三，出口交货值方面。相对于上述3项指标而言，高技术产业的出口交货值占制造业的比重相对较小，5年间的占比依次为3.69%、4.08%、5.46%、6.24%、6.32%，而出口交货值额度由10.60亿元增至25.00亿元，增加了14.40亿元，增幅达135.85%，显示出高技术产业出口快速增长的事实，但其产业发展滞后与粗放的事实更值得关注，吉林高技术产业的价值链与增值链偏短，技术含量低，出口份额及占比很低，出口竞争力亟待提高。

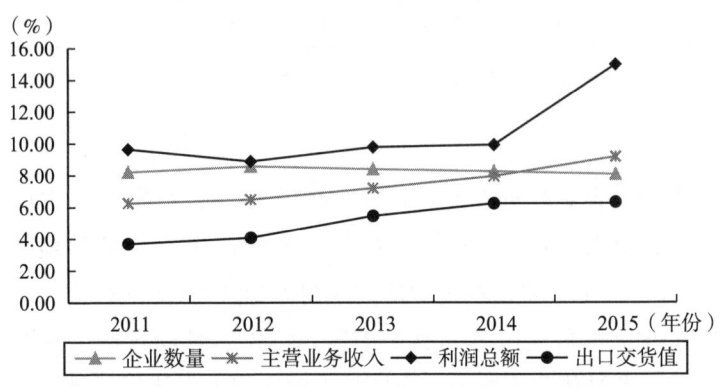

图1-3 2011~2015年吉林省高技术产业占制造业比重变化

资料来源：根据计算数据绘制。

（二）制造业产权结构分析

吉林省突破制造业发展瓶颈，需要加快构建完善的产权结构，这不仅有助于有效促进制造企业组织形态与企业结构的调整，而且有助于制造业自身资源利用效率与要素配置效率的提高，进而促进企业活力增强与改善制造业经济效益。表1-9反映的是2012~2016年吉林省制造业产权结构的变化情况，从中发现5年间制造业实收资本总额呈现波浪式增长的特点，2012~2016年间，由1690.54亿元增加到2335.03亿元，增长了644.49

亿元，增长幅度为 38.12%，年均增长率为 8.41%，期间以 2015 年为拐点波动巨大。

表 1-9　　2012~2016 年吉林省制造业产权结构变化表

指标		2012 年	2013 年	2014 年	2015 年	2016 年
资本总额（亿元）		1690.54	2293.68	2157.15	3414.84	2335.03
国家资本	金额（亿元）	143.61	221.95	275.33	263.20	257.25
	占比（%）	8.49	9.68	12.76	7.71	11.02
集体资本	金额（亿元）	39.25	244.73	45.04	44.27	216.13
	占比（%）	2.32	10.67	2.09	1.30	9.26
法人资本	金额（亿元）	872.50	1027.74	952.28	2126.79	969.96
	占比（%）	51.61	44.81	44.15	62.28	41.54
个人资本	金额（亿元）	441.34	569.05	592.95	746.84	659.42
	占比（%）	26.11	24.81	27.49	21.87	28.24
港澳台资本	金额（亿元）	41.11	48.11	63.97	43.56	42.14
	占比（%）	2.43	2.10	2.97	1.28	1.80
外商资本	金额（亿元）	149.39	166.68	211.89	190.17	190.20
	占比（%）	8.84	7.27	9.82	5.57	8.15

资料来源：根据 2013~2017 年《中国工业统计年鉴》整理计算。

从不同主体资本投入构成来看，2012 年国家资本为 143.61 亿元，占 8.49%；集体资本为 39.25 亿元，占 2.32%；法人资本为 872.50 亿元，占 51.61%；个人资本为 441.34 亿元，占 26.11%；港澳台资本为 41.11 亿元，占 2.43%；外商资本为 149.39 亿元，占 8.84%，是一个以法人资本和个人资本投入为主的资本结构。到 2016 年时，国家资本为 257.25 亿元，占 11.02%；集体资本为 216.13 亿元，占 9.26%；法人资本为 969.96 亿元，占 41.54%；个人资本为 659.42 亿元，占 28.24%；港澳台资本为 42.14 亿元，占 1.80%；外商资本为 190.20 亿元，占

8.15%。同样是一个以法人资本和个人资本投入为主的资本结构,5 年间各类资本投入变化不一,个人资本投入波动上升,国家资本投入整体上增加,集体资本投入波动较大,法人及港澳台资本投入趋于下降,外资吸引仍然不足,产权结构还需进一步改善(见图 1-4)。

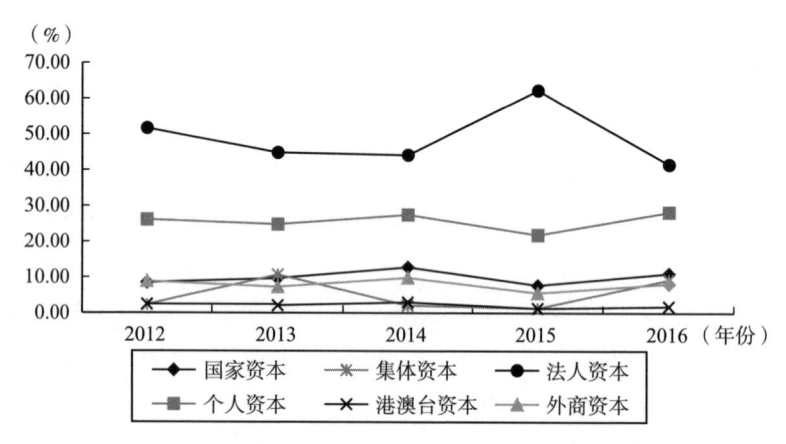

图 1-4　2012~2016 年吉林省制造业资本结构变化

资料来源:根据计算数据绘制。

（三）轻重工业结构分析

吉林制造业新一轮转型升级还需有效平衡轻重工业结构。表 1-10 反映的是 2011~2015 年吉林省轻重工业结构变化情况,从不同评价指标的轻重比例构成来看,2011 年企业数量轻工业占 39.01%,重工业占 60.99%;工业总产值轻工业占 27.42%,重工业占 72.58%;工业销售产值轻工业占 27.34%,重工业占 72.66%;资产总计轻工业占 21.06%,重工业占 78.94%;主营业务收入轻工业占 26.60%,重工业占 73.40%;利润总额轻工业占 23.89%,重工业占 76.11%。到 2015 年时,企业数量轻工业占 41.31%,重工业占 58.69%;工业总产值轻工业占 33.74%,重工业占66.26%；工业销售产值轻工业占33.35%，重工业占66.65%；资产总计轻工业占22.48%，重工业占77.52%；主营业务收入轻工业占31.70%，重工业占68.30%；利润总额轻工业占33.90%，重工业占66.10%。5年间企业数量、工业总产值及销售产值轻工业比例逐年上升，主营业务收入与利润总额轻工业比例有增有减，但有不同程度的增加，资产总额轻重比例变化不大，可见重工业在吉林仍占据绝对优势，但其份额也在不断下降。

表1-10　　2011~2015年吉林省轻重工业结构变化　　单位：%

指标		2011年	2012年	2013年	2014年	2015年
企业数量	轻工业	39.01	39.27	39.51	40.16	41.31
	重工业	60.99	60.73	60.49	59.84	58.69
工业总产值	轻工业	27.42	28.64	29.76	30.65	33.74
	重工业	72.58	71.36	70.24	69.35	66.26
工业销售产值	轻工业	27.34	28.46	29.53	30.28	33.35
	重工业	72.66	71.54	70.47	69.72	66.65
资产总计	轻工业	21.06	20.06	22.92	21.62	22.48
	重工业	78.94	79.94	77.08	78.38	77.52
主营业务收入	轻工业	26.60	27.45	29.46	28.74	31.70
	重工业	73.40	72.55	70.54	71.26	68.30
利润总额	轻工业	23.89	25.98	25.61	23.75	33.90
	重工业	76.11	74.02	74.39	76.25	66.10

资料来源：根据2012~2016年《吉林统计年鉴》整理计算。

三、制造业行业效率分析

下面考察吉林省制造业各子行业的效率状况。表1-11反映的是2015年吉林省制造业各子行业基本的投入与产出状况，选用固定资产合计代表资本投入，从业人员平均人数是劳动力投入,工业总产值则代表了产出。

表1-11 2015年吉林省制造业行业效率评价投入产出状况

行业	固定资产合计 (亿元)	从业人员平均人数(万人)	工业总产值 (亿元)
农副食品加工业	511.34	13.02	3360.56
食品制造业	130.63	2.91	492.55
酒、饮料和精制茶制造业	165.40	4.95	560.69
烟草制品业	38.41	0.46	154.08
纺织业	65.95	3.38	169.78
纺织服装、服饰业	13.63	1.40	127.12
皮革、毛皮、羽毛及其制品和制鞋业	4.09	0.17	23.83
木材加工及木、竹、藤、棕、草制品业	214.45	6.02	956.25
家具制造业	23.14	0.93	145.83
造纸及纸制品业	56.25	1.21	153.80
印刷和记录媒介复制业	17.94	0.61	83.87
文教、工美、体育和娱乐用品制造业	5.44	0.34	43.23
石油加工、炼焦和核燃料加工业	38.69	0.85	190.68
化学原料和化学制品制造业	477.69	8.30	1559.70
医药制造业	276.78	13.48	1858.86
化学纤维制造业	31.63	0.85	62.72
橡胶和塑料制品业	0.000817	2.24	351.23
非金属矿物制品业	444.24	9.97	1677.72
黑色金属冶炼及压延加工业	405.48	3.76	725.51
有色金属冶炼及压延加工业	194.23	1.61	189.74
金属制品业	74.18	2.27	360.98
通用设备制造业	0.000831	2.99	489.40
专用设备制造业	117.34	3.52	669.72
汽车制造业	1030.63	27.82	5478.09

第一章　方位判断：东北老工业基地制造业发展水平

续表

行业	固定资产合计（亿元）	从业人员平均人数（万人）	工业总产值（亿元）
铁路、船舶、航空航天和其他运输设备制造业	89.35	3.01	386.62
电气机械和器材制造业	72.72	2.06	392.94
计算机、通信和其他电子设备制造业	0.000037	0.94	91.21
仪器仪表制造业	11.91	0.36	54.60
其他制造业	6.70	0.20	46.71

资料来源：根据2016年《吉林统计年鉴》整理计算。

由表1-11提供的信息来看，吉林省制造业各子行业的发展状况极不均衡，固定资产合计最高的行业是汽车制造业，为1030.63亿元，最低的行业是计算机、通信和其他电子设备制造业，为0.000037亿元，两者相差了近27854864.86倍。工业总产值最高的行业是汽车制造业，为5478.09亿元，最低的行业是皮革、毛皮、羽毛及其制品和制鞋业，为23.83亿元，两者相差了近229.88倍。同样从业人员平均人数最高的行业是汽车制造业，为27.82万人，最低的行业是皮革、毛皮、羽毛及其制品和制鞋业，为0.17万人，两者相差了近163.65倍，可见汽车制造业是吉林省制造业的晴雨表，在各子行业中独占鳌头。当然，造成吉林省制造业这种行业格局的原因是多种多样的，既有历史的原因，亦有现实的原因，而产值很大的行业，并不一定就意味着其生产效率自然也高。如果要考察吉林省制造业各子行业的生产效率就需要综合考虑其投入与产出情况，由于这可能涉及多个投入及多个产出指标下的效率评价问题，因此本部分采用上文给出的DEA方法来进行吉林省制造业各子行业效率的测算和评价，具体评价结果如表1-12所示。

表 1-12　　吉林省制造业行业效率评价结果

行业	技术效率	纯技术效率	规模效率	规模报酬
农副食品加工业	1.000	1.000	1.000	—
食品制造业	0.632	0.633	0.998	irs
酒、饮料和精制茶制造业	0.464	0.466	0.997	irs
烟草制品业	1.000	1.000	1.000	—
纺织业	0.239	0.241	0.989	irs
纺织服装、服饰业	0.485	0.492	0.986	irs
皮革、毛皮、羽毛及其制品和制鞋业	0.633	1.000	0.633	irs
木材加工及木、竹、藤、棕、草制品业	0.637	0.638	0.999	irs
家具制造业	0.702	0.711	0.987	irs
造纸及纸制品业	0.470	0.476	0.986	irs
印刷和记录媒介复制业	0.587	0.601	0.976	irs
文教、工美、体育和娱乐用品制造业	0.629	0.798	0.789	irs
石油加工、炼焦和核燃料加工业	0.834	0.843	0.989	irs
化学原料和化学制品制造业	0.648	0.719	0.902	drs
医药制造业	0.647	0.881	0.735	drs
化学纤维制造业	0.291	0.303	0.962	irs
橡胶和塑料制品业	0.958	1.000	0.958	irs
非金属矿物制品业	0.630	0.645	0.976	drs
黑色金属冶炼及压延加工业	0.576	0.718	0.803	drs
有色金属冶炼及压延加工业	0.352	0.372	0.945	drs
金属制品业	0.656	0.660	0.995	irs
通用设备制造业	1.000	1.000	1.000	—
专用设备制造业	0.780	0.782	0.998	irs
汽车制造业	0.779	1.000	0.779	drs
铁路、船舶、航空航天和其他运输设备制造业	0.546	0.549	0.996	irs
电气机械和器材制造业	0.767	0.771	0.995	irs

第一章 方位判断：东北老工业基地制造业发展水平

续表

行业	技术效率	纯技术效率	规模效率	规模报酬
计算机、通信和其他电子设备制造业	1.000	1.000	1.000	—
仪器仪表制造业	0.624	0.648	0.963	irs
其他制造业	0.956	1.000	0.956	irs
平均值	0.673	0.722	0.941	

资料来源：笔者计算。

从表1-12可以看出，吉林省各子行业的技术效率值的平均值无论是用CRS还是VRS进行评价其结果没有很大区别，分别为0.673和0.722。而吉林省制造业各子行业的技术效率各不相同，现在以CRS下的技术效率为主分析制造业各子行业与生产前沿面的关系。在全部的29个制造业子行业中，农副食品加工业，烟草制品业，通用设备制造业，计算机、通信和其他电子设备制造业的技术效率值等于1，这意味着这四个子行业处于生产前沿面上，生产是有效率的行业，在给定投入下的产出已经达到了最大化状态。如果考虑到技术有可能是VRS的，则皮革、毛皮、羽毛及其制品和制鞋业，橡胶和塑料制品业，汽车制造业，其他制造业这四个制造业子行业也处于有效率的状态。技术效率值处于（0.9, 1）这个区间的行业包括橡胶和塑料制品业（0.958），其他制造业（0.956），这说明这两个制造业子行业的生产效率比较高，已经接近于生产前沿面了。石油加工、炼焦和核燃料加工业（0.834）的技术效率值位于（0.8, 0.9）之间，是吉林省制造业中发展比较好和比较有效率的行业。技术效率值处于（0.7, 0.8）这个区间的行业包括家具制造业（0.702），专用设备制造业（0.780），汽车制造业（0.779），电气机械和器材制造业（0.767），这四个子行业是吉林省制造业中发展比较有潜力和比较有效率提升潜力的行业。技术效率值处于（0.6, 0.7）这个区间的行业包括食品制造业（0.632），皮革、毛皮、羽毛及其制品和制鞋业（0.633），木材加工及木、竹、藤、棕、草制品业（0.637），文教、工美、体育和娱乐用品制造业（0.629），化学原料和化学制品制造业（0.648），医药制造业（0.647），非金属矿物制品业（0.630），金属制品业（0.656），仪器仪表制造业（0.624），这些行业的效率值接近于制造业各行业的平均值0.673。技术效率值在0.5以下的行业是酒、饮料和精制茶制造业（0.464），纺织业（0.239），纺织服装、服饰业（0.485），造纸及纸制品业（0.470），化学纤维制造业（0.291），有色金属冶炼及压延加工业（0.352），说明这些行业的生产效率不尽如人意。除化学原料和化学制品制造业，医药制造业，非金属矿物制品业，黑色与有色金属冶炼及压延加工业，汽车制造业这六个行业处于规模报酬递减状态外，其他行业处于规模报酬递增的状态。

第三节 黑龙江省制造业发展水平分析

一、制造业总体状况分析

制造业发展水平的提升是黑龙江省创造比较优势与增强省域竞争力的重要支撑。现阶段，黑龙江省制造业存在的诸如产业错位、结构性扭曲、产品层次低下、资源环境约束加紧等问题依然没有得到有效解决，而厘清制造产业的基本事实是突破发展困境与培育实现转型升级的内生动力的必要条件。现从企业数量、主营业务收入、利润总额、工业总产值、出口交货值、工业销售产值、资产总计等7个方面对黑龙江省制造业的发展情况作一水平判断（见表1-13）。

表1–13　　2011~2015年黑龙江省制造业发展情况表

指标	2011年	2012年	2013年	2014年	2015年
工业总产值（亿元）	7468.30	8397.90	9667.90	9588.10	8831.30
工业销售产值（亿元）	7207.80	8143.53	9410.67	9390.90	8809.30
出口交货值（亿元）	196.02	187.63	149.55	176.89	153.28
资产总计（亿元）	6346.90	7308.70	7899.69	8367.24	8690.95
主营业务收入（亿元）	7431.80	8347.73	9613.35	9560.43	8891.59
利润总额（亿元）	428.30	421.99	387.26	345.31	360.69
企业数量（个）	2795	3280	3741	3748	3609

资料来源：根据2012~2016年《黑龙江统计年鉴》与《中国工业统计年鉴》整理计算。

从表1–13可以看出，与辽宁省制造业的企业数量变化有所不同，黑龙江省制造业的企业数量呈现波动增长趋势，由2011年的2795个增加到2015年的3609个，增加了814个，增加幅度达29.12%，年均增长率为6.60%，且于2015年出现回落趋向；同时制造业的资产总额由2011年的6346.90亿元增加到2015年的8690.95亿元，增长了2344.05亿元，增长幅度为36.93%，年均增长率为8.17%，企业数量与资产总额的增加体现出黑龙江省制造业规模水平的不断提升，但与辽宁、吉林相比，黑龙江制造业的产业规模仍然不足。

与上述2项指标的变化截然相反的是利润总额与出口交货值。黑龙江省制造业的利润总额由2011年的428.30亿元降低到2015年的360.69亿元，降低了67.61亿元，降幅为15.79%，且2015年较2014年稍有回升，利润总额连年负增长，显示出黑龙江制造业的艰难迹象。与此同时，出口交货值由2011年的196.02亿元降低到2015年的153.28亿元，降低了42.74亿元，降低幅度为21.80%，而且2011~2015年出口交货值占工业销售产值的比重依次是 2.72%、2.30%、1.59%、1.88%、1.74%，除 2014 年稍有提高外，处于持续下降状态，可见黑龙江制造业产业开放不足，产品主要面向国内市场，对外贸易规模有待扩大。

此外，制造业的工业总产值由 2011 年的 7468.30 亿元增加到 2015 年的 8831.30 亿元，增加了 1363 亿元，增幅为 18.25%；工业销售产值由 2011 年的 7207.80 亿元增加到 2015 年的 8809.30 亿元，增加了 1601.50 亿元，增幅为 22.22%；主营业务收入由 2011 年的 7431.80 亿元增加到 2015 年的 8891.59 亿元，增加了 1459.79 亿元，增幅为 19.64%，这 3 项指标的变化轨迹一致，即在 2011~2013 年逐年增长，而在 2014~2015 年处于下降状态，可见黑龙江制造业下行压力较大，新一轮释放市场潜能与转型升级面临的压力巨大。

二、制造业结构特征分析

（一）高技术产业与制造业比较分析

从当前情况来看，黑龙江省拥有良好的制造业基础，但是受制于传统发展模式的惯性依赖，制造业转型升级面临着诸多结构性难题，存在相当份额的大黑粗低端制造业，产业雷同严重，行业结构失调。开启新一轮制造业转型升级，黑龙江省围绕供给侧结构性改革加强顶层设计，出台《黑龙江省制造业转型升级"十三五"规划》①。这将使得制造业发展的长期效应更加明显，推动转型升级的步伐加快。下面就以高技术产业为代表的技术密集型产业与制造业的发展情况进行比较分析，进而考察黑龙江制造业的行业结构水平（见表 1-14、图 1-5）。

---

① 该规划于 2017 年出台，系黑龙江省首份制造业转型升级规划。

表 1-14　　2011~2015 年黑龙江省高技术产业发展情况

指标		2011 年	2012 年	2013 年	2014 年	2015 年
企业数量	个数（个）	138	161	183	182	179
	占比（%）	4.94	4.91	4.89	4.86	4.96
主营业务收入	额度（亿元）	472.70	524.20	610.80	632.40	622.00
	占比（%）	6.36	6.28	6.35	6.61	7.00
利润总额	额度（亿元）	47.00	46.50	48.80	51.60	71.00
	占比（%）	10.97	11.02	12.60	14.94	19.68
出口交货值	额度（亿元）	13.00	14.00	13.50	23.90	12.00
	占比（%）	6.63	7.46	9.03	13.51	7.83

资料来源：根据 2012~2016 年《中国科技统计年鉴》与《中国工业统计年鉴》整理计算。

第一，从企业数量方面来看，2011~2013 年，黑龙江省高技术产业的企业数量由 138 个增加到 183 个，增加了 45 个，增长幅度为 32.61%，随后企业数量趋于下降，至 2015 年时下降至 179 个，但较 2011 年还是增长了 29.71%，企业数量占制造业的比重以 2014 年为拐点呈现"U"型变动趋势，先由 4.94% 降至 4.86% 后又增至 4.96%，与辽吉两省相比，黑龙江高技术产业相差较大。因此，在新一轮振兴中，黑龙江省必须优化政策供给，瞄准高端装备制造与高技术产业发力，持续积聚新动能，促进传统制造企业老中出新，不断优化制造业行业结构。

第二，从主营业务收入与利润总额方面来看，2011~2015 年，高技术产业的主营业务收入由 472.70 亿元增长到 622.00 亿元，增长了 149.30 亿元，增幅为 31.58%，年均增长率为 7.10%，当然 2015 年较 2014 年有所回落，其占制造业的比重除 2012 年外处于逐年上升的状态；利润总额由 2011 年的 47.00 亿元增加到 2015 年的 71.00 亿元，增长了 24.00 亿元，增幅达 51.06%，但在 2012 年稍有下降，而其占制造业的比重连年攀升，且高于主营业务收入占比，说明高技术产业的盈利能力正在不断增强，但其发展仍然滞后，新一轮振兴中推动制造业转型升级还需向改革要红利，通过出减税降费等实招来激活制造优势，让有深厚制造业基因的黑龙江加快实现基因重组，进而向高端化迈进。

第三，从出口交货值方面来看，与上述3项指标比较而言，高技术产业的出口交货值额度波动较大，除2014年上升为23.90亿元外并无明显变化，5年间的占比依次为6.63%、7.46%、9.03%、13.51%、7.83%，说明高技术产业出口能力较弱，产业发展脆弱，这就需要通过自身优势的裂变来走出低端陷阱，进而提高产业竞争力。

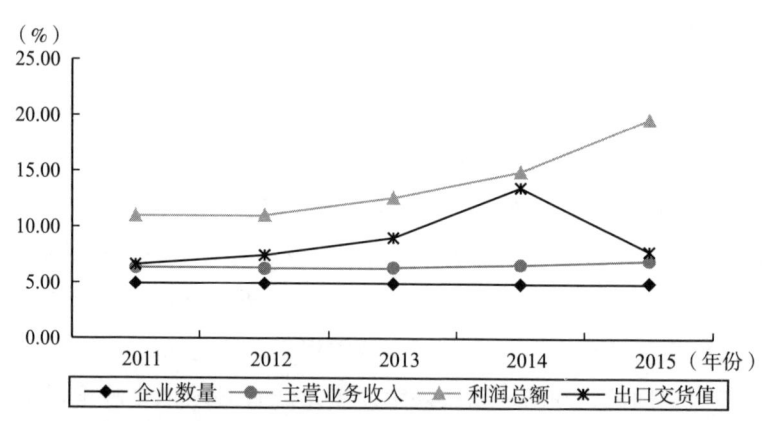

图1-5 2011~2015年黑龙江省高技术产业占制造业比重变化
资料来源：根据计算数据绘制。

（二）制造业产权结构分析

黑龙江省推进制造业在新一轮振兴中实现转型升级，一个绕不开的课题是形成合理的制造业产权结构，这对于激发制造企业内部活力，推进精益管理与变革转型，进而培育竞争优势与提高制造业整体效率具有不可替代的作用。表1-15反映的是2012~2016年黑龙江省制造业产权结构的变化情况，可以看出5年间制造业实收资本总额呈现逐年上升的特点，由 1404.01 亿元增加到 7665.43 亿元，增长了 6261.42 亿元，增长幅度高达 445.97%，其中 2016 年实收资本总额阔步攀升，较上年增长了 392.30%。

表 1-15　　2012~2016 年黑龙江省制造业产权结构变化

指标		2012 年	2013 年	2014 年	2015 年	2016 年
资本总额（亿元）		1404.01	1412.95	1523.43	1557.05	7665.43
国家资本	金额（亿元）	373.87	300.83	319.38	378.66	324.32
	占比（%）	26.63	21.29	20.96	24.32	4.23
集体资本	金额（亿元）	39.15	38.58	55.22	47.41	51.10
	占比（%）	2.79	2.73	3.62	3.04	0.67
法人资本	金额（亿元）	479.87	463.66	470.27	473.45	661.57
	占比（%）	34.18	32.82	30.87	30.41	8.63
个人资本	金额（亿元）	348.21	440.70	478.81	489.59	6461.35
	占比（%）	24.80	31.19	31.43	31.44	84.29
港澳台资本	金额（亿元）	34.73	37.87	32.22	32.94	30.66
	占比（%）	2.47	2.68	2.11	2.12	0.40
外商资本	金额（亿元）	128.04	129.57	153.37	135.01	136.43
	占比（%）	9.12	9.17	10.07	8.67	1.78

资料来源：根据 2013~2017 年《中国工业统计年鉴》整理计算。

从不同主体资本投入构成来看，2012 年国家资本为 373.87 亿元，占 26.63%；集体资本为 39.15 亿元，占 2.79%；法人资本为 479.87 亿元，占 34.18%；个人资本为 348.21 亿元，占 24.80%；港澳台资本为 34.73 亿元，占 2.47%；外商资本为 128.04 亿元，占 9.12%，是一个以国家资本、法人资本和个人资本投入为主的资本结构。到 2016 年时，国家资本为 324.32 亿元，占 4.23%；集体资本为 51.10 亿元，占 0.67%；法人资本为 661.57 亿元，占 8.63%；个人资本为 6461.35 亿元，占 84.29%；

港澳台资本为 30.66 亿元, 占 0.40%; 外商资本为 136.43 亿元, 占 1.78%, 是一个以个人资本投入为主的资本结构。2016 年个人资本投入的飞速上升导致其他资本投入占比快速下跌, 而 2012~2015 年间, 集体及个人资本投入总体处于上升状态, 法人资本投入趋于下降, 其他性质的主体资本有增有减, 黑龙江省制造业的产业资本结构仍需进一步优化 (见图 1-6)。

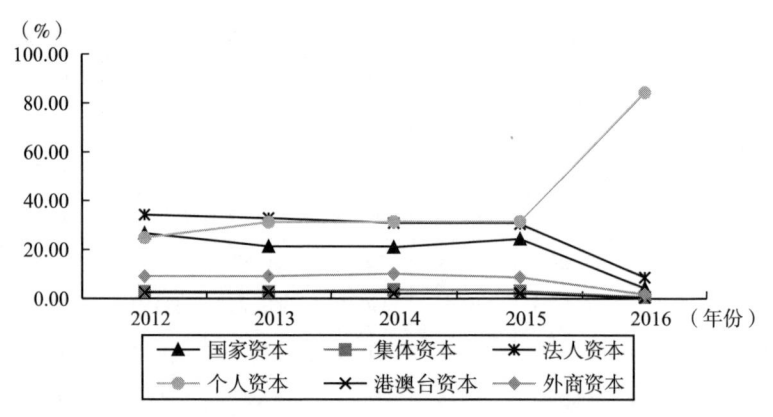

图 1-6　2012~2016 年黑龙江省制造业资本结构变化

资料来源: 根据计算数据绘制。

（三）轻重工业结构分析

黑龙江省 2011~2015 年轻重工业结构变化情况如表 1-16 所示。从不同指标的轻重比例构成来看, 2011 年企业数量轻工业占 40.48%, 重工业占 59.52%; 工业总产值轻工业占 27.15%, 重工业占 72.85%; 工业销售产值轻工业占 27.14%, 重工业占 72.86%; 资产总计轻工业占 19.33%, 重工业占 80.67%; 主营业务收入轻工业占 28.13%, 重工业占 71.87%; 利润总额轻工业占 13.85%, 重工业占 86.15%。到 2015 年时, 企业数量轻工业占 48.08%, 重工业占 51.92%; 工业总产值轻工业占 40.74%, 重工业占 59.26%; 工业销售产值轻工业占 41.55%, 重工业占

58.45%；资产总计轻工业占 22.84%，重工业占 77.16%；主营业务收入轻工业占 41.37%，重工业占 58.63%；利润总额轻工业占 59.64%，重工业占 40.36%。5 年间 6 项评价指标轻工业占比呈现逐年上升趋势，其中利润总额轻工业占比于 2015 年超过重工业，轻重工业结构发生了巨大变化。当然新一轮振兴不光是单纯的降低比例，更重要的是要调整投入要素供需的结构失衡，补齐短板，打造综合竞争优势，积极发挥重工业的引擎作用，促进产业转型升级。

表 1-16　2011~2015 年黑龙江省轻重工业结构变化　单位：%

指标		2011 年	2012 年	2013 年	2014 年	2015 年
企业数量	轻工业	40.48	41.42	43.27	46.11	48.08
	重工业	59.52	58.58	56.73	53.89	51.92
工业总产值	轻工业	27.15	30.14	34.44	35.57	40.74
	重工业	72.85	69.86	65.56	64.43	59.26
工业销售产值	轻工业	27.14	30.15	34.55	35.75	41.55
	重工业	72.86	69.85	65.45	64.25	58.45
资产总计	轻工业	19.33	20.92	22.10	22.61	22.84
	重工业	80.67	79.08	77.90	77.39	77.16
主营业务收入	轻工业	28.13	31.00	35.04	35.85	41.37
	重工业	71.87	69.00	64.96	64.15	58.63
利润总额	轻工业	13.85	17.17	23.29	27.10	59.64
	重工业	86.15	82.83	76.71	72.90	40.36

资料来源：根据 2012~2016 年《黑龙江统计年鉴》整理计算。

三、制造业行业效率分析

下面考察黑龙江省制造业各子行业的效率状况。表 1-17 反映的是 2015 年黑龙江省制造业各子行业基本的投入与产出状况，选用固定资产合计代表资本投入，从业人员平均人数是劳动力投入，工业总产值则代表了产出。

表1–17　2015年黑龙江省制造业行业效率评价投入产出状况

行业	固定资产合计（亿元）	从业人员平均人数（万人）	工业总产值（亿元）
农副食品加工业	485.41	13.85	2691.30
食品制造业	191.36	3.94	559.80
酒、饮料和精制茶制造业	158.06	3.20	320.70
烟草制品业	23.69	0.57	102.61
纺织业	23.66	2.66	97.50
纺织服装、服饰业	7.19	0.34	31.20
皮革、毛皮、羽毛及其制品和制鞋业	2.62	0.21	75.39
木材加工及木、竹、藤、棕、草制品业	109.61	3.23	455.27
家具制造业	24.24	1.43	80.33
造纸及纸制品业	36.92	0.90	74.82
印刷和记录媒介复制业	8.12	0.41	29.95
文教、工美、体育和娱乐用品制造业	16.67	0.71	70.36
石油加工、炼焦和核燃料加工业	339.53	4.95	988.63
化学原料和化学制品制造业	198.37	3.80	533.81
医药制造业	156.23	4.82	313.11
化学纤维制造业	1.30	0.03	2.11
橡胶和塑料制品业	53.66	1.82	197.00
非金属矿物制品业	235.81	4.70	522.06
黑色金属冶炼及压延加工业	129.05	1.99	135.86
有色金属冶炼及压延加工业	47.44	0.76	37.62
金属制品业	44.61	2.00	173.07
通用设备制造业	127.50	4.30	346.11

第一章　方位判断：东北老工业基地制造业发展水平

续表

行业	固定资产合计（亿元）	从业人员平均人数（万人）	工业总产值（亿元）
专用设备制造业	158.69	4.11	294.52
汽车制造业	122.62	1.75	197.54
铁路、船舶、航空航天和其他运输设备制造业	83.41	3.05	200.20
电气机械和器材制造业	79.78	2.41	208.09
计算机、通信和其他电子设备制造业	6.52	0.35	23.72
仪器仪表制造业	9.58	0.63	29.10
其他制造业	24.80	0.51	29.40

资料来源：根据2016年《黑龙江统计年鉴》整理计算。

由表1-17来看，黑龙江省制造业各子行业的投入产出状况层级分明、差距显著，固定资产合计最高的行业是农副食品加工业，为485.41亿元，最低的行业是化学纤维制造业，为1.30亿元，两者相差了近373.39倍。工业总产值最高的行业是农副食品加工业，为2691.30亿元，最低的行业是化学纤维制造业，为2.11亿元，两者相差了近1275.50倍。同样，从业人员平均人数最高的行业是农副食品加工业，为13.85万人，最低的行业是化学纤维制造业，为0.03万人，两者相差了近461.67倍，可见农副食品加工业在黑龙江省制造业中具有举足轻重的地位，而化学纤维制造业是黑龙江省制造业的软肋与短板。当然，造成黑龙江省制造业这种行业格局的原因依然是复杂的，产值很大的行业，并不一定就意味着其生产效率自然亦高。倘若要考察黑龙江省制造业各子行业的生产效率就需要综合考虑其投入与产出情况，由于这可能涉及多个投入及多个产出指标下的效率评价问题，因此本部分采用上文介绍的DEA方法来进行黑龙江省制造业各子行业效率的测算和评价，具体评价结果如表1-18所示。

表1-18 黑龙江省制造业行业效率评价结果

行业	技术效率	纯技术效率	规模效率	规模报酬
农副食品加工业	0.541	1.000	0.541	drs
食品制造业	0.396	0.693	0.571	drs
酒、饮料和精制茶制造业	0.279	0.464	0.601	drs
烟草制品业	0.501	0.616	0.814	drs
纺织业	0.143	0.283	0.506	drs
纺织服装、服饰业	0.256	0.298	0.857	irs
皮革、毛皮、羽毛及其制品和制鞋业	1.000	1.000	1.000	—
木材加工及木、竹、藤、棕、草制品业	0.393	0.678	0.579	drs
家具制造业	0.156	0.165	0.949	drs
造纸及纸制品业	0.232	0.232	0.999	—
印刷和记录媒介复制业	0.203	0.240	0.848	irs
文教、工美、体育和娱乐用品制造业	0.276	0.278	0.992	irs
石油加工、炼焦和核燃料加工业	0.556	1.000	0.556	drs
化学原料和化学制品制造业	0.391	0.683	0.573	drs
医药制造业	0.181	0.301	0.602	drs
化学纤维制造业	0.196	1.000	0.196	irs
橡胶和塑料制品业	0.301	0.467	0.646	drs
非金属矿物制品业	0.309	0.539	0.574	drs
黑色金属冶炼及压延加工业	0.190	0.263	0.722	drs
有色金属冶炼及压延加工业	0.138	0.154	0.894	irs
金属制品业	0.241	0.463	0.521	drs
通用设备制造业	0.224	0.412	0.544	drs
专用设备制造业	0.200	0.329	0.607	drs
汽车制造业	0.314	0.482	0.652	drs
铁路、船舶、航空航天和其他运输设备制造业	0.183	0.308	0.594	drs
电气机械和器材制造业	0.241	0.374	0.643	drs

续表

行业	技术效率	纯技术效率	规模效率	规模报酬
计算机、通信和其他电子设备制造业	0.189	0.259	0.729	irs
仪器仪表制造业	0.129	0.186	0.690	irs
其他制造业	0.161	0.190	0.844	irs
平均值	0.294	0.461	0.684	

资料来源：笔者计算。

从表1-18可以看出，黑龙江省各子行业的技术效率值的平均值无论是用CRS还是VRS进行评价其结果没有很大区别，分别为0.294和0.461。而黑龙江省制造业各子行业的技术效率却不尽相同，现在以CRS下的技术效率为主分析制造业各子行业与生产前沿面的关系。在全部的29个制造业子行业中，只有皮革、毛皮、羽毛及其制品和制鞋业的技术效率值等于1，这意味着该行业处于生产前沿面上，生产是有效率的行业，在给定投入下的产出已经达到了最大化状态。如果考虑到技术有可能是VRS的，则农副食品加工业，石油加工、炼焦和核燃料加工业，化学纤维制造业这三个制造业子行业也处于有效率的状态。技术效率值在0.5以上的行业是农副食品加工业（0.541），烟草制品业（0.501），石油加工、炼焦和核燃料加工业（0.556），这三个行业的生产效率相对较高，其他行业的技术效率值均在0.5以下，生产效率亟待提高。处于规模报酬递增状态的行业包括8个行业纺织服装、服饰业，印刷和记录媒介复制业，文教、工美、体育和娱乐用品制造业，化学纤维制造业，有色金属冶炼及压延加工业，计算机、通信和其他电子设备制造业，仪器仪表制造业，其他制造业。整体而言，黑龙江省制造业的行业效率较低，很多行业在既定投入下的产出未能实现最优化，制造业发展水平不高，因而提高行业效率，推进制造业高质量发展的要求更加迫切。

第四节 东北制造业发展水平地区比较分析

本节将从规模状况、产业效率、管理效益、质量效益、信息化应用、国际竞争力等六个层面，对东北老工业基地制造业发展状况与京津冀、长三角、珠三角等国内其他典型经济区进行比较分析，以便对东北制造业的发展水平提供准确的方位判断。

一、制造业规模水平比较

规模状况是制造业发展水平的直接体现。如图1-7所示，2015年东北地区制造业工业销售产值为58664.99亿元，出口交货值为2882.17亿元，资产总额为54365.15亿元；京津冀地区制造业工业销售产值为76291.76亿元，出口交货值为5265.56亿元，资产总额为71064.49亿元；长三角地区制造业工业销售产值为230688.09亿元，出口交货值为42237.46亿元，资产总额为190102.41亿元；珠三角地区制造业工业销售产值为112357.51亿元，出口交货值为31965.89亿元，资产总额为81676.43，这说明四大经济区制造业规模水平虽然取得良好进展但区域差距突出，长三角地区的三项规模指标均居于首位，而东北地区的三项规模指标均处于末位，两地三项规模指标差值分别达172023.10亿元、39355.29亿元与135737.26亿元。

随着技术革新与产业更替的快速推进，传统制造业转型升级要求迫切，先进制造业发展步伐明显加快。2015年东北地区先进制造业工业销售产值为25470.19亿元，出口交货值为1154.44亿元，资产总额为27365.81亿元；京津冀地区先进制造业工业销售产值为32594.58亿元，出口交货值为3494.55亿元，资产总额为33962.83亿元；长三角地区先进制造业工业销售产值为132051.63亿元，出口交货值为29870.08亿元，资产总额为

第一章 方位判断：东北老工业基地制造业发展水平

114734.64亿元；珠三角地区先进制造业工业销售产值为63505.19亿元，出口交货值为23134.23亿元，资产总额为50651.06，可以看出四大经济区先进制造业规模水平纵然取得良好发展但区域差距依然突出，长三角地区的三项规模指标均居于首位，而东北地区的三项规模指标均位于末位，两地三项规模指标差值分别达106581.44亿元、28715.64亿元与87368.83亿元，可见东北地区通过增强核心关键技术配备，构建先进生产制造体系，发展先进制造业，促进传统制造业提质增效的压力巨大。

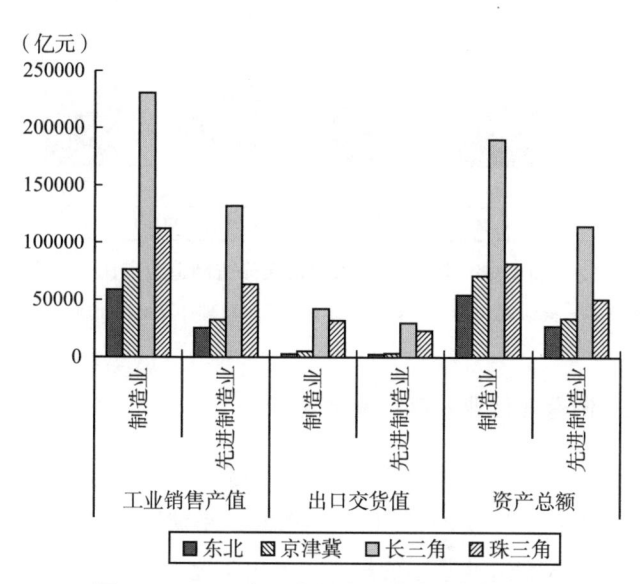

图1-7　2015年四大经济区制造业规模水平

资料来源：根据2016年《中国工业统计年鉴》整理计算绘制而成。

由图1-8可知，与制造业整体对照来看，先进制造业工业销售产值占比东北为43.42%、京津冀为42.72%、长三角为57.24%、珠三角为56.52%，先进制造业出口交货值占比东北为40.05%、京津冀为66.37%、长三角为70.72%、珠三角为72.37%，先进制造业资产总额占比东北为50.34%、京津冀为

47.79%、长三角为60.35%、珠三角为62.01%，由此可见，四大经济区先进制造业的发展差距巨大，长三角与珠三角先进制造业状况较好，而东北与京津冀则较弱，先进制造业发展不充分，这也反映出提高先进制造业产业份额的迫切性。

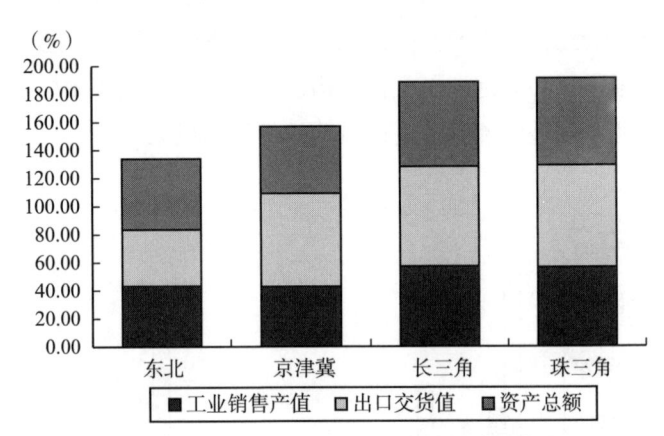

图1-8 2015年四大经济区先进制造业占比

资料来源：根据2016年《中国工业统计年鉴》整理计算绘制而成。

二、制造业行业效率状况比较

下面将对东北与国内典型经济区制造业的效率状况进行对比分析。表1-19反映的是2015年东北、京津冀、长三角、珠三角四大经济区制造业基本的投入与产出状况，以固定资产合计代表资本的投入，平均用工人数代表劳动的投入，工业销售产值代表产出。

表1-19 四大经济区制造业经济效率评价投入产出状况表

地区	固定资产合计（亿元）	平均用工人数（万人）	工业销售产值（亿元）
东北	17751.37	439.75	58664.99
京津冀	22798.04	570.42	76291.76

第一章　方位判断：东北老工业基地制造业发展水平

续表

地区	固定资产合计（亿元）	平均用工人数（万人）	工业销售产值（亿元）
长三角	51436.05	2032.21	230688.09
珠三角	18383.46	1430.36	112357.51

资料来源：根据2016年《中国工业统计年鉴》整理计算而成。

从表1-19可以看出，东北、京津冀、长三角、珠三角四大经济区制造业的发展状况差距明显，区域间不均衡问题突出。长三角在三项指标上均位列四大经济区之首，而东北则均处于末位，东北的固定资产合计与长三角相差2.90倍，平均用工人数与长三角相差4.62倍，工业销售产值与长三角相差3.93倍。当然，造成区域间制造业发展差距的原因是复杂的，可以追溯到历史沿革方面、体制机制方面、市场需求方面、对外开放方面等等，而区域制造业产值大，并不能说明其生产效率就必然高，现在综合考虑四大经济区制造业的投入与产出情况，使用上文介绍的DEA效率评价方法对四大经济区制造业的生产效率进行评价，具体评价结果如表1-20所示。

表1-20　四大经济区制造业经济效率评价结果

地区	技术效率	纯技术效率	规模效率	规模报酬
东北	0.997	1.000	0.997	规模报酬递增
京津冀	1.000	1.000	1.000	—
长三角	1.000	1.000	1.000	—
珠三角	1.000	1.000	1.000	—
平均值	0.999	1.000	0.999	

资料来源：笔者计算。

从表1-20可以看出，四大经济区制造业在CRS和VRS下的技术效率不存在明显的差别，现以 CRS 下的技术效率为主分析四大经济区与生产前沿面的关系。京津冀、长三角、珠三角制造业的技术效率值等于 1，说明这三个区域处于生产前沿面上，生产是有效率的区域，在既定投入下的产出达到了最优化状态。东北的技术效率值为 0.997，接近于生产前沿面，且处于规模报酬递增的状态。

对于各区域来说，制造业的经济效率表征了某区域在给定投入下实际产出与最大可能产出之间的差距。除了经济效率外，制造业的研发状况也是备受关注的一个方面，因为研发情况关系到区域制造业的产业创新能力。因此，本部分继续探讨四大经济区制造业的创新效率，选取产出指标专利申请数，投入指标 R&D 人员折合全时当量、R&D 经费内部支出、R&D 项目经费支出、购买境内与引进技术经费支出，四大经济区制造业技术创新能力评价涉及的投入和产出变量如表 1-21 所示。

表 1-21　四大经济区制造业创新效率评价投入产出状况表

地区	申请专利数（件）	R&D 人员折合全时当量（人年）	R&D 经费内部支出（万元）	R&D 项目经费支出（万元）	购买境内与引进技术经费支出（万元）
东北	15064	104061	4160736	3657529	501598
京津冀	47141	214516	8825591	7812177	503476
长三角	222164	852954	28343197	26782283	1656345
珠三角	106038	411059	15205497	14564939	1281986

资料来源：根据 2016 年《工业企业科技活动统计年鉴》整理计算而成。

从表 1-21 来看，长三角与珠三角的 R&D 人员投入和各项经费支出均较高，自然也是专利申请产出最多的区域，但这是否就意味着这两个区域的创新效率也自然就高呢？这需要我们结合投入和产出情况进行综合考察，具体评价结果如表 1-22 所示。

表1-22　　　　四大经济区制造业创新效率评价结果

地区	技术效率	纯技术效率	规模效率	规模报酬
东北	0.556	1.000	0.556	irs
京津冀	0.844	1.000	0.844	irs
长三角	1.000	1.000	1.000	—
珠三角	0.990	1.000	0.990	irs
平均值	0.847	1.000	0.847	

资料来源：笔者计算。

现在仍然主要以 CRS 技术为主进行分析。通过观察表1-22，首先可以看到四大经济区制造业的创新效率平均值是 0.847，要明显低于四大经济区制造业的经济效率的平均值 0.999。创新效率处于前沿面的区域是长三角，珠三角的效率值介于（0.9，1），京津冀的效率值介于（0.8，0.9），东北的效率值介于（0.5，0.6），珠三角、京津冀、东北三个区域均处于规模报酬递增的状态，制造业的创新潜力可挖掘空间巨大。

基于上述分析，本部分将四大经济区制造业的经济效率和创新效率结合起来利用示意图进行评价。从图1-9可以看出，长三角是高经济效率与高创新效率的区域，京津冀和珠三角是高经

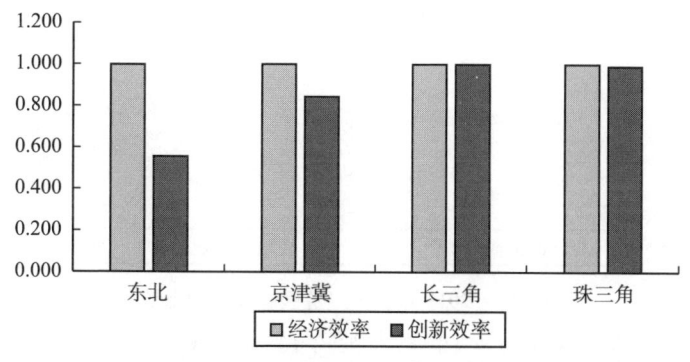

图1-9　四大经济区制造业经济效率与创新效率比较

资料来源：根据上述经济效率与创新效率评价结果绘制而成。

济效率与较高创新效率的区域,而珠三角的创新效率比京津冀高出 0.146,东北则是较高经济效率与低创新效率的区域,其创新效率比长三角相差 0.444。总体而言,东北制造业的经济效率和创新效率在四大经济区中处于末位,产业创新能力有待提高。

三、制造业质量效益状况比较

质量效益水平是制造业提质增效的重要目标维度,东北老工业基地制造业在强化先进技术投入与研发的同时,为了实现良好的制造效益,提高工人生产效率是企业制造效率提升不可或缺的关键因素,而为了实现东北制造业由粗放型向集约型转变,重视制造产品质量,强化质量效益考核是必由选择。图 1 – 10 从全员劳动生产率角度反映了四大经济区制造业的质量效益。从图中信息来看,2015 年四大经济区制造业全员劳动生产率由高到低依次为京津冀 133.75 万元/人、东北 133.41 万元/人、长三角 113.52 万元/人、珠三角 78.55 万元/人。

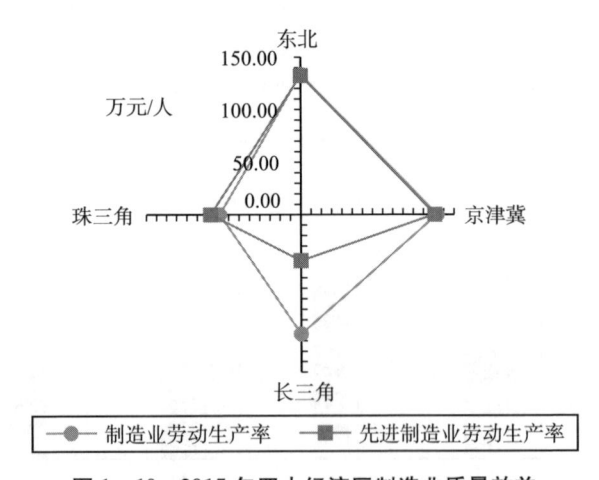

图 1 – 10 2015 年四大经济区制造业质量效益

资料来源:根据 2016 年《中国工业统计年鉴》整理计算绘制而成。

在先进制造业质量效益方面,2015 年四大经济区先进制造业全员劳动生产率由高到低依次为东北 132.37 万元/人、京津冀 131.21 万元/人、珠三角 87.30 万元/人、长三角 43.86 万元/人，与制造业整体的劳动生产率相比，长三角的差距较大，这可能与研究的行业选取有关，尤其东北先进制造业的劳动生产率较高，说明其产业底蕴深厚，产业工人技术配备能力较高，具备发展先进制造业的潜在素质。

四、制造业管理效益状况比较

对于东北老工业基地而言，制造业管理效益水平的提升直接关乎其先进性水平的提升，这是因为传统产业改造提升的推进，制造业强基固本的实现，企业创新活力的增强都离不开制造企业的先进管理，而先进的企业管理关系到能否充分运用有限的资源获取最大的利润，是否具有较强的获利能力又关系到企业能否在激烈的竞争中生存，而资产负债率与流动资产周转率是衡量制造业管理效益的两个重要指标。图 1-11 显示的是 2015 年四大经济区制造业管理效益状况，从中可以得知，东北制造业资产负债率达 59.10%，处于四大经济区的首位，制造业流动资产周转率达 2.13 次/年，处于四大经济区的第二位；京津冀制造业资产负债率达 56.47%，在四大经济区中居第三位，制造业流动资产周转率达 2.14 次/年，在四大经济区中居第一位；长三角制造业资产负债率为 53.46%，制造业流动资产周转率为 2.1168 次/年，两者在四大经济区中均位于末位；珠三角制造业资产负债率达 57.80%，处于四大经济区的第二位，制造业流动资产周转率为 2.1186 次/年，在四大经济区中居第三位。

新一轮老工业基地振兴与供给侧结构性改革的顺利推进一个重要的考核方面是老工业基地的先进制造企业能否在市场竞争中适时调整产品结构，抓住新的市场机遇，进而增强生存能力。因而，先进制造业管理效益状况也是备受关注的一个方面，2015 年东北先进制造业资产负债率达 57.92%，处于四大经济区的第二位，流动资产周转率达 1.65 次/年，处于四大经济区的末位；京津冀先进制造业资产负债率达 52.91%，流动资产周转率达 1.68 次/年，两者在四大经济区中均位于第三位；长三角先进制造业资产负债率为 52.13%，处于四大经济区的末位，流动资产周转率为 1.95 次/年，在四大经济区中居首位；珠三角先进制造业资产负债率达 58.16%，处于四大经济区的第一位，流动资产周转率为 1.82 次/年，在四大经济区中居第二位。

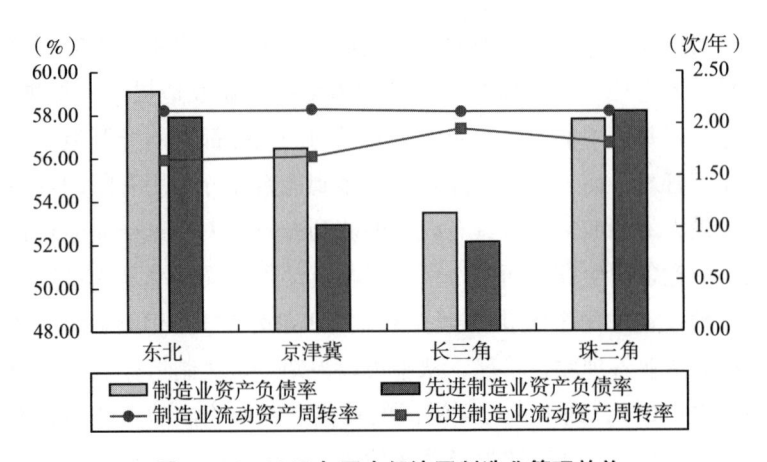

图 1-11　2015 年四大经济区制造业管理效益

资料来源：根据 2016 年《中国工业统计年鉴》整理计算绘制而成。

五、制造业信息化应用水平比较

2015 年全国两化融合发展总指数为 72.68，与 2014 年的 66.14 相比增长了 6.54[①]，与此同时，在各区域积极落实《中国制造 2025》《国务院关于积极推进"互联网+"行动的指导意见》，开展"工业云""互联网与工业融合创新"试点示范等一系列措施的推动下，各区域的企业信息化建设得以迅速展开，两

---

① 资料来源：2015 年度中国信息化与工业化融合发展水平评估报告。

化融合水平得以显著提高，各区域的信息化应用水平也得以快速提升。图1-12反映了2015年四大经济区信息化应用水平三项指标情况，其中，东北的宽带普及指数、宽带速率指数、企业信息应用指数分别为76.88、76.51与86.01，京津冀的宽带普及指数、宽带速率指数、企业信息应用指数依次为79.31、85.40及90.83，长三角的宽带普及指数、宽带速率指数、企业信息应用指数分别为90.63、87.61与94.53，珠三角的宽带普及指数、宽带速率指数、企业信息应用指数依次为91.25、79.48及92.86，东北的三项指标指数均位于末位，说明东北地区在四大经济区中的信息化应用水平最低。

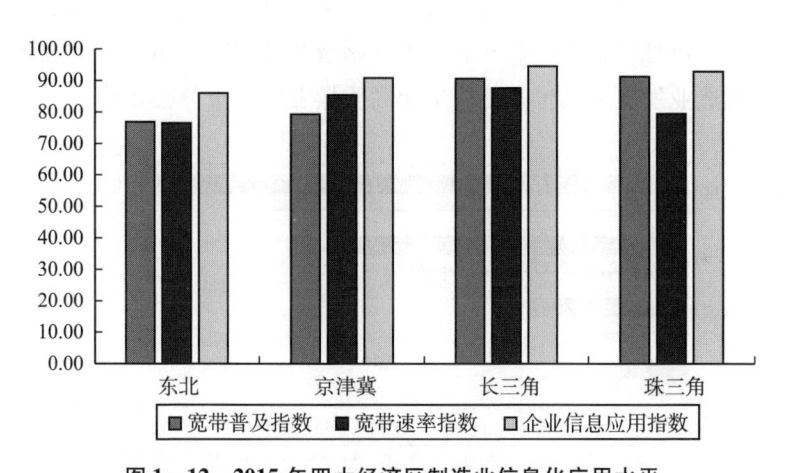

图1-12　2015年四大经济区制造业信息化应用水平

资料来源：根据2015年中国信息化发展水平评估报告整理绘制而成。

六、制造业国际竞争水平比较

国际竞争水平是衡量制造业发展水平的重要维度，对于国际竞争水平的测度可以选取不同的指标作为依据，本部分从行业国际销售率角度考察东北与其他地区制造业的国际竞争水平。从图1-13来看，2015年东北、京津冀、长三角、珠三角的行业国际销售率分别是 4.91%、6.90%、18.31% 与 28.45%，区域间制造业的国际竞争水平差距十分明显，国际竞争水平最低的东北与国际竞争水平最高的珠三角相差 23.54%，京津冀与珠三角相差 21.55%，长三角与珠三角相差 10.14%。

此外，从四大经济区先进制造业的国际竞争水平来看，2015 年东北、京津冀、长三角、珠三角的先进制造业行业国际销售率分别是 4.53%、10.72%、22.62%、36.43%，区域间先进制造业的国际竞争水平差距十分明显，国际竞争水平最低的东北与国际竞争水平最高的珠三角相差 31.90%，京津冀与珠三角相差 25.71%，长三角与珠三角相差 13.81%。与制造业整体相比，除东北外，其他三个区域的先进制造业国际竞争水平均高于制造业整体，可见以扩大产业开放、提升制造产品国际竞争力、加强先进制造业发展来助推东北制造业高质量发展是十分必要的。

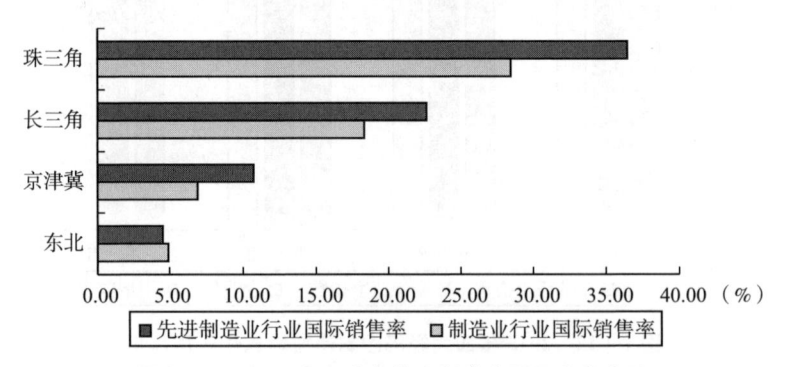

图 1-13 2015 年四大经济区制造业国际竞争水平

资料来源：根据 2016 年《中国工业统计年鉴》整理计算绘制而成。

第五节 提升东北制造业发展水平的对策建议

上述基于东北经济在新常态下跌入低谷的现实背景与东北新

第一章　方位判断：东北老工业基地制造业发展水平

一轮振兴的战略背景，分析了东北制造业新一轮产业发展的水平问题。紧扣要求新旧动能转换与高质量发展的目标约束，并结合制造业新一轮产业结构的变动趋向与产业发展的现实水平，我们得到打造东北制造业竞争优势，提升制造业新一轮产业发展水平的如下对策建议。

一、深入推进市场化改革，提高产业发展效率

积极推进供给侧结构性改革，促进体制机制创新，打破地区市场分割与行政垄断，提升制造企业的运营效率，充分挖掘市场的深度与广度，同时需要规范政府行为，厘清政府与市场的边界，进而建立与完善产业进入退出机制，坚决淘汰落后产能，有效化解产能过剩，大力改造产业存量，深度挖掘蕴含在产业存量资源中的经济潜力，同时要积极培育优质产业增量，大力发展工业互联网与数字经济。此外，要遵循产业发展规律，制定合理的制造业产业升级政策，梯度推进制造业转型与升级，不断推出满足个性化、定制化与多样化市场需求的制造产品，通过市场化改革的深入推进，逐步解决东北老工业基地制造业多年发展形成的结构性难题、累积性痼疾与对抗性问题，积极破解产业发展瓶颈，降低老工业基地的地区交易成本，进而提高东北制造业的产业发展效率，包括经济效率与创新效率。

二、不断改善要素禀赋结构，提高要素配置效率

从东北制造业发展来看，曾经推动东北制造业快速发展的要素禀赋优势已然不在，而当前东北资源环境约束加紧、人力资源严重流失[①]、制度创新停滞不前，对制造业转型升级形成巨大压力。而产业结构的升级很大程度上取决于要素结构的升级，通过

---

① 当前东北人力资源流失的表现是青壮年劳动力外迁和高素质人才外流的双重流失。

新旧动能转换，拓展新的要素禀赋，加大人力资本配备，依据外部环境要素的变化不失时机地促进资源重新组合，促进区域比较优势重塑，进而推进东北制造业的比较优势实现动态转化，加快提升制造业产业发展水平。与此同时，需要通过积极推进要素市场改革来促进制造业结构调整，不断引导行业间要素重置，矫正要素配置扭曲，大力促进要素结构调整向最优要素配置的要求迈进，有效发挥要素的重置效应，积极改善要素使用与破解资源诅咒问题，不断提高要素配置效率，进而推进东北制造业产业效率的提高。

三、大力促进产业创新，努力攀登产业链高端

当前，东北老工业基地先进制造业与新兴产业发展滞后，大部分高端产品价值链核心环节依然受制于人，而要弥补这个短板并取得长期发展进而提高竞争力的关键一招是产业创新，因为产业创新是实现产业领先的重要出路，而只有真正让企业成为创新主体，不断推进产业创新，才是东北制造产业与企业摆脱困境的必由选择。新一轮东北老工业基地要推进制造业实现转型升级，就要在创业创新上做文章，在突破制造业关键核心技术和俘获高附加值产业链环节方面下功夫，且针对外部环境的变化，提升东北制造业产品的独特性与复杂度，这不仅能够减少外界环境变化的冲击，而且能够提高供给产品的质量。而实现产业创新的一个重要保障是重视创新孵化机制，构建老工业基地的创新系统。相对于珠三角等地，创新孵化机制对老工业基地尤显重要，东北的制造业产业发展不能光顾及当前困境与显性问题，更要破除抑制制造业创新能力累积和跨越式升级的机制与环境障碍，减少制造业无效投入与浪费，发挥人力人才优势，大力推进产业创新，积极拓展产业链条的生长空间，夯实产业链条的薄弱环节，填补产业链条的空白地带，创造更高附加值产业，重获市场竞争优势，努力向产业链高端迈进，进而提高东北老工业基地制造业的国际

竞争能力。

四、深入调整制造业结构，提升先进制造业产业份额

老工业基地新一轮制造业实现转型升级面临的一个课题是制造业内部结构不合理，高精尖制造产业发展不充分，而低端制造产品过剩，这就要准确把握制造业结构调整的基本规律，积极发展兼备技术先进、附加值高、带动性强的制造业，借鉴德国鲁尔工业区等的先进经验，增强核心技术研发能力，促进制造业全要素生产率的提高，恶补核心竞争优势欠缺的短板，瞄准产业前沿，有效遏制重复建设，促进制造业向资源节约和环境友好的方向转变。与此同时，立足现有产业基础，吸引且培育优势产业，推进传统优势制造业迈向专业化水准，合理布局制造业发展格局，不断形成新的产业增长点，通过有效协调贸易、市场、政府等这些外生变量来提高先进制造业产业份额，推进制造业在高端化、服务化、智能化方向上取得实质突破，抢占先进制造业高地，不仅有助于优化制造业内部结构，增加制造产品附加值，提升发展效率和质量，而且有助于促进东北制造业的结构失衡问题的解决，进而提高东北制造业的国际竞争力。

五、积极扩大产业开放，加强与东北亚国家产业合作

新一轮振兴过程中推进东北制造业转型发展的一个关键是产业开放与合作。利用东北面向东北亚前沿阵地的地缘优势，积极扩大产业开放，突破以往产业发展的思维束缚，充分挖掘东北亚可利用的产业资源优势，推进制造业开放合作，提升制造业对外合作战略思维，深化"一带一路"产业务实合作，不断拓展东北老工业基地制造业与日韩等东北亚国家的合作领域，积极尝试与探索新的合作模式，大力促进人才培育，在合作中不断寻找促成创新、突破传统与自我实现的路径，提升东北老工业基地在国际产业链中的分工位置，将东北打造成具有现代化能力的高新技术先进制造业基地。此外，要积极参与区域产业分工，形成与周边地区的合理分工同样是实现制造业新一轮转型升级的关键路径，要充分发挥装备制造优势，积极培育战略性新兴产业的尖端领域，大力发展生产性服务业，注重专业化生产，推动制造业产业链功能升级，促进制造业结构向多样化、精细化方向发展，与京津冀等地区形成合作共赢、错位发展、协同互动的良好局面，这不仅有利于提升东北制造业开放与合作的水平，构建多层次的区域产业转移合作体系，而且有利于东北吸引国际优势产业资本，促进国际产能与装备制造合作，推进产业实现良性释放与承接。

第二章

体制突破：东北老工业基地国有企业混合所有制改革

国有企业是我国国民经济发展的中坚力量，为我国成为世界第二大经济体做出了卓越贡献。东北老工业基地工业基础雄厚，特别是诸如钢铁、汽车、机床、造船、石油化工等制造业发达，在构建我国现代工业体系过程中扮演了重要角色。然而，当前东北国有企业正经历前所未有的困难和挑战，国有企业发展已到了"滚石上山，爬坡过坎"的关键阶段，面临前所未有的复杂性和艰巨性。

发展混合所有制是东北老工业基地国有企业改革的必然路径选择。只有通过发展混合所有来制破解其长期形成的体制障碍，释放新的改革红利，使国有企业真正成为市场主体，切实健全现代企业制度，构建符合市场规则的企业运行机制，塑造国有企业新动能，才能充分发挥国有企业的市场活力和市场竞争力，重铸东北老工业基地制造业的辉煌。

第一节　国有企业混合所有制改革进程与混合所有制政策演进

一、国有企业改革及其进程

（一）国有企业的内涵及特性

1. 国有企业的内涵界定

国有企业简称国企，是企业的一种特定的组织形式或制度①。我国《宪法》中对国有企业的定义：国有经济，即社会主义全民所有制经济，是国民经济中的主导力量②。国有企业是按《中华人民共和国企业法人登记管理条例》的相关规定注册、资产归全民所有，由各级政府拥有所有权的非公司制经济组织。在我国，国有企业占有相当大的比重，它是推进国家现代化、保障人民共同利益的重要力量。国有企业在社会化大生产条件下，为弥补市场失灵，在制度、目标和管理等诸方面具有自身特性的现代契约组织③④。国企是党和国家的重要政治基础和物质基础。

2. 国有企业的特性

国有企业具有两重性：一般性和特殊性⑤。一般性是指国有

---

① 宋养琰：《国企改革30年》，载于《经济研究导刊》2008年第12期。
② 周新城：《一切改革措施都必须按照宪法办事》，载于《思想教育研究》2015年第3期。
③ 杨斌：《基于心理契约理论的国有企业职工管理模式研究》，天津大学硕士学位论文，2013年。
④ 梅玫：《国有企业私有化的利弊》，载于《现代商业》2013年第11期。
⑤ 徐传谌、陈黎黎：《中国国有企业特殊社会责任评价体系研究——一个分类推进改革的新标准》，载于《当代经济管理》2016年第9期。

第二章 体制突破：东北老工业基地国有企业混合所有制改革

企业同其他企业一样都是营利性的组织，追求利润最大化；特殊性是指国有企业源于社会经济制度赋予的社会性①。国有企业作为市场竞争主体，通过其生产经营活动，向消费者提供产品和服务，并尽其所能实现成本最低及利润最大化，这体现为国有企业的一般特性。但与市场经济相伴而生出现的垄断、外部性、市场信息不充分的状况，从而导致市场失灵。同时，由于市场经济自身存在功能缺陷，使经济中出现周期性波动现象，导致失业或通货膨胀，造成经济结构失衡。为了克服市场失灵和弥补市场功能缺陷，则需要政府出面对经济运行进行干预，政府投资组建国有企业是干预经济运行的一种手段。这时，国有企业表现出非营利的社会性。

（二）国有企业改革进程

我国国企改革从1978年十一届三中全会到2018年，已进行了整整40年，变革的过程是从经营权变革向渐进的所有权改革转变，形成了以国有和非国有两大类不同的经济成分在企业内部融合的混合所有制结构②。国企改革的实质就是进行混合所有制改革，无论从产权结构还是从管理体制方面都进行了混合。由于在不同时期，改革的主要形式不同，由此将国企改革划分为以下四个阶段：

第一阶段：1978~1986年，该阶段主要是以扩大国有企业自主经营权的放权让利改革为主，尚未触及所有权改革。传统国有企业政企不分，政府垄断企业的经营权和产品的支配权以及收益处置权，导致国有企业经营低效率，长期处于亏损状态。针对传统国有企业的弊端，1979年4月中央做出了扩大企业自主权、

---

① 郭立增：《浅谈国有企业在构建和谐社会经济环境中的作用》，载于《管理学家》2012年第17期。
② 金依媚：《国企混合所有制改革与企业活力研究》，浙江财经大学硕士学位论文，2015年。

改革企业管理体制的决定,政府向国有企业让渡了一定的生产自主权、原料选购权、劳动用工权和产品销售权等经营权①,使国有企业成为"自负盈亏、自主经营、自我约束、自我发展"②的经济实体。这一阶段的改革表现形式为企业承包责任制、转化企业经营机制以及利改税。承包企业生产什么、生产多少、销售给谁等都由经营者自主,把生产责任制同经济效益结合起来,并逐渐形成责权利相结合的经济责任制③。分配方式按"多劳多得",工资形式多样,有计件、计时、浮动工资等。除了工资,还有奖金。这在某种程度上激活了企业的内在活力,但由于是部分的"放权让利",并没有从根本上改变企业行政从属关系和计划工具的地位,利润的提留与分配缺乏合理依据,导致了政府与企业之间的利益摩擦,由此导致国有企业改革处于胶着状态④。1984年9月实施完全的利改税,解决了国家与企业的所得分配关系问题,不但调动了企业的积极性,也促进了国家财政收入的增长。

第二阶段:1987~1993年两权分离阶段⑤,即国家所有权与企业经营权的分离。这一阶段改革的主要思路是以促进政企职责分开和国有企业向市场主体转变⑥。其主要形式是承包制和租赁制,强化企业自主经营权,完善企业的经营机制,以"包死基数、确保上交、超收多留、欠收自补"⑦为主要内容⑧。其后果导致企业注重短期行为、注重当前利益而忽视了长期投入,这种政策的负面效应很大,所以改革的战略指导思想亟须转变。

---

① 丁博亚:《二十世纪九十年代前后朱镕基国有企业改革思想研究》,安徽师范大学硕士学位论文,2016年。
② 宋养琰:《国企改革30年》,载于《经济研究导刊》2008年第12期。
③⑧ 孙梅、石怀春:《试论科学发展观的基本内涵》,载于《传承》2013年第5期。
④⑤ 唐克敏:《混合所有制改革面临的主要难题与对策》,载于《经济问题》2015年第6期。
⑥ 周叔莲:《我对国有企业改革的研究》,载于《中国延安干部学院学报》2012年第4期。
⑦ 乔春华:《现代企业的资本运营》,经济管理出版社1997年版。

第二章 体制突破：东北老工业基地国有企业混合所有制改革

第三阶段：1994~2006年：该阶段是国有企业改革从控制权变革向所有权改革的渐次过度，建立了现代企业制度，是混合所有制大力发展阶段。此时混合所有制主要以各种资本"参股"的混合经营模式存在①。党的十四大报告提出建设社会主义市场经济体制目标，同时提出，在所有制结构上，要以公有制为主体，个体、私营、外资为补充，多种经济成分长期共同发展②③。之后，以股份制形式为主的混合所有制企业不断增加，中小型企业活力得到释放。到党的十五大的时候，又进一步确立了以公有制为主体、多种所有制经济成分长期共同发展的制度，并将其作为社会主义初级阶段的基本经济制度，所以把混合所有制结构的形态概括为社会主义初级阶段的基本制度特征（田丹，2014）。党的十五大首次提出国有大中型企业可以改为股份制企业，鼓励发展混合所有制经济④。此后，国有企业开始尝试向民企和外企出售部分国有股权以形成国有控股的混合所有制企业。2002年，党的十六大报告中强调了"两个毫不动摇"，并在发展混合所有制经济的范围和方式上予以厘清，指出除极少数必须由国家独资经营的国有企业外，其他国有企业均可以通过积极推行股份制的方式⑤⑥，进行混合所有制经济的改造。如果说，党的十五大是强调股份制不能简单地归公有或私有，那么党的十六大是要求股份制成为公有制的主要实现形式。

第四阶段：2007年至今：为国有企业完善现代企业制度、混合所有制改革深化、经营主体深入市场化阶段。该阶段将非公

---

① 金依媚：《国企混合所有制改革与企业活力》，浙江财经大学硕士（学位论文）2015年。
②⑥ 田丹：《社会主义市场经济是对马克思主义经济理论的重大发展》，载于《环球市场信息导报（理论）》2014年第5期。
③⑤ 刘伟：《发展混合所有制经济是建设社会主义市场经济的根本性制度创新》，载于《经济理论与经济管理》2015年第1期。
④ 张文魁：《中国混合所有制企业的兴起及其公司治理研究》，经济科学出版社2010版。

有制经济放在和公有制同样的高度，继而为深化混合所有制改革创造了条件。2007年党的十七大强调以现代企业产权制度为基础，发展混合所有制经济[1]。2012年党的十八大报告，尤其是党的十八届三中全会的决定，对于发展混合所有制经济，积极推进发展混合所有制企业的重要性、迫切性、实施路径和方式等都作出了全面系统的说明[2][3]，认为公有制经济和非公有制经济都是社会主义市场经济的重要组成部分，首次将公有经济和非公有经济放在了同一位置[4]。2015年9月17日，国资委发布《中共中央国务院关于深化国有企业改革的指导意见》指出，发展混合所有制经济要鼓励多种方式。国企混改除了引入非国有资本，还鼓励国资以多样化形式入股非公企业，与技术或产品优良但资金不足的成长型科技小企业进行优势互补，从而实现各类所有制资本的共促共赢；并鼓励混合所有制企业实行员工持股试点，建立激励机制，激发员工的主动性和创造力，更好地推动上市公司的价值提升等。该意见是新时期国有企业改革的纲领性文件，为国有企业混合所有制改革有序推进指明了方向，有利于企业间优势互补，提高国有企业资本利用率，激发内在活力。2017年党的十九大报告首次提出推动国有资本做强做优做大，有效防止国有资产流失。发展混合所有制经济[5]，要让更多的国有经济与其他经济成分相互并充分融合[6]。由于政策的积极牵引，国有企业改革全面加速。

---

[1] 秦斗豆：《混合所有制是提高企业治理绩效的有效途径》，载于《中国市场》2014年第3期。
[2][6] 刘伟：《发展混合所有制经济是建设社会主义市场经济的根本性制度创新》，载于《经济理论与经济管理》2015年第1期。
[3] 田丹：《社会主义市场经济是对马克思主义经济理论的重大发展》，载于《环球市场信息导报（理论）》2014年第5期。
[4] 朱列：《非公有制经济应对全面深化改革机遇挑战与策略研究》，载于《广西社会主义学院学报》2016年第5期。
[5] 王希、齐中熙：《培育世界一流企业——代表谈国企改革》，新华社，2017年10月22日。

第二章 体制突破：东北老工业基地国有企业混合所有制改革

二、混合所有制经济及其政策演进

（一）混合所有制经济含义

混合所有制经济，是促进国有企业转型的一把金钥匙[1]，它是我国新时期作为一项制度创新而出现和存在的，是针对我国计划经济体制下的所有制结构而展开的改革（刘伟，2015）。

混合所有制经济，是指财产权分属于不同性质所有者的经济形式[2]，或者说是指在同一社会经济体中，不同性质的所有制和不同形式的所有制经济相互结合而构成的所有制状态[3][4]。它包含两个层面：一是宏观层面。混合所有制经济是指一个国家或地区所有制结构的多样性[5]，既有国有、集体等公有制经济，也有个体、私营、外资等非公有制经济[6][7]。国家或地区所有制结构决定社会经济制度的性质和根本特征。二是微观层面。混合所有制经济是指一个企业或组织是由所有制性质不同的投资主体共同出资组建，即企业中的产权主体不同形成不同的产权结构及公司治理结构。通常来说，混合所有制经济主要是指微观层面。

（二）混合所有制政策演进

混合所有制作为一种制度创新主要是以党的代表大会和相关决议、相应的法律制度作为理论依据，其政策演进主要经历了以

---

[1] 张振高：《国有企业如何推进混合所有制改革》，载于《中国党政干部论坛》2017年第10期。
[2][5] 贾淑军：《如何理解混合所有制经济是基本经济制度的重要实现形式》，载于《河北日报》2013年12月18日。
[3] 刘伟：《发展混合所有制经济是建设社会主义市场经济的根本性制度创新》，载于《经济理论与经济管理》2015年第1期。
[4] 常修泽：《社会主义市场经济体制的基础：混合所有制经济》，载于《理论导报》2014年第7期。
[6] 杨丽颖：《关于发展混合所有制经济的思考》，载于《新经济》2015年第2期。
[7] 顾钰民：《混合所有制经济是基本经济制度的重要实现形式》，载于《毛泽东邓小平理论研究》2014年第1期。

下四次重要变化：

（1）承认个体经济是公有制经济的补充形式。1982年党的十二大报告中明确个体经济是公有制经济的有益补充。1982年12月修订的《宪法》中，再次肯定了城乡个体经济的补充作用。这构成了改革开放后宏观经济中的混合所有制的制度依据。

（2）允许私营经济的存在和发展。1986年中国共产党第十二届六中全会决议，首次提出在社会主义公有制为主体的条件下发展多种经济成分①；1988年修订的《宪法》中，确定允许私营经济的发展，且将私营经济作为社会主义公有制经济的有益补充，同时私营经济的合法权利受到国家保护，国家对私营经济予以引导和监督。这再次确定了宏观经济中混合所有制结构的成分。

（3）明确非公有经济是社会主义国民经济的重要组成部分。从1992年党的十四大报告到1997年党的十五大报告均提出公有制为主体、多种所有制经济长期共同发展②③。这些阐述中说明非公有经济是社会主义国民经济的重要组成部分。在社会主义宏观经济中，包括公有经济和非公有经济。混合所有制经济是社会主义初级阶段的基本制度特征。

（4）强调混合所有制结构，坚持国有经济的主体地位、加强国有企业混合所有制改革。从2002年党的十六大强调两个毫不动摇，到2004年3月十届人大二次会议的修宪，承认私有财产不受侵犯④；从党的十八大报告强调"要毫不动摇巩固和发展公有制经济，推行公有制多种实现形式"，到党的十九大报告提出"必须坚持和完善我国社会主义基本经济制度和分配制度，毫不动摇巩固和发展公有制经济""经济体制改革必须以完善产权

---

①④ 刘伟：《发展混合所有制经济是建设社会主义市场经济的根本性制度创新》，载于《经济理论与经济管理》2015年第1期。
② 马相东：《混合所有制经济是基本经济制度的重要实现形式——访中国社会科学院学部委员张卓元研究员》，载于《新视野》2014年第1期。
③ 宋慧敏：《改革开放以来党的私营经济思想研究》，河北大学硕士论文，2009年。

制度和要素市场化配置为重点，实现产权有效激励""企业优胜劣汰""深化国有企业改革，发展混合所有制经济。"每一次党的代表大会都强调坚持公有制经济的主体地位、同时强调国民经济中多种经济成分并存并相互协调，每一次对混合所有制的强调都有新的内涵。

第二节 国有企业混合所有制改革的动因、目标与方案设计

一、国有企业实施混合所有制改革的动因

国有企业实施混合所有制改革的根源在于要完善国有企业治理结构、健全现代企业制度、提高国有资本配置和运行效率以及促进国有企业经营机制的转换[①]，最大程度地激活企业的内在活力、创新动力、发展潜力，最终提高企业在国际国内的竞争力。

（1）通过混合所有制改革来完善国有企业治理结构，健全其体制和机制。公司治理结构产生的前提是公司资产权属明晰，所有者与经营者分离。公司治理结构是在两权分离前提下的公司所有者对经营者的监督控制机制。公司内部治理结构由股东大会、董事会、监事会和高层经理人员组成，各部分权责明确，形成相互制衡机制。尽管国有企业经历了大规模的股份制改造及兼并重组，但仍高度存在国有股"一股独大"的现象，中小股东根本保证不了其正当合法的权益。国资管理机构与企业经理人之间的委托代理关系不协调，存在着严重的信息不对称现象，从而

---

① 张冰石、马忠、夏子航：《国有企业混合所有制改革理论研究》，载于《经济体制改革》2017年第6期。

导致经理人的"道德风险和逆向选择"①问题。同时国有企业众多，增加了国资监管部门的难度，难以根据不同企业情况设计符合个性化的监管契约，而只能运用大众化的契约，引致激励约束机制不合理，代理成本高昂②。通过实施混合所有制改革，一方面可理顺国企产权关系，健全国资管理的组织体制与机制，解决国资所有者缺位问题，强化监管职能；另一方面可吸收非国有资本进入，形成多元的所有制结构，形成完善的企业治理结构，可有效化解对代理人的监管问题和国资监管单一问题。

（2）通过混合所有制改革整合国有资本及非国有资本，实现共赢。国有资本的最大优点是规模大，得到政府支持多，不足是体制僵化，资源利用效率低③。非国有资本的优点是体制灵活，不足是规模较小，无法实现规模经济。国有资本和非国有资本进行混合，可取长补短，提高资本配置效率，既能实现共赢，又能促进整个经济增长。所以，大力发展混合所有制，一方面有助于国有资本吸收优质的非国有资本，降低国有企业的转型成本；另一方面有助于国有资本以股份制形成的混合所有制经济来提高公有经济的影响力，优化国有资本的功能，更好地发挥其主导作用，促进经济发展④。对于亏损严重、难以经营下去的国有企业，可以通过兼并重组等方式来盘活资产，以促进国有资产的保值增值。

（3）通过混合所有制改革促进国有企业转型升级，优化产权结构。国有企业必须转变发展理念，要从传统制造向新型制造、智能制造转变。中国工业化远未完成，要加快推进工业化与信息化深度融合，大力实施企业的信息化建设，用信息技术、智能系统改造传统工艺，进而改造传统制造；加速新兴产业创新平台建设，使国有资本、社会资本向新兴产业及创新领域流动。通

---

①②③④ 陈俊龙：《新常态下东北地区国有企业混合所有制改革分析》，载于《长白学》2016年第1期。

过实施国企混合所有制，一方面可以引进国有外部的优质投资者，为国有企业转型升级提供诸如技术、人才、管理等各方面的资源；另一方面可以通过参控股等形式加入到优质项目或市场前景良好的非国有企业之中，实现国有资本与非国有资本的有机结合，共同开辟新领域、打造新市场，实现共赢[①]。由此提升各类企业参与到新产品新技术的研发过程和对新资源开发的积极性，实现产业链由过去的粗放型向精细化方向迈进，由传统产业向新兴产业的转型升级。

（4）通过实施混合所有制可使企业之间形成紧密的企业联合，提升企业在产业链上的竞争力[②]。国有企业与非国有企业之间可通过购买股权的方式实现交叉持股，增强国企与非国企之间的业务往来，从而使企业之间形成关系密切的伙伴，若彼此之间只有上下游供应关系，则更有利于提升产业链的整体竞争力。[③]

（5）通过实施混合所有制，可实现国有资本以少控多的目的，强化国有经济的主导和控制力量。对于攸关国家安全、属于经济命脉的重要行业和关键领域的商业类国有企业和部分采用绝对控股的竞争商业类国有企业而言[④]，也可以通过引进国有以外的各类投资者，吸收非国有资本，实现产权多元化，形成混合所有制企业，在这样的企业中国有资本的占比下降，从而使非国有资本占比上升，但非国有资本一定是处于参股地位，控股权依旧是国有资本。相比从前，这就意味着实施混合所有制改革扩大了国有资本的主导地位和控制范围。

二、国有企业混合所有制改革的目标

国有企业之所以实施混合所有制改革，其实质就是要解决国

[①] 陈俊龙：《新常态下东北地区国有企业混合所有制改革分析》，载于《长白学》2016 年第 1 期。

[②③④] 曾宪奎：《国有企业的双重特性与混合所有制改革》，载于《红旗文稿》2015 年第 24 期。

有企业的体制和机制不灵的问题。无论体制还是机制改革,都是要服从我国目前经济要高质量发展的目标。国有企业的类型不同,服务于经济发展的目标要求就会有所差别。作为竞争性国有企业的目标是在市场上能"活下来,活下去",其目标的具体表现在于市场份额大,经营收益最大化。为了实现企业的目标,企业的体制机制要能够满足市场竞争的要求,尤其是市场竞争规则对于企业所有制的基本要求(刘伟,2015)。

(1)产权明晰,权责对等。国有企业不适应市场竞争,在市场竞争中处于劣势,其根源是国有企业产权不明,权责不对等,具有超经济性,不受市场规则约束。因此,对国企进行混合所有制经济改革,首先要在产权制度上进行改革,使企业的产权明确、权利和义务对等,使之具有经济性,同时要受市场约束[1]。混合所有制要求国有企业不要独资或者占绝对控股的地位,否则,不能受到市场规则的制约。

(2)政企分离、企业属性要纯粹。政企合一与政企分离是一对完全相悖的概念。我国大多现行国有企业目前是政企合一的,之所以是政企合一,其根源在于产权的国家所有制。而政企分离必然要求政资分离,要求产权非国家所有,企业必须接受市场规则约束。通过实施混合所有制使国有企业实现政企分离,行政不再干预国有企业的生产经营,即将经营权完全还给企业。只要国家将所持国有企业的股权卖出,就能实现政资分离,政府不再对企业实施控制和管理,也不为企业承担风险责任。

(3)企业内部不同产权和要素所有者的权、责、利边界严格界定,即产权上的排他性必须严格。混合所有制企业要适应市场竞争机制的要求,其内部的产权结构必须严格界定。企业内部不同要素所有者的权、责、利边界必须清晰,同时还要有牵制上

---

[1] 刘伟:《发展混合所有制经济是建设社会主义市场经济的根本性制度创新》,载于《经济理论与经济管理》2015年第1期。

的均衡性，就是要符合公司治理结构的合理性。公司治理其实质是产权构造的均衡过程①。混合所有制的公司产权，作为攸关各方面的"权利束"，在使企业行为接受市场约束方面具有重大意义。在混合所有制企业治理结构中，产权制度和相应的法律制度至少应明确以下原则：一是不同要素所有者之间的自愿原则；二是不同所有者的权利平等原则；三是不同所有者退出的自由原则；四是不同要素所有者信息对等分享原则；五是不同要素所有者利益分配的公正原则②。在我国现阶段的国有企业混合所有制改造中，要找到一种有效途径，既避免"一股独大"的国有股的绝对控制问题，从而在产权制度上为政企分离提供制度环境，同时，又在公有性质的基础上建立均衡有效的公司治理结构，使权、责、利关系明确，并且在产权上体现有效的激励与约束机制，使产权主体承担的责任与享有的决策权相对应，承担的风险与享有的剩余索取权相匹配。

三、国有企业混合所有制改革的方案设计

2015年9月国务院发布《关于国有企业发展混合所有制经济的意见》（简称《意见》）是各级国有企业进行混合所有制改革的行动纲领，各地区政府以及各级各类国有企业应根据该《意见》制定自身的混改方案。

《意见》强调国有企业混合所有制改革要分类分层推进。具体地，将国有企业按功能作用划分为两大类：商业类和公益类。商业类的国有企业是指以追求经济效益最大化为主要特征的企业，包括主业处于充分竞争行业和领域的国有企业，也包括主要经营攸关国家安全的行业、国民经济命脉的关键领域以及承担重

---

①② 刘伟：《发展混合所有制经济是建设社会主义市场经济的根本性制度创新》，载于《经济理论与经济管理》2015年第1期。

大专项任务的各种国企①。《意见》规定了不同类型国有企业的改革方向和方法：对于主业处于充分竞争行业和领域的商业类国有企业，要着力进行混合所有制改革。公益类国企主要是以完成国家行政职能为主要特征的国有企业。对于水电气热、公共交通、公共设施等公益类国有企业，要根据不同业务的特点，实行分类指导，对具备条件的公益类企业推进投资主体多元化②。通过购买服务、特许经营、委托代理等方式，鼓励非国有企业参与经营③。《意见》要求分层推进集团公司类国企的混合所有制改革。分层是指将集团公司与其所属二级及以下企业分开实施混合所有制改革。即对国有集团公司二级及以下企业，以研发服务、生产服务的子公司作为重点，引进非国有资本，加快技术、管理、商业模式等各层面的创新，对法人的层级、管理的层级要做限定。采取鼓励的方式吸引非国有资本参与到国企混合所有制改革中来。非国有资本可通过出资入股、收购股权、认购可转债、股权置换等多种方式，参与国有企业改制重组或国有控股上市公司增资扩股以及企业经营管理④。国有集团公司层面的混合所有制改革要在国家明确规定的领域推进，并且要使国有资本控股，建立合理的公司内部治理结构和适应市场化的经营机制；而其余的领域，可通过整体上市、并购重组、发行可转债等方式，逐渐降低国有股权占比，大力引进各类非国有投资者，形成股权结构多元化，建立灵活高效的运行机制。鼓励国有资本以多种方式入股非国有企业，完善优先股和国家特殊管理股方式。实行混合所有制企业员工持股。健全混合所有制企业治理机制，落实企业市

---

① 韩亮亮、段成钢：《地方国有企业混合所有制改革阶段的划分及应用》，载于《党政干部学刊》2016年第12期。
② 秦大刚：《关于国有独资企业发展混合所有制经济的若干思考》，载于《西部经济管理论坛》2014年第3期。
③ 《国务院关于国有企业发展混合所有制经济的意见（全文）》，人民网，2015年9月24日。
④ 《国务院关于国有企业发展混合所有制经济的意见》，2015年9月24日。

场主体地位。推广政府和社会资本合作（PPP）模式①。

第三节 东北地区国有企业混合所有制改革的困境

一、东北地区国企混改进程缓慢，长时间在第四、第五阶段②上徘徊

地方国企混合所有制普及度是指在一定时期内某地区进行国有企业混合所有制改革的企业占当地全部此类国有企业的比例③。韩亮亮等以东北上市公司为例研究其普及度，从混合所有制普及度来看，东北三省上市公司普及度整体处于70%～80%之间。地方国企混改的混合度是指某地区在某一时点上实施混合所有制的企业中非国有股数量与国有股数量之差的算数平均数（马连福等，2015）。韩亮亮等（2016）按照上述企业混合所有制的普及度和混合度的定义，把混合所有制改革进程划分为七个阶段。根据其测算，2003～2014年东北三省上市公司混合所有制改革徘徊于混改的第四、第五阶段上。依据上市企业的测算结果来判断东北地区国企混改状况，可以得出东北振兴十二年，国企混合所有制改革进程较为缓慢的结论。

二、东北地区国有企业混合所有制改革进程不一

随着混合所有制改革的深入，不论是整个经济中的非国有成分，还是国有企业中的非国有成分都随着时间的推移而持续上

---

① 《国务院关于国有企业发展混合所有制经济的意见》，2015年9月24日。
②③ 韩亮亮、段成钢：《地方国有企业混合所有制改革阶段的划分及应用》，载于《党政干部学刊》2016年第12期。

升。如图 2-1 所示，我国工业中国有与非国有多种所有制成分并存，并且在各年当中，以国有企业和集体企业为代表的公有制企业数呈下降趋势，而非公有制（除国有和集体企业代表公有）企业数呈上升趋势。

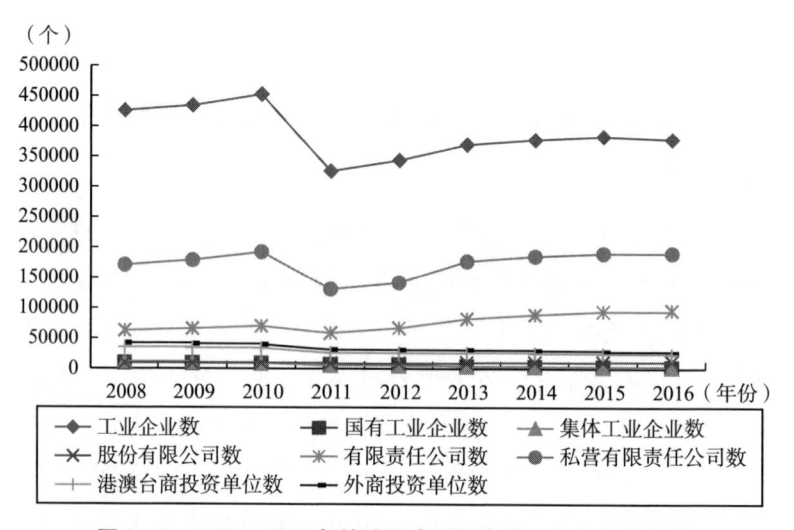

图 2-1 2008~2016 年按注册类型划分的工业企业单位数

资料来源：笔者根据国家统计局网站发布的数据手工整理计算得出。

在微观企业中，各种经济成分并举，混合所有制相融而治。2016 年全国各类工业企业实收资本构成如图 2-2 所示。在企业的微观经济中，2016 年规模以上工业企业实收资本 239844.82 亿元，其中，国家资本金 59163.10 亿元，占比为 24.67%；集体资本金 3970.20 亿元，占比 1.66%；法人资本金 81531.30 亿元，占比 33.99%；个人资本金 57920.80 亿元，占比为 24.15%；港澳台资本金 13252.84 亿元，占比 5.52%；外商资本金 23977.69 亿元，占比 10%[①]。

---

① 资料来源：笔者根据国家统计局网站发布的数据手工整理计算得出。

第二章 体制突破：东北老工业基地国有企业混合所有制改革

2016年国有控股工业企业的实收资本88731.47亿元，其中，国家资本56310.84亿元，占比为63.46%；集体资本896.88亿元，占比为1.01%；法人资本26596.77亿元，占比29.97%；个人资本金2131.36亿元，占比为2.4%；港澳台资本569.58亿元，占比为2.14%；外商资本2232.51亿元，占比2.52%[①]。

2016年私营工业企业实收资本47970.79亿元，其中，国家资本金215.7亿元，占比为0.45%；集体资本金668.24亿元，占比1.4%；法人资本金19387.18亿元，占比40.41%；个人资本金27432.99亿元，占比为57.19%；港澳台资本金121.16亿元，占比0.25%；外商资本金144.88亿元，占比0.3%[②]。

2016年外商及港澳台商投资工业企业实收资本52310.55亿元，其中，国家资本金3083.07亿元，占比为5.9%；集体资本金408.69亿元，占比0.78%；法人资本金11023.03亿元，占比21.07%；个人资本金2177.71亿元，占比为4.16%；港澳台资本金12677.06亿元，占比24.23%；外商资本金22939.93亿元，占比43.85%[③]。

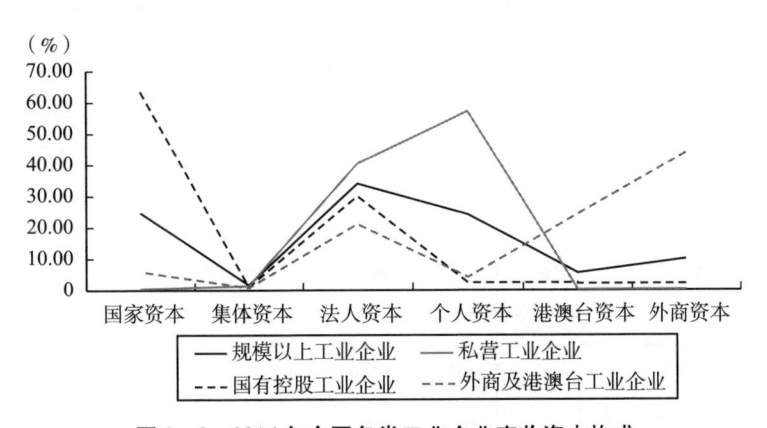

图2-2　2016年全国各类工业企业实收资本构成

资料来源：笔者根据国家统计局网站发布的数据手工整理计算得出。

[①②③] 资料来源：笔者根据国家统计局网站发布的数据手工整理计算得出。

而东北地区的混合所有制改革程度不一,相比全国的平均水平以及代表东南沿海的省市相比喜忧参半。如表 2-1、表 2-2 所示,在微观的企业中,从实收资本的构成比例来看,黑龙江省的混合所有制改革程度较高,在规模以上的工业企业中,国家资本金占比仅为 6.53%,非国有资本占比高达 93.47%,高于全国的平均水平,也高于上海市、江苏省、广东省等东南沿海省市;相比 2008 年非国有资本占比的 68.28%,提高了 36.89%,说明黑龙江省工业企业的混合所有制改革经历 10 年的真改真混取得成效。国有控股工业企业非国有资本占比 63.37%,高于全国平均水平,也高于上海市、江苏省、广东省等东南沿海省市。相比 2008 年的国有控股工业企业非国有资本占比的 56.10%,提高了 13.49%。所以,从混合所有制改革的程度来看,黑龙江省的成绩可圈可点。其次是吉林省,国有控股企业的非国有资本占比高于全国平均水平,也高于江苏省。较差的是辽宁省,无论是规模以上的工业企业,还是国有控股企业,国有资本占比都较高,非国有资本占比都较低,如 2016 年规模以上工业企业非国有资本占比 64.63%,国有控股工业企业非国有资本占比 31.11%,均低于全国及做比较的上海市、江苏省、广东省等东南沿海省市。而且与 2008 年相比,两指标分别下降 0.77%、18.55%。这说明辽宁省国有企业混合所有制改革还有空间,在国有企业改革方面还应大做文章,以助力辽宁省地区经济发展。

表 2-1　　2016 年东北地区及东南沿海三省市规模
以上及国有控股工业企业资本构成对比　　单位:%

指标	辽宁省	吉林省	黑龙江省	上海市	江苏省	广东省	全国
规模以上工业企业非国有资本占比	64.63	74.49	93.47	72.02	88.9	84.24	75.33
国有控股工业企业非国家资本占比	31.11	40.52	63.67	46.21	39.38	42.75	36.54

资料来源:笔者根据国家统计局网站发布的数据手工整理计算得出。

第二章 体制突破：东北老工业基地国有企业混合所有制改革

表2-2　　2008年和2016年东北地区规模以上工业
企业及国有控股企业资本结构情况

指标	辽宁省 2008年（亿元）	辽宁省 2016年（亿元）	增减（%）	吉林省 2008年（亿元）	吉林省 2016年（亿元）	增减（%）	黑龙江省 2008年（亿元）	黑龙江省 2016年（亿元）	增减（%）
规模以上工业企业实收资本	5313.82	7211.59	35.71	2247.47	3096.7	37.79	2061.26	8813.72	327.59
规模以上工业企业国家资本	1853.02	2550.75	37.65	1013.09	790.11	-22.01	653.84	575.79	-11.94
非国家资本	3460.8	4660.84	34.68	1234.38	2306.59	86.86	1407.42	8237.93	485.32
非国家资本金占比（%）	65.13	64.63	-0.77	54.92	74.49	35.62	68.28	93.47	36.89
国有控股工业企业实收资本	2937.65	3574.8	21.69	1465.15	1263.27	-13.78	1470.19	1536.43	4.51
国有控股工业企业国家资本	1815.67	2462.79	35.64	984.48	751.38	-23.68	645.36	558.18	-13.51
非国家资本	1121.98	1112.01	-0.89	480.67	511.89	6.50	824.83	978.25	18.60
非国有资本占比（%）	38.19	31.11	-18.55	32.81	40.52	23.51	56.10	63.67	13.49

资料来源：笔者根据国家统计局网站发布的数据手工整理计算得出。

三、东北地区国企经营能力低、效益差

2015年9月《国务院关于国有企业发展混合所有制经济的意见》的发布，标志着新一轮的国有企业混合所有制改革的战略升级。其实质就是通过国有企业混合所有制改革，解决国有企业动力机制问题、国有资本的配置和运行效率问题，目的就是要增强国有经济的活力、控制力、影响力和抗风险能力，提高国有企

业的竞争力。

经过新一轮的混合所有制改革，东北地区的国有企业政策落实如何？取得的成效如何？由以利润率指标表示的经营效率、以周转率表示的经营能力、以流动比率表示的流动性来看，东北三省国有企业的表现不一，总体效益不容乐观。表2-3显示的就是2016年东北地区国有企业主要经济效益指标以及与广东省、全国的比较。

表2-3　　2016年东北地区国有企业主要经济效益指标

指标	辽宁省 2016年	辽宁省 比上年增减（%）	吉林省 2016年	吉林省 比上年增减（%）	黑龙江省 2016年	黑龙江省 比上年增减（%）	广东省 2016年	广东省 比上年增减（%）	全国 2016年	全国 比上年增减（%）
利润率（%）	-0.97	0.99	5.20	0.40	-2.40	-3.21	7.75	1.44	4.50	0.49
营业成本率（%）	83.14	-0.90	80.99	-1.27	83.76	2.19	81.27	-0.46	82.13	0.60
权益酬率（%）	-0.39	1.28	7.20	0.90	-2.36	2.19	14.14	0.97	7.70	0.14
应收账款周转率（次）	6.88	-1.16	16.23	0.00	7.36	-0.60	11.35	-0.45	8.43	-0.67
存货周转率（次）	3.63	-0.53	6.58	0.26	6.21	0.87	7.69	-0.76	6.05	-0.25
流动比率（倍）	0.81	-0.01	1.03	-0.02	0.90	-0.02	0.97	0.01	0.85	-0.01
速动比率（倍）	0.58	-0.01	0.80	0.01	0.72	0.00	0.78	0.03	0.67	0.01
资产负债率（%）	69.67	0.46	57.33	-2.12	56.85	-0.38	55.39	-1.62	61.58	-0.36

资料来源：笔者根据国家统计局网站发布的数据手工整理计算得出。

从表2-3中的数据可以看出，东北地区国有企业中吉林省最好，其2016年的利润率为5.2%，比上年提高0.4个百分点，营业成本率为80.99%，比上年下降了1.27个百分点，利润率和成本率均高于全国平均水平，但低于广东省的利润率；权益报酬率为7.2%，比上年提高0.9个百分点，低于全国及广东省的水平；应收账款周转率16.23次，高于全国平均及广东省的水平；存货周转率6.58次，较上年提升0.26个百分点，但低于广东省，高于全国平均；资产负债率57.33%，比上年下降了2.12个百分点，但高于广东省，低于全国平均水平；流动比率、速动比率分别为1.03、0.80，基本与上年持平，但均高于全国平均及广东省水平。整体看来，吉林省的国有企业发展较好，处于全国的中上游，说明吉林省的国有企业混合所有制改革取得了较好的成效。而黑龙江省总体的经济效益较差。2016年黑龙江省国有企业亏损，比上年利润下降了3.21个百分点，应收账款周转慢，资产负债率较高，流动性差，导致其经营困难。更为堪忧的是辽宁省的国有企业，其经营效益很差，2015年营业利润亏损200.48亿元、2016年亏损93.07亿元，出现连年亏损，但2016年亏损幅度减轻。其营业成本率为83.14%，比上年上升0.9个百分点；应收账款和存货周转极慢，应收账款周转率和存货周转率分别为6.88次、3.33次，存货周转不到广东省和全国平均水平的一半，说明辽宁省国有企业经营能力极低，存货严重积压滞销，产品老旧，与消费升级的矛盾突出，也折射出产品缺乏创新、产品迭代不足的缺陷。资产负债率高达69.67%，比上年提高0.46个百分点，远远高于广东省和全国平均水平，更远高于国际负债的警界线60%。流动比率和速动比率分别为0.8和0.58，与上年相比还在减缓，远低于广东省和全国的水平，说明辽宁省的国有企业流动性严重不足。从辽宁省国有企业的经营能力、负债率、流动性看，其经营能力低、流动性严重不足，很容易导致辽宁省国有企业陷入经营危机和财务危机。

四、国有企业上市公司数量少，国有资本证券化率低

截至 2018 年 4 月末，东北三省的上市公司共 154 家，其中，辽宁省 73 家，吉林省 42 家，黑龙江省 36 家；总资本 2084.76 亿元[1]，其中，辽宁省总资本 1156.3 亿元，吉林省总资本 438.75 亿元，黑龙江省总资本为 489.71 亿元。而从 2018 年 1 月 1 日至 4 月末，东北三省没有新上市的公司，而 2017 年东北三省全年新上市的公司仅有 4 家，其中辽宁省 2 家，吉林省 1 家，黑龙江省 1 家，相比江苏省的 387 家，浙江省的 421 家，广东省的 578 家，东北地区上市公司数可以忽略不计！这些现状说明什么？我国证监会对企业上市有一个硬性的指标要求，即最近 3 年连续盈利，应该说就这一条把东北地区的众多企业挡在资本市场之外。

东北三省 154 家上市公司中包括商业、物流、港口、金融等服务类，这些类别的公司约占一半，若扣除这些公司，属于工业类的上市公司数更少，股本金额也就有一半。而国有控股的上市公司则是少之又少。这里权且用东北地区各省的全部上市公司的股本数据与该省的规模以上工业企业的实收资本相比，计算东北三省的资本证券化率，得出辽宁省的工业资本证券化率为 16.03%（1156.3/7211.59[2]），吉林省的工业资本证券化率为 14.17%（438.75/3096.70），黑龙江省的工业资本证券化率为 5.56%（489.71/8813.72）。由此可以看出，包括非工业类的资本证券化率尚且这么低，若扣除非工业类的股本数据，工业类的资本证券化率就更低了。从这低微的比率可以折射出东北地区工业企业生存之艰，发展之难！

从上述几方面的现状来看，东北地区国有企业在国家政策的

---

[1] 根据资本市场最新数据手工整理计算而得。
[2] 由于国家统计局网尚未发布 2017 年度数据，这里的辽宁省规模以上工业企业实收资本为 2016 年数据，吉林省、黑龙江省实收资本数据亦如此。

大力推动下，在地方政府的大力支持下，大多数企业都行动起来，认真学习文件，领会混改的实质，结合企业自身情况，一方面"引进来"，如引入战略投资者，另一方面"参进去"，如投资于民营企业，参股外商企业，混合所有制改革取得了一定的成果。但我们还应看到东北地区国有企业还面临着诸多根本性问题，使得混合所有制改革进展缓慢。

第四节 东北地区国有企业实施混合所有制改革的制约因素

国有企业改革已经到了"爬坡过坎、滚石上山"的关键期和深水区，对于东北老工业基地的国有企业来讲，实施混合所有制改革更是面临巨大挑战。

一、国有企业的体制机制不完善

（一）体制的含义

体制是指有关组织形式的制度，主要指的是组织职能和岗位责权的调整与配置[①]。企业管理体制是企业生产经营活动的管理机制、管理机构、管理制度的总称。从微观结构来看，是指股份公司以股东会、董事会、监事会和管理层构成的组织体制，形成了一种高层组织结构。企业体制在企业运行机制的转换与完善方面，发挥着非常重要的作用。

（二）机制的含义

机制原指机器的构造和工作原理。把机制的本义运用到企业

---

① 张海燕：《我国行政问责官员复出机制研究》，郑州大学硕士论文，2010年。

就形成企业机制。机制的形成,有赖于企业的体制和制度。就企业的产权结构来讲,不同所有者按股份投资入股的股份公司是有效的方式。在这种有机结构下,所有权与经营权分离,形成权力制衡机制,这种体制的激励约束功能很明显。就法人治理结构来讲,拥有健全的股东会、董事会和监事会构成、完善的程序化的议事规则、合理恰当的绩效目标考核,就能很好地发挥法人治理结构的作用。

(三) 公司制企业完善的体制机制含义

公司制企业完善的体制机制是指建立规范的法人治理结构——以股东会、董事会、监事会和管理层构成的组织体制,所有权与经营权分离,形成权力制衡机制,以市场经济为基础,以盈利为目标,以产权明晰、权责对等、政企分开、科学管理为条件,自主经营、自负盈亏的市场主体。

(四) 东北地区国有企业体制机制的状况

(1) 还存在未改制的国有企业。省级层面,各省份国资委监管企业改制面已超过90%[1],意味着国企还有10%尚未完成改制。什么是改制?改制就是把传统的国有企业改成公司制企业。为什么要进行改制呢?其根本目的是为了使国有企业成为独立市场主体,使其从组织形式上适应社会主义市场经济和现代企业制度要求,其实质是转换体制机制[2]。现代企业制度是以市场经济为基本条件,以企业法人制度作前提,以公司制度为核心,以产权清晰、权责明确、政企分开、管理科学为条件的新型企业

---

[1] 《国企将全面进入公司制时代 央企改革潜力巨大》,载于《中国经济周刊》2017年7月18日。

[2] 许红洲:《央企跑步进入公司制时代》,新华报业网,2017年7月28日。

第二章　体制突破：东北老工业基地国有企业混合所有制改革

制度①②。到2016年末，东北地区省一级国有企业还有一批没有完成公司制的改制。

（2）改制后的国有控股公司体制上未完全理顺，公司中新三会与老三会并存。国有控股公司新三会是指股东大会、董事会、监事会和经理层，由改制而成；老三会是指党委会、工会、职代会，是旧体制。由于改制的不彻底性，新体制虽起主导作用，但旧体制的影响仍然很大。对外有股东大会、董事会和监事会，内部则有工会和职代会，有党委会，很多事务仍然需要老三会表决，两套体制同时运行。所以，国有企业改制成功并不是治理体制机制的改革成功，体制不顺带来了更多困难，监事会形同虚设。

二、国有企业市场主体地位尚未真正形成

企业市场主体是指"使企业真正成为自主经营、自负盈亏、自我发展、自我约束的法人实体和市场竞争的主体。③"国企通过改制，实现出资人所有权和企业法人财产权的分离，赋予企业独立的法人财产权④，促使国企真正成为独立的市场主体，从而激发国企内生活力。国企市场主体地位的建立是以产权制度为基础的。只有企业产权关系明确清晰，才能建立起产权市场体系，进而通过产权市场实现产权转让和资本流动，推动国有资产存量流转，用市场力量推动国有资源的优化配置。而目前东北地区有为数不少的国有企业存在着产权关系不明晰的问题，企业与国家之间的权责不清，导致企业经营不善而等着国家承担无限责任，或者国家行政干预过多，导致企业无经营自主权，经营者失去

---

① 魏国飞：《黑龙江省国有森工企业内部政企分开问题研究》，东北林业大学硕士论文，2010年。
② 冯立华：《现代企业与制度建设》，载于《价值工程》2014年第18期。
③ 张云梅：《中国国有企业改革历程与展望》，载于《辽宁省社会主义学院学报》2011年第1期。
④ 许红洲：《央企跑步进入公司制时代》，新华报业网，2017年7月28日。

经营的主动性和积极性，消极与不负责成为国有企业见怪不怪的现象。

三、国有企业办社会职能和历史遗留问题尚未解决

东北地区有很多国有企业尤其是国有独资企业还存在承担职工家属区"三供一业"的社会职能，还有厂办的大集体未分离，再加上改革未完成的本应由保险公司承担的离退休人员的退休金等历史遗留问题，使得这些设备老旧，人才匮乏、主业及产品无市场竞争力，企业管理水平不高的自身生存尚且困难的国有企业，改革"变迁成本"高，无以承载之重，致使改组改制难以进行下去。特别是从 2013 年开始，由于经济运行在 L 型的底部，历史遗留问题再次凸显，严重制约着东北地区国有企业混合所有制改革进程[①]。

四、国有企业亏损严重、"僵尸企业"较多

以国有控股企业为例，东北地区国有控股工业企业亏损企业数量多、金额大，如表 2-4 所示。由表 2-4 可知，东北国有企业有很多长期处于停产状态、人员闲置、长期亏损并债务严重的"僵尸企业"。这样的"僵尸企业"只能退出，无法进行混合，而退出需要的改革成本很大，对于近年经济不景气的东北三省来说，它们没有财力处理，这也是造成东北地区国有企业混合所有制改革进程缓慢的原因。这些都是历史问题，只能由国家财政承担"僵尸企业"退出的改革成本，才能化解东北地区的"僵尸企业"的处置困境。

---

① 陈俊龙、赵怡静：《"新常态"下东北地区国有企业混合所有制改革分析》，载于《长白学刊》2016 年第 1 期。

第二章　体制突破：东北老工业基地国有企业混合所有制改革

表 2-4　　　　2016 年东北国有控股工业企业亏损状况

指标	辽宁省	吉林省	黑龙江省
国有控股工业企业数（个）	589	370	447
国有控股工业企业亏损数（个）	210	105	164
国有控股工业企业利润总额（亿元）	-22.14	463.95	-91.56
国有控股工业企业亏损总额（亿元）	473.02	165.49	279.81

资料来源：笔者根据国家统计局网站发布的数据手工整理计算得出。

五、东北地区营商环境欠佳

受计划体制的深度影响及地理区位的限制，东北地区在政府服务、投资环境、服务意识、监管理念等方面落后于东部发达地区[1]。东北地区民营经济发展活力不足（金彦海，2017）又从反面验证了东北地区营商环境不佳，其主要表现在：一是部分地区官员的不作为。一些地方吃拿卡要、"不给好处不办事、给了好处乱办事"现象虽然少了，但是"只要不出事、宁愿不做事""只求过得去，不求过得硬"，懈怠懒政、消极应付、不求有功但求无过的不作为现象增多，导致的后果就是项目投资减少[2]。二是在简政放权方面，存在明放暗不放、放责不放权、重放轻管等问题（梁启东，2018）。三是服务存在"旋转门""玻璃门""弹簧门"。四是对民营企业来说融资难、融资贵问题没有得到有效解决。五是执法不严，出问题能捂则捂、能盖则盖。由此带来"投资不过山海关"的后果[3]。由于不良的营商环境，自然导致对非公优质资本吸引能力差，制约了东北地区国有企业混合所

---

[1] 黄速建：《中国国有企业混合所有制改革研究》，载于《经济管理》2014 年第 7 期。
[2] 金彦海《辽宁营商环境存在的问题及对策》，载于《辽宁省社会主义学院学报》2017 年第 1 期。
[3] 梁启东：《让权力在阳光和法治下运行》，载于《中国产业信息研究网》2018 年 5 月 30 日。

有制改革的进程及质量①。

第五节 深化东北地区国有企业混合所有制改革的对策建议

唯改革才有出路、才有活路！东北地区的国有企业要有紧迫感、责任感和担当，积极主动作为。一方面，要充分利用现有政策，让政策落地，深化国有企业混合所有制改革，让混改释放红利。另一方面，梳理阻碍国有企业混合所有制改革的问题实质、确认归属，报告给主管的国有资产管理部门，由国有资产管理部门汇总各国有企业混改的困难所在，向国家和地方政府申请相应的扶持政策和得力的解决办法。具体包括以下几方面：

一、完善现代企业制度、规范公司治理结构，健全国有企业的体制机制

习近平总书记指出：完善体制机制才是东北振兴的治本之策。《关于改革社会组织管理制度促进社会组织健康发展有序发展意见》中也提及：只有抓住了体制机制创新的"牛鼻子"，才是找到了深化改革的突破口和实现路径。由此可见，国有企业拥有积极健全体制机制才能提高核心竞争力。具体包括：积极推进股份制改革；引入各类投资者实现股权多元化；探索建立优先股和国家特殊管理制度；推动国有企业形成有效制衡的公司法人治理结构和灵活高效的市场化机制。

现代企业制度、规范的公司治理结构是建立混合所有制公司的基本前提。现代企业制度是以公司制度为核心，以产权清晰、

---

① 李正图：《略论国有大企业改革与发展混合所有制的关系》，载于《上海改革》2004 年第 5 期。

第二章　体制突破：东北老工业基地国有企业混合所有制改革

权责明确、政企分开、管理科学为条件的新型企业制度①②。其中，产权制度改革是完善国有企业现代企业制度的"牛鼻子"。在新型企业制度下，公司治理结构由股东大会、董事会、监事会、经理四个部分组成。公司治理结构关系到公司投资者、决策者、经营者、监督者的基本权利和义务，因此要依法设置各组成部分，并且权责明确，各部分之间相互配合，还要有效制衡，同时不同层级机构、不同利益主体之间也应体现相互制衡机制。国企党委处在"三会"之上，应发挥监督保证作用。对于东北地区来说，建立或进一步完善现代企业制度、科学的法人治理结构，是当前国有企业面临的一项重大任务。

目前，对于东北地区国有企业来说，应根据实际情况分类进行：

（一）对尚未改制的国有企业先进行改制

对于这种情况的做法，首先，要对全省国有企业开展详细调查，"摸清家底"，确定国有企业改制状况，列出需进行公司制改革的国有企业名单。其次，与要改制的国有企业管理层进行沟通，画出时间路线图，因企施策，拟定好改革方案。如辽宁省国资委规定在 2017 年 4 月末之前对全省的国有企业进行调查，确定需进行改制的企业名单③。年末，完成全省一级国企改制工作。第三，关注进展，及时协调，按时督导。注意：国有企业改制不是形式上的，而是实质上的，也就是要真正建立起现代企业制度、规范的公司治理结构，通过改制，使国有企业混合所有制改革到位。

---

① 魏国飞：《黑龙江省国有森工企业内部政企分开问题研究》，东北林业大学硕士论文，2010 年。
② 冯立华：《现代企业与制度建设》，载于《价值工程》2014 年第 18 期。
③ 《推进国有企业改革发展的实施意见》2017 年度行动计划，辽宁省人民政府国有资产监督管理委员会，2017 年 5 月 19 日。

（二）规范公司治理结构

确定国有企业公司制改革虽已完成，但治理结构不规范的企业名单，对于"双肩挑""三会一班人"，"新三会"和"老三会"并存的公司治理结构，应根据《公司法》的要求进行重构。一般来说，建立公司治理结构的"三会一层"并不难，难就难在从根本上符合"三会一层"的实质以及运行机制。

二、大力吸收或参股非国有资本，促进国有企业产权结构多元化

产权结构多元化是现代产权制度的重要内容之一，也是混合所有制实现的必经之路。之所以进行企业产权多元化，其目的在于构造多个投资主体相互制衡的产权结构，进而建立彼此制衡的法人治理机制[1]。对于东北地区国有企业数量多、国有资本比重大的现实来讲，通过混合所有制改革，引入更多更好的非国有资本，促进国有企业产权结构多元化，有利于建立彼此制衡的公司治理结构，提高企业的运行效率。

对于竞争类的国有企业要加大产权多元化程度，可以通过以下方式实现：一是通过各地方的股权交易中心平台向社会资本、法人资本、外商资本转让，吸收各类资本，降低国有股权比重，提高非国有股权比重。二是国有资本可以通过购买其他非国有股权的方式入股各类非国有企业，实现反向的多元产权。三是国有独资公司可通过整体上市、整合核心业务资产上市、对上下游企业进行并购重组或投资新项目等多种方式开展混合所有制改革[2]，实现产权元化。例如，2017 年度辽宁省就是通过上述各种

---

[1] 董水生、李宏宇：《基于产权多元化的公共基础设施建设研究》，2010 年同城全面对接暨京津廊经济一体化学术化会议，2010 年 8 月 28 日。
[2] 《推进国有企业改革发展的实施意见》2017 年度行动计划，载于《辽宁省人民政府国有资产监督管理委员会网站》2017 年 5 月 19 日。

方式实现了十多户国企产权多元化，并完成了混合所有制改革。

三、彻底去除历史遗留难题，降低东北地区国企混改压力

去除东北地区国有企业的历史遗留难题，只靠国企自己的力量远远不足，需要政府出台有力的举措与有效的配套政策。国务院于2014年8月印发《关于近期支持东北振兴若干重大政策举措的意见》指出："进一步深化东北地区国有企业和国有资产管理体制改革，尽快出台分类处理的政策措施，加大支持力度，力争用2~3年时间，妥善解决厂办大集体、分离企业办社会职能、离退休人员社会化管理等历史遗留问题。在东北地区全面推进中央企业分离移交三供一业①（供水、供电、供热、物业管理）工作，地方国有企业也要积极开展相关工作。"东北地区各级政府和相关部门要认真解读国务院关于解决历史遗留问题的政策要旨，制定区域性加速难题解决的政策，成立专项改革基金、通过税收优惠和财政补贴的方式来承担解决历史遗留难题的部分成本，进而达到国有企业混合所有制改革的目标。具体举措包括：①社会化管理国有企业离退休以及下岗人员，降低在职职工的"五险一金"的缴存比例，减轻企业负担；②加大国企历史欠税豁免力度，降低企业融资成本；③合理分配政府与国企之间的改革成本、恰当确定中央、地方、国企三者之间对厂办大集体改革成本的分担比例，要加大中央财政支持力度，提高补偿金的承担比重②。

四、通过关停并转破方式来处置亏损国有企业，淘汰"僵尸企业"

对于东北地区大批的国有亏损企业，应区分资产质量状况以

---

① 《国务院：两三年内妥处东北国企改革中的历史遗留问题》，载于《人民网》2014年8月19日。
② 陈俊龙、赵怡静：《"新常态"下东北地区国有企业混合所有制改革分析》，载于《长白学刊》2016年第1期。

及亏损程度，实施关停并转破，从而剥离不良资产，盘活存量资产。对于"僵尸企业"应制定实施处置方案，有时间有步骤地使其有序退出，进而优化东北地区国有资本结构。辽宁省目前正在积极推进该项工作。根据《国务院关于积极稳妥降低企业杠杆率的意见》，辽宁省于2017年8月就银行债连续十次违约的东北特钢集团与意向战略投资者和债权人开展谈判，并向法院提交破产重整计划草案，完成东北特钢破产重整①，同时对沈阳机床集团等负债率极高的高杠杆企业实施"债转股"。对于"僵尸企业"应先做好摸底，之后以《全省处置国有"僵尸企业"实施意见》为指导，形成对具体"僵尸企业"的处置方案并有计划地组织实施。截至2017年末，辽宁省国有"僵尸企业"的处置超过总数的1/3。

五、充分发挥市场资源配置作用，切实建立国有企业市场化选用人机制

"盖有非常之功，必待非常之人"，东北地区国有企业要在"洼地"崛起，重振雄风，就必须拥有各类人才。因此挖掘与培养人才应成为贯穿东北地区国有企业发展的一条主线，将"人才强企"纳入东北地区国有企发展战略，把人才建设尤其是企业家队伍的建设作为东北地区国有企业做强做好的重要保障。为此，东北地区必须要大力推进国有企业的选人用人制度改革，实施市场化选人用人机制。具体来说，国有企业的选人用人制度改革应着重以下几方面：

（一）推行公开招聘与竞聘、末位淘汰和新的劳动用工、收入分配制度

对国有企业的劳动用工实行全员合同制、收入分配实行岗位

---

① 《推进国有企业改革发展的实施意见》2017年度行动计划，载于《辽宁省人民政府国有资产监督管理委员会网站》2017年5月19日。

制、岗位选择实行竞聘制。同时松绑国有企业高管人员，尤其是一把手的"干部"身份，使追求政绩的"党员干部"回归到追求企业效益最大化的"职业经理人"①，对主营业务、技术性等关键性岗位要面向海内外公开招聘，对企业经营者实施契约化管理，形成一支强劲的企业家队伍，从而营造出东北地区"重能力、重业绩、重创新"的良好用人的商业氛围。

（二）加强国有企业高级管理人员培训

做强做大国有企业，企业家必须具备战略视野，因此大中型国有企业还应从培养学习型企业家入手，对国内外的经济形势做出预判。培训是企业家队伍培养的有效方式。对于大部分国有企业来讲，可以通过聘请国内外高水平大学、跨国公司以及其他培训机构的专家或与其进行合作培训的方式，定期对国有企业高级管理人员进行培训，提高企业家队伍的战略管理和跨文化经营管理等方面的能力②。

（三）加强经营管理者的绩效考核

绩效考核的实质是一种过程管理，体现在整个绩效管理环节。通过绩效考核，把对经营管理者的聘用、职务升降、培训发展、薪酬福利相结合，使得企业激励机制得到充分运用，不仅促进企业的健康发展，也便于经营管理者建立自我激励。因此国有企业要制定科学合理的绩效考核方案。重要的是，绩效考核要将激励和约束机制相结合。

六、深化国有企业股权制度改革，选择性推行员工持股计划

员工持股计划是为了激励、吸引、留住员工，尤其是高管和

---

① 姚宏光：《汽车行业 国企改革注入新动力》，载于《证券导刊》2014年第15期。
② 姚宏光：《汽车行业 国企改革注入新动力》，载于《证券导刊》2014年第15期。

技术人员，通过设定相应的约束条件，让员工通过购买公司股票或是期权而成为企业股票的持有者①，使其分享企业剩余利益并对企业的经营决策具有投票权的一种制度安排，它是一种长期绩效激励计划。员工持股计划的产生，在理论上是为了解决公司所有者和代理人（没有股票的管理层和员工）之间由于信息不对称而出现的代理人问题，其实质是强化现代公司治理的一种有效方式。《中共中央关于全面深化改革若干重大问题的决定》中提到，"允许混合所有制经济实行企业员工持股，形成资本所有者和劳动者利益共同体②"。因此应鼓励国有企业实行混合所有制改革，实行企业员工持股计划，达到将公司的利益与代理人的利益相结合，实现经营目标、价值取向，激励与约束，长期利益与短期利益相统一，尽可能地消除代理问题等的目标。

　　东北地区的国有企业由于经济效益低下，所以员工薪资较低，导致员工的工作积极性不高：具体表现为：老员工劳苦功高，抱怨薪水太低；中坚骨干身在曹营心在汉，总想着另谋高就；优秀人才流失严重。究其原因，根源就在于员工与企业的目标不同，利益分配不公。因而通过员工持股计划，可以有效解决"为谁干、怎么分"的价值分配问题，也是企业对于人才的甄别、集聚、激励及发展的最佳方案设计，实现股东与员工利益的动态均衡，达到公司利益的最大化③。员工持股计划使企业找到了真正主人，打造没有血缘关系的"家族企业"，从"利益共同体"逐步发展为"事业共同体"，最终形成"精神和命运共同体"。

　　对于主业处于充分竞争行业和领域的商业类的东北地区国有企业，可以选择试点企业推行员工持股计划。根据国资委 2016

---

① 钟雅琪：《论我国国企员工持股制度》，载于《中国管理信息化》2016 年第 12 期。

② 黄山：《国企混改背景下员工持股的法律激励》，载于《中国经贸导刊》2017 年第 5 期。

③ 邬化雨：《股东会瑕疵决议效力制度中的利益平衡》，载于《商情》2010 年第 27 期。

第二章　体制突破：东北老工业基地国有企业混合所有制改革

年8月印发《关于国有控股混合所有制企业开展员工持股试点的意见》通知精神①，试点国有企业实施员工持股计划时应遵循以下原则：第一，坚持依法合规，公开透明。第二，坚持增量引入，利益绑定。第三，坚持以岗定股，动态调整。第四，坚持严控范围，强化监督。试点数目应加以限制，防止"一哄而上"。

七、深化政府"放管服"职能转变，优化地区营商环境

地区营商环境是一扇窗口，影响着投资者的印象及心理预期，攸关外部投资者的进入决策。所以东北地区应把优化营商环境作为推动国有企业混合所有制改革的关键环节，构建良好的政商关系入手，努力营造稳定公平透明、可预期的营商环境②。良好的营商环境应从以下几方面着手：

（1）建立"有求必应"的营商专员制。不仅是企业到办事机构"只跑一次"，而是服务机构的干部人员走进企业，"送服务上门"。对规模以上的企业和招商引资的重点企业，应选派专营商专员（代办员），进入企业为其提供代办服务，为企业提供更多的便利，解决后顾之忧。

（2）推进审批和验收"双提速"。根据国家"放管服"行政总基调，一般企业投资项目在申请材料齐全的前提下，开工前审批、竣工后验收所需时间要大大缩短。对重点区域，除核准外的产业项目，推行企业投资项目"标准地"制度和承诺制③；项目竣工后，依业主申请，由相关部门对照承诺和标准，依法依规实施一次性联合验收，并在3个工作日内出具审验意见。

（3）建立线上线下相融合的企业综合服务平台，拓展服务

---

① 《关于国有控股混合所有制企业开展员工持股试点的意见》，2016年8月19日。
② 《习近平：营造稳定公平透明营商环境加快建设开放型经济新体制》，载于《中国科技产业》2017年第8期。
③ 《温州市优化营商环境案例》，中国商务新闻网，2018年5月3日。

范围。通过建设服务链接多样化、全面而系统的集成平台，为企业提供优质服务，让企业感到便捷放心。

（4）完善"证照分离"改革，全面推广"多证合一"改革。深化信息共享和业务协同，推进"一照一码"营业执照广泛应用[1]，积极探索"照后减证"。

---

[1]《温州市优化营商环境案例》，中国商务新闻网，2018年5月3日。

第三章

结构转型：东北老工业基地制造业结构转型升级

东北作为我国的老工业基地，往往结构调整、优化升级的内在动力不够。老工业基地支柱产业要实现优化升级、脱胎换骨，进行深入改革创新，实现适应经济新常态的战略性调整。制造业作为东北老工业基地实力雄厚的基础性产业，其发展主要依靠能源消费拉动。而制造业既是推动东北实体经济增长的重要动力来源，同时也是主要的高耗能高碳排放产业。从长远战略角度来看，东北地区应更加重视制造业内部的结构调整和升级，为了实现治理碳排放而刻意降低制造业在整体产业中的比重，必然会因噎废食付出经济停滞的代价。与此同时，部分研究忽略了约束型低碳经济会提升企业的生产成本，从而加剧对劳动力需求的替代效应和成本效应，而仅依靠减少化石能源消费量来抑制 CO_2 排放同样会对就业产生减损效应。

因此，本章以经济发展、低碳减排、就业增长这三重约束作为东北制造业产业结构转型升级的优化目标，在保持制造业产业比重不变的前提下通过内部各产业结构变动，分别从低碳环保、经济增长、促进就业三方面不同侧重具体给出制造业产业各细分行业的调整方案，最后结合东北地区各省制造业自身产业结构的发展现状和特点，从多维视角为制造产业结构转型升级提供合理的调整方案。旨在让东北制造业在实现低碳经济发展的同时能够稳固实体经济地位、缓解制造就业压力，对东北老工业基地在低碳转型过程中防止制造产业空心化、保持国家竞争力具有重要的参考意义。

第一节 东北地区制造产业结构分析

东北老工业基地是中国制造业的核心产业区域，技术基础夯实，产业配套完善，具备雄厚的产业基础和完整的工业体系。然而，近些年来东北制造业的地位逐渐下降，整体仍存在产业结构中低端产能过剩、研发创新高投入低产出、生产效率过低等问题，这直接制约了东北制造业产业的转型升级步伐。而更值得关注的是正处于经济结构调整关键时期的东北地区，其制造产业顶着经济下行的巨大压力始终未能摆脱产业结构转型升级的困境，暴露出制造产品技术储备薄弱、科技含量低、产业分布结构不合理等一系列问题。如何合理利用现有资源优化制造业产业结构布局依然是近期东北制造业所面临的重要难题。

改革开放以来，随着沿海经济地区的率先发展以及中部地区的逐渐崛起，我国制造业的发展逐步呈现出区域分异态势，为进一步探究东北制造业产业结构演进过程中的特征与问题，借鉴洪兴建（2010）对中国经济区域的划分方式，将31个省市划分成八大综合经济区域①，通过八大经济区内的制造业产业结构的比较分析，便于更为直观地揭示东北制造业产业结构所存在的问题。此外，本章主要从产业分布结构、产业效益结构、产业就业

---

① 八大区域分别为：东北综合经济区（辽宁、吉林、黑龙江）；北部沿海综合经济区（北京、天津、河北、山东）；南部沿海综合经济区（广东、福建、海南）；东部沿海综合经济区（上海、江苏、浙江）；黄河中游综合经济区（内蒙古、陕西、山西、河南）；长江中游综合经济区（湖北、湖南、江西、安徽）；大西南综合经济区（重庆、四川、贵州、云南、广西）；大西北综合经济区（甘肃、宁夏、青海、新疆、西藏）。

第三章　结构转型：东北老工业基地制造业结构转型升级

结构三方面对东北地区制造业产业结构现状进行分析，分析数据来源于 2007~2016 年《中国工业经济统计年鉴》《中国固定资产统计年鉴》《中国统计年鉴》《黑龙江统计年鉴》《吉林统计年鉴》《辽宁统计年鉴》。

对于数据筛选应遵循以下基本原则：（1）数据可获得性。所选取的制造业各行业数据为 2006~2015 年间连续可获得数据，且均为规模以上工业企业数据。（2）行业一致性。鉴于《国民经济行业分类与代码（GB/T4754-2011）》经历过三次修改变动，因此本文将 2012~2014 年的铁路、船舶航天和其他运输设备制造业与汽车制造业合并为交通运输设备制造业，将 2005~2011 年橡胶制品业和塑料制品业合并为橡胶和塑料制品业。（3）数据一致性。由于 2013 年、2014 年、2015 年《中国工业统计年鉴》不再公布制造业各行业总产值数据，因此借鉴关爱萍等（2015）的处理方式，采用工业销售产值来替代工业总产值。为获得数据的实际数值，以 2005 年作为基年，对数据进行价格指数平减后处理。

一、东北制造产业规模结构分析

本部分采用制造业总产值来衡量制造业总体产规模的发展情况，产业总产值指标能够衡量产业在一定时间范围内全部资产的规模总量，反映出该产业为实现自身发展而投入的生产资料水平。从表 3-1 中能够看出，除东北经济区和大西北经济区在 2015 年产值略有下降以外，其余六大经济区工业销售产值均呈现出逐年上升的良好趋势。在此 10 年间，长江中游、黄河中游和大西南这三大经济区内的制造业产值年均增长率最高均超1.20，而东北经济区制造业产值年均增长率为 1.14，排在倒数第二位。从表 3-1 中能直观看出，八大经济区制造业产业规模能够分成大致三个梯队，第一梯队为产值所占份额较多的三大沿海经济区。第二梯队为长江中游经济区、黄河中游经济区、大西南经济区和东北经济区四大经济区，第二梯队经济区的制造业产值增长趋势在2006~2009年间基本一致，而在2010年后随着中部崛起政策的不断推进和落实，长江中游经济区制造业总产值增长迅速，与其他三个经济区规模发展逐渐拉开距离。第三梯队为大西北经济区，其制造业产值规模所占比重最低，产值增长速度缓慢。从表3-2中能够看出，沿海经济区制造业产值比重虽逐年呈略微下降趋势，但所占比重份额优势仍然非常明显。而长江中游、黄河中游和大西南经济区制造业产值规模增长迅速，其制造业产值比重总体则呈上升趋势。相比之下，东北经济区制造业产值比重则由初始的7.21%下降至5.93%，其制造业产业比重缩减了17.81%。由此可知，东北制造业整体规模发展态势不容乐观。

表3-1　　2006~2015年八大经济区制造业工业销售产值　单位：亿元

经济区	2006年	2007年	2008年	2009年	2010年	2011年	2012年	2013年	2014年	2015年
北部沿海经济区	54454	65667	86063	94804	114223	136875	169630	189937	205038	210542
黄河中游经济区	18508	24061	34271	36556	46657	61210	71891	83663	92570	98148
东北经济区	17720	21920	30350	35100	45722	54405	68344	75188	73663	58665
东部沿海经济区	74704	91614	112776	116670	147659	168880	196337	214071	226452	230688
长江中游经济区	18576	24147	35247	40958	58385	78394	97942	115186	129659	138321
大西南经济区	15215	19415	25968	30143	39115	51324	60604	71553	80879	86888
大西北经济区	4091	5138	6491	6681	9010	11125	12904	15024	16149	15057
南部沿海经济区	42364	50445	62171	65188	83145	94543	114578	130791	143964	151054

资料来源：2007~2016年《中国工业统计年鉴》。

第三章 结构转型：东北老工业基地制造业结构转型升级

表3-2 2006~2015年八大经济区制造业工业销售产值比重 单位：%

经济区	2006年	2007年	2008年	2009年	2010年	2011年	2012年	2013年	2014年	2015年
北部沿海经济区	22.17	21.71	21.88	22.25	21.00	20.84	21.41	21.21	21.17	21.28
黄河中游经济区	7.53	7.96	8.71	8.58	8.58	9.32	9.07	9.34	9.56	9.92
东北经济区	7.21	7.25	7.72	8.24	8.41	8.28	8.63	8.40	7.61	5.93
东部沿海经济区	30.41	30.29	28.67	27.38	27.15	25.71	24.78	23.91	23.38	23.32
长江中游经济区	7.56	7.98	8.96	9.61	10.73	11.94	12.36	12.86	13.39	13.98
大西南经济区	6.19	6.42	6.60	7.07	7.19	7.81	7.65	7.99	8.35	8.78
大西北经济区	1.67	1.70	1.65	1.57	1.66	1.69	1.63	1.68	1.67	1.52
南部沿海经济区	17.25	16.68	15.81	15.30	15.29	14.40	14.46	14.61	14.87	15.27

资料来源：笔者计算。

从表3-3能够直观地看出黑龙江省制造业产业内部结构特征。黑龙江省规模产值最大的制造业为农副食品加工业，其2012年规模产值为2115.57亿元，在2012年整体产值8115.4亿元中的比重高达26.07%，所占比重逐年呈现出不断攀升的状态，于2015年突破30.69%。规模产值第二大的制造业为石油加工、炼焦和核燃料加工业，2012年规模产值为1357.23占总体产值比重为16.72%，而后逐年下滑，到2015年其比重已下降为11.12%。两产业总体的产值规模占整个黑龙江省制造业产值比重的40%左右，是黑龙江省名副其实的核心支柱型产业。其余产值比重分布较为均衡，其中装备制造业的总体规模产值比重不高，总体在15%左右。

表3-3　2012~2015年黑龙江省制造业分行业产值规模　单位：亿元

行业	2012年	2013年	2014年	2015年
农副食品加工业	2115.57	2755.12	2686.43	2691.78
食品制造业	458.68	525.55	552.78	649.73
酒、饮料和精制茶制造业	281.5	312.53	319.97	315.46
烟草制品业	102.03	114.16	105.47	104.31
纺织业	57.11	81.40	97.14	95.04
纺织服装、服饰业	13.87	29.25	31.28	31.02
皮革、毛皮、羽毛及其制品和制鞋业	27.3	53.39	67.31	74.58
木材加工和木、竹、藤、棕制品业	324.21	435.85	480.28	446.88
家具制造业	61.69	70.44	77.33	78.13
造纸和纸制品业	67.09	82.89	82.03	71.34
印刷和记录媒介复制业	19.74	24.24	29.18	29.11
文教、工美、体育娱乐用品制造业	28.79	54.03	62.72	67.88
石油加工、炼焦和核燃料加工业	1357.23	1403.89	1335.68	976.01
化学原料和化学制品制造业	556.17	531.25	550.92	517.85
医药制造业	283.64	320.03	337.05	301.12
化学纤维制造业	4.69	0.89	1.71	1.98
橡胶和塑料制品业	155.13	189.43	191.88	193.51
非金属矿物制品业	462.87	535.52	529.76	507.62
黑色金属冶炼和压延加工业	317.83	327.51	221.14	134.21
有色金属冶炼和压延加工业	32.36	42.09	37.72	36.01
金属制品业	124.64	182.62	179.65	168.58
通用设备制造业	352.45	341.13	435.42	344.41
专用设备制造业	340.36	368.78	277.78	274.02
汽车制造业	102.98	123.32	171.83	195.2
铁路、船舶、航空航天和其他运输设备制造业	214.18	213.70	199.94	196.49
电气机械和器材制造业	218.52	218.79	243.40	216.87
计算机、通信和其他电子设备制造业	15.54	20.97	23.64	22.75
仪器仪表制造业	19.23	20.04	24.51	28.11

资料来源：2013~2016年《黑龙江统计年鉴》。

第三章 结构转型：东北老工业基地制造业结构转型升级

表3-4为吉林省制造业产业内部结构情况，其总体制造业产业内部结构异于黑龙江省。从产值规模情况来看，汽车制造业和农副食品加工业是吉林的核心支柱型产业。其中汽车制造业产值规模黑龙江整体制造业的30%左右，第二为农副食品加工业，产值规模占整体制造业的15%左右。产值份额相对较大的为化学原料和化学制品制造业、医药制造业和非金属矿物制品业，总体产值比重均超过5%。在装备制造业方面，除去最有优势的汽车制造业，其他装备制造业产值份额比重在10%左右。

表3-4　2012~2015年吉林省制造业分行业产值规模比重　单位：%

行业	2012年	2013年	2014年	2015年
农副食品加工业	15.88	15.98	15.43	16.13
食品制造业	1.98	1.91	1.87	2.27
酒、饮料和精制茶制造业	2.53	2.42	2.40	2.69
烟草制品业	0.69	0.65	0.76	0.74
纺织业	0.63	0.67	0.74	0.80
纺织服装、服饰业	0.56	0.50	0.53	0.61
皮革、毛皮、羽毛及其制品和制鞋业	0.10	0.10	0.12	0.11
木材加工和木、竹、藤、棕制品业	4.13	4.14	4.22	4.61
家具制造业	0.52	0.58	0.64	0.70
造纸和纸制品业	0.74	0.61	0.66	0.74
印刷和记录媒介复制业	0.27	0.30	0.33	0.40
文教、工美、体育和娱乐用品制造业	0.14	0.15	0.16	0.20
石油加工、炼焦和核燃料加工业	1.11	1.10	1.07	0.91
化学原料和化学制品制造业	8.74	8.31	7.84	7.49
医药制造业	5.86	6.73	7.54	8.71
化学纤维制造业	0.32	0.33	0.27	0.28

续表

行业	2012年	2013年	2014年	2015年
橡胶和塑料制品业	1.27	1.37	1.47	1.66
非金属矿物制品业	7.51	7.59	7.66	8.05
黑色金属冶炼和压延加工业	4.80	4.64	4.30	3.51
有色金属冶炼和压延加工业	0.82	0.86	0.88	0.89
金属制品业	1.59	1.55	1.44	1.72
通用设备制造业	2.05	2.06	2.10	2.35
专用设备制造业	2.83	2.88	2.83	3.11
汽车制造业	31.02	30.95	30.81	26.85
铁路、船舶、航空航天和其他运输设备制造业	1.61	1.45	1.68	1.87
电气机械和器材制造业	1.68	1.55	1.67	1.90
计算机、通信和其他电子设备制造业	0.37	0.42	0.39	0.44
仪器仪表制造业	0.23	0.20	0.20	0.26

资料来源：笔者计算。

表3-5为辽宁制造业产业内部结构比重情况，从整体产值规模方面来看，辽宁的总体制造业产值规模均大于黑龙江和吉林，其中黑色金属冶炼和压延加工业、石油加工、炼焦和核燃料加工业和农副食品加工业产值规模所占比重均超过了10%。在装备制造业方面，虽仅有通用设备制造业所占份额较多在9%左右，但整体装备制造业所占比重远超过黑龙江和吉林在35%左右。由此可见，辽宁省是中国装备制造业的核心产业区域，具备较高的产业集中度，同时拥有雄厚的产业基础和系统的工业体系。

表 3-5 2012~2015 年辽宁省制造业分行业产值规模占比 单位：%

行业	2012年	2013年	2014年	2015年
农副食品加工业	10.09	10.12	9.85	9.79
食品制造业	1.54	1.59	1.56	1.48
酒、饮料和精制茶制造业	1.21	1.08	1.09	1.16
烟草制品业	0.16	0.16	0.18	0.29
纺织业	1.01	1.06	1.00	0.77
纺织服装、服饰业	1.77	1.88	1.51	1.23
皮革、毛皮、羽毛及其制品和制鞋业	0.56	0.59	0.58	0.68
木材加工和木、竹、藤、棕、草制品业	1.77	1.76	1.72	1.03
家具制造业	0.87	0.88	0.84	0.66
造纸和纸制品业	1.01	0.93	0.79	0.73
印刷和记录媒介复制业	0.33	0.36	0.28	0.26
文教、工美、体育和娱乐用品制造业	0.40	0.44	0.45	0.35
石油加工、炼焦和核燃料加工业	10.00	9.25	9.80	11.07
化学原料和化学制品制造业	6.48	7.06	6.94	7.28
医药制造业	1.48	1.62	1.83	2.09
化学纤维制造业	0.12	0.11	0.11	0.13
橡胶和塑料制品业	3.66	3.69	3.51	3.40
非金属矿物制品业	8.02	8.01	8.08	7.63
黑色金属冶炼和压延加工业	12.20	11.51	11.38	10.73
有色金属冶炼和压延加工业	2.73	2.96	2.81	2.74
金属制品业	4.14	4.25	4.36	3.84
通用设备制造业	9.40	9.65	9.12	7.87
专用设备制造业	5.16	5.15	5.18	5.15
汽车制造业	5.44	6.09	7.22	9.29
铁路、船舶、航空航天和其他运输设备制造业	2.81	2.39	2.46	3.44
电气机械和器材制造业	4.86	4.89	4.77	4.40
计算机、通信和其他电子设备制造业	2.22	1.99	2.03	1.93
仪器仪表制造业	0.58	0.55	0.52	0.56

资料来源：2013~2016年《辽宁统计年鉴》。

二、东北制造产业劳动结构分析

在对制造产业劳动结构的分析方面,本部分采用能够表征行业就业质量和吸纳就业能力的行业从业人员数来作为衡量指标。从表3-6中能够看出,沿海经济区制造业吸纳就业能力整体强于内陆,中西部地区在2006~2010年间制造业从业人员数基本相当,而在2010后便逐步拉开差距,其中东北经济区制造业就业人数明显少于黄河中游经济区、长江中游经济区和大西南经济区。

表3-6　2006~2015年八大经济区制造业就业人员数　单位:万人

年份	2006	2007	2008	2009	2010	2011	2012	2013	2014	2015
北部沿海经济区	645	649	626	627	642	723	769	813	792	761
黄河中游经济区	359	360	348	345	349	389	417	541	559	569
东北经济区	306	302	288	284	272	298	296	333	315	292
东部沿海经济区	654	737	770	782	828	917	951	1125	1169	1119
长江中游经济区	371	343	341	356	392	471	482	571	580	570
大西南经济区	316	332	332	338	345	392	417	492	459	436
大西北经济区	86	84	81	84	82	87	88	98	99	95
南部沿海经济区	616	658	648	677	726	810	843	1283	1270	1225

资料来源:2007~2016年《中国工业统计年鉴》。

第三章 结构转型：东北老工业基地制造业结构转型升级

从表3-7能够看出，2013~2015年间黑龙江省制造业整体就业人数由2013年的822900人下滑至729200人，各制造业子行业的就业人数也呈现出不同幅度的下降趋势。其中，农副食品加工业吸纳就业能力最强，就业人数占比高达17.23%，其余就业人数占比超过5%的产业分别为食品制造业，石油加工－炼焦和核燃料加工业，化学原料和化学制品制造业，医药制造业，非金属矿物制品业，通用设备制造业和专用设备制造业。而从产值规模的方面看，通用设备制造业和专用设备制造业的产值规模占比分别为3.19%和5.24%，实则所占份额不突出，但却是具有一定的吸纳就业能力的制造产业。

表3-7　2013~2015年黑龙江省制造业分行业就业人员数　单位：人

行业	2013年	2014年	2015年
农副食品加工业	141800	144700	138500
食品制造业	43900	41700	39400
酒、饮料和精制茶制造业	34100	33300	32000
烟草制品业	5900	4600	5700
纺织业	31900	27400	26600
纺织服装、服饰业	3000	3300	3400
皮革、毛皮、羽毛及其制品和制鞋业	1900	2200	2100
木材加工和木、竹、藤、棕、草制品业	40100	35800	32300
家具制造业	17000	14800	14300
造纸和纸制品业	11600	12200	9000
印刷和记录媒介复制业	4800	4100	4100
文教、工美、体育和娱乐用品制造业	7300	7300	7100
石油加工、炼焦和核燃料加工业	55200	51400	49500
化学原料和化学制品制造业	41500	38000	38000
医药制造业	54100	51100	48200

续表

行业	2013年	2014年	2015年
化学纤维制造业	700	300	300
橡胶和塑料制品业	19600	18900	18200
非金属矿物制品业	54200	52500	47000
黑色金属冶炼和压延加工业	32700	24800	19900
有色金属冶炼和压延加工业	8400	7600	7600
金属制品业	23800	21500	20000
通用设备制造业	51600	59700	43000
专用设备制造业	48200	32500	41100
汽车制造业	20500	21000	17500
铁路、船舶、航空航天和其他运输设备制造业	30800	30400	30500
电气机械和器材制造业	28300	25800	24100
计算机、通信和其他电子设备制造业	4000	4000	3500
仪器仪表制造业	6000	5800	6300

资料来源：2014~2016年《黑龙江统计年鉴》。

从表3-8中能够看出，2013~2015年间吉林省汽车制造业从业人员数位居第一，占总体就业份额的24.19%，可以说是吉林省最具就业保障的制造行业。其次为医药制造业和农副食品加工业，从业人员所占比重均在11%左右。在装备制造业方面，除去最有优势的汽车制造业，其他装备制造业从业人员数所占比重在12%，其产业吸纳就业人员比例和产值规模相匹配。

表3-8　2013~2015年吉林省制造业分行业就业人员数　　单位：人

行业	2013年	2014年	2015年
农副食品加工业	128999	126911	129024
食品制造业	26747	26545	29794

第三章 结构转型：东北老工业基地制造业结构转型升级

续表

行业	2013 年	2014 年	2015 年
酒、饮料和精制茶制造业	40122	39638	39961
烟草制品业	3971	4362	4270
纺织业	29942	32351	32242
纺织服装、服饰业	13455	11811	12688
皮革、毛皮、羽毛及其制品和制鞋业	1940	1660	1714
木材加工和木、竹、藤、棕、草制品业	75214	70757	66019
家具制造业	9381	9749	9631
造纸和纸制品业	15162	13704	10478
印刷和记录媒介复制业	5499	6008	6015
文教、工美、体育和娱乐用品制造业	3072	3097	3496
石油加工、炼焦和核燃料加工业	8572	8333	8526
化学原料和化学制品制造业	90686	88406	81500
医药制造业	132845	134591	135924
化学纤维制造业	8790	8176	8745
造纸和纸制品业	15162	13704	10478
印刷和记录媒介复制业	5499	6008	6015
文教、工美、体育和娱乐用品制造业	3072	3097	3496
石油加工、炼焦和核燃料加工业	8572	8333	8526
橡胶和塑料制品业	21638	22574	22471
非金属矿物制品业	80845	75019	77002
黑色金属冶炼和压延加工业	48929	44398	39461
有色金属冶炼和压延加工业	11675	11230	11780
金属制品业	22986	21271	23080
通用设备制造业	28624	27345	30812
专用设备制造业	34004	34024	34307
汽车制造业	274866	284437	279980
铁路、船舶、航空航天和其他运输设备制造业	24345	24595	24737

续表

行业	2013 年	2014 年	2015 年
电气机械和器材制造业	18762	19852	19818
计算机、通信和其他电子设备制造业	9806	9445	9592
仪器仪表制造业	4508	4219	4332

资料来源：2014~2016 年《吉林统计年鉴》。

从表 3-9 中能够看出，2013~2015 年间辽宁省黑色金属冶炼和压延加工业和通用设备制造业的从业人数占比较大，均超过 10% 的份额，而综合与之对应的产值份额来看，黑色金属冶炼和压延加工业产值规模同样超过 10%。以 2015 年为例，通用设备制造业的产值占比仅为 7.87%，从而可以看出通用设备制造业虽具有一定的保障就业的能力，但人均产值效率不高。装备制造业从业人数占比为 36% 左右，整体的产值规模在 40% 左右，相差 4 个百分点，基本能够保障人均产值效率的平衡。

表 3-9　2013~2015 年辽宁省制造业分行业就业人员数　单位：人

行业	2013 年	2014 年	2015 年
农副食品加工业	297200	278200	202700
食品制造业	65300	64500	46100
酒、饮料和精制茶制造业	39000	38800	32600
烟草制品业	2200	2700	2100
纺织业	54400	51600	32000
纺织服装、服饰业	139300	124900	86000
皮革、毛皮、羽毛及其制品和制鞋业	15800	14700	12300
木材加工和木、竹、藤、棕、草制品业	59500	60600	32700
家具制造业	40600	41400	29300
造纸和纸制品业	37500	29500	19500

第三章 结构转型：东北老工业基地制造业结构转型升级

续表

行业	2013 年	2014 年	2015 年
印刷和记录媒介复制业	14700	15600	10300
文教、工美、体育和娱乐用品制造业	19300	20700	11200
石油加工、炼焦和核燃料加工业	100100	104600	98100
化学原料和化学制品制造业	168300	148600	116700
医药制造业	53800	55700	50700
化学纤维制造业	6700	6800	6000
橡胶和塑料制品业	149900	144200	112400
非金属矿物制品业	253300	250900	182900
黑色金属冶炼和压延加工业	404300	370200	312000
有色金属冶炼和压延加工业	66900	67600	49700
金属制品业	176900	169700	128900
通用设备制造业	405100	386500	272800
专用设备制造业	187300	176400	134600
汽车制造业	149600	150600	142800
铁路、船舶、航空航天和其他运输设备制造业	117200	112900	109100
电气机械和器材制造业	156300	160000	114700
计算机、通信和其他电子设备制造业	82700	81500	69300
仪器仪表制造业	26000	26400	24100

资料来源：2014~2016 年《辽宁统计年鉴》。

三、东北制造产业效益结构分析

本部分采用能够反映制造业经营效果和盈利能力的利润总额这一指标，来衡量制造业产业效益。从表 3-10 中能够看出，八大经济区域内除东北经济区外其余七个经济区的制造业利润总额均呈逐年上升的良好发展态势，但各经济区域间的制造业利润总额仍具有一定的差距。制造业利润总额最具优势的为东部沿海经济区和北部沿海经济区，第二梯队的为南部沿海经济区、长江中游经济区、黄河中游经济区，第三梯队的为大西南经济区和东北经济区，利润总额最低的为大西北经济区。

表 3-10　　2012~2016 年八大经济区制造业利润总额　　单位：亿元

区域	省、市	2012 年	2013 年	2014 年	2015 年	2016 年
北部沿海经济区	北京	766.76	883.45	972.07	940.87	1076.25
	天津	1249.70	1507.06	1520.76	1828.70	1835.44
	河北	1768.59	1915.43	1991.73	1947.43	2400.02
	山东	6852.29	7683.83	7942.87	8061.41	8478.72
	总计	10637.34	11989.77	12427.43	12778.41	13790.43
黄河中游经济区	山西	205.42	106.78	37.64	-40.80	91.11
	内蒙古	605.34	718.65	462.33	358.66	521.44
	陕西	744.50	777.67	803.71	787.94	993.25
	河南	3473.46	4005.74	4459.53	4639.26	5105.56
	总计	5028.72	5608.84	5763.21	5745.06	6711.36
东北经济区	辽宁	2104.79	2597.81	1864.55	1047.03	733.64
	吉林	1050.85	1180.13	1385.23	1241.85	1310.79
	黑龙江	421.99	387.26	345.31	360.69	387.88
	总计	3577.63	4165.20	3595.09	2649.57	2432.31
东部沿海经济区	上海	2082.80	2287.13	2553.49	2574.33	2797.71
	江苏	6865.14	7877.61	8528.59	9110.88	10080.62
	浙江	2829.88	3215.88	3371.29	3440.81	4070.12
	总计	11777.82	13380.62	14453.37	15126.02	16948.45
长江中游经济区	安徽	1592.83	1881.11	1836.64	1848.66	2062.07
	江西	1393.17	1655.34	1964.03	1950.68	2318.46
	湖北	1780.95	2192.64	2087.35	2106.38	2441.71
	湖南	1587.48	1794.80	1496.34	1641.46	1864.88
	总计	6354.43	7523.89	7384.36	7547.18	8687.12

第三章 结构转型：东北老工业基地制造业结构转型升级

续表

区域	省、市	2012年	2013年	2014年	2015年	2016年
大西南经济区	广西	812.16	882.18	916.75	1105.19	1253.88
	重庆	585.38	831.88	1147.18	1315.83	1546.20
	四川	1867.93	1915.30	1755.04	1603.52	1942.05
	贵州	420.04	483.67	508.42	576.23	701.96
	云南	433.88	458.92	351.25	322.91	284.87
	总计	4119.39	4571.95	4678.64	4923.68	5728.96
大西北经济区	西藏	12.82	13.02	17.09	17.24	21.39
	甘肃	63.55	90.51	59.78	-123.73	81.24
	青海	62.13	40.68	12.27	-14.00	38.79
	宁夏	42.01	70.20	35.28	58.63	92.37
	新疆	179.27	209.25	187.70	211.29	450.99
	总计	359.78	423.66	312.12	149.43	684.78
南部沿海经济区	福建	1881.71	2021.45	2113.16	2151.45	2697.11
	广东	4732.53	5627.89	6110.88	6844.73	7513.00
	海南	101.12	87.38	60.17	59.18	87.31
	总计	6715.36	7736.72	8284.21	9055.36	10297.42

资料来源：2013~2017年《中国工业统计年鉴》。

从表3-11中能够看出，在黑龙江省制造业中，农副食品加工业的利润份额所占比重最大，平均约为25%，其次为医药制造业和食品制造业，利润份额所占比重均超过总体的10%，而石油加工、炼焦及核燃料加工业在经历了2012~2015年的低潮期后终于在2016年扭亏为盈，总体利润份额达到19%。相反，黑色金属冶炼及压延加工业和有色金属冶炼及压延加工业及装备制造业整体经营效果不佳，盈利总额不断下降，其中有色金属冶炼及压延加工业，专用设备制造业和铁路、船舶、航空航天及其他运输设备制造业利润额逐年下降最后处于亏损的状态。

表3-11　　2012~2016年黑龙江省制造业利润总额　　单位：万元

行业	2012年	2013年	2014年	2015年	2016年
农副食品加工业	1044471	1233463	1121028	1057754	1001224
食品制造业	339743	466025	518675	414334	415104
酒、饮料和精制茶制造业	143932	136338	166954	218878	183630
烟草制品业	124864	150060	103386	80332	44518
纺织业	26536	37905	47445	58438	51509
纺织服装、服饰业	6093	30608	22548	20128	15903
皮革、毛皮、羽毛及其制品和制鞋业	14007	47694	41691	32984	24443
木材加工及木、竹、藤、棕、草制品业	160157	217798	262497	239632	220725
家具制造业	24128	31039	34677	53804	43836
造纸及纸制品业	34745	43509	34060	39502	21248
印刷和记录媒介复制业	19306	12178	21063	27408	18227
文教、工美、体育和娱乐用品制造业	14938	27707	45268	37542	42095
石油加工、炼焦及核燃料加工业	469547	-461847	-347705	-34973	740662
化学原料及化学制品制造业	290433	348202	337083	219473	197065
医药制造业	402527	404773	414181	553987	602811
化学纤维制造业	-14122	121	538	671	716
橡胶和塑料制品业	70677	115960	104100	124186	127503
非金属矿物制品业	531227	408832	375919	334826	332574
黑色金属冶炼及压延加工业	-39043	67564	-147864	-76121	-77826
有色金属冶炼及压延加工业	3047	11330	5728	11024	-11969
金属制品业	32248	93299	90951	66995	84124
通用设备制造业	144229	124922	18727	95533	88912
专用设备制造业	191297	165001	57207	-120442	-495940

第三章　结构转型：东北老工业基地制造业结构转型升级

续表

行业	2012年	2013年	2014年	2015年	2016年
汽车制造业	-84789	-80913	-114404	564	167308
铁路、船舶、航空航天和其他运输设备制造业	60392	64482	63949	49136	-6683
电气机械及器材制造业	162228	137394	123368	50767	9929
计算机、通信和其他电子设备制造业	21572	26801	27931	22301	25074
仪器仪表制造业	11646	9517	14680	22002	4060

资料来源：2013~2017年《黑龙江统计年鉴》。

从表3-12中能够看出，在吉林省制造业中，汽车制造业虽在2015~2016年间盈利能力有所下降，但总体利润所占份额最大高达45%左右，医药制造业紧随其后利润份额在13%左右，其余制造业利润份额较小且比较平均。其中，有色金属冶炼和压延加工业经营状况最不理想，利润额不断下滑，直至2015年处于亏损状态。

表3-12　　2012~2016年吉林省制造业利润总额　　单位：万元

行业	2012年	2013年	2014年	2015年	2016年
农副食品加工业	1326614	1150534	1144607	1153738	987949
食品制造业	196668	112131	196607	228785	238303
酒、饮料和精制茶制造业	225852	215440	207615	229998	258075
烟草制品业	125168	162949	171314	128634	70342
纺织业	34404	37706	42219	49352	70250
纺织服装、服饰业	27770	31225	23632	16681	29932
皮革、毛皮、羽毛及其制品和制鞋业	8058	9911	11260	8916	11439

续表

行业	2012 年	2013 年	2014 年	2015 年	2016 年
木材加工和木、竹、藤、棕、草制品业	411358	399529	403009	386018	338148
家具制造业	51423	70808	73503	97077	85760
造纸和纸制品业	193276	113879	47052	77295	85847
印刷和记录媒介复制业	47015	55045	68601	130475	101256
文教、工美、体育和娱乐用品制造业	11659	17473	17195	21698	25848
石油加工、炼焦和核燃料加工业	56931	68958	62788	29146	36659
化学原料和化学制品制造业	-230150	-19221	24426	3364	505744
医药制造业	777054	1006293	1226272	1705477	1747556
化学纤维制造业	-32210	-40061	-4337	17786	15931
橡胶和塑料制品业	116079	273675	143651	153427	225670
非金属矿物制品业	842854	701784	646953	561272	698402
黑色金属冶炼和压延加工业	-30088	-29124	14245	-24642	139791
有色金属冶炼和压延加工业	70970	73775	57414	-252059	-104532
金属制品业	142082	166326	165900	188137	200664
通用设备制造业	236000	253320	254055	307876	261768
专用设备制造业	274116	342479	252379	316461	336287
汽车制造业	5076070	6138660	7933463	6197766	5941522
铁路、船舶、航空航天和其他运输设备制造业	223413	209102	367188	362912	420017
电气机械和器材制造业	166569	130356	142972	146459	214907
计算机、通信和其他电子设备制造业	79885	73461	87537	92292	90609
仪器仪表制造业	43998	38960	38664	41616	40019

资料来源：2013~2017 年《吉林统计年鉴》。

第三章 结构转型：东北老工业基地制造业结构转型升级

从表3-13中能够看出，自2015年后辽宁省制造业除化学纤维制造业外，利润总额整体缩水，其中石油加工、炼焦及核燃料加工业，黑色金属冶炼和压延加工业，铁路、船舶、航空航天及其他运输设备制造业和计算机、通信及其他电子设备制造业在2016年时利润恢复增长态势。以2016年为例，汽车制造业和石油加工、炼焦和核燃料加工业的利润总额所占比重最大分别为25%和16%，其次为农副食品加工业，医药制造业，有色金属冶炼及压延加工业，铁路、船舶、航空航天及其他运输设备制造业，计算机、通信及其他电子设备制造业，利润总额所占比重均超过5%，其余各制造业所占份额不多且比较平均。

表3-13　2012~2016年辽宁省制造业利润总额　　单位：万元

行业	2012年	2013年	2014年	2015年	2016年
农副食品加工业	3115600	3018200	1921600	1200200	491800
食品制造业	518500	545800	391000	316300	187700
酒、饮料和精制茶制造业	461300	404700	367600	267500	169800
烟草制品业	45100	48100	35100	29700	-8700
纺织业	273200	355100	201700	88500	20500
纺织服装、服饰业	478600	535200	258400	109200	46600
皮革、毛皮、羽毛及其制品和制鞋业	317100	375800	270800	209600	38000
木材加工和木、竹、藤、棕、草制品业	438700	529800	389000	142900	21600
家具制造业	194900	222300	159600	83200	27100
造纸和纸制品业	320900	311800	194500	141800	58100
印刷和记录媒介复制业	123400	138600	82300	41200	6400
文教、工美、体育和娱乐用品制造业	106800	132400	108500	55900	9300

续表

行业	2012年	2013年	2014年	2015年	2016年
石油加工、炼焦和核燃料加工业	-976400	-191600	-1151400	-118500	1262900
化学原料和化学制品制造业	1179100	1192700	653900	291200	148100
医药制造业	593100	712600	816900	729000	646200
化学纤维制造业	34400	4500	9700	23600	13300
橡胶和塑料制品业	885400	1061000	659300	397500	248000
非金属矿物制品业	2813200	2632600	1955200	1003800	186400
黑色金属冶炼和压延加工业	358400	1867900	1165000	-399700	134800
有色金属冶炼和压延加工业	376700	1821000	730200	511000	433900
金属制品业	1057700	1190100	826300	433400	222200
通用设备制造业	2425900	2893500	2151900	1046800	248700
专用设备制造业	1242000	1378200	957100	-94900	-228300
汽车制造业	1811900	2016100	3074800	2408100	1943900
铁路、船舶、航空航天和其他运输设备制造业	649000	554800	526200	372300	427000
电气机械和器材制造业	1188600	1204800	914400	585300	295100
计算机、通信和其他电子设备制造业	636000	608200	661000	384300	580400
仪器仪表制造业	184500	174200	213400	163800	135900

资料来源：2013~2017年《辽宁统计年鉴》。

第二节 东北制造业能源消耗与碳排放现状分析

一、东北制造业能源消耗分析

从表3-14~表3-15中能够看出，2011~2015年东北地区能源消费总量占全国的比重持续呈下降态势，从2011年的14.69%下降至2015年的11.63%。从表3-16~表3-17中能够看出东北地区总体的能源消耗基本来源于工业产业，而东北工业产业的能源消耗量也呈不断下降的态势，从2011年的19.24%下降至2015年的10.91%。然而，从东北经济区工业产值占比全国的份额来看，东北经济区产值规模同样由2011年的8.28%一直下降至2015年的5.93%，对比2015年东北经济区工业总消费量在全国占比的10.91%份额来看，东北工业产业仍属于高碳产业。

表3-14　　　　　　　全部产业总消费量　　　　单位：万吨标准煤

年份	中国	辽宁	吉林	黑龙江
2011	387043.00	29680.02	17693.24	9490.69
2012	402138.00	31773.32	18699.55	10054.55
2013	416913.00	33375.48	18569.29	11047.61
2014	425806.00	31464.07	8328.63	10181.81
2015	429905.00	30972.58	7979.87	11086.01

资料来源：2012~2016年《中国能源统计年鉴》。

表3-15　　东北各省全部产业总消费量占全国比重　　单位：%

年份	辽宁	吉林	黑龙江	东北
2011	7.67	4.57	2.45	14.69
2012	7.90	4.65	2.50	15.05
2013	8.01	4.45	2.65	15.11
2014	7.39	1.96	2.39	11.74
2015	7.20	1.86	2.58	11.63

资料来源：2012~2016年《中国能源统计年鉴》。

表3-16　　　　　　　工业产业总消费量　　　　单位：万吨标准煤

年份	中国	辽宁	吉林	黑龙江
2011	246440.96	26547.23	15228.00	5641.70
2012	252462.78	28345.49	16189.55	5844.16
2013	291130.63	29700.12	15980.76	5753.73
2014	295686.44	27681.73	5701.22	5435.78
2015	344388.88	26875.41	5004.93	5688.92

资料来源：2012~2016年《中国工业统计年鉴》。

表3-17　　　东北各省工业产业总消费量占全国比重　　　单位：%

年份	辽宁	吉林	黑龙江	东北
2011	10.77	6.18	2.29	19.24
2012	11.23	6.41	2.31	19.96
2013	10.20	5.49	1.98	17.67
2014	9.36	1.93	1.84	13.13
2015	7.80	1.45	1.65	10.91

资料来源：2012~2016年《中国工业统计年鉴》。

二、东北制造业碳排放分析

制造业是推动东北经济区实体经济增长的重要动力源，但随着工业化进程的快速推进，制造业"粗放式"繁荣的同时也为东北地区带来了大量的能源消耗与碳排放增长。因此，制造业成为东北经济区最主要的高耗能、高碳排放产业。2012~2016年黑龙江省、吉林省、辽宁省制造业能源终端消费总如表3-18~表3-20所示。

第三章 结构转型：东北老工业基地制造业结构转型升级

表3－18　2012~2016年黑龙江省制造业能源终端消费量

年份	煤炭消费量（万吨）	焦炭消费量（万吨）	原油消费量（万吨）	汽油消费量（万吨）	煤油消费量（万吨）	柴油消费量（万吨）	燃料油消费量（万吨）	天然气消费量（亿立方米）	电力消费量（亿千瓦小时）
2012	702.60	329.17	374.22	4.49	0.24	9.95	50.74	7.52	213.91
2013	733.67	336.68	364.31	5.61	9182.9	9.17	30.71	7.54	203.23
2014	927.61	193.10	444.98	5.20	0.08	9.17	50.78	6.15	193.06
2015	660.18	185.68	478.31	4.29	0.06	7.90	45.60	4.61	235.94
2016	852.64	184.19	559.62	2.96	0.81	6.08	16.37	15.38	181.39

资料来源：2013~2017年《黑龙江统计年鉴》。

表3－19　2012~2016年吉林省制造业能源终端消费量

年份	煤炭消费量（万吨）	焦炭消费量（万吨）	原油消费量（万吨）	汽油消费量（万吨）	煤油消费量（万吨）	柴油消费量（万吨）	燃料油消费量（万吨）	天然气消费量（亿立方米）	电力消费量（亿千瓦小时）
2012	3441.97	643.79	961.92	26.22	0.19	39.26	33.90	125.68	411.80
2013	2891.53	678.42	988.95	30.09	0.19	39.90	32.37	152.52	409.33
2014	2688.67	634.99	984.74	30.36	0.26	38.82	23.38	137.77	246.32
2015	2194.32	521.37	948.69	23.43	0.22	33.41	21.98	134.25	219.21
2016	2282.49	469.10	1038.19	23.34	17.86	35.85	29.05	210.30	210.30

资料来源：2013~2017年《吉林统计年鉴》。

表3－20　2012~2016年辽宁省制造业能源终端消费量

年份	煤炭消费量（万吨）	焦炭消费量（万吨）	原油消费量（万吨）	汽油消费量（万吨）	煤油消费量（万吨）	柴油消费量（万吨）	燃料油消费量（万吨）	天然气消费量（亿立方米）	电力消费量（亿千瓦小时）
2012	7312.16	3356.94	6588.16	143.83	3.97	209.29	157.74	24.42	970.89
2013	7523.01	3529.23	6887.97	182.10	4.38	387.11	151.45	22.97	1022.94
2014	7329.63	3270.19	6300.36	74.02	4.77	100.69	155.69	27.01	1045.49

续表

年份	煤炭消费量（万吨）	焦炭消费量（万吨）	原油消费量（万吨）	汽油消费量（万吨）	煤油消费量（万吨）	柴油消费量（万吨）	燃料油消费量（万吨）	天然气消费量（亿立方米）	电力消费量（亿千瓦小时）
2015	6788.56	3172.86	6368.15	54.65	3.95	92.46	92.76	27.46	992.68
2016	6290.42	2979.47	6978.84	67.65	0.66	49.58	74.68	25.42	1040.08

资料来源：2013~2017 年《辽宁统计年鉴》。

为便于比较分析，对各类终端能源统一折算为标准煤计量。我国将标准煤定义为将不同品种及含量的能源按各自不同的热值换算为每千克热值为 7000 千卡的标准煤。各类终端能源的具体折算标准煤的系数如表 3-21 所示，2012~2016 年黑龙江省、吉林省、辽宁省能源终端消费量经折算后如表 3-22 至表 3-24 所示。

表 3-21　　　　各类能源折算标准煤系数

能源名称	折算标准煤系数	单位
原煤	0.7143	千克标煤/千克
洗精煤	0.9000	千克标煤/千克
焦炭	0.9714	千克标煤/千克
原油	1.4286	千克标煤/千克
燃料油	1.4286	千克标煤/千克
汽油	1.4714	千克标煤/千克
煤油	1.4714	千克标煤/千克
柴油	1.4571	千克标煤/千克
天然气	12.143	吨/万立方米
焦炉煤气	5.9285	吨/万立方米
电力	1.2290	吨/万千瓦时

注：根据 IPCC《国家温室气体排放清单指南》，焦炉煤气的折算标准煤系数为 5.714~6.143 吨/万立方米，为方便统计，本书采用中间值 5.9285 吨/万立方米。

资料来源：IPCC《国家温室气体排放清单指南》。

从表 3-22 中能够看出，2012~2016 年间黑龙江省制造业二氧化碳排放总量各年呈现上下波动态势，2016 年二氧化碳排放总量更是达到近 5 年的峰值，比 2012 年高出 12.77%。其中，煤炭和原油两项的二氧化碳排放量就占比超过总体的 50%，严重制约了黑龙江省经济的健康发展。其次为焦炭和电力的二氧化碳排放量，剩余 5 项能源的二氧化碳排放量仅为总体的 10% 左右。

表 3-22　2012~2016 年黑龙江省制造业二氧化碳排放量

年份	煤炭消费量（万吨）	焦炭消费量（万吨）	原油消费量（万吨）	汽油消费量（万吨）	煤油消费量（万吨）	柴油消费量（万吨）	燃料油消费量（万吨）	天然气消费量（亿立方米）	电力消费量（亿千瓦小时）	二氧化碳排放量（万吨）
2012	501.87	319.75	534.61	6.61	0.35	14.49	72.49	91.37	262.89	1804.44
2013	524.06	327.05	520.46	8.25	1.35	13.36	43.87	91.52	249.77	1779.69
2014	662.59	187.57	635.70	7.66	0.12	13.36	72.54	74.65	237.27	1891.46
2015	471.57	180.37	683.31	6.31	0.09	11.51	65.14	55.98	289.97	1764.26
2016	609.04	178.92	799.47	4.36	1.19	8.86	23.39	186.76	222.93	2034.92

资料来源：笔者计算。

从表 3-23 中能够看出，2012~2016 年间吉林省制造业二氧化碳排放总量是黑龙江省总体的 3 倍左右，其中煤炭、天然气和原油二氧化碳排放总量均超过 1000 万吨，约占总体比重的 80% 左右。其次为焦炭和电力，两者的二氧化碳排放总量虽低于 1000 万吨，但也超过了 500 万吨，占总体份额的 15% 左右。其余能源的二氧化碳排放总量之和不到总体的 10%。

表3-23　　2012~2016年吉林省制造业二氧化碳排放量

年份	煤炭消费量(万吨)	焦炭消费量(万吨)	原油消费量(万吨)	汽油消费量(万吨)	煤油消费量(万吨)	柴油消费量(万吨)	燃料油消费量(万吨)	天然气消费量(亿立方米)	电力消费量(亿千瓦小时)	二氧化碳排放量(万吨)
2012	2458.60	625.38	1374.20	38.58	0.28	57.21	48.43	1526.13	506.10	6634.91
2013	2065.42	659.02	1412.81	44.27	0.28	58.14	46.24	1852.05	503.07	6641.30
2014	1920.52	616.83	1406.80	44.67	0.38	56.56	33.40	1672.94	302.73	6054.83
2015	1567.40	506.46	1355.30	34.47	0.32	48.68	31.40	1630.20	269.41	5443.65
2016	1630.38	455.68	1483.16	34.34	0.26	52.24	41.50	2553.67	258.46	6509.70

资料来源：笔者计算。

从表3-24中能够看出，2012~2016年间辽宁省制造业二氧化碳排放总量是黑龙江省的10倍左右，是吉林省的3倍左右，其二氧化碳排放严重超量，不仅在东北乃至全国都堪称是高碳省份。从辽宁省制造业总体的二氧化碳排放结构来看，原油的二氧化碳排放总量最大，一类能源碳排放就几乎占了总体的50%。其次为煤炭、焦炭和电力的碳排放量，均超过1000万吨，三项共占总体的50%左右。其他5项能源排放所占比重在5%左右。由此可见，辽宁省是东北制造业碳排放的重灾区，并严重制约了东北制造业的低碳绿色发展。

表3-24　　2012~2016年辽宁省制造业二氧化碳排放量

年份	煤炭消费量(万吨)	焦炭消费量(万吨)	原油消费量(万吨)	汽油消费量(万吨)	煤油消费量(万吨)	柴油消费量(万吨)	燃料油消费量(万吨)	天然气消费量(亿立方米)	电力消费量(亿千瓦小时)	二氧化碳排放量(万吨)
2012	5223.08	3260.93	9411.85	211.63	5.84	304.96	225.35	296.53	1193.22	20133.39
2013	5373.69	3428.29	9840.15	267.94	6.44	564.06	216.36	278.92	1257.19	21233.05
2014	5235.55	3176.66	9000.69	108.91	7.02	146.72	222.42	327.98	1284.91	19510.87
2015	4849.07	3082.12	9097.54	80.41	5.81	134.72	132.52	333.45	1220.00	18935.64
2016	4493.25	2894.26	9969.97	99.54	0.97	72.24	106.69	308.68	1278.26	19223.85

资料来源：笔者计算。

第三节 低碳经济视域下制造业产业结构转型升级的内涵界定

一、制造业产业结构升级的含义

工业结构（Industrual Structure）指的是在整个工业系统中生产要素在不同部门间、不同区域内以及不同企业中分配的比例组合关系。综合产业结构理论定义以及各发达国家的工业化演进经验，在整个工业化进程中其工业结构具有其特定的演变规律。最早呈现的发展规律为工业结构的重工业化趋势，即重工业在整个工业体系中所占比重不断提高的态势（"霍夫曼定理"）。在工业化进程中，随着现代科学技术的不断发展进步，使得工业生产效率得到迅速的提升，并带动了整个工业经济的现代化发展，工业产业结构则呈现出从低级形态向高级形态转变的趋势。从宏观的角度看，工业产业结构升级能够反映出一个国家经济增长方式的转变，例如，从劳动密集型增长方式向资本密集型、知识密集型增长方式转变；从资源运营增长方式向产品运营、资产运营、资本运营、知识运营增长方式转变。工业产业结构转型升级的期间，其工业经济增长动力则由要素驱动向投资驱动、创新驱动逐渐转变。

制造业结构（Manufacturing Structure）指的是构成制造业的这31个产业及各产业之间的相互依赖、相互联系以及相互制约的关系总和。制造业产业结构同工业结构演变一样也具有其自身演进规律。制造业结构的转型升级主要体现在要素投入结构（资金、人员、技术等）和产出结构（产值）的变化，而这种结构变化既体现在制造业各产业之间，又体现在各制造业产业的内部，由此可见，制造业产业结构升级既表现在产业间结构的升级，同时也表现在产业内结构的升级。制造业产业间结构升级是指制造业主导产业由低劳动生产率产业向高劳动生产率产业的转化，由低技术、低附加值的产业向高技术、高附加值的产业转变；而制造业产业内结构升级是指产业内先进技术的更多应用以及由此所带来的产出增长、效益优化和劳动生产率的提高过程。

二、低碳经济视域下制造业产业结构转型升级原则

经历了改革开放 40 多年来的高速发展，经济增长与资源环境之间的矛盾日益突出。目前，中国工业经济发展速度趋缓，并步入工业经济发展的新常态时期，而大力发展低碳经济、循环经济，构建环境友好型、生态文明型、经济可持续发展型已然成为共识。现阶段，环境污染和资源耗竭不仅增加了制造企业的生产成本，同时还增添了制造原材料可持续供给的问题，而制造业产业结构内部存在的不合理配比俨然是矛盾的重要诱因。低碳经济转型对产业结构合理化提出了新的要求，产业间的关联互动并不再局限于产业链上、下游之间的投入和产出关系，而是更类似于自然界中各生物体之间的有机的互动关系（袁纯清，1998）。

短期内中国工业经济发展对产业碳排放存在一定的依赖性（Fisher K et al.，2004；郭朝先，2012），制造业的碳排放量不可避免地会呈现增长趋势。另有，相关研究表明产业结构的变化能够直接影响能源消费总量，对产业结构的有效调整将有助于碳排放量的降低（朱永彬等，2013；Wang P. et al.，2013；张宏艳等，2016）。因此，产业结构调整将是未来向低碳经济发展方式转变的重点，对制造业产业结构优化调整的研究将对中国节能减排目标的实现产生直接的实际影响。现有研究多局限于为减少碳排放而提升第三产业比重抑制第二产业发展，但已有研究表明以第三产业为主导的后工业社会在较短经济周期内并不能形成且不稳定（Jeswiet and Kara，2008；刘明和赵彦云，2017）。因此，要更加重视工业内部产业结构的调整和升级，不能为了实现治理

碳排放而刻意降低工业、制造业在国民经济中的比重。东北地区应在不以牺牲经济发展和保证就业的前提下，降低制造业中碳排放较大的子行业比重，通过合理的优化调整能够实现环保、经济、就业三者之间的统筹兼顾发展，以期从根本上解决制造产业结构的内在矛盾。

三、低碳经济视域下制造业产业结构优化的目标

现有研究多将经济效益最大化作为最终的优化目标，少数研究虽把节能减排列入优化范围内，但也仅仅是作为一项求解的前提条件，侧重于碳减排目标的实现研究，期间并未考虑到低碳对产业结构优化的影响，也未能考虑到产业结构调整对环境所产生的影响，这显然偏离低碳经济发展的最终目标。低碳经济视域下制造业转型的目标主要有两个方面：第一，要求制造业产业结构转型过程中能够对资源进行有效配置，在满足社会经济发展需要的同时不能忽略生态效益；第二，制造业产业结构转型需要与当前的经济发展水平相匹配，实现经济、生态、综合效益的最大化及产业系统对环境的适应性。

为了弥补现有研究的不足，研究结合参数规划和多目标规划的思想，研究尝试采用多目标优化方法对东北制造业产业当前结构转型升级进行研究，将 CO_2 排放强度、就业保障、经济效益这三方面约束条件纳入到同一个框架中，分别建立制造业各子行业低碳经济增长的常参数多目标优化模型和变参数优化模型。希望能够通过调整当前产业结构以达到协调经济发展、就业增加以及环境保护这三个维度存在的矛盾。

四、低碳经济视域下制造产业结构优化调整模型

（一）研究范围界定

本部分基于东北地区制造业在环境保护、经济发展以及促进

就业三个维度的相关统计数据对东北地区的制造业产业结构现状进行分析,并根据分析结果,利用带精英策略的多目标遗传算法对当前东北地区制造业产业结构进行适当调整。

此部分对 2012 年东北三省投入产出表进行整理,将国民经济行业分类中的制造业整合为 16 个细分行业,具体包括行业(1):食品和烟草;行业(2):纺织品;行业(3):纺织服装鞋帽皮革羽绒及其制品;行业(4):木材加工品和家具;行业(5):造纸印刷和文教体育用品;行业(6):石油、炼焦产品和核燃料加工品;行业(7):化学产品;行业(8):非金属矿物制品;行业(9):金属冶炼和压延加工品;行业(10):金属制品;行业(11):通用设备;行业(12):专用设备;行业(13):交通运输设备;行业(14):电气机械和器材;行业(15):通信设备、计算机和其他电子设备;行业(16):仪器仪表。

(二)环境、经济、就业三维约束下的产业结构调整模型构建

为了保证产业结构调整能够在环境保护、经济发展以及保障就业三个维度均能够取得一定的提升,本部分在环境保护维度上采用最小化碳排放量作为目标函数,在经济发展维度上采用最大化 GDP 为目标函数,同时,在保障就业维度上采用最大化就业人数为目标函数。集合 $V = \{V_1, V_2, \cdots, V_{16}\}$ 为制造业产业各行业的集合。一年内,制造业第 i 个细分行业 V_i 的总投入为 X_i(i = 1, 2, $\cdots$, 16),GDP 为 Y_i,则对制造业所有行业,有 $X = [X_1, X_2, \cdots, X_{16}]^T$ 和 $Y = [Y_1, Y_2, \cdots, Y_{16}]^T$。记 $\overline{X}$ 为当年制造业实际总投入;记 $\overline{Y}$ 为非制造业实际 GDP 之和;记 $\overline{C}$ 为制造业产业碳排放总量;记 $\overline{E}$ 为单位 GDP 综合能耗;记 $\overline{M}$ 为非制造业产业综合能耗总量;记 $\overline{P}$ 为就业总人数。此外,行业 V_i 的终端能耗碳排放量为 c_i、综合能源消耗总量为 e_i、就业人数为 p_i。投入产出直接消耗系数矩阵为:

第三章 结构转型：东北老工业基地制造业结构转型升级

$$A = \begin{pmatrix} a_{1,1} & \cdots & a_{1,j} & \cdots & a_{1,16} \\ \vdots & \ddots & \vdots & \ddots & \vdots \\ a_{i,1} & \cdots & a_{i,j} & \cdots & a_{i,16} \\ \vdots & \ddots & \vdots & \ddots & \vdots \\ a_{16,1} & \cdots & a_{16,j} & \cdots & a_{16,16} \end{pmatrix}, 其中 i, j \in \{1, 2, \cdots, 16\}$$

(3-1)

式（3-1）中，$a_{ij} = \dfrac{x_{ij}}{x_j}$ 称之为直接消耗系数，其中 x_{ij} 为第 j 行业消耗第 i 行业产品或服务的数量，x_j 为第 j 行业的总投入。直接消耗系数的值与第 j 行业对第 i 行业依赖程度呈现正相关关系。此外，本文将第 i 个行业 V_i 的碳排放强度记为 η，有 $\eta_i = c_i/Y_i$；将第 i 个行业 V_i 的能源强度记为 γ，有 $\gamma_i = e_i/Y_i$；将第 i 个行业 V_i 的劳动力系数记为 μ，有 $\mu_i = p_i/Y_i$。则制造业各行业碳排放强度 $H = [\eta_1, \eta_2, \cdots, \eta_{16}]^T$，能源强度 $\Gamma = [\Gamma_1, \Gamma_2, \cdots, \Gamma_{16}]^T$，劳动力系数 $M = [\mu_1, \mu_2, \cdots, \mu_{16}]^T$。

环境保护维度中，在保证经济发展和保障就业两个维度约束的前提下，尽可能地减少制造业产业经营生产过程中消耗的各类能源，进而减少碳排放量，模型中通过最小化制造业产业中各行业碳排放量总和来表征该约束，详见公式（3-2）。同理，在经济发展维度和就业保障维度中，模型中分别以最大化制造业产业中各行业 GDP 总和及最大化制造产业就业总人数来表征这两项约束，详见公式（3-3）~（3-4）：

$$\min \quad w_1 = \eta X \qquad (3-2)$$

$$\max \quad w_2 = i^T Y \qquad (3-3)$$

$$\max \quad w_3 = \mu X \qquad (3-4)$$

在现实经济社会中，考虑到实际生产过程中产生的各种不易统计的消耗，一般来说，投入产出应满足总产出与中间消耗之和不大于总投入。即：

$$Y + AX \leqslant X \qquad (3-5)$$

为保证产业结构调整后环境能够得到保护、经济能够实现低碳化发展，要求调整后制造业产业的总排放量不得比调整前制造业产业的总排放量更多，并且调整后的单位 GDP 能耗情况也应不差于调整前的单位 GDP 能耗情况，即：

$$\eta X \leqslant \overline{C} \qquad (3-6)$$

$$(\gamma X + \overline{M})/(i^T Y + \overline{Y}) \leqslant \overline{E} \qquad (3-7)$$

类似的，为保障就业，需保证调整后的就业人数不低于调整前的就业人数，即：

$$\mu X \geqslant \overline{P} \qquad (3-8)$$

考虑到每一年度的投入产出计划在年初即已确定，故还需补充生产投入要素约束：

$$i^T X = \overline{X} \qquad (3-9)$$

此外，考虑实际情况中，总投入以及 GDP 的非负性质，有 $X \geqslant 0$，$Y \geqslant 0$。

（三）求解方法选择

本部分所构建的数学模型属于多目标优化问题（multiobjective optimization problem，MOP），其早期求解多目标优化问题的方法如目标规划法、线性加权法、约束法等，均是将多目标优化问题转化为单目标优化问题再进行求解。如果存在目标函数量纲不一致不可公度、各单目标间存在冲突、目标函数求解次序敏感等均会导致最优解精度降低，而在实际经济决策中往往受限于决策者的主观偏好，致使计算结果缺乏科学性。

鉴于此，采用隶属于带精英策略多目标遗传算法（NSGA – II）改进的 gamultiobj 函数进行求解，不仅可以弥补上述不足，在处理 MOP 时还具有计算复杂度低、Pareto 解中个体分布均匀、能够保证最佳个体不丢失等优点。gamultiobj 函数作为 Matlab 的内置函数，具有其特定的输入格式，为顺利进行模型求解，将上述中模型改写成以下形式：

$$\min \quad F_1 = f_1 = \tau X \quad (3-10)$$

$$\min \quad F_2 = -f_2 = -i^T Y \quad (3-11)$$

$$\min \quad F_3 = -f_3 = -\lambda X \quad (3-12)$$

$$s.t. \begin{pmatrix} A-E & E \\ \tau^T & O \\ \varepsilon^T & -\overline{E} \cdot i^T \\ -\lambda^T & O \end{pmatrix} \cdot \begin{pmatrix} X \\ Y \end{pmatrix} \leq \begin{pmatrix} O \\ \overline{C} \\ \overline{EY-M} \\ -\overline{P} \end{pmatrix} \quad (3-13)$$

$$i^T X = \overline{X} \quad (3-14)$$

$$X, Y \geq 0 \quad (3-15)$$

其中，式（3-13）中 E 为单位矩阵。算法的控制参数设定为：种群规模 200，最大迭代代数 1000，最大无改进代数 200，当适应度变化小于 100 时视为无改进，算法其他参数采用 Matlab 缺省值。

（四）数据来源及升级方法

本部分对 2012 年东北三省投入产出表进行整理，将国民经济行业分类中的制造业整合为 16 个细分行业。本部分中碳排放维度用二氧化碳量来表示，鉴于我国投入产出表每隔五年编制一次，本部分采用 RAS 平衡法在不更新投入产出矩阵的情况下利用目标年的常规统计数据对东北三省 2012 年的投入产出表进行升级，得到最近的 2015 年东北三省投入产出表的中间流量矩阵。为统一口径，本部分数据除原始投入产出表采用 2012 年数据外，其余均采用 2015 年数据，黑龙江省、吉林省以及辽宁省三省的直接消耗系数矩阵分别由相应省份的投入产出表经 RAS 平衡法升级后整理计算而得，制造业各行业 GDP 采用增加值代替。其数据来源于《黑龙江经济普查年鉴》《黑龙江统计年鉴（2016）》《吉林统计年鉴（2016）》《辽宁统计年鉴（2016）》。

此外,其他数据来源于《中国统计年鉴(2016)》和《中国能源统计年鉴(2016)》,为计算碳排放量,采用国家发展改革委员会能源研究所推荐使用的碳排放系数 $\varphi = 0.67$,即1吨标准煤完全燃烧产生的二氧化碳中含碳量为0.67吨碳/吨标准煤(Tc/Tce),则第i行业终端能源的二氧化碳排放量计算公式为:

$$c_i = \varphi e_i \qquad (3-16)$$

为保证模型的顺利求解,还需根据各省统计年鉴发布的数据,设定黑龙江、吉林以及辽宁三省的其他参数如表3-25所示。

表3-25　　　　东北三省2015年相关数据

省份	总投入 $\overline{X}$	非制造业实际GDP总和 $\overline{Y}$	制造业碳排放总量 $\overline{C}$	非制造业能耗总量 $\overline{M}$	单位GDP综合能耗 $\overline{E}$	年底在职职工总数 $\overline{P}$
黑龙江省	10934	123837	2767	6117	1.01	135.61
吉林省	20558	8578	292	2652	0.53	83.67
辽宁省	44529	19030	18872	12101	1.95	145.59

注:总投入和非制造业GDP总和单位均为亿元,制造业碳排放总量单位为万吨,非制造业能耗总量单位为万吨标准煤,单位GDP综合能耗单位为吨标准煤/万元,制造业总就业人数单位则为万人。

资料来源:笔者计算,总投入和非制造业GDP总和单位均为亿元,制造业碳排放总量单位为万吨,非制造业能耗总量单位为万吨标准煤,单位GDP综合能耗单位为吨标准煤/万元,制造业总就业人数单位则为万人。

第四节　东北地区制造产业结构转型升级调整方案

一、黑龙江省制造产业结构转型升级调整分析

(一)黑龙江省制造业产业结构环境保护型调整方案

在表3-26所示的环境保护型产业结构调整方案中,从产业

结构整体调整结果来看，共有 7 个行业调整幅度超过 1%。在调整幅度超过 1% 的 7 个行业中，占比上升行业有 3 个，包括食品和烟草、化学产品以及电气机械和器材；其中，食品和烟草行业涨幅最大，达 6.75%，这与食品和烟草行业在 2015 年产值中占比 35.94%，而二氧化碳排放量占比却仅为 6.02%，单位产值能耗较低有关，类似的情况也发生在化学产品行业以及电气机械和器材行业。而占比下降的 4 个行业中，石油、炼焦产品和核燃料加工品行业以 6.94% 的降幅成为环境保护型产业结构调整方案中调整幅度最大的行业，究其原因，与其他 3 个行业（非金属矿物制品、金属冶炼和压延加工品以及占用设备）的占比下降的原因一样，同属于高能耗的重工业行业。例如，石油、炼焦产品和核燃料加工品行业产值占比为 13.65%，但其碳排放系数却达 20.98 吨碳/万元，约为黑龙江省制造业平均碳排放系数的 8.5 倍，且能源消耗占到了黑龙江省制造业产业的 72.80%，属于典型的高能耗行业。而该类行业又是黑龙江省主要支撑性产业，因此若希望黑龙江省制造业产业能够实现低碳化发展，达到保护环境的目的，该类行业在节能减排方面的责任重大，面临着巨大的压力。

（二）黑龙江省制造业产业结构经济发展型调整方案

在以经济发展为主要目标进行黑龙江省制造业产业结构调整时，共有 9 个行业调整幅度在 1% 以上，其中占比上升行业有 5 个，占比下降行业 4 个。在该产业结构调整方案下，黑龙江省木材加工品和家具行业（1.38%）、石油炼焦产品和核燃料加工品行业（13.65%）、金属冶炼和压延加工品（4.51%）以及通用设备行业（6.09%）在全省制造业中占比分别下降 1.29%、4.31%、2.26% 以及 2.01%，相对其自身实际占比的下调幅度则分别为 26.44%、31.58%、50.13% 以及 32.96%。说明此类行业在以 GDP 为主导的经济发展指标体系中不占有优势，如石油、炼焦产品和核燃料加工品行业的投入占黑龙江省全省制造业投入的 13.65%，然而其产出只占到全省制造业 GDP 的 8.6%，投入产出不平衡较为严重。与以上呈下调状态不同的食品和烟草（35.94%）、化学产品（14.77%）、非金属矿物制品（5.78%）以及交通运输设备（3.63%）、电气机械和器材（2.46%）等 5 个行业，虽然有部分属于传统的高能耗、高污染行业，如化学产品、非金属矿物制品行业，但是经济效益相对较好，在以经济发展为导向的产业结构调整方案中也获得了一定的上调份额。

（三）黑龙江省制造业产业结构就业保障型调整方案

就业作为社会经济稳定发展的重要保障，是政策决策者施政时需要考虑的一个重要方面。在以就业保障为黑龙江省制造业产业结构调整的首要考虑因素时，共有 10 个行业调整幅度较大（超过 1%），其中占比上升行业和占比下降行业各一半。从整体来看，在以就业保障为导向的调整方案主要向劳动力密集型产业靠拢，如从劳动力系数上看，黑龙江省纺织品行业劳动力系数为 0.1619，远高于全省制造业平均劳动力系数 0.0544；从占比来看，黑龙江省纺织品行业就业人数占全省制造业的 3.07%，而创造的 GDP 却仅占全省制造业的 1.03%，劳动力较为密集，一方面来说，确实是可以增加就业机会，但也从另一个方面暴露出黑龙江省纺织品行业现代化程度较低，亟待产业升级。

从占比变化较大的各个行业来看，食品和烟草（35.94%），石油、炼焦产品和核燃料加工品（13.65%），化学产品（14.77%），金属冶炼和压延加工品（4.51%）以及通用设备（6.09%）等 5 个行业整体占比下降，一方面原因是由于部分行业发展较快，通过产业升级等方式，现代化程度提高，需要的低层次就业人员减少；另一方面原因则是由于部分行业属于资源型产业，随着资源的日益萎缩，发展空间缩小，就业机会减少。对于占比上升的纺织品（0.77%），纺织服装鞋帽皮革羽绒及其制品（0.48%），造纸印刷和文教体育用品（1.38%）以及金属制品（1.42%），专用设备（3.93%）等5个行业，或是因为属于传统的劳动力密集型行业，或是因为现代化程度较低的重工业行业，对就业人员均有着不同程度的需求，在一定程度上能够对就业保障起到积极作用。

（四）黑龙江省制造业产业结构调整方案综合分析

在验证求解结果优质性后得到环境保护、经济发展以及就业保障三维约束下的黑龙江省制造业产业结构调整的结果，具体如表3-27所示。由表3-27可知，黑龙江省制造业的三种产业结构调整方案在碳排放量、GDP以及就业人数三方面均具有一定的促进效果。结合表3-26和表3-27对比分析三种制造业产业调整方案，其中环境保护型方案中低碳环保维度的整体调幅最大，在促进就业和经济增长维度调幅最小，而经济、就业增长率过低将导致投资萎缩、就业压力、低消费率等一系列严重问题。经济增长型方案虽保有8.19%和3.24%的高经济、就业增长率，但碳排放量下降幅度仅为1.33%，按此调整比例黑龙江省制造业二氧化碳排放量在2030年时将阻碍国家制定的节能减排任务，将阻碍中国2030年节能减排目标的实现。就整体调整方案而言，就业保障型方案最适用于黑龙江省，经结构调整后其平均经济增速为6.52%，就业增速为5.14%，符合黑龙江省总体平稳的发展态势，其碳排放量下降幅度为4.48%，按此调整比例二氧化碳排放量在2030年对比2005年会下降59.44%，基本能够实现中国确立的低碳发展目标。

表3-26　　2015年黑龙江省制造业产业结构调整方案

行业	实际产值（亿元）	所占比例（%）	环境保护型 产值（亿元）	环境保护型 所占比例（%）	环境保护型 调整幅度（%）	经济发展型 产值（亿元）	经济发展型 所占比例（%）	经济发展型 调整幅度（%）	就业保障型 产值（亿元）	就业保障型 所占比例（%）	就业保障型 调整幅度（%）
1	3929	35.94	4668	42.69	6.75	4057	37.11	1.17	3667	33.54	-2.40
2	84	0.77	104	0.95	0.18	105	0.96	0.19	272	2.49	1.73

续表

行业	实际产值（亿元）	所占比例（%）	环境保护型 产值（亿元）	环境保护型 所占比例（%）	环境保护型 调整幅度（%）	经济发展型 产值（亿元）	经济发展型 所占比例（%）	经济发展型 调整幅度（%）	就业保障型 产值（亿元）	就业保障型 所占比例（%）	就业保障型 调整幅度（%）
3	53	0.48	79	0.73	0.24	62	0.57	0.08	172	1.58	1.09
4	533	4.88	622	5.68	0.81	392	3.59	-1.29	613	5.60	0.73
5	151	1.38	196	1.79	0.41	186	1.70	0.32	386	3.53	2.15
6	1493	13.65	733	6.71	-6.94	1021	9.34	-4.31	1249	11.42	-2.23
7	1615	14.77	1964	17.96	3.19	2026	18.53	3.76	1216	11.12	-3.65
8	632	5.78	400	3.66	-2.12	780	7.14	1.35	716	6.55	0.77
9	493	4.51	236	2.15	-2.35	246	2.25	-2.26	323	2.96	-1.55
10	149	1.36	178	1.63	0.27	45	0.41	-0.95	304	2.78	1.42
11	665	6.09	572	5.23	-0.85	446	4.08	-2.01	483	4.42	-1.67
12	430	3.93	241	2.20	-1.73	526	4.81	0.88	552	5.05	1.12
13	396	3.63	431	3.94	0.32	523	4.78	1.15	446	4.08	0.45
14	269	2.46	443	4.05	1.59	421	3.85	1.40	373	3.41	0.96
15	20	0.19	30	0.28	0.09	55	0.50	0.32	92	0.84	0.66
16	21	0.19	37	0.34	0.15	42	0.38	0.19	69	0.63	0.44

资料来源：笔者计算。

表3-27　　2015年黑龙江省制造业产业结构调整结果

指标	实际值	环境保护型	变化率（%）	经济增长型	变化率（%）	就业保障型	变化率（%）
碳排放量（万吨）	6807	6146	-9.71	6717	-1.33	6314	-7.24
GDP（亿元）	2746	2798	1.89	2971	8.19	2925	6.52
就业人数（万人）	149	150	0.46	154	3.24	157	5.14

资料来源：笔者计算。

第三章 结构转型：东北老工业基地制造业结构转型升级

二、吉林省制造产业结构转型升级调整分析

（一）吉林省制造业产业结构环境保护型调整方案

从表3-28中能够看出，在该产业结构调整方案中，吉林省共有9个制造业行业调整幅度超过1%，其中调整幅度超过2%的有5个。在占比上升超过1%的4个行业中，食品和烟草（20.79%）和化学产品（13.70%）两行业的占比分别上升了3.91%和3.46%，与占比下降超过2%的石油炼焦产品和核燃料加工品（降幅2.86%）、非金属矿物制品（降幅2.30%）以及交通运输设备（降幅2.38%）等3个行业一起确定了该产业结构调整方案成为偏向环境保护型方案的基调。其中占比大幅度变化的原因主要是碳排放系数相比于吉林省制造业平均水平过高或过低，如化学产品行业碳排放系数为0.2894，远低于吉林省全省制造业的平均碳排放系数1.3086，再如石油炼焦产品和核燃料加工品碳排放系数为8.1566，则远高于吉林省制造业的平均碳排放系数。

（二）吉林省制造业产业结构经济发展型调整方案

当吉林省制造业产业结构调整方案偏向于经济发展时，根据NSGA-II的求解结果，共产生6个调整幅度1%以上的行业。从出现较大幅度调整行业的数量上来看，与前述各种产业结构调整方案相比较少，多数行业的调整幅度较小，整体调整平稳。占比下降的行业中除金属制品行业和交通运输设备行业的下调幅度分别为1.56%和3.71%，其他行业下调幅度均低于1%；占比上升的行业中调整情况也类似。由于此类整体较为平稳的产业结构调整方案更有利于施政者近期工作的开展，本部分对2015年吉林省制造业产业各行业的投入与产出（以GDP计算）在全省制造业中的占比进行了分析。通过查阅所列相关统计年鉴的数据以及

经 RAS 平衡法计算得到的吉林省相关数据，分析结果表明：吉林省制造业产业各行业投入产出占比较为平衡，如木材加工品和家具行业的投入占全省制造业的 4.89%，而产出（GDP）也占全省制造业的 4.72%。

(三) 吉林省制造业产业结构就业保障型调整方案

吉林省制造业就业人员数量与黑龙江省、辽宁省相比较少，总体来看，吉林省劳动力比较短缺，其实这一点在东北三省均有所体现，只是吉林省制造业产业上比较突出。该调整方案下，调整幅度较大的制造业行业共有 5 个，其中占比上升和占比下降行业分别为 3 个、2 个。占比上升的 3 个行业均属于传统意义上的轻工业行业，包括食品和烟草、纺织业以及纺织服装鞋帽皮革羽绒及其制品，上调份额分别为 2.83%、1.65% 及 1.52%。而化学产品、交通运输设备行业虽然占比有所下降，但绝对就业人员数量却基本保持不变。

(四) 吉林省制造业产业结构调整方案综合分析

从表 3-29 中可以看出，在东北三省各制造业产业结构调整方案中，吉林省的三个方案从整体上对各行业的冲击较小，偏于缓和。其中环境保护型和经济增长型方案较为适用于吉林省，两方案无论是对 GDP 的增长还是就业人数的提升都有着较好的促进效果，其碳排放量下降幅度分别为 6.24% 和 4.31%，若每年按此比例调整，中国 2030 年二氧化碳排放强度对比 2005 年会分别下降 75.82% 和 66.50%。环境保护型和经济增长型方案虽各有侧重，但均能在兼顾经济发展及促进就业的前提下满足中国 2030 年确立的低碳发展目标，政府可根据不同时期的工作重点在两方案中间酌情选择。

第三章 结构转型：东北老工业基地制造业结构转型升级

表 3-28　　2015 年吉林省制造业产业结构调整方案

行业	实际产值（亿元）	所占比例（%）	环境保护型 产值（亿元）	环境保护型 所占比例（%）	环境保护型 调整幅度（%）	经济发展型 产值（亿元）	经济发展型 所占比例（%）	经济发展型 调整幅度（%）	就业保障型 产值（亿元）	就业保障型 所占比例（%）	就业保障型 调整幅度（%）
1	4274	20.79	5077	24.69	3.91	4740	23.06	2.27	4855	23.62	2.83
2	126	0.61	112	0.54	-0.07	344	1.67	1.06	466	2.26	1.65
3	215	1.05	344	1.67	0.63	271	1.32	0.27	527	2.56	1.52
4	1006	4.89	642	3.12	-1.77	841	4.09	-0.80	837	4.07	-0.82
5	242	1.18	342	1.66	0.48	383	1.86	0.68	271	1.32	0.14
6	863	4.20	275	1.34	-2.86	712	3.46	-0.73	794	3.86	-0.34
7	2816	13.70	3527	17.16	3.46	3251	15.81	2.11	2357	11.47	-2.23
8	1543	7.51	1071	5.21	-2.30	1838	8.94	1.44	1495	7.27	-0.23
9	1208	5.87	922	4.48	-1.39	886	4.31	-1.56	1081	5.26	-0.61
10	347	1.69	559	2.72	1.03	280	1.36	-0.32	473	2.30	0.61
11	352	1.71	327	1.59	-0.12	258	1.25	-0.46	505	2.46	0.74
12	661	3.21	875	4.26	1.04	564	2.74	-0.47	772	3.76	0.54
13	6464	31.44	5974	29.06	-2.38	5701	27.73	-3.71	5546	26.98	-4.47
14	320	1.56	283	1.38	-0.18	369	1.79	0.23	328	1.59	0.04
15	69	0.33	53	0.26	-0.07	78	0.38	0.04	101	0.49	0.16
16	52	0.25	176	0.85	0.60	44	0.21	-0.04	151	0.73	0.48

资料来源：笔者计算。

表 3-29　　2015 年吉林省制造业产业结构调整结果

指标	实际值	环境保护型	变化率（%）	经济增长型	变化率（%）	就业保障型	变化率（%）
碳排放量（万吨）	7178	6730	-6.24	6869	-4.31	7101	-1.07
GDP（亿元）	5485	5783	5.43	5874	7.09	5570	1.55
就业人数（万人）	84	86	2.48	85	2.03	87	3.97

资料来源：笔者计算。

三、辽宁省制造产业结构转型升级调整分析

(一) 辽宁省制造业产业结构环境保护型调整方案

如表 3-30 所示,辽宁省制造业产业结构环境保护型调整方案中出现调整幅度较大的行业共有 8 个,其中占比上升的 4 个行业均偏向于轻工业,该类行业的共同特点为单位产出能耗较低。与石油、炼焦产品和核燃料加工品行业不同,该类行业的二氧化碳排放量占比较投入占比要低很多,以食品和烟草行业为例,该行业投入占比为辽宁省全省制造业的 12.93%,而其二氧化碳排放量却仅占辽宁省全省制造业二氧化碳排放排放量的 0.75%,相应的 GDP 贡献则为 13.22%,这一点从其碳排放系数上也可以看出,在此不再赘述。

(二) 辽宁省制造业产业结构经济发展型调整方案

当辽宁省制造业产业结构调整方案偏向于经济发展时,通过 NSGA-II 算法求解的结果中共有 7 个行业出现较大幅度的调整。从整体辽宁省制造业调整情况来看,占比上升幅度最大的食品和烟草行业(上升幅度为 1.86%)与占比下降幅度最大的金属冶炼和压延加工品行业(下降幅度为 2.28%)相差 4% 左右,相较于黑龙江省和吉林省并不是很大,说明辽宁省制造业产业结构相较于其他两省更为合理。

(三) 辽宁省制造业产业结构就业保障型调整方案

辽宁省作为东北三省中经济最为发达的省份,在就业方面也有着独特的优势,对东北地区优质劳动力资源有着很强的吸引力。从调整方案来看,辽宁省制造业中共有 10 个调整幅度较大的行业。从制造业产业全局来看,占比下降的行业主要集中在传

统的重工业行业,如石油、炼焦产品和核燃料加工品行业占比下降 2.28%,非金属矿物制品行业占比下降 2.11%。与其他省份此类行业就业占比下降的原因类似,此类依赖资源型行业虽然目前占整体制造业就业人数的比例较高,但由于资源的有限性,随着资源的减少,其从业人员的数量也会有所减少。

(四)辽宁省制造业产业结构调整方案综合分析

从表 3-30 和表 3-31 分析可得,辽宁省三种产业结构调整方案均能够在一定程度上同时满足降低碳排放量、增加 GDP 以及增加就业人数三维度的约束,且能够根据决策者意向在三个约束维度上有所侧重作以选择。从总体上来看,鉴于辽宁省严峻的经济形势,经济增长型产业结构调整方案更适用于现阶段的辽宁省。此方案在促进就业和低碳环保维度的整体调幅相对适中,其 3.24% 的就业增长率远高于辽宁省 2006~2015 年间 1.39% 的年均就业增长率,在低碳环保方面年均下调幅度为 4.31%,按此下降比例辽宁省制造业二氧化碳排放量在 2030 年时将比 2005 年下降 52.87%,其碳减排在 2030 年虽未能达到 60%,但能够在稳定就业和低碳减排的基础上最有利于经济转型时期的辽宁省,同时避免了强制性减排所造成的巨大宏观经济成本损失。待辽宁省整体经济复苏后,可采用更有利于低碳经济发展的环境保护型产业结构调整方案,进一步实现节能减排目标。

表 3-30　　　2015 年辽宁省制造业产业结构调整方案

行业	实际产值(亿元)	所占比例(%)	环境保护型			经济发展型			就业保障型		
			产值(亿元)	所占比例(%)	调整幅度(%)	产值(亿元)	所占比例(%)	调整幅度(%)	产值(亿元)	所占比例(%)	调整幅度(%)
1	5759	12.93	6878	15.45	2.51	6588	14.79	1.86	4528	10.17	-2.76
2	467	1.05	1407	3.16	2.11	701	1.58	0.53	324	0.73	-0.32

续表

行业	实际产值（亿元）	所占比例（%）	环境保护型 产值（亿元）	环境保护型 所占比例（%）	环境保护型 调整幅度（%）	经济发展型 产值（亿元）	经济发展型 所占比例（%）	经济发展型 调整幅度（%）	就业保障型 产值（亿元）	就业保障型 所占比例（%）	就业保障型 调整幅度（%）
3	1011	2.27	1842	4.14	1.87	1767	3.97	1.70	2024	4.54	2.28
4	1219	2.74	1411	3.17	0.43	1413	3.17	0.44	536	1.20	-1.53
5	842	1.89	1462	3.28	1.39	1090	2.45	0.56	625	1.40	-0.49
6	4445	9.98	3160	7.10	-2.89	3784	8.50	-1.48	3429	7.70	-2.28
7	5170	11.61	5389	12.10	0.49	5416	12.16	0.55	4289	9.63	-1.98
8	3517	7.90	2649	5.95	-1.95	2813	6.32	-1.58	2579	5.79	-2.11
9	6664	14.97	5485	12.32	-2.65	5647	12.68	-2.28	7479	16.80	1.83
10	1855	4.17	1896	4.26	0.09	1528	3.43	-0.74	2116	4.75	0.59
11	4086	9.18	3473	7.80	-1.38	3258	7.32	-1.86	4810	10.80	1.63
12	2187	4.91	2244	5.04	0.13	2036	4.57	-0.34	3043	6.83	1.92
13	3836	8.62	3510	7.88	-0.73	4469	10.04	1.42	4865	10.92	2.31
14	2180	4.90	2327	5.23	0.33	2539	5.70	0.81	1551	3.48	-1.41
15	1020	2.29	1089	2.45	0.16	1108	2.49	0.20	1892	4.25	1.96
16	272	0.61	305	0.68	0.07	373	0.84	0.23	440	0.99	0.38

资料来源：笔者计算。

表3-31　　2015年辽宁省制造业产业结构调整结果

指标	实际值	环境保护型	变化率（%）	经济增长型	变化率（%）	就业保障型	变化率（%）
碳排放量（万吨）	18872	17619	-6.64	18059	-4.31	18310	-2.98
GDP（亿元）	9698	9960	2.70	10364	6.87	10084	3.98
就业人数（万人）	146	148	1.46	150	3.24	153	5.14

资料来源：笔者计算。

四、东北制造产业结构转型升级总体调整分析

东北三省制造业产业结构通过合理的优化调整，在不以牺牲制造业产业比重的前提下，能够实现低碳环保、经济发展、就业保障三者之间的统筹兼顾发展，但不同倾向类型的产业结构调整方案对三者的促进程度是不同的。环境保护型制造业产业结构调整方案通常抑制高能耗、高污染的重工业行业发展，而经济发展型制造业产业结构调整方案则多依靠此类行业发展以获得快速经济发展。两方案间虽有冲突，但决策者可以根据各省不同时期的发展诉求选择相应的产业结构调整方案。

综合各类方案的整体优势，并结合东北三省各自的发展特征，本章认为在平衡低碳环保、经济发展、就业增长的情况下黑龙江省适用于就业保障型调整方案；吉林省可根据不同发展时期的经济形势在环境保护型和经济增长型这两个调整方案中进行选择；鉴于辽宁省目前所面临的经济压力可先采取经济增长型产业结构调整方案再逐步切换成有利于低碳经济发展的环境保护型产业结构调整方案。

从东北三省制造业各细分行业调整方案结果来看，石油、炼焦产品和核燃料加工品行业，化学产品行业，非金属矿物制品，金属冶炼和压延加工品行业等高耗能、高污染重工业占比较大，是东北地区发展低碳经济的最大瓶颈。综合东北地区现阶段制造业重工业的占比以及资源型行业的可持续发展情况，可以通过传统工业改造升级来促进低碳经济的发展，即针对重工业行业中能耗、环保、安全不过关的生产设备进行升级换代，引进高效能设备，有序淘汰低端制造生产设备；针对轻工业行业，则采取结构性偏向策略，指定一系列鼓励政策促进能耗较低、经济效益较好的轻工业行业发展。从而逐步改善东北地区重工业与轻工业间结构不平衡的矛盾，解决东北地区"重工业偏重，轻工业偏轻"的结构性问题。

第五节 政策建议

为进一步加快东北工业产业结构调整速度，提升东北老工业基地节能减排力度，可采取以下五方面措施：

一、改造传统工业产业，促重工业"轻化"转型

针对传统重工业应提升产业原材料的精深加工水平，有计划、有步骤地推进钢铁、煤炭、有色、化工、石油等行业的绿色改造升级，深度挖掘存量产能的新消费点和效益增长空间，逐步化解钢铁、煤炭等过剩产能。对于重工业行业中能耗、环保、安全不过关的生产设备进行升级换代，引进高效能设备有序淘汰低端生产设备。试点推行绿色工业产业链，构建低碳环保供应链管理体系，制定采购、生产、营销、物流等绿色供应标准，延伸生产者责任制度，培育发展一批具备现代工业化、市场化、城市化联动提升型的特色环保工业产业集群。

具体实施措施为：第一，打破以往"一刀切"结构调整模式，适当压缩石油加工、炼焦和核燃料加工业，化学原料和化学制品制造业，非金属矿物制品业，黑色金属冶炼和压延加工业，有色金属冶炼和压延加工业等碳排放较为严重的高能耗行业；第二，鼓励农副食品加工业，烟草制品业，家具制造业，文教、工美、体育和娱乐用品制造业，医药制造业等低碳型行业积极进行产业升级，在促进产业结构向有利于减排方向发展的同时也要关注 GDP 提升和就业增长的均衡发展；第三，针对纺织服装、服饰业和计算机、通信和其他电子设备制造业这类在低碳、高 GDP 及高就业三个维度间存在严重冲突的行业，应尽快调整产业发展战略，加快技术革新步伐，在节能减排的同时带动就业增长、提升产业附加值。

第三章　结构转型：东北老工业基地制造业结构转型升级

二、合理优化调整东北三省制造业产业结构

在不以牺牲制造业产业比重的前提下，能够实现低碳环保、经济发展、就业保障三者之间的统筹兼顾发展，但不同倾向类型的产业结构调整方案对三者的促进程度是不同的。环境保护型制造业产业结构调整方案通常抑制高能耗、高污染的重工业行业发展，而经济发展型制造业产业结构调整方案则多依靠此类行业发展以获得快速经济发展。两方案间虽有冲突，但决策者可以根据各省不同时期的发展诉求选择相应的产业结构调整方案。

在平衡低碳环保、经济发展、就业增长的情况下黑龙江省适用于就业保障型调整方案；吉林省可根据不同发展时期的经济形势在环境保护型和经济增长型这两个调整方案中进行选择；鉴于辽宁省目前所面临的经济压力可先采取经济增长型产业结构调整方案再逐步切换成有利于低碳经济发展的环境保护型产业结构调整方案。

三、鼓励技术创新，提升能源使用效率

第一，积极推进绿色技术创新资源共享机制，面向开放的市场环境，跨省域搭建重点绿色工业技术创新、开发服务平台，共享低碳工业整体解决方案，解决东北地区工业产业技术信息闭塞、创新资源不通畅的问题，构建区域性绿色工业产业联盟体系。第二，构建以市场经济为导向、工业企业为创新成果转化主体、高校科研机构为培养基础、节能技术应用为核心的"产学研用"协同自主创新体系，加快推动"产学研用"的结合和节能环保技术的成果转化，推广低碳减排技术的应用，提高能源使用效率能源。第三，通过工业产业技术改造，减少化石能源的消费比例，加大对零污染的风能、水能、太阳能等清洁型能源的开发利用，减少对煤炭资源的过度性依赖。

四、制定低碳工业发展规划，完善绿色工业保障措施

首先，选择基础条件好的工业产业园区，引入知识密集型的高新技术信息产业，创建低碳工业园区试点。在园区内积极推行生态设计，从工业原材料选择、生产工艺、回收方式等各环节着手统筹规划，实施低碳制造、循环利用、绿色消费，全方位打造起绿色工业体系。其次，构建低碳工业监督管理体系，在"入口"方面，要做到"先规划环评、后项目审批"，严格遵循环境容量对发展的硬性约束要求，不再审批钢铁冶炼、水泥、电解铝、炼焦、有色、电石、铁合金等高耗能项目；在"存量"方面，加强对这高碳、高能耗产业的规制，抑制其粗放型生产；在执法方面，实施能耗限额标准和差别化电价制度，加强环保执法监督审查力度，构建促进东北低碳经济发展的长效激励约束机制，实现经济增长和低碳环保的双赢局面。

五、拓宽绿色工业融资渠道，加强财税政策支持力度

开辟多样式的融资渠道，工业企业不能再局限于向金融机构借款、企业内部集资、向社会发行债券和股票等传统的融资模式，可以探索性尝试P2P金融、金融租赁等新型互联融资模式。积极引导社会资本参与绿色环保工业工程建设，鼓励社会资本按市场化原则创建专项绿色工业产业基金。另外，针对东北地区低碳经济发展制定环保建设、技术改造、产业转型升级等专项扶持资金，给予相应的财政补贴，对转产工业企业给予税收减免，落实各项有关节能环保的各项税收优惠政策。扩大对节能环保新技术、新产品应用的支持力度，使高能耗工业企业从低碳经济发展中取得实实在在的经济效益。

第四章

协同提效：东北老工业基地制造业与生产性服务业协同发展

20世纪60年代初以来，世界各发达国家逐渐将经济发展的重心转移到制造业发展当中，"工业型经济"向"服务型经济"转型已然成为全球范围内产业结构调整的主流趋势。随着"服务型经济"的逐渐发展，截至2013年，从经济平均水平的角度来看，全球服务业增加值占国内生产总值的比重约为60%，各主要发达国家甚至达到70%以上，即使是对于中低收入国家而言，其比重也基本维持在43%左右；从就业人口的角度来看，全球大多数发达国家服务业吸收劳动力就业约占全产业吸收劳动力就业的60%以上，部分发达国家甚至已经实现80%的劳动力吸收比率[1]。

习近平同志在东北三省实地考察期间强调"东北等老工业基地振兴发展，不能再唱'工业一柱擎天，结构单一'的'二人转'，要做好加减乘除"。因此，如何更好地实现服务业助力工业产业发展成为东北老工业基地再振兴的主要议题。而生产性服务业作为联结实体产业与服务业的主要分支，是制造业产业转型升级的有效依托。

---

[1] 资料来源：《2013~2017年中国生产性服务业发展研究报告》。

作为共和国长子的东北地区，以制造业为核心的实体产业是地区最具影响力和竞争力的支柱产业，发展生产性服务业正是顺应国内经济形势，实现东北地区新一轮转型升级的关键环节。全力推进服务业与制造业在不同领域内的深度融合，形成有利于提升中国制造业核心竞争力的服务能力和服务模式，发挥"服务+制造"的组合效应，正成为新一轮东北振兴的重要抓手。在此基础上，依托生产性服务业助推东北制造业高端化转型正是东北地区大力发展生产性服务业的目的与重心所在。

第一节 制造业与生产性服务业协同发展的历史演进

生产性服务业是在全球劳动分工逐渐明晰的背景下，制造业与服务业边界模糊而逐渐发展形成的产业类型。这就意味着，在工业化过程的不同时期，起初仅仅作为服务业一部分的生产性服务业与制造业之间关系呈现出逐渐分离又相互影响，相互作用的协同关系。起源于18世纪60年代英国的工业化进程是一场以大机器代替手工作业的生产方式和组织方式的革命，这场革命的结果使得全球生产力高速提升。20世纪80年代左右，西方发达国家陆续完成了各自的工业化进程，由"工业型经济"向"服务型经济"转型，逐渐成为全球范围内产业结构调整的主流趋势。而随着经济社会的不断发展，过度追求以服务业为主导的经济结构导致"去工业化"浪潮逐渐显露，而缺乏实体经济支撑的经济发展难以稳定持续的特征使得大多数发达国家经济发展出现减缓的趋势。2008年的经济危机给"去工业化"国家带来的沉重的打击，西方发达国家逐渐意识到实体经济的重要性，"再工业化"浪潮逐渐兴起。在工业化不断发展的进程中，服务业，尤其是与制造业紧密相连的生产性服务业与制造业关系的演进是我们

第四章 协同提效：东北老工业基地制造业与生产性服务业协同发展

在依据东北特色，发展生产性服务业的过程中的重要财富和宝贵经验。

具体而言，生产性服务业是指为保持工业生产过程的连续性、促进工业技术进步、产业升级和提高生产效率提供保障服务的服务行业。它是与制造业直接相关的配套服务业，是从制造业内部生产服务部门独立发展起来的新兴产业，本身并不向消费者提供直接的、独立的服务效用。它依附于制造业企业而存在，贯穿于企业生产的上游、中游和下游诸环节中，以人力资本和知识资本作为主要投入品，把日益专业化的人力资本和知识资本引进制造业，是二、三产业加速融合的关键环节。

一、工业化时期制造业与生产性服务业的关系

（一）制造业与生产性服务业分离

20 世纪 80 年代左右，西方发达国家陆续完成了各自的工业化发展目标，逐渐向后工业化时代发展过渡。从三次产业划分的角度上来说，工业化的主要特征表现在第一产业增加值占国民生产总值的比重不断下降；第二产业增加值占国民生产总值的比重随着第一产业增加值比重的降低逐渐增加，直至顶峰并呈现初步下降态势；第三产业增加值占国民生产总值的比重于第二产业增加值比重下降阶段不断上升。在工业化发展的进程中，第二产业，尤其是重工业的发展是推动工业化的主要动力，重工业的发展在带来经济增长的同时也使得全球范围内环境污染程度的加剧。为了缓解环境污染带来的社会总福利水平降低，在科技革命的推动下，西方发达国家将制造业（尤其是重工业）发展的重心从资源密集型产业向资本密集型产业转移，同时注重产业向高附加值的技术密集型方向的发展。与此同时，为了摆脱国内已经形成的劳动力负担和资源环境约束，发达国家逐渐将服装、纺织等劳动密集型轻工业以及部分能耗较大、污染严重的重工业转移到欠发达的发展中国家，初步形成了较为鲜明的专业化分工。1990年，法国经济学家弗朗索瓦（Francois）通过理论模型研究指出，在市场规模自由扩大的条件下，厂商会自发地扩张生产规模，促使生产行为更进一步得到划分，各生产环节被交由更为专业的生产部门进行，从而提高了产业整体的生产效率和专业化程度，并且使得间接劳动相对于直接劳动的比重逐渐增加。这也就意味着，生产性服务业逐渐从生产环节中分离出来，在市场自由扩张的条件下，生产性服务业产业的发展是必然趋势。其更进一步指出专业化分工是导致规模报酬递增和垄断市场的主要原因，这就使得生产性服务业脱离制造业逐渐形成国民经济的新兴行业。

弗朗索瓦在生产性服务业的研究中最突出的贡献在于提出生产性服务业与制造业分离成为独立的国民经济行业分类是经济发展的必然选择。其主要原因在于：首先，制造业企业为降低由于生产专业性环节的欠缺所造成的过高成本，将会自发地选择外包生产性服务业。特切特（Tschette）、科菲·贝利（Coffy Bailly）通过美国和欧盟的相关数据于1987年和1990年分别提出寻求更低的生产环节成本是生产厂商选择生产性服务业的主要原因，也就是说，只有当生产厂商自身生产环节的成本远高于服务外包的成本时，生产性服务业的需求才会出现。科菲·贝利还认为企业的生产性服务需求不充分，导致企业生产性服务的生产要素闲置造成浪费，或者当生产性服务需求必须在很短时间内快速得到满足时，企业选择生产性服务业外包，减少了生产要素成本。再者，当生产厂商内部自有的生产性服务业专业化程度难以满足自身生产流程或者生产精度的需要时，企业将会选择服务外包的形式来向外寻求合意的生产性服务业从而实现自身生产，例如，部分生产厂商没有自身的运输部门，或者自身的运输部门难以满足长远距离的运输，因此将会选择外部专业的制造业运输机构，购买其服务产品。1987年吉莱斯皮·格林（Gillespie·Green）指出当制造业厂商缺乏内部实现足够的生产性服务业产品的技术资

第四章 协同提效：东北老工业基地制造业与生产性服务业协同发展

源，或者企业自身所具有的专业化技术难以达到生产性服务业相关产品的需求时，制造业厂商对于企业外部生产性服务业的需求将会上升。佩里（Perry）则从相反的方向对生产性服务业分离的效应进行阐述，认为由于专业化分工进一步加深所带来的生产性服务业从制造业的分离，使得大多数产品的生产周期缩短，短期客户产品提供的生产经营模式正在逐渐取代大批量订单的原有生产经营模式。与此同时，生产性服务业从制造业的分离大大弱化了制造环节的重要程度，使得研发、设计、广告等环节更加重要，其将循环性的提升对生产性服务业的需求，进一步加深生产性服务业的专业化水平，从而加快生产性服务业的分离。2000年科菲·贝利（Coffy Bailly）认为在物质生产部门中，生产性服务业的发展是以劳动分工的深化为标志的。当企业提供的服务范围越来越多样化，科技进步要求的专业技术更加精密和深奥时，生产性服务由于能够提供更加专业化的产品，因而需求量大增，从而变得更加专业。再者，随着企业规模的不断扩大和跨国企业的逐渐凸显，逐渐扩大规模的企业对于企业管理的需求不断加深，制造业在传统生产性服务业的基础上对于管理生产环节的生产管理服务需求越来越大，由此进一步并入生产性服务业的企业管理公司也逐渐凸显。1985年英国经济学家丹尼尔斯（Daniels）认为随着政府职能扩张所带来的对于商务活动规制的加强，使企业为应对政府规制条件而对法律服务、会计、保险、审计等独立评估的服务需求不断增加，这就需要生产性服务业企业为其提供专业化的管理工作。1995年汉森（Hansen）运用分工深化与报酬递增的原理分析垂直一体化对生产性服务业快速发展的重要作用，指出垂直一体化大公司管理的复杂性意味着分工更加细致，管理必须日益依赖于专业的企业管理和其他咨询服务企业来保证核心企业的运营效率，专业的企业管理和其他咨询服务正是属于生产性服务业企业的经营范围。

（二）制造业对生产性服务业的需求不断加深

尽管生产性服务业从制造业中脱离出来成为独立的国民经济部门，但是制造业仍然是生产性服务业的主要需求者，在工业化的过程中，生产性服务业仍然依附于制造业存在，制造业对生产性服务业的需求不断加深。在 20 世纪中期，西方发达国家生产性服务业总产出中绝大多数投入到工业的生产过程中，其中生产性服务业作为中间商品所生产的知识产品和技术产品约占总产出的 75%。1966 年美国经济学家 H. 格林菲尔德（H. Greenfield）首次对生产性服务业的生产产品进行定义，认为生产性服务业生产的产品属于中间投入服务商品，主要为制造业厂商生产最终产品而服务，而制造业厂商购买生产性服务业产品的目的是为了完成必要的生产过程，而非最终消费。1975 年布朗宁和辛格曼（Browning & Singelman）首次对生产性服务业的分类进行了说明，其将生产性服务业分为金融、保险、工商服务、经纪管理和法律支持五大类，并指出，随着企业规模和盈利能力的扩张对生产性服务业的需求也在不断上升。1991 年马蒂内利（Martinelli）指出，生产性服务业包括与资源分配和流通相关的活动（如银行业、金融业、工程、猎头、培训等），产品和流程设计及创新相关的活动（如研发、设计、工程等），与生产组织和管理本身相关的活动（如信息咨询、信息处理、财务、法律服务等），与生产本身相关的活动（如质量控制、维持和后勤等），以及与产品推广和配销相关的活动（如运输、市场营销、广告等）。由此可以进一步看出，尽管生产性服务业从制造业中脱离出来成为独立的国民经济部门，但是制造业仍然是生产性服务业的主要需求者，在工业化的过程中，生产性服务业仍然依附于制造业而存在。

生产性服务业从制造业中脱离出来，使得生产性服务业能够更充分且有效的提供为制造业提供生产技术和知识产品，从而进一步提高制造业的生产效率，使得制造业对生产性服务业的需求

第四章　协同提效：东北老工业基地制造业与生产性服务业协同发展

进一步加深。迪克西特和斯蒂格利茨（Dixit & Stiglitzz）在新古典的分析框架下，对垄断竞争条件下产品多样化的结果进行分析，理论证明，提高产品多样化的新产品的引入将会提高制造业厂商的生产效率，而中间投入品种类的提升将会使得那些原本并不具有技术比较优势也不具有资源比较优势的国家，具有一种新的比较优势，从而使得在全球化制造业分工得以合理的嵌入，并逐渐提升自身的分工地位，实现国家的经济增长。1989年马库森（Markusen）认为，生产性服务业一般都是人力资本、知识资本高度密集型的，产品呈现高度的差别化。要获得生产性服务所需要的各种专业知识通常需要较大的、专业化的初期投资，而一旦投资形成之后，提供服务的边际成本也会相对较小。这就是说生产性服务业可以为制造业提供多样化的产品，并且因为规模效益而减少成本，从而提高了制造业的生产效率。

二、后工业化时期制造业与生产性服务业的关系

20世纪80年代前后，西方发达国家陆续完成了各自的工业化目标，逐渐向后工业化时代发展过渡，部分西方发达国家甚至已经处于后工业化时代的初期。20世纪60年代，美国作为"服务型经济发展"的领头羊率先开始后工业化进程，逐渐由"工业型经济"向"服务型经济"转型。20世纪80年代中期到末期，作为欧洲老牌工业强国的英国和德国也开始走服务型经济发展的步伐。日本在20世纪90年代初紧跟全球潮流集中力量发展服务型经济。在三次产业的层面上，后工业化时期的突出特点表现在，第一产业增加值占国民生产总值的比重在工业化末期的基础上继续下降，第二产业总体的发展势头减缓，第三产业增加值占国民经济的比重逐步提升，进而成为国民经济的主导产业。在产业特征层面上，这一时期经济虚拟化程度逐步加深，虚拟经济超过实体经济成为整个经济社会最主要的产业，伴随而来的是服务化主导的经济社会逐步取代原有的制造业主导的经济社会；其次，表现在经济增长的主要推动产业由原本的制造业转变为高新技术产业，尤其是信息技术产业；再者，在这一时期中，高新技术产业和传统产业相结合，产业与产业之间的边界逐渐模糊，形成新的产业。从经济增长模式的角度上来看，这一时期，经济增长的主要驱动力由过去的投资驱动逐渐向技术驱动和效率驱动的增长模式转变，生产性服务业虽然依旧依附于实体产业，但是全球化进程的逐渐加深使得这一时期的生产性服务业已经逐渐脱离国土的限制，并逐渐成为国民经济中的主要产业。

（一）生产性服务业对制造业的促进作用逐渐凸显

在工业化后期的过程中，生产性服务业与制造业的边界相对明显，在这一阶段，生产性服务业主要提供的是知识产品和技术产品，并且对制造业提升生产效率的作用逐渐凸显。1962年麦克格鲁普（Macglup）对原有的工业化时期的生产性服务业分类提出了质疑，其认为并不是所有的与生产组织及企业管理活动有关的服务产业均是生产性服务业，其指出在原有的生产性服务业分类中，只有切实产出知识的产业才能够成为生产性服务业，而知识产品则是实现制造业效率提升的关键要素。1989年格鲁伯和沃克（Gruble & Walker）两人从产业链的角度重新对生产性服务业的促进作用进行度量，两者以单位劳动资本量作为衡量资本密集度的主要指标，认为在资本密集度维持不变的条件下，重组生产过程以及提高生产链的迂回程度亦可以提高制造业整体的生产效率，即说明制造业对于生产性服务业的引入或者说更为专精的生产主体产业，更为有效地利用生产性服务业提升制造业的生产效率，这是因为更加迂回的生产过程能够吸收更多的中间劳动和资本，而且生产过程的增加也使得其中使用中间投入品的数量增加，能够更加系统地提升制造业整体的生产效率。从中我们可以看出，在后工业化这一阶段中，生产性服务业在迂回的生产链中对于制造业生产效率具有直接和间接的促进作用。它实际上为

第四章 协同提效:东北老工业基地制造业与生产性服务业协同发展

这一时期仍然不够发达的资本和劳动力市场打通了渠道,使得整体经济社会中由于日渐分工化而逐渐专业化的知识资本和人力资本融入到商品生产的飞轮之中。它从三个方面对制造业的生产效率产生促进作用,其一,作为生产性服务业的主要产出的无形知识产出响应了这一时期虚拟经济的特点,提高了产业"软"的市场竞争力;其二,生产性服务业总体而言提供的依旧是中间投入产品而非最终投入产品,作为中间投入品的生产者,其产品是制造业生产流程中主要的生产成本来源,日益精细化的专业分工使得生产过程中规模经济效应逐渐凸显,同时降低生产成本从而实现了对于制造业的促进作用;其三,生产性服务业打通了后工业化时期仍然不够发达的资本市场和劳动力市场与制造业之间的通道,使得更加专业化的知识资本和人力资本融入到制造业的生产流程中,实现了制造业生产效率的提升。1995年汉森指出,后工业化时期的主要特点在于产业信息的导向性、非透明性与可获取性。在日渐有效的信息导向型经济中,生产性服务业是作为制造业与整体经济社会的"粘合剂"而存在的,其通过有效的信息导向,实现了制造业劳动力分工的专业化和系统化,并且生产性服务业也将在这一基础上产生不可小觑的社会经济外部性,而这种社会经济的外部性将会使得制造业获得规模报酬递增的优良特性。

(二)制造业与生产性服务业呈现出互动发展的特征

在工业化时期中,生产性服务业托生于服务业体系之中,并逐渐从服务业中分离形成了独立的国民经济体系。而随着生产性服务业的发展,在后工业化的初期,生产性服务业不仅从服务业中逐渐脱离出来,制造业厂商本体中的生产性服务业部门也从制造业内部不断析出,融入到已有的生产性服务业体系之中,使得原有的国民经济部门逐渐完善。而随着后工业化时期的发展,生产性服务业与制造业之间的关系更加紧密,逐渐呈现出良性互动的态势。

总体而言,后工业化时期生产性服务业与制造业形成良性的互动关系大概经历了以下数个阶段:其一,科恩和齐斯曼(Cohen & Zysman)、塞洛姆和拉马斯瓦米(Rowthom & Ramaswamy)、克洛特(Klodt)等人提出了最初的"需求论"雏形,认为无论生产性服务业是源于服务业对于制造业的适应,还是制造业中生产性服务业部门的析出,就其本质而言,生产性服务业依托于制造业而存在,生产性服务业的发展必须依赖于制造业的优先发展,因为制造业作为生产性服务业的主要需求部门,制造业发展的落后将会严重制约生产性服务业的发展。在这之后,帕博斯和希恩(Pappas & Sheehan)、派·卡劳迈里库(Karaomerlioglu)和卡尔森(Carlsson)、依斯旺尔(Eswarran)和库塔瓦尔(Kotwal)等人在生产性服务业逐渐发展的过程中对原有的"需求论"提出了修正,认为随着生产性服务业的发展,制造业的生产经营活动越来越离不开生产性服务业支撑,生产性服务业逐渐趋于主导地位,即提出了"供给论"的雏形。他们指出,这一时期生产性服务业成为制造业发展的前提和基础,在全球化分工使得生产性服务业逐渐脱离本土制造业约束的前提下,没有发达的生产性服务业的支撑,将不可能产生具有产业竞争力的制造业部门。随着全球范围生产性服务业和制造业的发展态势日趋明显,帝勒克和波卡拉诺(Dilek Cetindament Karaomerioglu & Bo Carkaaon)认为生产性服务业与制造业之间逐渐呈现出互动发展的态势,两者相互补充、相互扶持,使得制造业各个部门之间相互交叉逐渐形成一个整体,即提出了生产性服务业与制造业之间的"互动论"。此后,在生产性服务业与制造业之间的"互动论"的基础上,植草益以及格雷里和梅里亚尼(Guerrieri & Meliciani)等人分别于2001年和2005年提出生产性服务业与制造业"融合论"。他们认为,随着具有后工业化时期特点的信息经济逐渐发展,生产性服务业与制造业之间的边界日趋模糊，生产性服务业不仅从服务业中逐渐脱离出来，制造业厂商本体中的生产性服务业部门也从制造业内部不断析出，融入到已有的生产性服务业体系之中，同时存在着服务业的"服务生产化"和制造业的"制造服务化"，最终两者将会在良性互动发展的基础上，向融合发展的方向趋近。

三、"再工业化"时期制造业与生产性服务业的关系

（一）"再工业化"的内涵

在1968年韦伯斯特的词典里，"再工业化"是指"刺激经济增长的政策，特别是通过政府的帮助来实现旧工业部门复兴的现代化并鼓励新兴部门的增长"。在后工业化逐渐发展的背景下，由"工业型经济"向"服务型经济"转型的过程中，"再工业化"过程诠释了极端与平衡两重新的含义。从发展中国家与发达国家区别的角度上来说，对于以中国为代表的发展中国家而言，"再工业化"是国家在由工业化中期向工业化后期乃至后工业化时期发展的过程中，通过政策扶持加快进程的模式；而对于美国等西方发达国家而言，则是在经历极端的"服务型经济"发展的"去工业化"进程受挫之后，通过政策重新发展实体经济的国民经济发展模式。再工业化时期的工业发展模式有别于工业化时期，不再是粗放式的工业发展模式，而是强调生产性服务业与制造业发展融合的基础上的全新制造业发展模式，是一种新型的工业发展业态。在这一时期，生产性服务业将延续与制造业良性互动的关系，并进一步实现两者的互动融合，通过生产性服务业的发展提高制造业的产品附加值，通过研发、设计、工艺流程、品牌营销等多个领域的嵌入，提升制造业的综合竞争实力。在"再工业化"时期，依托生产性服务业的发展带动高技术产业的发展将是国家核心竞争力发展的中心环节。

(二)"重振制造业"与生产性服务业的互动效应

随着"服务型经济"的快速发展,过度追求以服务业为主导的经济结构使得"去工业化"浪潮逐渐显露,而缺乏实体经济支撑的经济发展难以稳定持续的特征使得大多数发达国家经济发展出现减缓的趋势,尤其是在2008年全球金融危机之后,西方发达国家逐渐认识到发展实体经济的重要性。在"再工业化"的过程中,再工业化时期的工业发展模式有别于工业化时期,不再是粗放式的工业发展模式,而是强调生产性服务业与制造业发展融合的基础上的全新制造业的发展模式,是一种新型的工业发展业态。2010年罗伯特·波林和迪恩·贝克(Robert Pollin & Dean Baker)指出,在"再工业化"进程中,任何经济体想要实现人均生活水平的普遍提高,需要新时期制造业发展水平的进步,而制造业的重新振兴则需要工厂、机器和信息技术等方面的生产性服务业的投资。马丁·尼尔·贝利(Martin Neil Baily)指出,"再工业化"时期美国实体经济的发展重心应当落于客户定制、高性能产品等高附加值的高新技术制造业中,而这一时期,美国所具有优势的生命科学、光电子学、通信技术产业以及信息通讯产业的发展非常需要高端生产性服务业的支持。

从以上的研究中可以看出,西方发达国家在"再工业化"的进程中为了实现实体产业的振兴,强调高端生产性服务业与高技术产业的融合,从而实现两者互动协调发展的良性循环。

第二节 东北地区制造业与生产性服务业协同发展态势分析

一、东北制造业与生产性服务业协同发展研究设计

现阶段欧美等发达国家经济形态逐步呈现由"工业经济"

第四章 协同提效：东北老工业基地制造业与生产性服务业协同发展

向"服务经济"转化的趋势，依托高新技术高调提出"再工业化"的发展战略，其目的在于发展高附加值的先进制造产业，为服务经济的发展注入可服务的对象，从而对生产性服务业的就业增长产生乘数拉动效应，同时也为高级生产性服务业的快速发展提供了动力基础（袁志刚和高虹，2015）。中国生产性服务业的蓬勃发展正顺应时代所需为制造业突破现阶段的发展困境提供了良好的外部条件，是促进制造业实现全产业链精细化的有效依托。目前，沿海经济区内制造业与生产性服务业间呈现紧密发展的互动态势，并在生产性服务业的助力下使得制造产业的综合竞争实力得到有效提升。而更值得关注的是正处于经济结构调整关键时期的东北地区，其制造产业顶着经济下行的巨大压力始终未能摆脱产业转型升级的困境，暴露出制造产品技术储备薄弱、科技含量低、配套能力差等一系列问题，而生产性服务业与制造业间的有效互动则有助于东北制造业尽快摆脱产业颓势。

（一）研究方法

制造业与生产性服务业互动日渐深化引起国内外学者的极大关注。有关制造业和生产性服务业之间的关系，国内外学者从不同视角对两者间的关系进行了大量的探讨和分析，主要可以归纳为需求遵从论、供给主导论、产业互动论以及产业融合论四种（顾乃华等，2006）。其中，需求遵从论认为制造业是生产性服务业发展壮大的基础和前提，随着制造业的不断发展会相应扩大对生产性服务业的需求，进而促进生产性服务业的完善，生产性服务业的发展是依托于制造业（江小涓、李辉，2004；Francois et al.，2008；Macpherson，2008）。而供给主导论认为生产性服务业对制造业具有重要的影响作用，是制造业产生产率提高的基础，没有生产性服务业的有效支撑制造业就无法形成强有力的竞争力，因此制造业的竞争力取决于生产服务业的发展程度，生产性服务业在两者之中扮演供给主导的地位，而不是需求遵从地位

(Eswaran & Kotwal, 2002; Restuccia et al., 2008)。产业互动论认为,随着制造业的发展,其对生产性服务的多样性和需求规模都会不断扩大,从而带动生产性服务业种类、数量的增加以及其服务质量和服务水平的提高,生产性服务业在提高制造业产品知识含量与附加值的基础上,能够进一步降低制造产业价值链中的相关成本,其反哺于制造业是实现价值链升级的有力支撑(Preissl, 2007; 程大中, 2008; Francois & Hoekman, 2010)。产业融合论的出现主要是由于信息技术产业的影响,制造业和生产性服务业之间的界限由于信息技术的拟合显得不再那么清晰,产业边界变得模糊,制造业和生产性服务业通过信息产业进行产业间的互补和延伸,实现了产业间的交互融合(Goe, 2002; Eberts & Randall, 2010)。从产业演变的角度看,制造业与生产性服务业间并非是简单"需求"和"供给"的因果关系,事实上制造业和生产性服务业间的互动关系并非一成不变,一直以来都是随大环境变化呈现出动态的演进趋势,无论是制造业还是生产性服务业在其发展的过程中都离不开彼此间的互动协同作用,两产业间关系越来越密切,更多显现为相互作用、相互依赖、共同发展的动态协同发展关系(Kelle, 2012)。因此,从产业协调角度作为分析的切入视角,探寻两产业互动演化过程中的规律和特征,能够更加合理地阐释制造业与生产性服务业互动演进的本质,进而深入探寻制造业与生产性服务业协调发展过程中所存在的机制问题。

制造业与生产性服务业在各自发展的过程中都离不开彼此间的互动协调作用,而产业间耦合协调的测度并非是对两产业功能的简单叠加,更多体现的是"1+1>2"的叠加效应,制造业与生产性服务业产业耦合性的研究不再局限于产业链上下游串联的产业,其研究范围大于产业关联、融合的测度。与此同时,在耦合研究中制造业与生产性服务业的边界并没有因为技术渗透而模糊或消除,在测度产业间相互影响作用的基础上能够进一步体现各产业独立发展的水平与特征，尤为契合两产业间互动发展的演化特征。鉴于此，研究借鉴物理学中的容量耦合系数模型，用 Matlab 在 CPU 主频 2.00GHZ、RAM 为 2.00G 的 PC 上进行求解，计算得出制造业与生产性服务业综合发展评价指数 u_a 和 u_i，并测算出 2001~2015 东北三省制造业与生产性服务业耦合协调指数 D_{ai}。

在进行制造业与生产性服务业发展水平测算时，设 $\dot{u}_{aj}^t$ 为制造业第 j 个指标 t 年的数值，$\dot{u}_{sj}^t$ 为生产性服务业第 j 个指标 t 年的数值，研究采用功效系数法对指标进行规范化处理，进而消除不同指标间量纲影响。设 M_{aj}^t、m_{aj}^t 和 M_{sj}^t、m_{sj}^t 分别为制造业和生产性服务业系统的第 j 项指标在 t 年中最大值与最小值，指标规范化处理如公式（4-1）~（4-2）所示：

$$u_{aj}^t = \begin{cases} \dfrac{(\dot{u}_{aj}^t - m_{aj}^t)}{(M_{aj}^t - m_{aj}^t)} & t=1,2,\cdots,k;\ j=1,2,\cdots,n \quad 具有正功效 \\ \dfrac{(M_{aj}^t - \dot{u}_{aj}^t)}{(M_{aj}^t - m_{aj}^t)} & t=1,2,\cdots,k;\ j=1,2,\cdots,n \quad 具有负功效 \end{cases}$$

$$(4-1)$$

$$u_{sj}^t = \begin{cases} \dfrac{(\dot{u}_{sj}^t - m_{sj}^t)}{(M_{sj}^t - m_{sj}^t)} & t=1,2,\cdots,k;\ j=1,2,\cdots,n \quad 具有正功效 \\ \dfrac{(M_{sj}^t - \dot{u}_{sj}^t)}{(M_{sj}^t - m_{sj}^t)} & t=1,2,\cdots,k;\ j=1,2,\cdots,n \quad 具有负功效 \end{cases}$$

$$(4-2)$$

式（4-1）和式（4-2）中 u_{aj}^t 和 u_{sj}^t 分别表示标准化后第 t 年制造业与生产性服务业第 j 项指标的数值，其中 u_{aj}^t 具有正功效、u_{sj}^t 具有负功效。设 λ_{aj} 与 λ_{sj} 分别表示两系统中第 j 项指标权重，取值范围均在 0~1 之间，本文选取线性加权和法进行测算，其中 u_a^t 和 u_s^t 分别表示制造业与生产性服务业在第 t 年的总体综合发展水平：

$$u_a^t = \sum_{j=1}^{n} \lambda_{aj} u_{aj}^t, \sum_{j=1}^{n} \lambda_{aj} = 1 \quad t=1,2,\cdots,k;\ j=1,2,\cdots,n \tag{4-3}$$

$$u_s^t = \sum_{j=1}^{n} \lambda_{sj} u_{sj}^t, \sum_{j=1}^{n} \lambda_{sj} = 1 \quad t=1,2,\cdots,k;\ j=1,2,\cdots,n \tag{4-4}$$

本部分借鉴物理学中的容量耦合系数模型来测度制造业与生产性服务业系统间的耦合协同程度（Valerie，1996）。其中多个系统相互作用的耦合度模型为：

$$C_n = n \left[\frac{(u_1 \cdot u_2 \cdots u_n)}{\prod (u_i + u_j)} \right]^{\frac{1}{n}} \tag{4-5}$$

包含两个子系统的耦合度模型为：

$$C_{ai}^t = \frac{2\sqrt{u_a^t \cdot u_i^t}}{(u_a^t + u_i^t)} \tag{4-6}$$

公式（4-6）中 C_{ai}^t 为制造业与第 i 项生产性服务业在第 t 年度的耦合度值，取值范围在 0~1 之间。当 $C_{ai}^t = 1$ 时，两子系统的耦合度最大，表明制造业系统与第 i 项生产性服务业系统间呈现良性共振耦合状态；反之当 $C_{ai}^t = 0$ 时，制造业与第 i 项生产性服务业系统间耦合度最低，两者不存在相关性。

耦合度虽然对判断制造业与生产性服务业两系统间互动发展程度有一定的重要意义，但仅单纯依靠耦合度分析两产业间互动情况会产生一定的误导。当 u_a^t 和 u_i^t 取值相近且较低的情况下，仅采用耦合度进行测度会出现两系统在发展水平都不高的情况下，协同发展程度呈现较高值的伪评价结果。因此，为准确地反映制造业与生产性服务业两系统间的耦合协调发展水平，需进一步构建两系统间的耦合协调度模型，具体如下：

$$D_{ai}^t = (C_{ai}^t \cdot T_{ai}^t)^{\frac{1}{2}} \quad T_{ai}^t = \alpha u_a^t + \beta u_i^t \tag{4-7}$$

公式（4-7）中 D_{ai}^t 为制造业与第 i 项生产性服务业在第 t 年

间的耦合协调度，T_{ai}^t 为反映两产业在第 t 年间协同效应的综合评价指数，其中 α 和 β 为待定系数（α + β = 1），分别为反映制造业和生产性服务业对整体系统耦合协同作用的贡献程度。为避免主观人为因素影响，研究根据所求得的客观数据采用典型相关性分析测算待定系数 α 和 β（Andrew et al.，2013；Michaeli et al.，2015）。

其具体制造业和生产性服务业分行业、分省市、分区域贡献程度系数如表 4-1~表 4-3 所示。

表 4-1　制造业和各生产性服务业贡献程度系数

行业	D_{as}	D_{af}	D_{ag}	D_{ah}	D_{al}	D_{aj}	D_{am}
α	0.4838	0.4912	0.5435	0.4786	0.4849	0.5136	0.4848
β	0.5162	0.5088	0.4565	0.5214	0.5151	0.4864	0.5152

资料来源：笔者计算。

表 4-2　各省市制造业和生产性服务业贡献程度系数

省市	北京	天津	河北	山东	山西	内蒙古	陕西	河南	辽宁	吉林
α	0.528	0.4953	0.5416	0.5057	0.5272	0.4314	0.466	0.5244	0.4827	0.5415
β	0.472	0.5047	0.4584	0.4943	0.4728	0.5686	0.534	0.4756	0.5173	0.4585
省市	黑龙江	上海	江苏	浙江	安徽	江西	湖北	湖南	广西	重庆
α	0.5543	0.469	0.5224	0.4895	0.5116	0.4712	0.4919	0.6149	0.5008	0.5193
β	0.4457	0.531	0.4776	0.5105	0.4884	0.5288	0.5081	0.3851	0.4992	0.4807
省市	四川	贵州	云南	西藏	甘肃	青海	宁夏	新疆	福建	广东
α	0.5018	0.5004	0.4775	0.4879	0.493	0.5435	0.5719	0.5462	0.5682	0.489
β	0.4982	0.4996	0.5225	0.5121	0.507	0.4565	0.4281	0.4538	0.4318	0.511

资料来源：笔者计算。

表4-3　八大综合经济区域制造业和生产性服务业贡献程度系数

区域	东北经济区	北部沿海经济区	东部沿海经济区	南部沿海经济区	黄河中游经济区	长江中游经济区	大西南经济区	大西北经济区
α	0.5323	0.5123	0.5082	0.5310	0.4945	0.5370	0.5063	0.5622
β	0.4677	0.4877	0.4918	0.4690	0.5055	0.4630	0.4937	0.4378

资料来源：笔者计算。

（二）指标体系构建及数据选取

本部分参照2015年国家统计局对生产性服务业制定明确的分类标准以及《行业分类国家标准》[①]，同时也考虑到数据收集的可获得性以及与制造业互动的紧密程度，将生产性服务业界定在二位数代码在51~63、65、68~78区间内：（F）交通运输业、仓储和邮政业；（G）信息传输、计算机服务和软件业；（H）批发零售业；（J）金融业；（L）租赁和商业服务业；（M）科学研究、技术服务业。依据《行业分类国家标准》对制造业的分类标准，将制造业界定在二位数代码在C13~C37、C39~C43区间内的行业。其所选择的行业范围已经非常广泛，足以为测度制造业与生产性服务业耦合发展提供有力的数据支持。

在构建制造业与生产性服务业发展水平评价指标体系时，论文结合两产业内涵与产业自身属性两方面因素对指标内容的核心要素进行凝练与梳理，从而能够准确、合理、系统地反映出制造业与生产性服务业协调发展的综合特征。研究参考了李廉水等（2014）和杨珂玲等（2013）对制造业和生产性服务业所构建的综合发展评价指标体系，本着以科学性、系统性、可获得性的原

---

① 国家统计局生产性服务业分类（2015）范围包括：为生产活动提供的研发设计与其他技术服务、货物运输仓储和邮政快递服务、信息服务、金融服务、节能与环保服务、生产性租赁服务、商务服务、人力资源管理与培训服务、批发经纪代理服务、生产性支持服务。资料来源：http://www.stats.gov.cn/tjsj/tjbz/201506/t20150604_1115421.html。

第四章 协同提效：东北老工业基地制造业与生产性服务业协同发展

则，兼顾制造业与生产性服务业评价指标对应匹配性关系，为能够准确地反映出两产业间耦合协调发展水平，分别从产业规模、经济效益、成长潜力、社会贡献这四个方面构建制造业与生产性服务业的发展水平指标体系①。其中"产业规模"指标能够衡量产业在一定时间范围内全部资产的规模总量，反映出该产业为实现自身发展而投入的生产资料水平；产业"经济效益"指标能够衡量各产业利用资源的既定产出效益，客观反映某一产业盈利能力以及产业经济质量；产业"成长潜力"指标能够从产业发展软实力方面着手进行整体性综合评价，是对产业未来发展能力及水平的有效测度；产业"社会贡献"指标能客观地反映出产业吸纳就业能力和对国家税收的贡献程度。研究中所选取的数据，分别源自于2002～2016年的《中国第三产业统计年鉴》《中国工业统计年鉴》《中国税务年鉴》《中国统计年鉴》《中国金融年鉴》以及《中国制造业发展研究报告》的整理。其各产业具体评价指标构成如表4-4所示②。

表4-4 制造业与生产性服务业综合发展水平评价指标体系

一级指标	二级指标	指标解释	单位	一级指标	二级指标	指标解释	单位
产业规模	企业单位数	企业数量总和	个	社会贡献	就业人数	就业人员数量总和	万人
	固定资产投资总额	固定资产投资量总和	亿元		利税总额	税收收入总和	亿元
	总产值	产值量总和	亿元		产值利税率	（税收收入/工业销售产值）×100%	%

---

① 对于制造业与生产性服务业指标体系的构建，基于本章主要研究制造和生产性服业间耦合协调发展问题，并非侧重于产业竞争力分析，所以并未将节能、环保等可持续发展类的指标纳入到指标体系当中。

② 鉴于制造业与生产性服务业各指标均为取值越大对各系统发展越有利，所以都按照正功效类型予以计算。

续表

一级指标	二级指标	指标解释	单位	一级指标	二级指标	指标解释	单位
经济效益	就业人员平均劳动报酬	工资总额/就业人员数	元	成长潜力	总产值增长率	（当年产值总量/上一年产值总量－1）×100%	%
	劳动生产率	产值总量/就业人员人数	元/人		投资占全社会投资比重	（固定资产投资量/全国固定资产投资量）×100%	%

注：由于2013年、2014年、2015年、2016年《中国工业统计年鉴》不再公布制造业各行业总产值数据，为保障研究数据的一致性，研究采用工销售产值来替代工业总产值，生产性服务业则采用行业增加值来替代总产值。

（三）耦合协同发展评判标准与类型划分

本部分根据制造业与生产性服务业耦合协调度 D 值的大小将两产业耦合协调发展程度先总体划分为可接受区间、过度区间、不可接受区间这三个层次，能够对两产业在不同的时间段的耦合协调程度有一定阶段性的归类划分，再详细分为十种基本类型（张勇等，2013；张樨樨等，2014）。并根据制造业与各生产性服务业每年综合发展速度，基于 u_a 和 u_i 的比值提出两者耦合协调发展的 30 种复合类型，具体划分如表 4-5 所示。

表 4-5　　制造业与生产性服务业系统协调耦合发展判定标准及复合类型

区间	耦合协调数值	基本类型	u_a/u_i	复合类型
可接受区间	0.9 < D ≤ 1	优质协调发展类	$u_a/u_i > 1.2$	优质协调发展制造业主导型
			$0.8 \leq u_a/u_i \leq 1.2$	优质协调发展同步型
			$u_a/u_i < 0.8$	优质协调发展 i 项生产性服务业主导型

第四章 协同提效：东北老工业基地制造业与生产性服务业协同发展

续表

区间	耦合协调数值	基本类型	u_a/u_i	复合类型
可接受区间	$0.8 < D \leqslant 0.9$	良好协调发展类	$u_a/u_i > 1.2$	良好协调发展制造业主导型
			$0.8 \leqslant u_a/u_i \leqslant 1.2$	良好协调发展同步型
			$u_a/u_i < 0.8$	良好协调发展 i 项生产性服务业主导型
	$0.7 < D \leqslant 0.8$	中级协调发展类	$u_a/u_i > 1.2$	中级协调发展制造业主导型
			$0.8 \leqslant u_a/u_i \leqslant 1.2$	中级协调发展同步型
			$u_a/u_i < 0.8$	中级协调发展 i 项生产性服务业主导型
	$0.6 < D \leqslant 0.7$	初级协调发展类	$u_a/u_i > 1.2$	初级协调发展制造业主导型
			$0.8 \leqslant u_a/u_i \leqslant 1.2$	初级协调发展同步型
			$u_a/u_i < 0.8$	初级协调发展 i 项生产性服务业主导型
过渡区间	$0.5 < D \leqslant 0.6$	勉强协调发展类	$u_a/u_i > 1.2$	勉强协调发展类 i 项生产性服务业滞后型
			$0.8 \leqslant u_a/u_i \leqslant 1.2$	勉强协调发展磨合型
			$u_a/u_i < 0.8$	勉强协调发展类制造业滞后型
	$0.4 < D \leqslant 0.5$	濒临失调衰退类	$u_a/u_i > 1.2$	濒临失调衰退 i 项生产性服务业滞后型
			$0.8 \leqslant u_a/u_i \leqslant 1.2$	濒临失调衰退磨合型
			$u_a/u_i < 0.8$	濒临失调衰退制造业滞后型
不可接受区间	$0.3 < D \leqslant 0.4$	轻度失调衰退类	$u_a/u_i > 1.2$	轻度失调衰退 i 项生产性服务业损益型
			$0.8 \leqslant u_a/u_i \leqslant 1.2$	轻度失调衰退共损型
			$u_a/u_i < 0.8$	轻度失调衰退制造业损益型
	$0.2 < D \leqslant 0.3$	中度失调衰退类	$u_a/u_i > 1.2$	中度失调衰退 i 项生产性服务业损益型
			$0.8 \leqslant u_a/u_i \leqslant 1.2$	中度失调衰退共损型
			$u_a/u_i < 0.8$	中度失调衰退制造业损益型
	$0.1 < D \leqslant 0.2$	重度失调衰退类	$u_a/u_i > 1.2$	重度失调衰退 i 项生产性服务业损益型
			$0.8 \leqslant u_a/u_i \leqslant 1.2$	重度失调衰退共损型
			$u_a/u_i < 0.8$	重度失调衰退制造业损益型
	$0 < D \leqslant 0.1$	极度失调衰退类	$u_a/u_i > 1.2$	极度失调衰退 i 项生产性服务业损益型
			$0.8 \leqslant u_a/u_i \leqslant 1.2$	极度失调衰退共损型
			$u_a/u_i < 0.8$	极度失调衰退制造业损益型

二、东北制造业与生产性服务业协同发展程度比较分析

2001~2015年间我国31个省市制造业与生产性服务业总体耦合协调程度逐步增强，但由于不同区域自身经济基础的差异及两产业发展进程的快慢，使得各省市制造业与生产性服务业的耦合协调程度存在着明显的区域差异性[1]。从表4-6省域耦合协调度均值的分区域排序中可以看出，在2001~2015年间，广东、上海、浙江、福建、北京、天津、山东、江苏、湖南、湖北、河北、陕西这12个省市的耦合协调均值高于0.6，处于可接受的协调范围之内，并在2015年时全部处于良好协调的发展阶段。而耦合协调均值位列后10位的分别是西藏、青海、广西、宁夏、内蒙古、江西、新疆、云南、甘肃、辽宁，除辽宁外的其余9个产业耦合协调偏低的省份均隶属于中、西部地区，由此可见区域间产业耦合失衡现象尤为突出。

表4-6　2001~2015年中国各省市制造业与生产性服务业耦合协调度及产业发展速度均值

省、区、市	指标	均值	省、区、市	指标	均值	省、区、市	指标	均值
北京	u_a	0.433	山西	u_a	0.38	辽宁	u_a	0.402
	u_s	0.429		u_s	0.322		u_s	0.301
	u_a/u_s	1.015		u_a/u_s	1.214		u_a/u_s	1.369
	D	0.641		D	0.577		D	0.576
天津	u_a	0.418	内蒙古	u_a	0.378	吉林	u_a	0.393
	u_s	0.421		u_s	0.311		u_s	0.312
	u_a/u_s	0.99		u_a/u_s	1.261		u_a/u_s	1.248
	D	0.63		D	0.565		D	0.579

---

[1] 限于篇幅，此处没有详细列出2001~2015年中国各省市制造业与生产性服务业耦合协调度及产业发展速度数据，如有需要的读者可向作者索取。

第四章 协同提效：东北老工业基地制造业与生产性服务业协同发展

续表

省、区、市	指标	均值	省、区、市	指标	均值	省、区、市	指标	均值
河北	u_a	0.402	安徽	u_a	0.4	黑龙江	u_a	0.395
	u_s	0.377		u_s	0.337		u_s	0.321
	u_a/u_s	1.072		u_a/u_s	1.239		u_a/u_s	1.226
	D	0.608		D	0.592		D	0.58
上海	u_a	0.445	江西	u_a	0.375	湖北	u_a	0.42
	u_s	0.441		u_s	0.31		u_s	0.361
	u_a/u_s	1.013		u_a/u_s	1.225		u_a/u_s	1.185
	D	0.649		D	0.566		D	0.608
江苏	u_a	0.408	山东	u_a	0.435	湖南	u_a	0.428
	u_s	0.403		u_s	0.393		u_s	0.363
	u_a/u_s	1.038		u_a/u_s	1.113		u_a/u_s	1.196
	D	0.62		D	0.628		D	0.619
浙江	u_a	0.442	河南	u_a	0.407	广东	u_a	0.441
	u_s	0.43		u_s	0.347		u_s	0.442
	u_a/u_s	1.047		u_a/u_s	1.2		u_a/u_s	1.014
	D	0.643		D	0.598		D	0.649
广西	u_a	0.358	重庆	u_a	0.406	云南	u_a	0.364
	u_s	0.297		u_s	0.348		u_s	0.329
	u_a/u_s	1.227		u_a/u_s	1.198		u_a/u_s	1.124
	D	0.555		D	0.598		D	0.57
海南	u_a	0.374	四川	u_a	0.404	西藏	u_a	0.325
	u_s	0.368		u_s	0.339		u_s	0.256
	u_a/u_s	1.017		u_a/u_s	1.219		u_a/u_s	1.283
	D	0.591		D	0.593		D	0.52
福建	u_a	0.438	贵州	u_a	0.388	陕西	u_a	0.423
	u_s	0.428		u_s	0.329		u_s	0.35
	u_a/u_s	1.028		u_a/u_s	1.202		u_a/u_s	1.229
	D	0.643		D	0.582		D	0.602

续表

省、区、市	指标	均值	省、区、市	指标	均值	省、区、市	指标	均值
甘肃	u_a	0.393	青海	u_a	0.357	宁夏	u_a	0.366
	u_s	0.305		u_s	0.286		u_s	0.296
	u_a/u_s	1.306		u_a/u_s	1.236		u_a/u_s	1.226
	D	0.572		D	0.551		D	0.561
新疆	u_a	0.374						
	u_s	0.304						
	u_a/u_s	1.219						
	D	0.567						

资料来源：笔者计算。

鉴于制造业与生产性服务业耦合互动存在区域差异性特征，为进一步探究两产业间耦合协调空间变迁规律，研究借鉴洪兴建（2010）对中国经济区域的划分方式，将31个省市划分成八大综合经济区域①，以便于更为直观有效地探明各区域产业耦合协调差异，进而制定有针对性的区域政策，具体结果如表4-7所示。其中在以东部沿海经济区为首的沿海经济区内，2001~2015年间制造业与生产性服务业耦合协调均值都超过0.6处于可接受区域，并在2014年均升至0.8以上已迈入良性耦合协调阶段，产业耦合互动优势尤为明显。其次是长江、黄河中游经济区、大西南经济区和东北经济区，这4个区域产业耦合协调均值处于0.58左右，其产业间耦合的紧密程度与沿海经济区仍存在一定的差距。而大西北经济区不但耦合协调均值最低为0.55，其制造业与生产性服务业整体发展水平也明显落后于其他区域。由此可见，国家虽出台多项开发西部与振兴东北的战略政策，在一定程度上带动西北和东北地区制造业与生产性服务业经济发展，但制造业

---

① 八大区域分别为：东北综合经济区（辽宁、吉林、黑龙江）；北部沿海综合经济区（北京、天津、河北、山东）；南部沿海综合经济区（广东、福建、海南）；东部沿海综合经济区（上海、江苏、浙江）；黄河中游综合经济区（内蒙古、陕西、山西、河南）；长江中游综合经济区（湖北、湖南、江西、安徽）；大西南综合经济区（重庆、四川、贵州、云南、广西）；大西北综合经济区（甘肃、宁夏、青海、新疆、西藏）。

第四章 协同提效：东北老工业基地制造业与生产性服务业协同发展

表4-7 2001~2015年中国八大综合经济区域制造业与生产性服务业耦合协调度及产业发展速度

年份		2001	2002	2003	2004	2005	2006	2007	2008	2009	2010	2011	2012	2013	2014	2015
东北经济区	u_a	0.136	0.180	0.213	0.254	0.304	0.357	0.392	0.407	0.436	0.462	0.496	0.528	0.560	0.618	0.636
	u_s	0.109	0.129	0.175	0.205	0.243	0.281	0.317	0.338	0.353	0.373	0.384	0.406	0.431	0.473	0.507
	u_a/u_s	1.247	1.393	1.220	1.241	1.252	1.269	1.237	1.203	1.235	1.241	1.294	1.301	1.300	1.307	1.254
	D	0.351	0.392	0.441	0.479	0.523	0.565	0.596	0.611	0.628	0.647	0.663	0.683	0.694	0.738	0.756
北部沿海经济区	u_a	0.135	0.172	0.211	0.262	0.304	0.368	0.403	0.424	0.462	0.486	0.532	0.584	0.622	0.672	0.723
	u_s	0.126	0.165	0.202	0.247	0.281	0.338	0.381	0.393	0.432	0.474	0.524	0.568	0.617	0.678	0.729
	u_a/u_s	1.075	1.046	1.042	1.063	1.084	1.089	1.057	1.077	1.070	1.026	1.014	1.028	1.008	0.991	0.992
	D	0.362	0.411	0.455	0.505	0.541	0.594	0.626	0.639	0.669	0.693	0.727	0.759	0.787	0.822	0.852
东部沿海经济区	u_a	0.142	0.173	0.225	0.272	0.326	0.365	0.411	0.432	0.463	0.506	0.541	0.597	0.628	0.673	0.715
	u_s	0.127	0.162	0.217	0.250	0.297	0.338	0.384	0.414	0.454	0.501	0.557	0.594	0.636	0.681	0.723
	u_a/u_s	1.115	1.069	1.039	1.085	1.099	1.080	1.068	1.043	1.019	1.010	0.973	1.004	0.987	0.988	0.990
	D	0.367	0.409	0.470	0.511	0.558	0.593	0.631	0.650	0.677	0.710	0.741	0.772	0.795	0.823	0.848
南部沿海经济区	u_a	0.136	0.176	0.224	0.262	0.316	0.352	0.401	0.436	0.457	0.487	0.532	0.584	0.622	0.665	0.716
	u_s	0.126	0.162	0.220	0.260	0.301	0.358	0.407	0.427	0.466	0.483	0.543	0.587	0.618	0.655	0.692
	u_a/u_s	1.077	1.083	1.022	1.007	1.049	0.983	0.986	1.020	0.982	1.007	0.980	0.995	1.006	1.016	1.036
	D	0.363	0.411	0.471	0.511	0.556	0.593	0.636	0.657	0.679	0.696	0.733	0.765	0.787	0.813	0.839

续表

年份		2001	2002	2003	2004	2005	2006	2007	2008	2009	2010	2011	2012	2013	2014	2015
黄河中游经济区	u_a	0.129	0.157	0.193	0.243	0.281	0.333	0.374	0.402	0.431	0.461	0.508	0.532	0.577	0.638	0.662
	u_s	0.091	0.117	0.153	0.196	0.231	0.275	0.312	0.331	0.361	0.393	0.432	0.450	0.501	0.554	0.581
	u_a/u_s	1.411	1.333	1.261	1.240	1.219	1.209	1.201	1.216	1.193	1.174	1.177	1.181	1.150	1.152	1.139
	D	0.329	0.368	0.414	0.467	0.505	0.550	0.584	0.604	0.628	0.652	0.684	0.699	0.733	0.771	0.788
长江中游经济区	u_a	0.128	0.170	0.209	0.259	0.294	0.341	0.379	0.414	0.437	0.463	0.491	0.521	0.571	0.643	0.670
	u_s	0.102	0.125	0.154	0.204	0.242	0.276	0.315	0.342	0.374	0.407	0.437	0.469	0.506	0.562	0.602
	u_a/u_s	1.248	1.361	1.353	1.269	1.216	1.237	1.206	1.212	1.168	1.138	1.124	1.109	1.129	1.144	1.113
	D	0.340	0.373	0.426	0.482	0.518	0.556	0.590	0.616	0.638	0.661	0.682	0.705	0.735	0.777	0.799
大西南经济区	u_a	0.119	0.151	0.182	0.239	0.278	0.329	0.379	0.402	0.429	0.458	0.491	0.522	0.563	0.604	0.650
	u_s	0.091	0.116	0.143	0.191	0.222	0.274	0.308	0.340	0.368	0.398	0.428	0.451	0.486	0.526	0.562
	u_a/u_s	1.314	1.301	1.272	1.248	1.254	1.203	1.231	1.184	1.166	1.151	1.148	1.158	1.158	1.147	1.157
	D	0.323	0.364	0.402	0.463	0.499	0.548	0.585	0.608	0.630	0.654	0.677	0.697	0.723	0.751	0.778
大西北经济区	u_a	0.103	0.126	0.161	0.212	0.257	0.294	0.347	0.358	0.375	0.419	0.454	0.504	0.541	0.607	0.652
	u_s	0.083	0.101	0.121	0.166	0.207	0.243	0.273	0.292	0.314	0.332	0.363	0.408	0.430	0.469	0.518
	u_a/u_s	1.248	1.242	1.327	1.278	1.240	1.212	1.273	1.227	1.197	1.261	1.251	1.236	1.257	1.293	1.260
	D	0.306	0.338	0.377	0.436	0.484	0.520	0.559	0.572	0.589	0.615	0.641	0.678	0.700	0.736	0.768

资料来源：笔者计算。

第四章 协同提效：东北老工业基地制造业与生产性服务业协同发展

与生产性服务业间互相促进、相互提升的作用较弱，两产业间并未形成良性的耦合互动。

三、东北制造业与生产性服务业协同发展模式比较分析

各区域的产业耦合均值仅能够体现出 2001~2015 年间制造业与生产性服务业的综合互动效应，并不能准确地反映出产业在不同区域内耦合互动的演进规律。因此，本部分进一步探究不同区域产业耦合协调演化的共性和差异性特征，同样从产业耦合协调度和综合发展指数这两个维度出发，根据表 4-7 中的测算数据将不同区域内的产业耦合协调演化发展模式同样归纳三大类型，第一类为波动同步型：北部、东部、南部沿海经济区；第二类为衍化趋同型：长江中游、黄河中游、大西南经济区；第三类为单产业主导型：东北、大西北经济区，具体分类如图 4-1~图 4-3 所示。

（一）波动同步型

从图 4-1 中可以看出隶属于波动同步型的东部、北部、南部沿海经济区均早于其他区域率先跨过耦合失调衰退阶段步入协调发展阶段，并先后在 2014 年迈入良好协调发展阶段。与此同时，三大沿海经济区无论是产业发展速度还是产业间耦合协调程度，其演进规律趋于一致具有相似性，其特点表现为制造业摆脱了单纯依靠传统要素投入带动自身发展的粗放式繁荣阶段，对知识密集型生产性服务业的需求明显，制造业与生产性服务业整体发展水平较高且发展速度相对均衡，两产业间发展水平波动差距均保持在 10% 以内，整体产业耦合协调程度明显优于衍化趋同型和单产业主导型。东部沿海经济区和南部沿海经济区作为早期改革开放的前沿阵地，得益于自身优越的经济区位积累了雄厚的资本基础与技术优势。其中，东部沿海经济区以上海为核心依托于沿江制造业基地，在实现制造业转型升级的同时大力发展与其配套的生产性服务业，依托"浙西南"和"苏西北"地区不断扎实制造

业基础，辅助支持生产性服务业的发展，进一步促进两产业间的良性协调互动。而南部沿海经济区借助制度和区位优势已然形成一批具有产业规模和市场竞争力的制造业集群，其毗邻港、澳、台，能够率先接触到丰富的生产性服务资源和先进的生产性服务技术，并以此为依托对制造业产业结构升级提供有力的技术保障。在制造业与生产性服务业有效互动的过程中不仅转变了区域内传统制造经济的发展方式，还形成多条类似珠江西岸和珠江东岸的先进制造产业经济带，对长江中游经济区和大西南经济区的制造业发展具有一定的辐射作用，能够对弱势区域的制造产业逐步形成产业互补效应。北部沿海经济区以京津冀城市群和山东半岛城镇群为依托，其中北京市、天津市的生产性服务业正逐步迈向高级发展阶段，具有一定的知识、技术、信息等高级生产要素的供给能力，对以河北省、山东省、辽宁省为主的环渤海经济区内的制造产业产生强大的带动能力。与此同时，河北省、山东省和辽宁省内大量的制造资源反哺于北京市、天津市的生产性服务业，对其生产性服务业的发展起到强有力的支撑作用，为环渤海经济区内制造业与生产性服务业间的优质协调发展提供了稳固的发展环境。

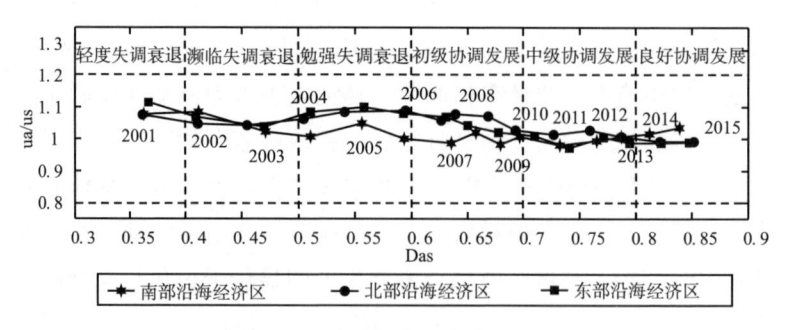

图 4-1　波动同步耦合协调发展

（二）衍化趋同型

从图 4-2 中可以看出隶属于第二类衍化趋同发展型的长江

第四章　协同提效：东北老工业基地制造业与生产性服务业协同发展

中游、黄河中游、大西南经济区在 2001~2008 年间制造业发展水平明显高于生产性服务业对产业耦合提升贡献度较高。在此之后，随着生产性服务产业的增速发展逐渐呈现出平衡趋势，但总体制造业发展水平仍偏高于生产性服务业，此大类产业间整体耦合协调性一般。以往长江中游、黄河中游和大西南经济区的制造业产业层次总体偏低，资源消耗型和资源加工型的制造业所占比重较大，而此种要素驱动型的制造发展模式导致了制造产品附加值偏低、整体产业链条过短、上下游企业带动力不足等问题，从而压缩了对生产性服务业的派生性需求，制约了两产业间的有效互动发展空间。但随着"中部崛起"战略的不断深化推进以及成渝经济区的快速发展，长江中游、黄河中游和大西南经济区进一步深化与东部地区的跨区域合作，越来越多的承接东部转移产业，并借鉴东部地区制造产业转型经验，在逐步由粗放型制造转向集约型制造发展的同时扩张了对生产性服务业的需求量，获得先进的服务技术和管理经验，促使区域内生产性服务业的综合发展水平稳步提升，与制造产业发展差距逐步缩小，进而提升两产业间的协调互动效应。

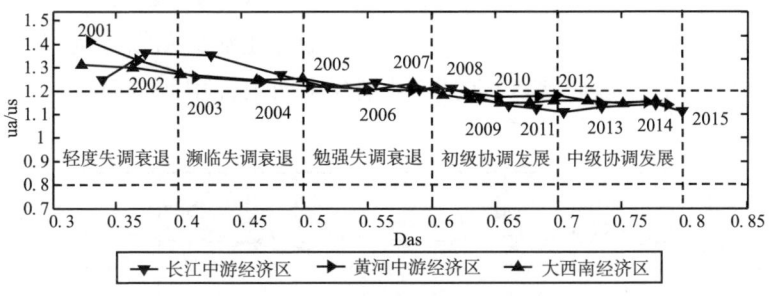

图 4-2　衍化趋同耦合协调发展型

（三）单产业主导型

从图 4-3 可以看出隶属于第三类单产业主导型的大西北、东北经济区分别在 2013 年和 2014 年步入中级耦合协调发展阶段，并未呈现出良好的耦合协调性。2001~2015年间两大区域的制造产业则一直处于优势主导地位，产业发展水平则表现出极为显著的规模不均衡性，生产性服务业发展水平一直严重滞后于制造业，由于生产性服务业供应不足，不能对当前制造业起到有效地支撑作用，是制约两产业间耦合互动不协调的重要原因。其中东北经济区制造产业多集中于规模大、国有股份比重高的资源型或重工型制造企业，此种类型产业因涉及国家经济命脉和战略，所以对外开放程度较低，存在产品体量大、结构调整慢、改革时间长等诸多问题，挤压了与生产性服务业匹配互动空间。与此同时，位于产业链两端的生产性服务业并没有随着经济发展从制造业中自然分离出来，制造业"服务内置化"现象严重，进而影响下一阶段两产业间的深度融合，降低了东北地区制造业与生产性服务业的耦合协调效应。而大西北经济区由于工业化程度低，制造业整体水平不高，其制造产业发展则一直依靠廉价劳动力、资源投入等方式，从而使大西北经济区生产性服务业一直处于初级发展阶段，服务产业发展水平较低、提升缓慢且一直弱于制造业，严重制约了制造业对外部生产性服务业的需求，导致大西北经济区内制造业和生产性服务业的协调发展水平相对较低。因此，大西北、东北经济区在大力推动制造业发展的同时应当更加重视生产性服务业发展状况，产业发展水平的相互匹配将有利于形成产业耦合互动的良性协调局面。

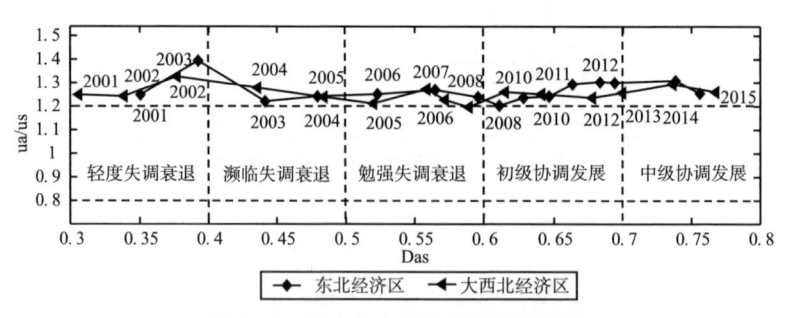

图4-3 单产业主导耦合协调发展型

第四章　协同提效：东北老工业基地制造业与生产性服务业协同发展

由上述分析可知，制造业与生产性服务业在耦合协调发展演进过程中无论从行业层面还是从区域层面，如果组合产业间的发展水平差距过大会导致两者耦合协调的不良发展，而组合内产业间发展速度相对地平稳并保持一定的同步性则有助于尽快跨过耦合裂痕。与此同时，在多数行业和区域内的生产性服务业与制造业现阶段仍处于良好协调发展阶段，距离优质协调发展阶段仍有一定距离，未来如何促进两产业耦合协同发展依然任重而道远。

第三节　东北地区制造业与生产性服务业协同发展的对策建议

一、积极发挥政府引领作用，构建产业协同发展机制

当前，社会化分工深入推进，制造业与生产性服务业协同发展的关系愈来愈明显。东北老工业基地的制造业长期以来没有实现转型升级的一个重要原因就是行业内部一柱擎天的结构特点，从而导致产业协同效应不足，在面临制造业结构调整与升级关键阶段，老工业基地可以充分依靠制造业与生产性服务业的协同推进为制造业带来新的活力，以此助推东北老工业基地制造业的改造提效，而这首先需要解决制造业与生产性服务业协同发展的体制短板问题。

一是建立产业联动机制。政府要着眼长远，协调制造业与生产性服务业规划布局，促进生产性服务业在区域、产业链、企业等多个方面向制造业渗入，加强两者之间的关联性，通过两产业间的关联合作，促进生产要素配置优化，提高资源利用效率，同时不断增强生产性服务业的支撑力，促进其在更高水平上与制造业协同，并且积极发挥行业供应链的纽带作用，形成上中下游两产业相互促进、协同共进、联动发展的态势。

二是健全产学研互动机制。东北老工业基地产业协同发展的一个阻碍因素是产学研互动缺失下的科技创新体系不健全,这导致多数制造企业创新能力不足,始终无法从低端向高端转化,从而使得老工业基地的制造业与生产性服务业无法实现高水平的循环互动。因此,新一轮的振兴必须有效协调产学研机制中不同主体的利益导向,构建互动协调工作机制,促进科研成果顺利转化,推进技术、生产、服务一体化发展。

三是降低产业协同发展政策成本。东北老工业基地制造业与生产性服务业的协同发展需要有效降低两业协同的政策成本。由于老工业基地内部体制机制的制约,两业协同的运行并不畅通,为此,政府应明确在两业协同发展中的角色定位,通过制定引导性产业政策,避免产业协同过程中市场失灵的现象出现,同时降低产业协同政策成本,为老工业基地的两业协同发展提供制度支持。

二、优化产业支撑体系,提升生产性服务业竞争力

制造业与生产性服务业协同发展需要必备的支撑条件,而东北老工业基地的体制、人才、创新等支撑条件明显存在短板,是需要亟待解决的问题。在新一轮振兴过程中要发挥生产性服务业对制造业技术进步的促进、效率提高的带动等作用,首先要大力发展老工业基地的生产性服务业,促进形成地区特色的生产性服务业,积极发挥老工业基地本地生产性服务业不断纵深推进形成的扩散及示范效应,在内涵式发展的基础上推进老工业基地的服务业转型与升级,提升生产性服务业竞争力。

同时,要优化产业布局,促进老工业基地生产性服务业集聚发展。综合考虑产业协同的若干因素,通过制造业集聚来引导生产性服务业功能化、区域化发展,这是因为制造业集聚能带动生产性服务业集聚性需求的扩张,而生产性服务业的快速发展又能促进制造业向更高层次壮大,这将促进支撑两业协同推进的良好

循环体系形成。此外，进行科学规划布局，培育适合老工业基地制造业的生产性服务业，引导区域发展，引进关联性的服务企业，承接及汇聚关联服务业以形成区域生产性服务业分工体系。

完善产业支撑的另一个措施是大力培养相关高素质人才。当前老工业基地虽然具有人力资源潜力，但是能在本区域为制造业与生产性服务业协同推进提供服务的专业人才少之又少，这与老工业基地的内部老化有着直接关系。而突破人才匮乏的制约就要优化人才培育环境，大力引进与培养知识密集型及智力密集型人才，不断积蓄人才并提高素质，为生产性服务业竞争力的提升创造人才优势。此外，还要补齐资金、政策、媒介等要素支撑疲软的短板。

三、不断延伸产业链条，推动制造业服务化发展

以上阐明了制造业与生产性服务业的耦合协调关系，目前东北老工业基地的这种耦合协调关系处于制造业主导的状态，缺乏与生产性服务业的均衡性发展，导致制造业在低水平重复建设的状态中循环，而生产性服务业的供应不足又使得其对老工业基地制造业起不到有效地支撑作用。因此，新一轮制造业转型升级必须转变重制造而轻服务的观念，树立制造与服务协同共进的理念，大力促进生产性服务业发展，积极发挥其对制造业的集聚效应，推进制造业服务化发展。

通过延长制造产业链、整合价值链等方式将制造业之于生产性服务业的需求提高，鼓励制造企业积极让渡非核心价值环节的服务部分，让专业的第三方生产性服务企业承接，促进生产性服务业拉动制造业进行价值重塑。同时密切注意传统生产性服务业的发展趋向，以优化投资结构、加大技术投入、鼓励业务培训、吸引人才等方式为传统生产性服务业注入活力，提高产业资源利用效率和产品科技含量，创造传统生产性服务业转型进而实现与制造业良性协同的发展空间，逐步解决产业发展不平衡问题，加

快东北制造产业服务化进程。

同时,要建立健全两业信息服务平台。智能化时代的到来不仅促使生产性服务业呈现虚拟化与网络化的发展趋势,还成为制造业转型的有效媒介,这就要充分获取制造业与服务业的海量供求信息,通过大数据、云计算等建立囊括金融服务、物流信息、产权交易等完备的两业供求信息系统,根据服务需求,随时反馈服务质量,实现制造业与生产性服务业的默契协同,提升老工业基地生产性服务业优势,促进以往单一的制造业集聚裂变为"制造+服务"的集成性产业链集聚,使老工业基地的制造业与生产性服务业协同发展的基础更加厚实。

四、深化供给侧结构性改革,加快传统制造业转型升级

当前,低端制造产能过剩、要素成本持续上涨、创新能力严重不足等问题依然是老工业基地需要直面的问题,这是因为制造业的粗放发展不仅会制约生产性服务业的发展,而且会制约其与生产性服务业的高水平协同,从而导致制造业难以顺利转型。因此,东北制造业的新一轮发展必须以深化供给侧结构性改革为切入点,多措并举,切实推进传统制造业的改造提效,这是放大协同效应的必要条件。

一是构建现代制造体系。在市场化改革中加快解除产业发展的约束机制,摆脱以往条块分割的利益分配机制的束缚,优化老工业基地内部的产业空间分工体系,提高资源整合效率,构建产业联盟体系,增强自主创新能力。从产品工序、工艺管理着手进行精细化运行,大力发展制造业服务外包,促进制造业从投入高而附加值低的传统制造模式过渡到投入低而附加值高的现代制造模式,增强老工业基地的核心竞争力。

二是优化产业发展环境。东北制造业转型受传统体制影响较大,制造业新一轮的发展要密切关注市场变化,认真研究制造企业市场环境,制定合理的目标规划,打破行政性行业垄断,规范

第四章 协同提效：东北老工业基地制造业与生产性服务业协同发展

市场竞争秩序，设定合理的市场准入门槛，优化制造业转型的体制环境。同时制造业可以根据产业关联度水平、耦合协调程度、市场潜力等确定先期转型重点，制定相关配套政策，优化产业外部环境，塑造新型产业工人，发挥工匠精神，提高人员专业化水平，加快行业内部结构合理化，促进制造产业高度化发展。

三是扩大产业开放程度。当前开放程度不足是东北制造业发展的一个明显短板，制造业新一轮发展要积极扩大开放，紧抓"一带一路"发展机遇，积极引导装备制造业走出去，强化与先进制造国家的产业合作，加大对核心技术设备、高素质人才、稀缺优质资源的引进，提高学习先进制造管理经验的效率，注重精益化合作环节，推进老工业基地制造业向价值链两端延伸。与此同时，积极发展高端制造业，加强产能合作，塑造以开放促改革良好氛围，倒逼东北制造业动能转换，促进行业内部结构升级，发挥老工业基地装备制造资源优势，积极打造一批具有世界竞争力的先进制造企业，为新一轮转型升级积蓄充分准备。

第五章

组织创新：东北老工业基地制造业集群化发展

东北地区作为以传统重化工业为主的老工业基地，建设现代化产业体系、提振实体经济，重点在制造业，难点在制造业，出路更在制造业。党的十九大报告提出建设实体经济、科技创新、现代金融、人力资源协同发展的产业体系，这是中国特色社会主义进入新时代，着眼于建设现代化经济体系这个战略目标而提出的一项重要战略性举措，契合了东北老工业基地产业结构转型升级的要求，对东北老工业基地全面振兴具有重大意义。

作为工业发展的基本形态，制造业集群具有其独特的集中化、专业化、地域化和网络化优势，发挥了重要作用，尤其是在促进创新、解决就业、提升区域竞争力、带动地区经济发展等诸多方面。但是在新技术革命助推下，东北地区传统制造业集群面临诸多问题：第一，产业集群结构不合理，高价值链条重视程度不足；第二，产业集群缺乏技术创新能力，行业竞争能力不足；第三，中场产业不发达，核心零部件不能自主生产，产业链条不完整；第四，企业关联性不强，生产网络建设滞后；第五，集群配套服务平台建设不足，限制转型升级潜力释放。东北地区制造业产业集群遇到的诸多问题，严重限制了制造业转型升级步伐，并未发挥产业集群在产业结构转型升级方面的优势。

产业集群在产业链升级过程中是以产品链升级为基础、以知识链升级为核心、以价值链升级为目标的三链动态互动升级过程，升级的实质是技术能力或市场势力的提升。然而，不同传统产业集群的成长路径不尽相同，企业内部的升级、企业间的升级、本地和国家产业升级和跨区域升级都将成为产业集群升级的不同方式。对于劳动密集型产业而言，产业集群升级一种称为"渐进式"升级，即依据集群发展状况进行市场型、准层级型、领导型等治理结构的"相机选择"，沿着全球价值链逐渐攀升；另一种称为"跨越式"升级，指通过直接嵌入全球价值链高端的方式来实现升级目标。所以，如何有效利用产业集群在产业链升级方面的优势，选择适应的产业链攀升方式实现升级目标，从而推动东北地区现有产业链的转型升级，亟须相关政策体系的设计。

第一节 东北地区制造业集群化发展的必然性

一、理论分析

英国经济学家阿尔弗雷德·马歇尔是公认的产业集群研究的先驱，最早关注企业的外部性问题，他指出企业集聚进而形成集群的原因在于获取外部经济效应和规模经济效应。马歇尔认为外部经济主要体现在以下三个方面：一是地方具有高度专业化倾向的劳动力市场；二是拥有大量的廉价而且容易获取的中间产品；三是容易获得相关产品的技术和信息知识。马歇尔将规模经济效应分为产业发展带来的规模经济效应和单个企业进行资源整合以及管理改进带来的规模经济效应两个层次，即外部规模经济效应和内部规模经济效应。在马歇尔外部性理论基础之上，逐渐衍生出产业区位理论、增长极理论等一系列产业集群脉络，但是这些产业集群理论更多地立足于地区要素禀赋状况，依托于地理单元的比较优势形成典型的集群形态；但是，这种依赖于地区资源比较优势的集群形态受到地区限制的影响较为明显,不同地区间的联系较为贫乏,这不足以实现空间范围内的资源收益最大化目标,因而在当前资源环境约束趋紧的全球经济格局下,这种集群形态的发展受到较为严重的限制。

随着互联网+、大数据等新技术推广、全球产业结构调整的加速进行,使得大规模集成电路、精密机械、生物工程等战略新兴产业得到迅猛发展,新兴产业的产品一般都具有体积小、重量轻、附加值高和单位产品承担运费能力强等特点,适合于航空运输。产业结构向高加工度化转变使得分工越来越细化,产业链不断延伸,中间产品需要在更广阔的范围内流动[1]。同时,竞争的加剧使产品的生命周期不断缩短,为了尽可能地减少产品运输的时间,很多企业需要选择航空运输。这些显著变化使得产业集群形式逐渐由地理集中形式向虚拟化产业带集中、由单一地区的集中向跨地区界限的局域性集聚转变,形成现代所谓的虚拟化产业集群形式,即虚拟集聚[2]。在现有文献关于虚拟化产业集群的研究中,虚拟集聚的形态不仅包含在线产业带产业集群[3]、创意产业集群[4]、会展产业集群[5]等一系列依赖于高技术应用的集群形式,而且还包含跨越地区限制的局域性集聚形态。

地区经济活动不仅取决于自身区域的内部特征,还受到其他

---

[1] 张帆:《金融产业虚拟集群知识溢出效应的理论研究》,载于《科研管理》2016年第37期,第409~416页。

[2] 王如玉、梁琦、李广乾:《虚拟集聚:新一代信息技术与实体经济深度融合的空间组织新形态》,载于《管理世界》2018年第34期,第13~21页。

[3] 在互联网与传统制造业融合过程中,企业能够通过开放数据和共享资源,实现企业的应用创新和虚拟集聚,随着"互联网+"应用下形成的"零边际成本"趋势加强,使得传统的基于专业化分工的产业集群逐渐转型为"在线产业带"形式。

[4] 创意产业集群是产业特性与区域个性相结合的一种极具竞争力的组织形态,它是以文化为基础、以创意为核心,将满足消费者精神需求作为宗旨的相互关联的众多企业以及相关专业机构在特定空间集聚而形成的集合。创意产业集群具有地域偏好性、结构网状化、人文根植性和环境宽松性的独特特征。

[5] 会展产业集群内各核心企业之间因为地理邻近及互动频率高,知识壁垒阻碍小,知识技能的学习、传递与扩散速度相对较快,传播新思想、新方法的学习氛围非常浓厚。

第五章　组织创新：东北老工业基地制造业集群化发展

区域经济活动空间关联的影响①。产业集群化发展的模式能够最大化释放出区域范围内的资源禀赋优势潜力，提升不同地区劳动、资本等要素的配置效率和匹配质量，一方面推动地区制造业的转型升级，使一部分发达制造业地区借助配套服务能力的提升实现向先进制造业的升级；另一方面，制造业发展相对落后地区能够承接制造业的集群化转移，实现制造业效率的提升。通过产业集群化发展调动了区域资源，实现了区域协调发展的战略目标。

二、现实分析

制造业作为国民经济增长的主导产业部门，是我国跨越转变发展方式、优化经济结构、转换增长动力经济新常态攻关期的坚实基础。但是，由于不同地区要素禀赋不同、政策支持力度差异、城市人口数量多寡等因素，使得产业发展呈现出不断在少数几个地区集中的现象，制造业集群化发展的趋势明显。比如，1998 年工业在全国范围内的集中指数为 61.81%②，而到了 2005年工业集中指数增长到 64.49%，工业的集中趋势不断增强。2005 年之后，我国开始了大范围内的产业布局调整行动，东部地区开始进行淘汰落后产能、转移高耗能和高污染行业的转型发展，但是 2016 年我国的工业集中指数仍然保持在 59.53%，这表明我国工业表现出很强的集中特征，产业越来越集中与少数几个地区，产业分布的非均衡状态得到增强。同时，从集中度的绝对值看，1998 年为 0.29，到 2005 年为 0.34，2016 年为 0.31，这说明工业产值排名的前三的省份其总产值占到全国的 1/3 左右，产业的集中特征显著（孙久文等，2017）③。

---

① 程进文、杨利宏：《空间关联、劳动集聚与工资分布》，载于《世界经济》2018 年第 41 期，第 145~168 页。
② 集中指数的计算方法和下文中的集中度绝对值计算方法详见孙久文等的报告，来源于《中国工业经济》高端前沿论坛（2017 夏季）暨"区域发展与城市化"研究会。
③ 孙久文、张可云、安虎森、贺灿飞、潘文卿：《"建立更加有效的区域协调发展新机制"笔谈》，载于《中国工业经济》2017 年第 11 期，第 26~61 页。

在产业结构以重工业为主导产业的东北地区，一味地"退二进三"或发展服务业以实现产业间的"腾笼换鸟"，并不能改变当前东北地区经济下跌局面，有效促进东北地区经济增长。东北地区存在的一系列机制体制的深层次矛盾严重制约了经济的可持续发展，所以，2003年9月，国家提出并实施"东北振兴战略"，第一轮的东北振兴政策效果显著，从2003年到2012年，东北老工业基地生产总值翻了两番多，年均增速达12.7%。但自2014年之后，伴随着我国经济"三期叠加"和"三重冲击"为特征的经济新常态所带来的挑战，东北老工业基地经济出现了"断崖式"下跌。自2014年东北经济出现"断崖式下跌"之后，国家出台了一系列政策措施，以实现东北老工业基地的再次全面振兴，但是东北老工业基地的优势产业钢铁、石油化工等行业又成为新一轮供给侧改革的重点行业，这使得纯粹依靠工业振兴面临不小的难题，因而需要实现制造业的转型升级。

东北地区先进制造业发展的不足限制了制造业转型升级的步伐，实施产业集群化发展成为推动制造业转型升级的必要之路。以沈阳市为例，从沈阳优势产业的产值占比来看，制造业依然是沈阳市经济发展的重点行业。由表5-1可以看出，沈阳市2015年制造业产值达到了96.66%，但是利润率只有4.87%，水平较低。2015年，沈阳市制造业增长的五大优势产业，占比达到53.54%，其中汽车制造达到21.73%、农副产品加工为16.64%、建筑产品制造为7.14%、化工产品达到4.04%、钢铁冶炼为3.99%；2015年，沈阳市装备制造业占比为56.34%，依然是工业发展的主动力，但是装备制造业也成为沈阳市亏损的主要行业类型，达到了52.16%，亏损企业比重也较高。沈阳市高新技术行业的产值占比只有36.39%，利润率只有6.30%，与深圳2015年战略新兴产业的比重40.01%相比差距较大①,产业结构转型升级依然是沈阳市下一步重点任务之一。

表 5-1　　　　2015 年沈阳市产业部门比较　　　　单位:%

行业	制造业	五大优势产业					装备制造业	高新技术行业
		总体	汽车制造	建筑产品	农副产品	化工产品	钢铁冶炼		
亏损企业占比	10.55	9.87	18.39	12.14	5.56	11.54	10.46	13.99	
工业产值占比	96.66	53.54	21.73	7.14	16.64	4.04	3.99	56.34	36.39
亏损占比	80.63	37.41	12.08	6.99	5.37	11.82	1.17	52.16	
利润率	4.87	5.76	8.18	3.43	5.11	2.22	3.04	5.22	6.30

资料来源:笔者根据《沈阳统计年鉴(2016)》计算所得。

东北地区制造业产业集聚发展的不足成为阻碍制造业进一步升级优化的阻碍。第一,制造业集聚内部价值链条较短,以加工制造为主,缺少研究开发、品牌设计等高层次生产活动的支撑;第二,集聚企业水平参差不齐,缺少龙头企业的引领,国际化企业的辐射范围不足,品牌效应不显著;第三,集聚内中介服务能力、投融资咨询水平、互联网平台建设等软性环境建设滞后,无法满足先进制造业发展要求;第四,跨越行政边界的制造业集聚存在同质化竞争现象,低效率、加工制造环节的企业成为先进制造企业集聚的主线;第五,制造业集聚内政府在资源配置过程占据主要地位,市场手段配置效率较低。在这些因素的共同作用下,东北地区制造业产业集群的转型升级明显处于滞后时期,不足以维持经济的高质量发展趋势。所以,如何利用东北地区制造业转型升级的契机,实现区域协调发展成为新时代东北老工业基地振兴的迫切任务。

因此,从理论上看,虚拟化产业集群现象成为当前研究的热

---

① 此处为新兴产业产值与城市国民生产总值比值;而沈阳市计算的为高新技术行业与工业产值的比值。

点问题，为实现制造业产业集群化发展提供了依据；从实践上看，中国工业集群化发展的趋势指明了东北地区制造业转型发展方向，但是当前东北先进制造业发展不足、传统制造业的衰败成为阻碍了制造业转型升级，因而更需要整合东北地区内部资源条件，提升资源配置效率和改善匹配质量，实现在资源禀赋背景下的制造业发展。同时，东北地区制造业产业集群存在的一系列不足进一步限制了制造业的发展，如何化解产业集群不足、充分利用集群优势实现转型升级成为迫切问题。

第二节 东北地区制造业集聚现状

一、东北地区制造业集聚比较分析

利用区位熵指数[①]计算京津冀[②]、珠三角[③]、长三角[④]与东北地区在2005~2015年期间的制造业集聚水平，集聚水平的演变

[①] 区位熵指数为：$LQ_{it} = \dfrac{x_{it}^f \big/ \sum_i x_{it}}{\sum_s x_{it}^f \big/ \sum_i \sum_s x_{it}}$，其中，i表示城市，t表示时间；$x_{it}^f$表示城市i制造业的就业人数，$\sum_i x_{it}$表示城市i的总就业人数，$\sum_s x_{it}^f$表示制造业总就业人数，$\sum_i \sum_s x_{it}$表示全国总就业人数。该指标表示在城市范围内，城市制造业比重与全国制造业平均水平的差异，若LQ>1，说明城市制造业的内部地位高于全国水平，说明制造业在城市产业中是优势产业；反之，低于全国水平，成为典型的城市产业中的劣势产业。

[②] 京津冀城市群主要城市为北京、天津、保定、唐山、石家庄、廊坊、秦皇岛、张家口、承德、沧州、衡水、邢台、邯郸共13个城市。

[③] 长三角城市群主要城市为上海、南京、无锡、常州、苏州、南通、盐城、扬州、镇江、泰州、杭州、宁波、嘉兴、湖州、绍兴、金华、舟山、台州、合肥、芜湖、马鞍山、铜陵、安庆、滁州、池州、宣城共26个城市。

[④] 珠三角城市群主要城市为广州、深圳、珠海、佛山、东莞、惠州、中山、江门、肇庆共9个城市。

第五章 组织创新：东北老工业基地制造业集群化发展

趋势如图 5-1 所示①。

从图 5-1 可以看出，东北地区制造业集聚水平明显低于长三角、珠三角、京津冀地区，而且珠三角地区的制造业集聚水平明显高于其他地区，处于全国的领先地位，珠三角地区依赖于优越的区位优势、良好的政策体系等条件，大力发展加工贸易制造业，使得领先于国内其他地区的产业发展水平，形成制造业集聚水平的高层次。东北地区作为老工业基地，制造业的地位远远落后于国内其他地区，尤其是落后于珠三角地区，主要原因有：从企业所有制结构来看，以 2013 年为例，东北地区私营企业在企业法人总数中占比为 58.9%，低于 68.3% 的全国平均水平。同时，全国国有企业与私营企业的比例约为 1:50，而东北三省相关数据仅为 1:24，其中，黑龙江省仅为 1:12。从"双创"角度来看，在每万人拥有小微企业数量方面，全国平均水平为 58 家，而东北为 45 家，黑龙江省情况最为滞后，仅有 27 家。这些都表明东北地区私营经济和小微企业发展滞后，对东北经济发展贡献不足，一定程度影响了东北经济的内生发展动力。其次，内生动力单一且转换余地较小。能源、原材料和重化工业在东北经济中占比较大、产业结构均衡水平低，因此，当宏观环境出现较大变化时，东北经济发展内生动力极易受到重大威胁。例如，2012 年之后，全国固定资产投资增速放缓，成品油出口下降，石油制品类和汽车类消费增速放缓，原材料、中间设备和汽车产品总需求大幅下降，对结构相对单一的东北经济发展造成了巨大冲击。最后，政策落实水平不足现象客观存在。多年以来，党中央和国务院大力支持东北经济发展，但在政府层面，在充分领会、坚决贯彻、苦干落实、用好和用活相关政策等方面，东北仍有巨大潜力。

从图 5-1 可以看出，2005~2015 年期间，东北地区制造业

---

① 本节的数据主要来源于《中国城市统计年鉴》(2006~2016 年)。

集聚水平出现持续减弱趋势，可能原因在于：第一，产业结构单一，服务业经济贡献不足。东北地区高度依赖资源密集型产业与重化工业，与现代服务业发展相对滞后形成鲜明对比，形成了重化工业为主的产业结构单一化局面，服务业对地区经济增长的贡献存在明显不足，使得东北地区经济增长由粗放式向集约型转变受到一定制约，加之机制体制弊端的存在，从而不利于经济增长。第二，央企、国企比重过高，民营经济发展相对落后，单一所有制结构特点，使得产业升级难度加大。例如，2014年，黑龙江省国有及国有控股企业增加值占工业增加值的比重高达67.8%，远高于全国不到20%的平均水平。东北地区依赖国有经济的发展模式，导致地区非公经济发展滞后引起市场化机制难以有效实现，产业结构转型升级难度增大，导致产业转型升级引起的"结构红利"不能有效促进经济生产效率的提升，而央企、国企存在一定程度的创新效率和生产效率损失等状况，这更加剧了经济的"断崖式"下跌。第三，制造业集聚效应的发挥不仅依赖于一定高质量的基础设施硬环境，而且还需要完善的金融、投资等软实力的支持。东北地区软环境的不足，一定程度限制了

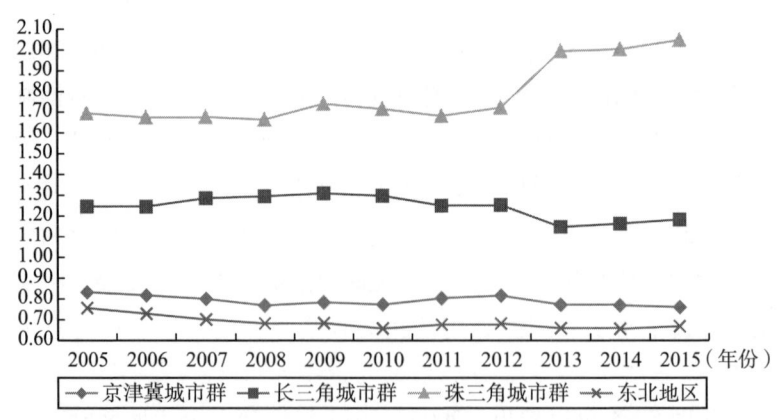

图 5-1　东北地区、京津冀、长三角和珠三角制造业集聚演变趋势
资料来源：笔者根据《中国城市统计年鉴》计算绘制。

制造业集聚转型升级带来的经济效应的发挥，这就需要东北地区建设高水准、多层次的现代市场体系，以保证市场机制的正常运行。

二、东北地区制造业空间集聚分析

（一）总体空间差异

为描述东北地区制造业和生产性服务业协同集聚的空间变化过程，利用全局莫兰指数①计算东北地区 2005~2015 年制造业 5 全局 Moran'I 值，计算结果见图 5-2 所示。

从图 5-2 可以看出，2005~2015 年东北地区制造业全局 Moran'I 值全部大于 0.16，这表明东北地区制造业集聚水平存在空间自相关性，协同集聚水平相似的城市存在明显的集聚效应，即某区域制造业集聚水平高（低）的地区，其周围地区的制造业集聚水平也较高。

从时间趋势上看，东北地区制造业的全局 Moran'I 值随时间推移呈现出"波动式"上升，这说明城市之间的集聚效应正在

---

① 计算公式为：$I_i = \dfrac{\sum_{k=1}^{N}\sum_{j\neq k}^{N} w_{kj}(x_k - \bar{x})(x_j - \bar{x})}{s^2 \sum_{i=1}^{N}\sum_{j\neq k}^{N} w_{kj}}$，其中，$I_i$ 表示制造业 i 的全局莫兰指数；x_k 表示 k 城市制造业 i 的就业人数；均值 $\bar{x}$ 的计算公式为 $\bar{x} = \dfrac{1}{N}\sum_{j=1}^{N} x_j$；方差 $S^2 = \dfrac{1}{N}\sum_{j=1}^{N}(x_j - \bar{x})$；$w_{kj}$ 为空间权重，本节选择的是车式（Rook）空间邻接方式，即如果城市 k 和城市 j 属于空间区域邻接关系，则权重 $w_{kj} = 1$，反之 $w_{kj} = 0$。全局莫兰指数的取值范围为 [-1, 1]。当 $I_i > 0$ 时，表明空间区域属性值表现出正相关关系，即制造业行业发展水平相似（高高或低低）的城市在空间上趋于集聚分布，数值越接近于 1 正相关性越强；当 $I_i < 0$ 时，表示空间区域属性值具有负相关关系，即制造业行业发展水平相异（高低或低高）的城市在空间上趋于集聚分布，数值越接近于 -1 异质性越明显；当时则表明区域属性值之间不存在相关性，即制造业行业发展在空间上具有随机分布特点。

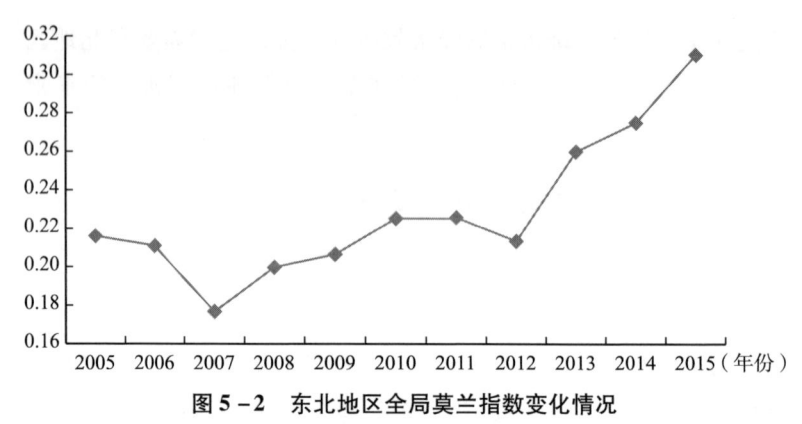

图 5-2　东北地区全局莫兰指数变化情况

资料来源：笔者根据《中国城市统计年鉴》计算绘制。

增强，城市间制造业集聚水平差距被拉大，集聚的空间分异化趋势增强。从不同阶段来看，2005~2006 年，制造业 Moran'I 值出现下降迹象，2003 年东北振兴的实施，制造业发展加快，引致城市之间的集聚效应减弱；2007~2015 年，Moran'I 值以增长为主，只在 2011 年和 2015 年 Moran'I 值出现暂时性减小，2011~2015 年，Moran'I 的增长速度要明显快于 2007~2010 年期间的增长率。2012 年是"十一五"和"十二五"的交接期，国家转变经济发展方式，造成 Moran'I 值短暂性减小，区域性关联减弱。

东北地区制造业集聚格局呈现出典型的"分散—集聚"交互的特点，这表明东北地区制造业集聚城市的空间分布趋于集中。但是，集聚水平高的城市与集聚低水平城市出现两极分化结构性的分布趋势，比如哈尔滨、长春、大连、沈阳等城市的制造业越来越集中，集聚程度不断增强，而北部的大兴安岭、鹤岗、鸡西、黑河等地区，产业发展水平差距较大，引致这些城市产业集聚水平偏低。

综上，2005~2015 年期间，东北地区制造业集聚存在显著的空间关联性，制造业集聚的空间分化进一步增强，这是东北地区产业结构的转型与优化的必然规律。因而，根据其空间集聚的关联性，可进一步强化政策引导，以利于东北地区制造业集聚的发展态势。

(二) 局部空间差异

全局空间分析只针对东北地区制造业集聚空间分布，为探析东北地区制造业集聚的局域分布状况，需要采用局域空间分析方法。运用局域莫兰指数分析可知，东北地区制造业集聚呈现出空间分异化特征，即东北地区的中部和南部地区集聚水平高、北部地区水平相对低；东北地区大多数城市处在高高或低低两个极化区域，制造业集聚具有明显的空间集聚性，空间结构化显著；制造业集聚区域呈现片状分布特征，地理分布的空间连续性明显，制造业集聚水平较高（H-H）的大连、营口、鞍山等地区形成块状分布，水平落后（L-L）的地区以鸡西、鹤岗、双鸭山为中心，形成片状联结；制造业集聚区域形成中心城市集聚，高水平地区以大连、长春为中心向周边辐射，而低水平则以鸡西、鹤岗、双鸭山为代表。

综上所述，2015年，东北地区制造业集聚符合新经济地理学的"中心—外围"模型中的空间分布状态，且形成以大连、长春、哈尔滨为中心城市的"多中心"的区域发展模式。大连、长春、哈尔滨成为区域发展的中心城市，与其独特的地理区位、优越的政策支持力度、雄厚的重工业基础等因素密不可分。

(三) 集聚空间演变过程

根据 Moran 散点图，获得 2005~2015 年期间东北地区制造业集聚的演变状况。其中，制造业集聚高水平区域主要由 H-H 象限的城市构成，制造业集聚低水平区域以 L-L 象限的城市组成，H-L 和 L-H 象限的城市则组成了制造业集聚的潜力区域。

通过研究发现，2005~2015 年期间，东北地区制造业集聚具有以下规律：

第一，东北地区制造业集聚的地理分布愈加呈现两极分化。2005年制造业集聚高水平区域内的城市数量为10个，集聚低水平区域内共有12个城市；到2015年制造业集聚高水平区域的城市数量增加了5个，达到15个，增长50.00%，集聚低水平城市数量仍然为12个。同时，东北地区制造业集聚低水平区域愈加向东北地区北部集中，高水平区域越来越分布在以大连为中心的南部和以长春为中心的中部地区，这说明东北地区制造业集聚的空间地理分布格局两极化现象加剧，但是两者之间的集聚水平正在由低向高转变，城市间的协同性逐渐加强。

第二，东北地区制造业集聚的地理分布格局相对稳定，空间分异化明显。2005~2015年期间东北地区制造业集聚演变过程中，未发生集聚水平变化的地级市为21个，占总数的比重为58.33%。制造业集聚高水平区域未发生变化的地区为8个，形成以大连、长春为稳定中心的热点区域，由热点区域向周边地区辐射。制造业集聚低水平区域主要在黑龙江省的鹤岗、鸡西、双鸭山等城市形成分布，7个地区未曾发生水平变化。而对于制造业集聚潜力区域，制造业集聚水平相对滞后，通辽、松原等6个区域相对稳定，具备向高水平区域演化的基础，若不能采取适当政策措施，有退化为低水平的隐忧。

第三，东北地区不同制造业集聚水平的城市之间存在跨越现象。沈阳、抚顺、营口、丹东、本溪、辽阳等城市经历了由制造业集聚低水平、潜力区域向集聚高水平区域的跨越。沈阳作为典型的制造业为主的城市，实现了向集聚高水平的跨越。沈阳市在东北振兴过程中，制造业快速发展，制造业的循环累积效应得到极大发挥，推动经济水平不断增长。因而，沈阳市适时进行产业升级，调整产业结构，将制造业向周边地区转移，大力发展金融、保险、物流、批发等生产性服务业。同时，沈阳市将沈鼓、机床等制造企业分离分立出生产性服务业企业、制定《沈阳市生产性服务业发展规划》、进行国企改革试点等措施，使制造企业由"生产制造型"向"制造服务型"转型升级，使制造业发展环境得到极大改善，最终制造业集聚水平不断提升。

辽源、白山、四平、牡丹江、锦州等城市则由制造业集聚高水平、潜力区域退化为制造业集聚低水平区域，这些城市受制于自身经济发展资源、政府政策、机制体制等因素限制，同时，受到周边中心城市极化效应的影响，自身地区劳动力、资本等生产要素大量流失，制造业转型升级面临巨大挑战。由于地区制造业发展相对滞后，使得区域产业转型困难、产业结构调整缓慢，制造业发展不能充分满足产业升级的需求，导致制造业处于相对落后的局面。加之，这些地区由于土地、劳动力、资本等要素的有限性，或是政府政策在某一时期的偏指向性不同，导致了制造业在占用资源、享受优惠政策等方面出现了相互排挤现象，从而使得一个产业的发展阻碍了另一个产业的发展，致使出现制造业集聚水平退化的现象。

第四，东北地区制造业集聚的"多中心"模式形成且强化趋势加强。2005~2015年期间，东北地区制造业集聚的"多中心"模式以大连、长春为中心，且中心城市具有稳定性特点。大连、长春除了具备老工业基地雄厚产业基础的优势外，还在科研教育水平、产业配套能力、政策支持力度等方面有所提升，使得中心地位得到强化，逐渐成为制造业集聚的中心城市。同时，"多中心"的发展模式得到强化，主要体现在依附于中心城市周围的城市数量逐渐增加。比如，2005年，以大连为中心的高水平集聚区的城市数量为2个，而到2015年，增加到9个，形成典型的块状分布格局。中心城市所具有的空间溢出效应，使得周围城市能够最大化的发挥中心城市的经济辐射作用、承接产业转移、享受中心城市基础设施建设的福利，逐渐形成高水平集聚区域的块状分布。

第三节 东北地区制造业集群存在的问题

一、产业集群结构不合理，高价值链条重视程度不足

产业链条作为一个完整体系，需要不同环节的协作，设计、研发、制造、物流、服务等环节缺一不可，但是在东北经济整体下滑背景下，不同地区为了争夺"税源经济"，推进区域经济的发展，在招商引资过程中，难以顾及产业集群间的协同发展，扎堆投资见效快、效益好的制造环节产业，缺少对研发、设计等高价值链的重视，以致区域间难以形成产业配套协同效应。比如装备制造产业集群，辽宁省共有41个重点装备制造产业集群，分布在14个市和一个省管县，这41个重点产业集群很大一部分存在着产业结构相同的情况。由此可以看出，各市在招商引资方面存在的恶性竞争和各自为战的现象，所以就很难在集群整体攀升中形成协同效应，从而使得省内同行业的其他集群也相应地受到了制约。

二、产业集群缺乏技术创新能力，关键技术和大型成套设备受制于人

先进制造业发展水平引领着产业价值链条的升级，依靠先进技术的支撑，企业自主创新能力的强弱决定着产业集群的竞争力。但是东北地区的产业集群是以适用技术的简单模仿和引进为主，对外依存度高，自主创新意识不强，核心技术和关键设备大多被外方控制，重引进、轻消化，重模仿、轻创新的现象普遍存在。目前虽然其单机制造能力较高，但成套设备的制造能力严重不足。不仅缺乏国际上的龙头企业，更缺乏对国外核心技术和关键技术消化吸收并再创新的企业。如此形成的产业集群只是一个

区域性普通的生产者,并不能成为技术创新上的带头人。

三、中场产业不发达,核心零部件不能自主生产,产业链条不完整

制造业产业链的升级是以核心零部件作为支撑,亟须大量制造企业中的"隐性冠军"来推动价值链的逐步提升,但核心零部件的不足,严重制约了产业链条的升级。国外发达制造业强国的产业集群的特征之一就在于,拥有从产品设计、技术研发、产品制造到品牌塑造、物流分销等完整的高水平产业链。东北地区产业集群中的企业虽然拥有一批有实力的大型主机制造企业,但零部件、元器件产业薄弱,缺乏成套能力,需大量从省外和国外采购零部件。以造船业为例,大连船舶重工的主要产品 30 万吨油轮的船上设备中,本地设备配套率仅为 2%,海洋工程钻井平台的国产化率不足 40%。产业链尚未形成或者链条较短,集群内企业之间缺乏有效的分工协作,核心零部件的滞后对产业链条升级的限制作用极大增强。

四、企业关联性不强,生产网络没有建立起来

产业集群作为一个典型的生态圈,需要不同组成部分的协作分工,形成一个良性循环体,以整合集群内的有效资源,实现价值链的良性提升、但是作为中国老工业基地,东北制造业企业数量还是不少的,但是,更多体现的是地理上的互相接近,而不是互相之间的密切联系,也没有形成共同分享市场、技术、劳动力以及各种信息的关系,企业间的生产网络很不完善。先进产业集群并不是企业简单的聚集或行业简单的集中,更重要的是在这些企业或行业之间形成密切合作的关系,企业间的分工协作是实现集群规模效应的来源。

五、集群配套服务平台建设不足，限制转型升级潜力释放

产业集群能够使得企业共享公共基础设施，降低企业交易成本、利用科研创新资源、开放平台等优势促进集群企业发展。由于技术先进性要求使得科技创新要求更高，这就造成先进制造业产业集群更加需要公共平台的支撑，形成集群内良性创新生态圈，以发挥集群资源的最大化。由于政府更加注重地方经济的发展，使得集群公共平台缺乏统一的发展规划与布局，政府政策更加注重集群整体的规划设计而缺少基层政策制定，使得平台的网络化构建不足，这一系列的原因导致了先进制造业产业集群内行业协会、信息网络、技术研发、质量检测等公共平台建设相对滞后，使得市场、信息、物流、检测、研发、金融服务等集群发展要素不足，制约了整个产业集群的进一步提升和发展。

第四节　制造业集群化发展的经验、启示与趋势

一、制造业集群化发展的经验

（一）美国产业集群——高端化引领行业发展

美国依赖于其在技术领域的垄断地区，形成了数量众多、类型多样，而且特点突出、技术水平先进的产业集群，大多数州拥有一个或多个某类技术领先的产业集群，1989 年在亚利桑那州和俄勒冈州出现了官方认可的第一个产业集群。从美国产业集群的规模来看，20 世纪 90 年代中期，美国不同地区拥有的 380 个跨产业、跨地区的产业集群雇佣了全国 57% 的劳动力，并创造出 61% 的国民生产总值。随着科技水平的提升和新知识经济的

第五章　组织创新：东北老工业基地制造业集群化发展

出现，在美国的加利福尼亚州迅速形成了四大先进技术引领的产业集群区，即以航空制造、娱乐和电子通讯业为主的南加州经济区；以生物技术和软件、多媒体和互联网服务业为主的旧金山海湾经济区；以高产农业为主的中央流域经济区；以高科技制造、计算机服务业为主的萨克拉门托经济区①。

顺应制造业发展趋势的四大经济区特色各异，自成体系，依赖于先进技术的普及、高素质人才的集中、技术更新换代的加快，使其具有强劲、持续的产业竞争力，逐渐成为引领世界制造业发展趋势的产业集群典范，如海湾经济区的硅谷软件业、中央流域的葡萄酒制造业、南加州的航空制造业等②。美国的产业集群不仅以企业汇集为主，更加依赖于中介服务水平的提升，形成良性互动的产业生态圈，虚拟化的知识交流网络加快了经济发展。以先进生物技术产业为例，在持续研发投入助推下，美国已形成了旧金山、波士顿、华盛顿、北卡罗来纳和圣迭戈五大生物技术产业区，五大集群不但聚集了典型的先进技术生物公司，而且更加注重研究院所、技术转移服务中心、金融机构、投资和服务等中介体系的建设，这不仅提供了大量的就业机会和产值，例如，硅谷生物技术产业从业人员占美国生物技术产业从业人员的一半以上，销售收入占美国生物产业的57%，研发投入占59%，其销售额每年以近40%的速度增长；同时增强了产业集群内部人员流动渠道、加速知识信息流通，为技术创新的持续进行提供了良好的知识保障。

（二）德国产业集群——技术工人支撑的技术渗透程度高

德国依靠"双元制"职业教育体系③为制造业源源不断地输

---

① 林柯、吕想科：《路径依赖、锁定效应与产业集群发展的风险——以美国底特律汽车产业集群为例》，载于《区域经济评论》2015年第1期，第108~113页。
② 杨张博、高山行：《生物技术产业集群技术网络演化研究——以波士顿和圣地亚哥为例》，载于《科学学研究》2017年第35期，第520~533页。
③ 整个培训过程是在工厂企业和国家的职业学校两个地方进行。

送着高质量的人才，逐渐成为制造业领域的强国，据西蒙调研统计，全球有 3000 多家"隐形冠军"[①] 企业，仅德国就有 1300 多家，其次是日本，而中国只有 68 家。德国的"双元制"职业教育体系在德国中小企业中极为盛行，德国的中小企业有着明显特点：一是许多中小企业都是家族企业，有着悠久的历史；二是中小企业普遍都拥有较长期的发展战略，而且不会因为短期的市场波动随意更改其战略；三是这些企业通常都着眼于高端"缝隙市场"，拥有全球领先的技术。

德国重视中小企业的发展，使得企业的集聚现象异常明显，但是受到历史遗留问题的影响，德国的制造业产业集群主要集中于西部和中部，而东部地区产业集群并不是发达。例如，德国的汽车业集中在慕尼黑的南部地带，化工业集中在法兰克福一带，还有图特村根的外科器械业群、斯图加特的机床业群、索林根的刀具业群、韦热拉的光学仪器群，钢铁生产集中在多特蒙德、埃森和杜塞尔多夫[②]。受到"双元制"职业教育体系的影响，德国产业集群的发展具有明显的以技术工人为支撑、技术渗透高的特点。比如，以德国柏林 Adlershof 科技园为例进行说明，德国柏林 Adlershof 科技园的设置，首先完善技术基础设施，并将 6 个自然科学部门和 7 所非大学研究机构迁到科技园附近；之后完善中心管理机构，并建立若干专门商业孵化器，起步企业能够得到金融、技术、管理支持，配套服务设施得到有效强化[③]；最后，确立重点支持的高技术行业，比如光子学与光学，材料及微系统技术，环境、生物及能源技术，信息与媒体技术等。技术工人支撑的德国制造业产业集群，使得"工匠精神"在产业集群中体

[①] 隐形冠军是指，企业在某个细分市场绝对领先，并在自身领域成为世界前三之一，但年销售额不超过 50 亿美元，公众知名度比较低的企业。

[②] 沈继奔、王来忠：《德国产业集群启示中国》，载于《中国投资》2013 年第 4 期，第 66~70 页。

[③] 陈琛：《智慧发展助力产业集群转型升级》，载于《电气时代》2017 年第 5 期，第 48~51 页。

现得极为明显,建立在职业教育、社会和行业等一整套系统上的"生态系统"基础之上的产业集群,提供了源源不断的产业竞争力。

(三) 日本产业集群——政府干预的"自上而下"的产业集群

在 20 世纪 90 年代之前,日本的科技创新资源、人才资本等创新要素主要集中于重点大学与中央所指定的研究单位,使得制造业发展呈现典型的非均衡性特征。但是,随着日本泡沫经济的结束,日本政府为了促进区域协调发展,协助地方制造业的复苏,于 1995 年特别提出"地域研究开发促进事业据点支援事业"构想,经过政府一系列政策的演变,这一构想逐渐形成以"科技构筑区域创新产业群聚"的发展方向,使得之后日本的产业集群日益增加。比如,丰田汽车产业集群,神奈川、东京和栃木县的日产产业集群,东京大田机械制造产业集群,筑波科学城等成为日本的典型制造业产业集群。日本政府采取"中央主导、地方配合"模式,以及透过"地方主动、中央补助"模式,推动地区制造业产业集群的发展。

经过长时间的演变,日本的制造业产业集群形成了一些典型模式:第一,以大企业为核心的中小企业集中的制造业产业集群;第二,城市内部或近郊的中小企业集聚形成产业集群[①];第三,以高新技术发展为基础建造技术城形成的产业集群。从日本典型产业集群特点来看,日本的产业集群发展具有明显的"自上而下"特点,政府在产业政策的制定和实施方面具有显著的干预色彩,政府通过一系列鼓励技术创新、实现创造性知识密集化、支持中小企业发展的政策,推动不同类型产业集群的发展。比如,日本经济产业省将日本制造业产业集群发展的规划期选择为

---

① 朱惠斌:《日本产业集群规划的特征及启示》,载于《世界地理研究》2014 年第 3 期,第 93~102 页。

20年，并分3个阶段实施，分别为产业集群启动阶段（2001～2005年）、产业集群发展阶段（2006～2010年）、产业集群自主成长阶段（2011～2020年）[①]。在日本政府产业集群规划政策推动下，一系列政府政策增进了政府、研究机构、产业间的良性互动，构建了良好的产学合作网络与渠道，提高了产业创新能力和科研机构的科技转化的能力，保障了产业集群内的经济发展平稳，增强了应对金融危机的能力。

（四）英国产业集群——有效网络化体系下的产业集群

经历长时间的发展，产业集群主要以英国伦敦的金融区、剑桥工业园的生物技术产业集群、斯塔福德郡的陶器产业集群、贝德弗德郡的草帽生产和谢菲尔德的刃具生产等为代表，这些产业集群不仅促进了英国经济发展，而且在世界工业产业集群发展进程中占据重要地位。英国作为最早的工业化国家，现阶段的产业集群呈现明显的新老交替的现象，逐渐由传统产业集群转向高新技术产业集群，这里尤以剑桥工业园区最为出名[②]。1969年，剑桥工业园区建立，并在20世纪70年代后期和80年代初期得到高速发展，但是由于英国经济的衰退，使得剑桥工业园区逐渐陷入停滞[③]。此时，政府大力扶植生物技术的发展，使得生物、电子、医药等新兴产业的集聚和发展。剑桥工业园区集中在剑桥大学，成为典型的在科研资源集中的典型制造业产业集群。

在制造业产业集群发展过程中，英国政府统一重组分布于全国12个区块的派驻机构，明确以地区发展署（RDA）为主体，制定和实施地区战略，在这其中网络化的集群协作体系成为集群

---

① 冈田英幸、多和田真、足立正博：《日本东海地区的产业集群》，载于《南方经济》2011年第7期，第3～11页。

② 方慧、魏文菁、尚雅楠：《英国文化产业集群创新机制研究》，载于《世界经济研究》2014年第1期，第81～86加89页。

③ 张学勤：《英国文化创意产业集群发展中的政府定位》，载于《四川省干部函授学院学报》2013年第3期，第23～29页。

发展的关键力量。地区发展署通过设立孵化器或科学园区，加强与大学、研究机构、地区政府机关、咨询公司、风险企业的合作关系，推进产业集群的形成。地区发展署重点支持新创企业和从已有公司或大学研究机构分离出来的组织，提供包括咨询、信息和通信技术的支持帮助，在管理和生产技术、培训、业务规划方面的业务咨询和指导，在营销、市场信息等方面的援助。英国中介服务业发展历史较长，比较成熟，中介机构在政府和企业之间架起一道沟通协调的桥梁，对产业集群的发展起到不可或缺的作用。例如，全英科技园协会（UKSPA）是全英科技园信息交流中心，负责全英科技园区管理与联系。英国现有70个科技园，主要由地方政府、大学、研究机构及私人投资者独自创办或联合创办，以振兴地方经济为目的而自发形成并逐步发展起来，并得到政府和议会的认同与支持，但政府不直接参与对科技园的投资。

（五）意大利产业集群——竞争—合作良好环境营造集群发展氛围

在20世纪70年代末期，意大利南部地区（"第二意大利"）的经济发展出现明显的放缓趋势，同时传统的经济发达地区意大利西北部（"第一意大利"）也表现出显著的衰退倾向，但是意大利的东北部和中部地区（"第三意大利"）经济表现出强劲的增长势头。在第三意大利地区经济发展迅猛的背后是大量中小企业主要的产业发展，而其在地理位置上表现出明显的集中分布趋势，形成典型的区域产业生态圈格局，这给衰退中的意大利经济发展注入了超强活力。"第三意大利"产业集群主要以中小企业为主体的传统制造业为主，这些企业通常规模较小、垄断能力不足，但是其表现出很强的国际竞争力[1]。意大利在产业发展过程

---

[1] 史永隽：《中国与意大利产业集群的差异比较分析》，载于《学术研究》2007年第7期，第36~41页。

中不断构筑制造业集群发展升级中的竞争优势,成为推动意大利作为一个资源匮乏、企业规模小的国家实现经济总量在世界前列的主要原因①。

从组织结构来看,产业集群中的生产网络通常由纵向和横向两条生产链组成,集群中的企业处于不同位置但是彼此间有着竞争或合作的不同联系形式。但是意大利产业集群中对于以分工合作关系为主的企业来说,集群企业存在的稳固供求关系极大降低了企业成本,减少了企业存在的商业风险。同时,以相互了解与良好人际关系为基础的企业信誉构成了地区良好的社会资本,减少了集群企业在运营、协调生产、物流等方面发生的费用。同样,对于以竞争关系为主的意大利集群企业来说,共同的市场促使企业不断在提高生产技术,增加产品个性上下工夫,即使是应用同等技术生产的同类产品其外观也往往千差万别。意大利产业集群的企业在技术的更新和产品的多样化方面使得专用零配件产品在国际市场享有很高的声誉,在意本国出口中占很大比重。

美国、德国、日本等制造业强国的制造业集群演变各具特色,由政府干预特色浓厚的集群,也有技术先行引领发展的集群,但是不管制造业集群的演变如何,其都具有三大特点:第一,高技术引领产业集群发展。美国、德国、日本等制造业强国均对技术研发或技术引进的高度重视,并且对技术应用范围、程度、价值进行全面考量,以获得产业集群内的技术推广效应的最大化。第二,金融、培训等中介结构平台日益完善。产业集群内部不仅有制造业企业集中,还有一些后向关联企业的汇集,政府特别重视中介服务能力的提升,组建不同类型的咨询机构、政策优惠宣传服务等一系列服务体系,以达到集群内知识溢出效应的最大化。第三,跨区域性产业集群引领的要素空间重塑。单一地

---

① 于蓬蓬:《基于全球视野的产业集群创新升级思考》,载于《企业研究》2016年第12期,第22~24页。

第五章　组织创新：东北老工业基地制造业集群化发展

理空间的要素供给不足、集群拥挤效应凸显等不利因素，使得产业集群企业出现向空间范围内其他地区转移倾向，使得产业集聚愈加呈现出跨区域的集中，实现生产要素在更大地理范围内的配置，重塑要素流动机制。制造业产业集群作为一个生态圈，必须拥有一个不断先进技术引领者，再有一个生态圈良好运转的氛围，两者相互作用、互动调整，技术引领吸引先进水平企业、高素质要素集中，为营造良好氛围提供细胞支撑；良好的氛围为技术溢出提供流畅的通道，加速技术创新要素的流动，增强技术研发成功性。

二、制造业集群化发展的启示

（一）强化空间信息知识平台建设

制造业产业的发展需要知识的管理、技术的创新，知识管理能够使组织获得不可复制的竞争优势。传统的制造业通过广泛的合作来实现创新，维持企业的生存与发展，随着互联网＋、大数据等信息技术的应用，很大程度上改变了传统的产业集群知识平台管理模式，知识服务平台的构建能够满足先进制造业集群对知识传递、创新与应的需求[①]。随着计算与网络技术的发展，知识服务平台的构建技术也不断地改进，由最初的文本文档，到基于Web 的网络平台，再到基于云计算和本体演化的服务平台，新型构建技术提高了知识服务平台的运行效率，如云计算和本体演化技术。现代化产业集群平台的建设为集群企业提供技术研发、信息推广、产品设计、人员培训、政策支持等方面的服务。先进制造业产业集群更多地需要企业作为服务平台的使用者，积极参与

---

① 熊媛：《浅析大数据服务产业集群的公共服务平台构建——以贵安新区电子信息园大数据服务产业集聚区为例》，载于《现代经济信息》2017 年第 16 期，第 42～43 页。

平台建设、运行维护平台的良好运转，建立良好的空间信息知识在内部的交流[①]。集群平台建设为深度整合市场相关信息、获取制造业市场信息、处理材料提供了良好的指导。传统制造业产业集群的服务平台主要是企业根据自身需求来通过服务平台获取相应的知识，然而在知识搜寻与获取的过程中通常花费较高的人力、资金，却得不到预期的知识，这就是造成现代化、融合信息技术的先进制造业服务平台更多依靠企业主动获取、匹配知识以实现知识的畅通流通。

（二）网络关系嵌入的集群网络化格局

网络关系嵌入度是指网络间主体的信任和密切联系程度等，制造业企业在一定范围内聚集形成产业集群，这将形成高度联系的企业间的网络关系。波特的"钻石模型"认为国家或地区竞争地位的取得取决于"资源和才能、需求条件、关联和辅助性的行业、竞争企业的表现"，大量企业聚集在一起，可以促使上述四个要素相互作用，实现社会分工的进一步细化和服务价值链的精细化管理[②]。基于此，从产业集群角度出发，先进制造业的协同创新需要构建一个集群创新系统，参照波特的钻石模型，该创新系统可进一步细分为核心层、辅助层、支撑层三大要素体系。核心层的要素作为创新主体，包括物流企业、供应链条上制造商、供应商等、物流服务竞争和互补企业，这些企业需要在相互竞争合作的过程中消除企业墙，打破本企业知识粘滞性，实现创新资源在不同企业之间的共享和交流。辅助层要素主要包括物流硬件设施、信息平台、公共服务机构、政府和行业协会[③]。其

[①] 孟亮：《辽宁葫芦岛泳装行业首创"产业集群海外仓"的效应及经验做法》，载于《对外经贸实务》2017年第7期，第89~92页。

[②] 吕国庆、曾刚、马双、刘刚：《产业集群创新网络的演化分析——以东营市石油装备制造业为例》，载于《科学学研究》2014年第32期，第1423~1430页。

[③] 赫连志巍、邢建军：《创新网络成果传递能力与产业集群升级》，载于《企业经济》2017年第36期，第49~56页。

中，硬件设施作为基础性功能要素，需依托产业集群强大的企业数量优势，加大投入和改造，不断引进自动化和智能化设备，通过共享降低成本，实现设施利用的良性循环。信息平台是整个集群协同创新的中枢神经，要实现中枢神经畅通的信息和知识流动，需要搭建公共平台，集合集群企业的供应和需求信息，通过信息的快速共享实现知识的溢出。政府在集群创新系统里的核心作用是相关政策的扶植和引导，而行业协会则是政府和企业之间沟通的桥梁。除此之外，还需要一个支撑创新的外部环境，包括社会文化、地理区位、政府政策和外部市场和技术环境。政策、市场、社会文化环境等作为孵化创新的软因素，其对集群企业之间的知识共享和交流起到引导和协调的作用，技术环境则是激发创新的诱导器。

(三) 集群中介服务体系升级加快

产业集群的发展需要时代性、适应性、可持续的集群中介服务，支持园区的后续发展，将园区打造成为中介服务业集聚示范区。与相关技术界、高等院校、科研院所等开展灵活多样的联结与合作，建立广泛的国内外合作体系，培养中介机构在技术、资金、人才等诸多方面的集成整合能力，加快整合中介服务链，强化园区的集成能力与整合功能，把园区建设成为体系完整、布局合理、品牌众多、手段先进、特色突出、集聚力强、辐射面广、外向度高、在国内外具有竞争力的中介服务业示范基地。先进制造业产业集群在新时代更加需要适时扩大园区规模，优化园区硬件环境，提升园区品质[①]。以优越的软件和硬件环境吸引知名度高、影响力大的国内外高端中介服务公司进驻，以提升和优化园区中介服务产业的结构，更好发挥园区的辐射力和示范效应。加

---

① 严炜炜：《产业集群跨系统创新服务融合系统动力学分析》，载于《科技进步与对策》2015 年第 8 期，第 56~60 页。

强与港澳台地区及国际中介服务业合作,增强园区的影响力、辐射力。充分发挥园区专业技能培训实习基地的功能,培育中介服务专业人才。充分发挥园区中介服务业孵化基地功能,培育中介服务龙头企业①。对园区内基础雄厚、实力较强、有竞争优势、发展前景好的中介服务机构重点予以扶持,培育成中介服务龙头企业,改变当今中介服务企业"小、散、弱"现象,以更好发挥中介服务龙头企业对生产型企业的带动作用。

(四) 政府职能向服务型转变要求提高

政府在产业集群创新和发展过程中的所有行动主要表现为公共政策。在经济上,政府具有多重角色。政府首先是保持宏观经济稳定和政治稳定;其次是改善经济体中微观经济的一般能力。政府政策无可避免地会影响升级中的产业集群。同时,产业集群中存在技术创新外溢、路径依赖、结构惯性等问题,这些问题的解决需要政府的力量②。因此,政府作为产业集群发展的重要"抓手"和集群内外部有机协调的纽带,不仅要通过体制机制的创新、管理体制的实施、多元化投入机制的落实、市场化机制的运作等举措营造产业集群发展的良好环境,解决当前产业集群面对的主要问题,而且应通过提供多层级、全方位的政策引导和制度保障,改善和解决产业集群已有的缺陷,提高产业集群的整体创新水平③。此外,在集群政策领域,中央政府和地方政府应进行很好的分工,避免出现职能的缺位、越位和错位现象。中央政府具有全局观点和较强的协调能力,但是缺少对本地集群和创新

---

① 陈伟、周文、郎益夫:《集聚结构、中介性与集群创新网络抗风险能力研究——以东北新能源汽车产业集群为例》,载于《管理评论》2015年第10期,第204~217页。
② 阮建青、石琦、张晓波:《产业集群动态演化规律与地方政府政策》,载于《管理世界》2014年第12期,第79~91页。
③ 陈旭、赵芮:《政府在产业集群技术创新中的作用机理分析》,载于《中共四川省委党校学报》2017年第4期,第33~39页。

过程的接近；而地方政府的政策制定者更容易收集到当地集群的信息，但更容易受到各种利益的影响。因此，在集群政策领域内，不同级别的政府应该有所分工，注意平衡。

三、制造业集群化发展的趋势

在中国经济已由高速增长阶段转向高质量发展阶段的背景下，互联网+、大数据等一系列智能化制造盛行，在信息技术革命支撑下的虚拟转型使产业集群的发展直接超越了地理空间的边界束缚[1]，进入其中的企业遍布全球，而其能够容纳的企业数量和规模不再有极限约束，这使得制造业集群在新的历史阶段下呈现出崭新的发展趋势。

（一）制造业集群下的产业一体化水平提升

产业集群的形成要仰仗于某一地理单元内拥有明显的比较优势，这些资源可以是优越的自然资源条件、便利的区位优势，也可以是先进的生产技术和雄厚的资金积累等要素。但是，在新时代对信息技术要求提升的前提下，某一地区的单一资源优势较难催生出具有可持续竞争力的产业集群，大多以跨地区、跨产业的组合资源优势形成集聚优势，在组合优势中必然有某一优势占据主导地位，从而使得产业集群具有其特殊性和典型性，产生集群的特殊竞争力，实现集群的高质量和可持续发展。

由于新时代信息革命催生的制造业对于技术要求较高，使得制造业的行业企业不得不进行持续的研发活动，以保持企业竞争力或者产业集群生命力。但是对于单个企业而言，产品创新、工艺创新、管理创新等不同类型的自主创新形式，均需要大量的资金支持、雄厚的人力资本、完善的中介服务等一系列要素支撑，

---

[1] 陈小勇：《产业集群的虚拟转型》，载于《中国工业经济》2017年第12期，第78~94页。

而单一区域的资源无法完全满足这一创新过程,形成了跨区域、跨产业的协同创新网络。从跨区域性的创新网络来看,不同地区利用创新网络中的技术,结合当前地区资源优势发展具有竞争优势的制造业产业集群,形成了制造业产业集群的一体化趋势,这不仅能够充分利用技术进步资源,而且能够充分释放不同地区间的生产要素优势,成为全球价值链中的竞争节点。对于集群内部企业间的沟通、交流、交互等商业环节,需要不同地区的政府部门提供差异性的配套服务,对于科技转化生产力的中介服务机构的要求更高[①],所以信息化水平的提升对于制造业的发展越来越重要,使得信息化技术的应用程度和应用范围的拓展亟须提升,而这需要政府部门极力提供公共服务方向。

(二)制造业集群技术引领下的竞争可持续性

为了推动创新发展战略和适应经济发展新常态,新时代的制造业产业集群需要加快科技创新、推动传统企业转型升级,实现产业集群的转型优化和竞争力的可持续性保障。从以往的战略新兴产业集群地——中关村国家高新技术园——出发,中关村国家高新技术园内的互联网+、大数据等创新型企业已经率先为改变传统行业,成为传统制造行业集群转型升级的引擎。再如,唐山高新区内的创新型企业研发成果带动了周边煤炭、钢铁等传统产业集群的转型升级;长沙凭借中联重科、三一重工、山河智能等企业的研发成果,带动了当地其他重型机械行业的可持续发展。

产业集群中的高新技术和先进适用技术通过集群形成的技术创新扩散网络,对集群内部及周边传统产业的改造和提升具有重要作用,有利于实现地区经济结构高端化发展,适应当前高质量发展的趋势。在新时代大力发展先进制造业、高端装备等形势

---

① 赵忠芳、解宝苗:《产业集群优化视角下的济莱协作区发展模式研究》,载于《现代商业》2014年第24期,第132~133页。

下,这些行业的先进技术应用程度明显高于传统制造业行业,尤其是在信息科技革命极度盛行下,云计算、互联网+、大数据等先进技术应用范围的不断扩大,导致了新时代制造业产业集群的形成、发展、扩张将会更加依赖于先进技术的引领,特别是对先进技术的应用重视程度提升。产业集群作为一种特殊的协同创新生态网络,集群内部集中了大量的科研机构和中介服务机构,比如高等院校和研究机构、制造企业、政府以及具有创新黏结功能的中介机构等组成部分,这些不同的创新行为主体间相互分工与协作,与不同的创新功能发生组合与配置,共同推进先进技术创新活动的展开[1]。制造业产业集群不断对高技术、先进技术等要求的提升,使得制造业集群内的企业不断向科研水平较高、科研资源丰富、技术人才雄厚的地区或产业集中,以保持产业集群内技术水平的引领性。

(三)制造业集群组织形式的虚拟化态势

基于互联网+、大数据等新兴技术构筑的虚拟空间是超越地理空间边界的层次,这一空间集聚范围具有先天性的虚拟化属性,这一虚拟化特性恰好符合产业集群向全球化发展的需求。因此,利用新兴技术将虚拟转型概念应用到传统制造业产业集群转型中去,使其成为虚拟产业集群形态,成为新时代制造业产业集群实现全球化发展的路径选择。首先,基于虚拟转型概念,制造业产业集群可以直接跨越地理空间边界的现实束缚,使得地理空间对制造业企业的约束力极大程度的降低,制造业产业集群中的企业不管处于价值链的什么位置,都可以通过互联网技术进入到虚拟产业集群当中,成为其中一环。其次,虚拟性的制造业产业集群在容纳的企业数量和规模上并没有极限约束。因此,虚拟化

---

[1] 寸晓宏、巩福培:《高新技术产业高端化与产业集群升级》,载于《学术探索》2017年第11期,第98~103页。

的产业集群可以惠及的企业数量远远超越了基于特定地理位置所形成的传统产业集群。

当前制造业产业集群虚拟化的趋势主要在两个方面：第一，实体制造业部门与科技资源等机构的分离，形成两者间的隐性链接。高技术、新兴制造业对于技术的要求较高，这造成并不是所有企业都具有自主创新的能力和资源，但是技术先进性使得集群内的企业不得不持续进行产业技术创新，尤其是先进技术的应用。在面临巨大创新风险的时候，企业寻求技术创新合作的模式，与大学、科研机构、科研院所等不同创新机构合作，这就造成了先进制造业实体与创新活动的分离，形成先进制造业集群的第一层次的虚拟化趋势[①]。第二，随着当前互联网+、大数据、云计算等先进技术的流行与应用，使得先进制造业逐渐借助于互联网、大数据、云计算等信息技术，拓展企业经营范围，形成了所谓的在线产业带的新型产业集群形式。在线产业带的产业集群模式摆脱了传统的制造业产业集群不得不邻接与某一特定区域的要求，形成全国范围内相同或相似产业的集中。

（四）制造业集群结构的联盟化深化

制造业产业集群形成的产业生态圈越来越表现出一种联盟化的趋势，尤其是在高技术制造业行业对不同配套能力要求水平逐渐增高、网络联系程度增强的背景下，联盟的层次、深度、广度等日趋深化。在制造业产业集群联盟化日趋加强的背景下，产业集群内部的生产要素流通网络不断强化，使得产业生态圈和产业链得到完善，加快了构建新型先进的制造业体系[②]。同时，通过产业集群内不同企业、中介结构、培训机构、咨询服务部门等单

[①] 宋华、卢强：《基于虚拟产业集群的供应链金融模式创新：创捷公司案例分析》，载于《中国工业经济》2017年第5期，第172~192页。
[②] 张丹宁、刘永刚：《产业集群社会责任建设模式研究——基于共生视角的分析》，载于《商业研究》2017年第7期，第148~162页。

位的通力协作、集聚力量，制造业产业集群可以加强对关键共性技术和核心技术的联合攻关，提升集群内部的技术创新能力。

产业集群具有的丰富资源集中优势，能够使得集群内企业、各级机构、政府部门充分吸收各方意见和建议，使得集群能够更好地发挥沟通桥梁和服务平台作用。利用产业集群内人才资源的优势建立完善的人才储备体系，为地区制造业的转型升级和区域协调发展提供参谋指导和智力支撑。产业集群联盟网络结构可以通过不同节点间的网络核心结构的成长过程得到，由于企业资源的异质性特征，通过产业集群内部多方联盟网络的形成，联盟网络关系可以使集群组织的整体结构更具弹性。集群联盟网络组织的可重构性也使集群企业摆脱原有战略联盟伙伴选择集合的有限性，增加多样性的联盟关系通道，使企业个体的活力更容易发挥，更有利于集群企业的市场开拓和创新研发，为集群整体注入转型升级的活力，开拓制造业集群发展的战略空间。

第五节 东北地区制造业集群化发展的对策建议

东北地区要积极培育经济增长点，促进产业结构升级，巩固已有产业集群发展基础，挖掘资源潜能，集聚多方因素，以集群化发展引领东北地区制造业转型升级。

一、瞄准高端化行业，释放高端制造企业集群引领制造业转型升级的潜力

当前，互联网发展带来了产业跨界融合方式的改变，产业集群结构、方式、运行模式等基本要素实现了全面转型，高端制造行业的信息化水平引领了未来集群发展方向，只有依靠高端制造行业的引领，才能实现传统制造行业转型升级的"快速超车"。

基于此背景，东北地区应当在雄厚产业基础之上，大力培育航空、轨道交通、海洋工程装备、智能装备等高端制造业产业集群，集群式引领传统制造业转型发展。比如，在航空航天领域，在不妨碍生产的前提下，充分利用东北地区剩余生产能力发展民用航空产业在轨道交通领域，要重点扶持轨道交通，特别是城市轨道交通制造业；在海洋工程装备领域，要依托大连船舶中共有限公司、中原造船等龙头企业加快培育海工装备制造和海洋资源开发量大增长点；在智能装备方面，要大力发展数控机床和机器人为代表的智能装备制造业。

二、优化产业集群相关服务环境，支持和促进产业集群良性健康发展

东北地区产业集群的服务环境存在诸多问题：产业集群发展所必需的科技投入、基础设施建设、软环境建设、中介组织和行业协会扶持等方面的政策，滞后于产业集群发展的需要，对公共产品投入的政策力度不够，集群发展所需的共享数据库、公共实验室、产品交易平台、生产要素交易市场及劳动力培训服务机构等各种公共产品供应不足；产业集群统计制度不够完善健全，信息服务不能满足集群发展的需要；科技创新平台建设和优化高新技术产业融资环境方面的政策不够有力，对创新集群的发展尚未形成有力的政策支持。政府的首要任务，是要尽力创造一个支撑产业集群提升的良好环境。改善以集群统计信息为核心内容的信息服务环境；营造有利于发挥中介组织作用的中介服务环境；加强公共产品投入，改善公共服务环境。以集群过程升级带动产品升级和功能升级，实现产业集群从成本优势到质量优势再到品牌优势的竞争力提升，实现东北地区产业集群在全球价值链升级。

三、基于全球价值链，以集群龙头企业为中心延伸产业链

在全球价值链视角下，制造业的转型升级问题不仅仅是单纯的产业升级问题，还应考虑集群网络中企业之间的价值链联系和要素流动性。因此，应该以产业集群升级理论代替产业升级理论，围绕集群龙头企业从过程升级（企业通过掌握新的生产技术，实现生产流程再造，提高生产效率）、产品升级（过程升级之后掌握了关键核心技术，从而进行产品研发，提高产品等级和档次）、功能升级（通过产品升级生产出具有自主知识产权产品之后，摆脱价值链低端的窘境）、价值链升级（打破旧的价值链，获得新价值链的领导地位）、配套网络升级（价值链的领导企业重构价值链后，与该领导企业相配套的原材料企业与零部件生产企业围绕领导企业进行发展）五个方面系统推进制造业的转型升级。

四、智能制造为"心"，寻找产业集群发展动力

新一轮科技革命是信息技术与制造业深度融合，以数字化、网络化、智能化为核心，建立在物联网和服务联网基础之上，结合新能源、新材料等方面的突破而引发的新一轮产业革命。对东北地区而言，实现制造业转型升级至关重要，但这不能以放弃广大传统产业的优势为代价，而是在培育发展新兴产业的同时，还要以智能制造和绿色制造对传统产业改造升级，提升传统制造业的竞争力。东北地区制造业产业集群应当以智能制造为核心，积极推行绿色制造、实现两化融合，完善先进制造业的价值链体系。从制造到"智造"的转变，这将是我国经济各产业的一次脱胎换骨，这么大的转变需要技术革新的推动，更需要体制改革的配合配套，智能化的先进制造业需要智能化的政府服务，需要科技体制改革的深化支撑，需要现代企业的管理模式创新。

五、"互联网+"为翼，助力产业集群推动制造业转型升级

在新工业革命背景下，互联网和制造业结合，使生产方式和组织方式发生了颠覆性的变革。"互联网+制造业"并不是二者的简单相加，而是利用互联网技术和互联网思维，整合资源，进行价值链上的分工协作，适应产品定制化的市场发展趋势，引导制造业转型升级，实现互联网与制造业深度融合。"互联网+"背景还为传统制造业带来了转型机遇。"互联网+"背景下的物联网、云计算等技术给传统产业特别是制造业带来了新的技术发展方向和增长机会。对于先进制造业产业集群而言，"互联网+"的本质在于以互联网技术为主的新一代信息技术对制造业融合渗透的过程中，所引发的制造模式、生产方式、组织形态的变革，先进制造业通过"互联网+"的深度融合改造，将形成一个以智能工厂为载体、以互联网为驱动的新产品、新模式、新业态的智能制造生态系统。对于先进制造业产业集群而言，如何将"互联网+"的深度融合改造这将是未来集群发展的重点任务之一。首先，依托集群自主技术和产品研发，实现集群行业的链条升级；其次，强化产学研的集群式技术研发，实现集群技术水平的功能升级；再次，深度挖掘产品客户需求，实现集群产品的升级；最后，大力实施集群内的开源节流，实现集群产品生产的流程升级。

第六章

产业整合：东北老工业基地制造业并购

伴随着新的技术革命和第四次产业革命浪潮，世界制造业强国间产业竞争的核心也逐渐由产品竞争转化为全球产业链竞争，而产业链竞争的关键环节是核心技术的竞争。为了占领全球产业链竞争的制高点，以美国、德国、日本和英国等为代表的发达国家相继根据本国产业发展态势提出了以先进技术为核心的先进制造业产业发展战略。与此相对应，中国提出了"中国制造2025"发展战略以应对全球快速发展的先进制造业产业技术的竞争。国际制造业产业竞争的经验表明，产业间并购是实现制造业获得竞争优势的重要路径。

东北老工业基地目前面临着传统产业生产技术落后、产业结构转型升级缓慢、产业发展集中度低和产业核心技术严重缺乏的严峻局面。东北老工业基地实现全面振兴，就必须全面深入地贯彻党中央深化改革开放的战略决策和指导方针，通过产业并购重组，实施"引进来"和"走出去"策略，对东北老工业基地制造业进行深入地产业整合，提高制造业产业集中度和工业生产技术，增强产业核心技术的研发和创新能力，促进产业结构转型和优化升级，尽快形成新动能，以此来提升东北老工业基地制造业全球产业链竞争力，为实现中国由制造业大国向制造业强国转变的"中国梦"做出应有的贡献。

第一节 产业链理论解读与经验分析

一、产业链内涵及其特点

产业链的概念是中国的经济学者根据中国的产业组织特点提出来的,是指从事某一产业组织经济活动的企业由于分工角色的不同而形成的上下游之间的物质、技术、信息和服务等生产要素的内在组织关联,是围绕着特定的产品或服务所展开的一系列的产业经济活动的链接。产业链的本质是对产业组织内处于不同生产分工环节具有内在联系的企业群体结构的描述。一般来说,产业链通常可以包含价值链和供应链两个维度的属性,上下游企业之间存在着大量的价值交换和产品或服务以及信息的提供与反馈。

产业链是伴随着产业分工体系不断演化而形成和发展起来的。随着产业技术的不断提高,产品的生产过程越来越复杂,传统作坊式的生产方式无法满足专业化的生产需求,生产过程不断地裂变,最终分化成各不相同又互相关联的生产分工环节。当内部交易成本高于市场交易成本时,这些生产环节最终外部化为不同的企业。而这些企业之间互为依托、互相合作,从而形成了完整的产业链。产业链形成的根本原因是产业技术的进步和社会生产效率的不断提高。

制造业的产业链一般具有三个特点,完整性、层次性和区域指向性。首先,产业链是一系列相关产业组织单位相互关联经济活动的有机整体。在这个整体中,各个环节企业相互合作、共享信息,根据各自环节的重要性和竞争性来分享整个产业的收益。这些环节在整个产业链中相互依赖,缺一不可。其次,根据产业链不同环节投入的劳动力、技术和资本的密集成程度以及相应带来的附加价值的不同，产业链可以分成不同的层次。通常，以劳动力密集度高而技术和资本密集度低为特点的资源加工和生产加工环节所带来的附加价值较低，而以技术和资本密集度高为特点的零配件的生产环节和市场营销环节所带来的附加价值则较高。与之相对应的，就是产业链的区域指向性。受市场交易成本影响，因产业链中资源禀赋和产业区域特征不同，产业链会呈现出特定的区域指向性。一方面，产业链中的各个环节企业会自然地出现产业集聚的现象，尤其是技术和资本密集的深加工、精加工和精细加工的生产环节会不断地集聚到经济文化发达的地区，形成区域产业集群。另一方面，受经济全球化和互联网、云计算等现代通信技术发展的影响，产业链中知识密集非生产性环节又呈现出产业空间分布的分散性特点。

二、制造业产业链核心技术的基本特征

在制造业产业链的各个环节中，并不是每个环节具有同等的重要性且能获得相同的价值增值能力。一般来说，能够创造较高附加价值、与产业链中其他环节关联度较高且对整个产业链的发展具有决定性作用的主导环节，就是产业链的关键环节，或者说战略环节。深入地对产业链中各个环节所处的地位和竞争势力进行分析，并在此基础上准确地找出产业链中的关键环节是产业链分析研究的核心内容，不仅为企业发展战略和国家产业政策的制定提供了理论依据，也为产业发展和转型升级提出了战略目标。保持企业和产业的全球竞争优势和核心竞争力，关键就是抓住产业链中的这些关键环节。谁抓住了这些关键环节，谁就控制了整个产业链，谁就会在产业链竞争中获得巨大的竞争优势。美国敢于在信息产业领域率先向中国发起贸易战，对中兴通讯进行7年的芯片禁售，正是得益于美国企业在信息产业领域集成电路这个关键环节中掌握着核心技术，具有绝对优势。

对于制造业产业链中关键环节的识别，一般可以分为定性分

析和定量分析两种方法。

定性分析方法，一般会通过对产业链关键环节的特征描述来进行分析确认。一般来说，产业链中的关键环节是在产业链的形成过程中生产过程不断地裂变分化和长期的市场选择的结果。产业链的关键环节一般具有以下常见特征：

1. 进入壁垒高。制造业产业链的关键环节一般都是通过长期大量的资金和技术投入沉淀形成的，经过长期的市场竞争和整合，要么在技术上，要么在市场营销渠道和品牌上形成垄断性独占的格局，尤其是技术上长期大量的投入，产品技术不断迭代更新，在产业技术标准的制定、产品质量的稳定性和产业技术的先进性上具有巨大的无可比拟的优势，加之在产权制度的保护下，对于后来者形成难以逾越的壁垒。

2. 技术难度大。制造业产业链中的关键环节中技术含量一般都是最大的，是通过长期的大量资金和人力投入，经过长期的基础研究和应用研究与开发，并经过长期的应用迭代积累起来的，无论是从理论基础还是应用制造都是长期的沉淀的结果，在产业链中技术难度应该是最大的，技术水平也是最高的。以芯片产业制程技术为例。芯片制造工艺从1971年开始，经历了10微米、6微米、3微米、1.5微米、1微米、800纳米、600纳米、350纳米、250纳米、180纳米、130纳米、90纳米、65纳米、45纳米、32纳米、22纳米，14纳米，10纳米到目前（2018年）最新的7纳米。2018年台积电和三星7纳米制程工艺已经投产，5纳米将是下一代CPU的发展目标。那么7纳米是多精细呢？相当于人头发丝直径的万分之一。其难度之大可想而知。

3. 附加价值高。在制造业产业链中，其关键环节因其具有垄断性的技术竞争优势，其收益率和增加值都是产业链中最高的。以高端智能手机产业为例。处于关键环节的高端手机芯片供应商美国高通公司2017年财报显示，其处理器销售的利润率为17%，专利授权的利润率为80%。而中国智能手机第二大制造商小米手机的硬件综合利润率却不超过5%①。

4. 产业带动性强。在制造业产业链中，关键环节与其他环节的技术关联度最高，其制造工业的技术发展水平和进步决定了整个产业链的技术水平和进步。关键环节每一次的技术更新都会带动整个产业链的技术更新甚至链条优化重组。还以信息产业为例。每一次芯片制程工艺的进步，不仅带动整个电子产业产品性能和功能的巨大提升，而且对于降低产品能耗也至关重要。因此，芯片制程的技术水平是决定电子信息产品技术的硬件标准。

根据以上特点，产业链的关键环节在整个产业链中引导着产业链的发展方向，决定了整个产业链发展水平，控制着整个产业链的利益分配，谁掌握了产业链中的关键环节，谁就控制了产业链。而关键环节的核心技术，对于制造业来讲，正是产业链的核心节点，控制了核心技术，也就控制了产业链的命脉。

定性分析方法确定产业链关键环节一般从其所具有的特征来判断。而使用定量分析的方法时，因为参数指标的设定和相关数据的收集、整理和分析存在着先天的缺陷，如果参数选取简单、数据有限则存在关键环节评价的全面可靠性问题；如果参数选取复杂、数据量大则又可能存在参数复杂、计算量大、参数权重指标设置的客观性、时效性等问题，存在着实际应用困难的问题。

三、制造业产业链市场竞争势力

制造业产业链实质是随着产业技术的不断发展和进步、制造业分工不断专业化和细化、制造业的各个环节不断地由企业内部外部市场化从而形成的制造业各环节相互关联、相互依赖又相

---

① 《小米硬件综合净利润率将不超5%》，载于《北京商报》2018年4月26日，http://news.sina.com.cn/c/2018-04-26/doc-ifztkpin1800174.shtml。

互竞争的有机整体。不同的环节之间既是上下游供应链关系之间的合作关系，又是同一价值链中互相讨价还价的竞争关系，这些关系的核心就是整个产业链中附加值的分配关系。在这个分配关系中，谁的竞争势力强，就会获得更多的利润，相反获得的利润就低。

从经济学原理来讲，制造业产业链中的竞争势力来源于整个产业链各个环节内的市场竞争态势。如果这个环节的市场处于垄断竞争的状态，那么这个环节在整个产业链中拥有的竞争势力就越强，对整个产业链的影响也就越大，在产业链价值分配中具有更强的优势；而如果这个环节的市场处于完全竞争的状态，那么这个环节在整个产业链中的竞争势力就越弱，对整个产业链的影响也就越低，在产业链价值分配中就处于劣势。这种市场势力的垄断在产业链中主要表现为不可替代性。如果一个企业在产业链的某个环节中是不可替代的，那么这个企业就会在这个产业链环节中具有绝对的垄断地位，在整个产业链中的竞争势力也就越强。

产业链中这种垄断势力主要表现为资源和原材料的稀缺性与经营垄断、关键环节的技术垄断、生产加工环节的产能垄断以及产业链最终产品的市场垄断。

首先，稀有的资源和原材料因其稀缺性和不可再生性本身就具有天然的竞争优势，再加上特许经营等，在长期的竞争过程中，许多稀有资源与原材料就会形成垄断经营，从而形成产业链中的强大的垄断优势。以钢铁冶炼产业铁矿石为例，世界上三大铁矿石企业淡水河谷、力拓和必和必拓占据了世界海运铁矿石市场的69%[1]，在中国钢铁市场需求不断增高的形势下，三大公司利用垄断优势，使得中国进口铁矿石价格从2002年的24.8美元/吨，上涨到2010年的128.4美元/吨，短短的6年间

---

[1] 国际钢铁协会IISI，2008年数据。

翻了5.2倍①，对中国的钢铁产业造成了巨大的成本压力。而诸如碳纤维等主要制造业原材料等加工技术的垄断，也同样会形成原材料环节的产业竞争垄断优势。

其次，制造业零备件环节的技术垄断同样会为企业带来巨大的产业链竞争优势。这一环节垄断主要体现在关键零配件核心技术的垄断上，这一垄断势力一方面在于关键零配件的设计和研发，不仅为整个产业提供技术标准，引领产业发展水平，还决定了整个产业的竞争能力水平；另一方面在于关键零配件的制备技术水平，同样对整个产业的技术水平具有重要意义。还以信息产业的关键环节芯片产业为例。英国的 ARM 公司是全球最具影响力的芯片技术提供商，当前全球超过95%的智能手机和平板电脑都在使用 ARM 架构，包括苹果、三星、华为、高通、博通、联发科和台积电等全球最知名的高科技企业所生产和使用的芯片，大部分芯片架构都是从 ARM 购买的专利授权。ARM 公司主要做芯片的架构技术设计，然后把这些技术再卖给需要的高科技公司，他们只赚取专利费，而不直接生产制造芯片。虽然不直接生产，但他在全球芯片领域的地位却无可替代，作为全球领先的半导体知识产权（IP）提供商，在数字电子产品的开发中处于核心地位，成为芯片技术的架构者、相关技术标准的制定者和产业技术的引领者，这种技术标准的垄断带来了巨大的技术授权收益：ARM 是广为人知最昂贵的 CPU 内核之一。单一的客户产品包含一个基本的 ARM 内核可能就需索取一次高达美金20万的授权费用。而若是牵涉到大量架构上修改，则费用就可能超过千万美元②。

其三，制造业中组装和生产环节一般认为是劳动力最密集、技术含量最低、增值能力最弱的环节。但在整个制造业产业链

---

① 王琳：《进口铁矿石价格波动对中国钢铁行业的影响》，载于《学术论坛》2013年第9期，第119～120页。
② 百度百科关于 ARM 公司的介绍，https://baike.baidu.com/item/ARM/5907?fr=aladdin。

中，这一环节仍然不可或缺，其产业链中竞争力主要取决于其对该环节的垄断程度：企业对该环节市场的垄断程度越高，市场势力越大，产业链中不可替代性越高，与其他环节的讨价还价能力就越强，盈利能力也就越高。以电子产业代工厂富士康为例。富士康从塑料零件加工做起，凭借着敏锐的商业嗅觉和精细的管理，成为3C产业最大的代工厂，代工的产品涵盖了手机、电脑、平板、游戏机、服务器、路由器、光电产品、半导体产品等。尤其是智能手机产业链中的代工生产，经过多年经验的积累和优化，其巨大的规模和成本优势，使其在这个环节形成了垄断优势，对于后来者成为难以逾越的障碍。尽管富士康的净利润率只有3%左右，但在2017年却获得了1589亿美元，也就是超过1万亿人民币的营收规模，垄断了全球手机制造业下游产能，成为3C产业链组装和生产环节关键厂商，并以市值超过500亿美元连续多年位居台湾企业第二宝座①。由此可见，即使在制造业产业链的下游附加价值低的组装和生产环节，同样也能通过垄断优势获得巨大的竞争力。

其四，对于制造业的市场营销和销售环节，分两种情况，一种是制造业整机厂商自己直接从事市场营销和销售，大多数的工业品生产厂商都是如此，如机床等装备制造业；还有一种是由产品开发和设计厂商控制的市场营销和销售，绝大多数终端消费品开发厂商都是如此。如苹果智能手机iPhone等电子产品、全球著名的奢侈品服装以及沃尔玛等超大型的连锁市场等。随着电子商务的发展，像亚马逊、淘宝、京东等电商平台等，也成为制造业最终环节具有垄断地位的竞争者，成为制造业产业链的一个关键环节。

综上所述，制造业的产业链竞争势力的强弱源于企业在产

---

① 百度百科关于富士康的介绍，https://baike.baidu.com/item/富士康/375801?fr=aladdin。

业链中的地位，在各个环节中的垄断势力越强，不可替代性越高，其竞争力也越强。因此，一个国家的产业竞争力最重要的是看产业的集中度，也就是市场垄断地位，无论是资源和原材料、核心技术，还是组装生产，抑或是市场销售，谁拥有垄断地位，谁在产业链中就有更大的话语权和更多的利益分配权。在当今全球经济趋向一体化、自由贸易机制化的竞争中，市场的垄断性竞争早已经成为常态，通过并购重组尽快实现中国各个产业的集中化、集约化生产经营是快速提高中国产业竞争力的有效途径。

四、制造业产业链升级

产业链的升级从根本上来讲是全球价值链的升级，一般是指链条内各环节的非主导厂商通过提高自己的竞争能力使自己由附加值较低的环节向附加值较高的环节转移，从而获取更多的"经济租"的经济活动过程。目前国内外相关研究文献中会采用不同的范围：有的以价值链条中特定产品为基点，考察研究发展中国家的供应商和制造企业在价值链中的升级；有的以区域经济或产业集群为基点，考察研究地方生产网络或产业集群的价值链升级。目前普遍的研究观点都认为发展中国家的企业应该融入全球价值链，通过价值链的技术传递效应和学习效应，提高生产能力、技术能力和管理能力，不断地向高附加值环节转移，从而实现产业结构调整和优化升级。

卡普林斯基（Kaplinsky, R., 2000）认为全球价值链的升级主要从三个方面进行，产品升级、生产工艺升级和功能升级。此基础上，汉弗莱和施密茨（Humphrey, J. and Schmitz, H., 2000）等人对全球价值链中产业升级模式进行了完善，提出工序升级、产品升级、功能升级和链条升级四种升级模式（见表6-1）。联合国工业发展组织（UNIDO）在2002~2003年度工业发展报告《通过创新和学习来参与竞争》中把全球价值链的产业升级机制描述为发展中国家的企业或企业集群有效地融入全球价值链系统，通过系统的技术扩散效应和学习效应，有意识地创新和学习必要的技术能力，从而实现企业全球价值链的升级。

在对发展中国家的企业全球价值链中的升级研究中，格里菲（Gary Gereffi，2003）等人指出全球价值链治理本身能够帮助发展中国家的企业在价值链中顺利地实现阶梯式升级。他们认为，发展中国家的企业在加入全球价值链之后，通过与价值链中的主导厂商在生产和经营上的互动，可以获得技术、知识、资金和信息的扩散，不断地提高自己的竞争能力；而主导厂商为了保证产品的差异性和品质，维护整个价值链条的竞争力，会监督和协助链条中的参与厂商不断地对人力资源、技术和设备进行投资，提高组织管理能力，从而与价值链发展保持一致[①]。

表6-1　　　　　　　　全球价值链升级模式

升级模式	升级方式
工序升级	通过提高生产技术或生产组织能力，提高生产要素生产效率，从而提高企业盈利能力
产品升级	通过提高设计水平或生产工艺将生产的产品逐渐由低附加值的低层次简单产品向高附加值的更精细更复杂的产品升级
功能升级	通过提高竞争能力从价值链条中低附加值的环节向高附加值的环节移动，如由生产环节进入到研发设计、市场营销或品牌运营环节
链条升级	也称作跨部门升级，指厂商由一个产品链条跨越到另一个产品链条中，如电视机厂商进入计算机行业的显示器生产

资料来源：根据汉弗莱和施密茨（2000）整理。

[①] 这种升级只能算是全球价值链升级内容的一部分。因为在这种升级中，受到溢出效应影响，发展中国家的企业在主导厂商的帮助下为了适应整个产业链的变化，不断地提高自己的生产和管理水平，但从全球产业链的分工和定位来讲，并不能从根本上突破在价值链中的定位环节，更无法升级到整个价值链的战略环节，很难提高企业经济活动的附加值，更无法实现获得更高"经济租"的目标。

第六章 产业整合：东北老工业基地制造业并购

格里菲和卡普林斯基等人在研究"亚洲四小龙"中的中国台湾和中国香港等地区产业升级的基础上，总结出了全球价值链升级的一般路径（见图6-1）。与这个升级过程相伴随，企业在价值链中的地位不断地提升，其获利能力逐步提高。

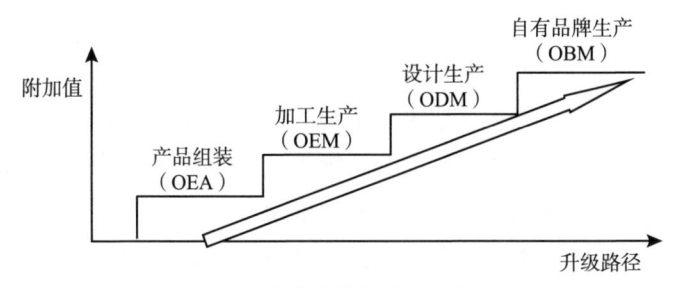

图6-1 全球价值链升级一般路径

资料来源：Kaplinsky, R. Spreading the Gains from Globalization: What Can Be learned from Value Chain Analysis? *Journal of Development Studies*, 2000, 37 (2): pp. 117 – 146.

澳大利亚麦考瑞大学管理学院教授马修斯（John A. Mathews）和韩国国立大学教授赵东成（Dong Sung, Cho, 2000）在研究中归纳出两种与格里菲等人不同的升级路径。一种是针对市场开拓能力较强的发展中国家或地区，从贴牌加工到全球物流契约、最后到发展自有品牌的路径；另一种是针对技术能力相对较强的发展中国家和地区，从发展技术能力入手，从贴牌加工到自行设计制造、再到提高市场开拓能力，最终实现自主品牌发展。两种路径针对不同的企业基础，但起点和终点相同，都是从贴牌加工（OEM）开始，最终实现自主品牌的设计制造（OBM），都强调更强大的市场开拓能力和技术能力，只是实现的路径不同。

从理论讲，融入全球价值链并实现价值链的升级，对于发展中国家的企业来说是一个有效的提高企业竞争力的战略途径，但在激烈的市场竞争中，发展中国家企业要顺利实现价值链的升级并不是那么乐观。英国苏塞克斯（Sussex）大学发展研究所的汉弗莱和施密茨等人（2003）在对巴西鞋业产业集群研究中发现，发展中国家虽然能够成功地实现"工序升级"和"产品升级"，但是"功能升级"和"链条升级"却很难实现。华东师范大学的文嫮和曾刚（2005）等人在以中国上海的 IC 产业为对象研究发展中国家的企业升级案例时发现，全球价值链的参与厂商利用价值链的扩散效应和学习效应很容易实现工序升级和产品升级，但受到主导厂商的压制很难实现其他升级。因此认为参与厂商在全球价值链的升级程度取决于主导厂商而非参与厂商自己以及升级的类型。价值链主导厂商为了维护自己的利益，不断地提高整个价值链的竞争能力，也会不断地推动参与厂商实现某些不侵犯其核心权益的非关键性升级。而一旦参与厂商的升级活动威胁到主导厂商的核心权益，不管是哪一种升级模式，都会受到主导厂商的阻挡和压制。

与全球价值链的动力机制相对应，不同的全球价值链升级的路径会有所差异，购买者驱动的全球价值链的产业升级会比较简单，基本上符合汉弗莱等人对价值链升级的模式，遵循着相关性、由易到难和价值增值的原则，由较低环节向高级环节移动，从而实现价值链逐步升级。而由生产者驱动的价值链，因生产和产品的复杂性，其价值链升级的形式也会复杂得多。尤其是对于以产业技术竞争为核心的先进制造业企业，其全球价值链的升级就更加的复杂。

总之，就全球价值链升级本身来讲，无论是哪个层次，最终的发展都存在着两个倾向：一是由劳动密集型价值环节向资本和技术密集型价值环节转移，是一个资本化和技术化的过程；二是由价值增加量低的制造业向价值增加量高的服务业转化，表现为制造业"空心化"的变化过程。而后一种现象对于一个制造业大国来讲，却是一个值得警惕的倾向。

对于一个国家或地区的整个产业发展升级来讲，产业链升级的目的只有一个，就是提高整个产业的竞争力，在全球产业竞争中获得更高的优势，为国民经济的发展提供强劲的动力和安全。

而从产业链竞争的角度来讲，产业链的升级可以从两个方面来考虑：一是提高产业关键环节的核心技术能力；二是提高产业的集中度。

第二节 制造业企业并购技术效应分析

制造业产业链的竞争渗透在产业链的各个环节，产业链的竞争能力则体现在企业在产业链中的势力，其竞争的核心是产业链关键环节核心技术的竞争，而其他的产业链环节的垄断地位同样也会给企业带来有力的竞争优势。在激烈的市场竞争尤其是全球化竞争中，企业需要不断地发展才能更好地生存下去。生存是发展的前提，而发展则是生存的本质和基因。企业通过国内外的并购得到不断发展。从国内外企业的发展历史来看，企业的发展是本身就是一部不断并购的扩张过程。企业进行海内外并购的动因复杂多样，在不同的国家和地区、不同的历史时期、不同的企业发展阶段下，不同的并购种类表现出的并购动因各不相同。根据国内外的研究表明，企业并购将会因为并购目的、并购方式、并购行为和并购环境等因素而产生不同的并购效应。归纳起来主要有诸如企业并购的规模效应、协同效应、范围经济效应等。而我们在这里针对东北老工业基地制造业，从并购的目的出发，重点分析制造业企业并购的技术效应。

制造业产业链竞争的核心是核心技术的竞争。在当今复杂的制造业产业链中，这些核心技术主要存在于一些关键环节中，对整个产业链的发展起着核心的决定性作用。掌握和控制这些核心技术，也就控制了产业链的命门，也就能够在产业链竞争中占据有利地位。对于制造业产业技术总体上处于落后状态的发展中国家和地区，并购是一个比较直接的提高总体产业技术水平的有效途径。通过并购快速提高产业技术主要通过（逆向）技术溢出效应和协同效应来实现。

一、并购的技术溢出效应

并购的技术溢出效应常存在于跨国并购之中,一般是指掌握着先进技术的跨国公司在进行跨国经营时,通过对外直接投资(FDI)实现其在东道国的技术转移、从而提高东道国生产技术或生产力的进步,而跨国公司又无法获取其全部收益的一种外部效应(Blomstrom and Kokko,1998)[①]。

国外最早对"技术溢出效应"进行研究是在20世纪60年代,麦克杜格尔(MacDougall,1960)在分析FDI对东道国经济的影响时,第一次明确地提出了技术溢出效应概念,并就此展开了讨论。之后许多学者利用各种工具从不同角度以不同国家或区域的经济发展为实例对技术溢出效应展开了实证研究[②],证实了FDI技术溢出效应的存在和对东道国经济的积极影响。此外,国外的学者也对技术溢出效应的发生机理和机制进行了大量研究。帕伦特(Parente,1994)在研究技术溢出效应中,提出了特定厂商的边干边学模型,讨论了技术扩散、边干边学和经济增长之间的关系。科隆博和莫斯科尼(Colombo and Mosconi,1995)也提出了边干边学效应是FDI技术溢出效应的重要的路径。

国内对于技术溢出效应的研究主要集中于跨国公司对中国经

---

① 马格纳斯·布朗姆斯特拉姆(Magnus Blomstrom)和阿里·科科(Ari Kokko)都是瑞典斯德哥尔摩经济学院教授,主要研究领域时国际对外直接投资(FDI)理论研究,对东亚和发展中国家的研究是其重点。

② 相关的实证研究很多,如凯夫斯(Caves,1974)选用加拿大和澳大利亚1996年制造业的行业横截面数据,分析检验两国的FDI技术溢出效应,显示两国的技术溢出效应均为正相关;格洛伯曼(Globerman,1979)采用加拿大制造业1972年行业横截面数据进行实证分析,也得出相同结论;布拉姆斯特拉姆和佩尔松(Persson,1983)选取墨西哥1970年215个制造业行业横截面数据进行分类评价分析,同样得出正相关结论;相关的还有,诸如瓦塔纳贝(Watanabe,1983)以菲律宾为例的研究、布朗姆斯特拉姆和沃尔夫(Wolff,1989)选用墨西哥1965~1984年行业时间序列数据研究、科科(1994)对墨西哥1970年行业横截面数据分析、科科(1996)对乌拉圭行业横截面数据研究、肖霍姆(Sjoholm,1999)对印度尼西亚的研究等等,得出的结论同样都是正相关的溢出效应。

济发展的技术溢出效应的实证研究领域。姚洋（1998）通过考察非国有经济成分对中国工业企业技术效率的影响，得出国外三资企业对行业内工业企业技术效率提高有促进作用。秦晓钟（1998）通过对1995年中国采掘业、制造业、电力煤气等工业大类的FDI溢出效应的行业横截面截面数据回归分析，发现FDI对中国工业总体技术溢出效应显著。潘文卿（2003）采用省级面板数据分析FDI对中国工业部门的溢出效应，结果表明，20世纪90年代后半期存在明显正向溢出效应。张建华和欧阳轶雯（2003）在技术效应研究中提出了技术外溢的四种渠道：示范—模仿效应、竞争效应、联系效应和培训效应。魏江（2003）则认为，跨国公司与中国企业的技术位差产生了技术外溢效应。还有许多学者的研究也基本上都支持技术溢出效应的正向效应。在全球价值链中，跨国公司位于核心地位，处于技术的高位势，拥有最高端的知识和技术，是产业链的技术溢出源；而产业链相关的企业则是本地企业，处于技术的低位势，是知识与技术的接收者。并指出技术溢出的机制在于人力资源在企业间的流动、企业间的合作互动、企业衍生以及人员间的正式与非正式交流。产业链的技术外溢，会带动产业链内企业的技术进步和产品质量的提高，从而促进整个产业链的技术进步，反过来又促进了产业链内企业的技术创新和提高，从而形成良性的互动进程。

二、并购的逆向技术溢出效应

跨国公司对中国投资的技术溢出效应对于中国在改革开放以来生产技术的快速提高和国民经济的飞速发展起到了至关重要的作用，也是中国"市场换技术"[1] 政策实施效果的客观解释。但

---

[1] 尽管中国政府"市场换技术"的政策受到了许多的质疑，但改革开放以来通过中国引进外资而迅速发展经济的效果是有目共睹的，而且客观上讲，在跨国公司的技术溢出效应的影响下产业技术总体上（尤其是民营企业）的进步也是毋庸置疑的。

由于发达国家跨国公司对核心技术的垄断控制，FDI 的技术溢出效应达到饱和以后受到跨国公司的制约，变得不再明显。而中国企业如果想要继续提高技术，逆向技术溢出效应也就变成了另一种途径。

作为发展中国家和 FDI 的主要流入国，如果把跨国企业对中国市场直接投资（FDI）的溢出效应称作正向溢出效应，那么中国企业通过海外并购等形式"走出去"，对海外市场进行的投资活动（OFDI）所产生的技术学习效应则称之为逆向技术溢出效应。逆向技术溢出效应主要是指技术低位势企业通过对海外市场的投资（OFDI）来获得技术进步，进而带动母国技术水平的提高。

国外对逆向技术溢出效应的研究主要从 20 世纪 90 年代开始，主要是对技术后发优势的国家对发达国家投资的现象进行研究所观察到的结果，而且从实证研究中也证实了这种效应的存在。寇伽特和常（Kogut and Chang，1991）在对日本对美国的直接投资进行实证分析中发现日本在美国设立的分支机构多以研究和开发功能为主，目的主要是获取技术。利希滕贝格（Lichtenberg）等研究者（2000）在研究 1971～1990 年美国、日本和德国等 13 个国家对外直接投资对国内的技术进步影响时，发现对外直接投资可以把国外先进技术逆向溢出回母国，通过 OFDI 获取的国外研发资源比 FDI 获得的还要更多。安德烈·福斯弗里（Andrea Fosfuri，2001）在对逆向技术溢出效应的研究中指出无技术优势的企业可以通过 OFDI 获取东道国的先进技术，然后通过内部吸收、消化从而缩小与东道国的技术差距。李·布兰斯泰特（Lee Branstetter，2006）通过对在美国投资的日本企业的实证分析研究证实了 OFDI 确实存在逆向技术溢出效应。

随着中国"走出去"战略和"一带一路"倡议的推进，中国企业的 OFDI 迅猛增长，尤其是在中国企业海外并购的活动爆发式增长的情况下，国内的学者对于 OFDI 的逆向技术溢出效应的研究也活跃起来。马亚明和张岩贵（2003）研究发现，技术水平较低的企业通过对技术发达国家的直接投资可以获得显著的逆向技术溢出效应。吴静静（2008）在对海外并购影响全要素生产率的实证研究中发现，海外并购有利于全要素生产率的提高。白洁运用 L-P 模型对 1985~2006 年间中国对世界 14 个主要国家和地区的 OFDI 吸收的研发资本存量进行测试算，证实了逆向技术外溢效应的存在。孟雪（2010）在对海外并购及研发投入的逆向技术溢出效应时发现海外并购对技术溢出效应的双重影响。李杏（2015）在对海外并购和绿地投资对中国企业的逆向技术溢出效应研究中发现，海外并购的逆向技术溢出效应显著，但滞后性大于绿地投资。张敏（2016）在研究海外并购逆向技术溢出效应对中国企业创新的影响时，发现海外并购的逆向技术溢出对企业的创新能力存在正效应。蒋冠宏（2017）在研究中国企业海外并购与行业内逆向技术溢出问题时发现，对发达国家的海外并购的逆向技术溢出效应更加的显著。

无论是国外还是国内的学者的研究，都证明了海外并购逆向技术溢出效应的存在，对于中国企业实施以技术获取为动因的海外并购的活动提供了理论依据。实施"走出去"战略意味着中国企业在实施"引进来"被动接受技术溢出效应的同时，开始主动地出击，有目的地通过逆向技术溢出效应进一步提高自己的技术能力和水平，缩小与发达国家跨国公司的技术差距。对于处于全球价值链中低端的中国制造业企业来讲，可以通过海外并购的直接方式来获取国外先进的核心技术和品牌等无形资产，并将先进技术反馈至国内母公司从而快速地实现产业技术的进步和产业链的升级。

三、并购的技术协同效应

在关于并购的理论研究和实践中，并购的协同效应成为了企业并购所遵循的基础原则。企业展开并购的目的就是要取得协同效应，也就是借助对方资源实现共享，通过知识和能力的转移来构建新的价值体系。德勤并购战略专家马克·赛罗沃（Mark Sirower, 1997）在《协同效应的陷阱》一书中指出，在并购中判断一项并购对股东或投资者利益影响的两个关键指标就是协同效应和并购溢价，但并购战略中最大的挑战就是：协同效应是不确定的，而并购溢价却是固定的。然而，并购的协同效应也不是无迹可寻的。对于并购的协同效应，学者们多从企业内部管理的各个角度来探索并购协同效应的内涵。有的研究者将其分为两类[1]，有的则分成三类[2]。赛罗沃（1997）则认为协同效应应该放到竞争环境中来考虑，认为协同效应应该是和并购公司整体效益的增长超过市场对目标公司及收购公司作为独立企业已有预期之和的部分。弗雷德威斯通（J. Fred Weston, 2002）认为并购可以通过帕累托效率提高社会福利，并把协同效应分为管理协同效应、经营协同效应和财务协同效应。克拉克·克里斯托弗和布里南·基隆（Clarke Christopher and Brennan Kieron）在对并购协同效应分析时，把它分成产品组合、资源组合、客户组合和技术组合四个类别，然后对这四个组合根据一些具体的指标利用矩阵方法分别进行分析判断。

国内对于企业并购协同效应的研究随着中国国内企业兼并和海外并购活动的日益增加于20世纪90年代才开始。张秋生和王东（2001）提出以分部加总的模型来预测并购中的协同效应。王长征（2002）则以企业价值链评价为基础将协同效应分为纯粹增加效应、加强效应、转移与扩散效应和互补效应四种类型，并对如何通过价值链重组实现协同进行了讨论。干春晖（2004）在分

---

[1] 理查德·鲁梅尔特（Riohard Rumelt, 1974）将协同效应分为财务和经营协同两类。

[2] 柴特基（Chatterjee, 1986）将协同效应分为合谋的、经营的和财务的协同效应三类；而卢巴金（Lubatkin, 1987）却将协同效应分为技术的、货币的和多角化的协同效应三类。

析并购动因时,将效率动因分为管理协同效应、营运协同效应和财务协同效应等。尽管随着国内关于并购的研究随着并购和海外并购的不断增加越来越多,但对于海外并购整合的协同效应的研究仍然较少。

并购的技术协同效应一般指在并购活动中,并购企业和标的企业双方之间因存在技术位差,而在整合过程中技术低位势企业获得高位势企业的知识和技术从而提高企业整体效率的帕累托效率。由于并购中的技术位差可以分为两种:一是技术顺位差,即并购企业的技术位势高于标的企业的技术位势;二是技术逆位差,即并购企业的技术位势低于标的企业的技术位势。两种形式的并购整合都会产生技术协同效应,但因两种并购的动因和并购企业的技术地位的不同,整合过程中的技术协同效应影响因素和整合的难度也不一样。技术协同效应的表现存在两个方面:一则是技术的扩散,使先进技术在更广的范围里使用,增加了社会福利;二则是提高并购企业的技术水平,增强其竞争力和效率,使并购企业的低效资产变成高效资产。

对于技术并购协同效应的研究则主要是从并购企业通过获取和整合标的企业的技术资源从而达到技术研发和技术专利等知识的协同,进而提升其生产技术水平及研发能力的角度展开。英国伦敦商学院的弗里克·韦穆伦(Freek Vermeulen)教授和荷兰鹿特丹管理学院的哈里·巴克马(Harry G. Barkema)教授2001年在《收购中学习》的文章中提出收购行为可以作为技术更新的手段,并且可以避免企业技术发展中的惯性和简单性问题。巴斯大学帕诺斯·德塞拉斯(Panos Desyllas)教授和剑桥大学的阿兰·休斯(Alan Hughes)教授2008年通过分析发生在1984~2000年间高科技并购的国际样本,研究创新特性对收购的贡献时发现,收购小型私人企业是大型企业探求一系列潜在未来创新轨迹的一种可行性研发策略。伦敦大学梵希·普兰姆等(Phanish Puranam et al., 2003)在研究中发现大型IT企业将"技术嫁接性"收购小型私人企业作为缩短产品上市时间和拓宽产品未来渠道的手段。马克里和雷恩（Makri and Lane, 2007）同样认为，当企业因技术成熟而出现研发产出下降时，通常会通过探究更多理论知识领域来拓宽其技术路线，技术性收购也就成了解决研发产出低效的一种手段。

我国对于技术并购协同效应的研究展开较晚，有的仍然延续了国外研究的路线。刘文纲（1999）分析无形资产对企业并购的影响时，认为在企业并购中依托品牌、专利技术、企业文化等无形资产优势的转移和发挥可以产生协同效应，并极大提高并购绩效。刘开勇（2004）认为大量的技术型小企业在成长过程中受到资源性障碍影响，发展受到限制。通过并购与大型企业的资源优势形成互补效应，小企业获得快速增长的通道，而大企业通过新兴技术的垄断继续获得高额垄断利润，从而实现并购增效。

也有许多学者针对中国企业以技术获取为动因的海外并购的技术协同效应展开研究。吴添祖、陈利华（2006）在研究美国与日韩企业的发展经验基础上提出，通过海外并购来获取核心技术，是中国制造业企业获取核心技术，实现跨越式发展，从而提高全球价值链升级的有效途径。而方琳和宋大海（2007）则通过对海外并购的影响因素及核心技术的特征两个方面的研究提出了相反的观点，认为中国大多数企业并不具备成功进行以获取技术为目的的海外并购的能力，而应以创新模式来解决技术差距的问题。刘秀玲（2007）在对辽宁装备制造业问题研究的基础上分析以获取技术为动因的海外并购对企业技术竞争力的促进效应，并从技术水品、技术市场和公司管理三个方面论述了海外并购时应注意的问题和建议。王辉和徐波（2005）在研究中则从技术和产业两个维度对中国以获取技术为动因的海外并购进行分析，提出这种海外并购的四种模式：强化模式、整合模式、突破模式和渐进模式。

四、并购的技术创新效应

这里所提到的技术创新是指生产技术的创新,属于科学技术创新的一种表现形式,是指通过技术研发改进现有或创造新的产品、生产过程或服务方式的技术活动,包括开发新技术,或者将已有的技术进行创新性的应用。

技术创新理论最早是由美国经济学家约瑟夫·熊彼特[①](Joseph Schumpeter, 1912)在他的《经济发展理论》中系统提出来的。他认为"创新"是创立一种新的实现生产要素和生产条件重组的生产函数,并将其引进到生产体系之中。熊彼特所提到的创新并不仅仅是某项单纯的技术或工艺发明,而是一种生产中不断运转而产生新产品、新市场以及新组织形式的机制。

在熊彼特提出创新理论之后100多年的时间里,学者们对技术创新问题进行了大量的研究,逐渐形成了创新理论研究的两个分支:新古典经济学理论框架内新古典经济增长理论和内生经济增长理论;侧重于技术创新的扩散和技术创新路径与范式的创新理论研究。

新古典经济增长理论的代表是1976年诺贝尔经济学奖获得者罗伯特·索洛[②](Robert Solow),他于1956年提出了新古典经济增长模型——索洛模型(见图6-2):将技术作为固定变量,通过资本和劳动力两个要素来考查资本在经济增长中的作用。

---

① 约瑟夫·熊彼特(Joseph Alois Schumpeter, 1883~1950),著名的美籍奥地利政治经济学家,"创新理论"的鼻祖,生前一直是哈佛大学经济学教授。主要作品有:《经济发展理论》(1911年)、《经济循环论》(1939年)、《资本主义、社会主义与民主》(1942年)、《经济分析史》(1954年)等。https://en.wikipedia.org/wiki/Joseph_Schumpeter。

② 罗伯特·索洛(Robert M. Solow, 1924~),美国经济学家,麻省理工学院教授。以新古典经济学增长理论模型著名,1987年诺贝尔经济学奖获得者。主要代表作有:《对增长理论的贡献》(1956年)、《技术变化与总生产函数》(1957年)、《资本理论与收益率》(1963年)等。https://en.wikipedia.org/wiki/Robert_Solow。

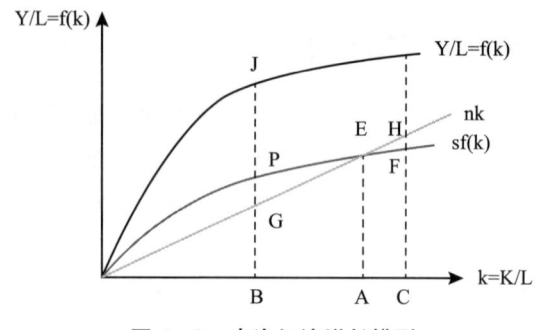

图 6-2 索洛经济增长模型

内生经济增长理论的代表是保罗·罗默①（Paul Romer），他在《收益增长和长期增长》（1986年）中强调技术进步是经济的内生变量，是知识积累的结果，认为知识积累才是经济增长的原动力。罗默把内生增长理论关于技术的模型大致分为两种：一种是建立在阿罗"干中学"模型基础上的技术溢出模型（1986）；另一种是将研发（R&D）、不完全竞争等因素整合入增长框架的技术进步模型。

而对于技术创新的扩散和技术创新路径与范式的理论研究，一般也分为两种：一种是强调企业内部技术过程的线性范式和强调企业外部技术互动的网络范式的研究；另一种是从创新范围来讲的区域创新和集群创新的研究。

内生增长理论将技术创新分为知识技术溢出效应和以R&D为基础的技术进步效应两种。对于并购对第一种影响的研究，在前面的并购技术溢出效应部分已经综述，这里要综述的并购对技术创新的影响主要指对于企业R&D的影响。而单纯研究对R&D影响的文献却很少。

---

① 保罗·罗默（Paul M. Romer，1955~），美国经济学家，斯坦福大学教授，主要研究领域是经济增长理论，是内生增长理论模型的建立者。主要作品有：《收益递增与长期增长》（1986年）、《增长周期》（1998年，与GeorgeEvans等合作）、《内生技术变革》（1990年）等，http://en.wikipedia.org/wiki/Paul_Romer。

西奥蒂奥斯（Siotios，1999）在研究企业跨国并购的技术溢出效应时指出，技术落后企业可以通过包括跨国并购的对外直接投资获取东道国技术，并促进自身的技术创新。亨里克等（Henrik et al.，1999）在通过案例研究跨国并购技术转移时指出，跨国并购技术转移效应分两个阶段：在并购早期（一般是2~3年），技术被强迫地从技术高位势企业转移到低位势企业；而在并购后期（一般3~6年），技术转移却是双向自发的。

从技术的角度讲，中国制造业企业的并购与发达国家跨国公司的并购不同，尤其是中国的制造业企业的海外并购。从技术上来说，中国的企业处于技术低位势。这种逆位差的并购决定了中国制造业企业海外并购多以技术获取为动因，称为"技术并购"（刘开勇，2004）。就海外并购对技术创新的影响，国内的学者从各个方面进行了研究。理论研究上，吴先明（2007）指出，为了获取创造性资产，中国企业可以借助并购、合资以及新建研发机构等形式直接投资于技术先进国家，并借此提高自身的国际竞争力。于开乐和王铁民（2008）从开放式创新的角度研究了并购对企业自主创新的影响，认为技术并购在满足一定条件下能够有效获取技术并提升技术能力。黄颖（2011）通过对中兴通讯的跨国技术并购案例分析，认为技术并购能够使并购企业有效获取技术并进一步提高技术创新能力。阎大颖和葛顺奇（2012）的研究认为，中国企业尤其是传统制造业企业可以利用并购的方式获取先进技术从而提高国内竞争力。而实证研究中，结论却并不完全一致。温小杰（2009）通过对2000~2006年中国数控机床进出口数据进行分析，得出结论中国机床制造业的绝对技术缺口和相对技术缺口都较大，企业通过海外技术并购缩小了相对缺口。吴建军（2011）利用OFDI逆向技术外溢效应模型和促进母国技术创新理论模型，从东道国和母国不同视角讨论了OFDI对技术进步影响的因素，并用1998~2008年的时间序列数据对中国OFDI的技术获取效应进行实证检验，表明海外并购与国内技术进步密切相关，且能产生正的技术进步效应。王凯（2013）通过 SFA 方法进行检验，也证明 OFDI 对区域技术创新存在着显著的正向作用。而邹玉娟和陈漓高（2008）通过构建脉冲响应函数模型的研究发现海外并购与技术水平之间存在着正向关系，但不明显。邵慰和李杰义（2011）对中国先进装备制造业海外并购与技术进步的实证研究认为，中国先进制造业海外技术并购达到技术进步的案例较少。郭娟（2013）在对技术并购的逆向溢出效应实证分析中得出结论，海外技术并购的逆向技术外溢效应明显，但对技术进步和创新的驱动作用比较微弱。

五、海外并购技术效应评述

综上所述，国内外关于并购的技术效应的研究可以从两个维度来进行分类（见图 6 – 3）：

一是从技术流动的方向来分类，可以根据并购企业与标的企业之间的技术差距类型分成技术顺位差并购研究和技术逆位差并购研究。

	技术溢出效应	技术创新效应
技术顺位差	技术溢出效应	吸收性创新效应
技术逆位差	逆向技术溢出效应	促进性创新效应

图 6 – 3　海外并购技术效应分类

技术顺位差是指并购企业的技术水平高于标的企业的技术水平，并购企业在技术转移和整合过程中处于技术高位势，并购整合的过程很容易发挥协同效应，实现并购的目的。从跨国并购的角度来说，一般是发达国家的跨国公司对发展中国家或技术相对落后国家或地区企业发起的并购。国外关于并购技术效应的研究基本上都是关于这一类并购的研究。中国国内的研究也有很多沿用了国际研究的思路，进行技术高位势企业并购的技术效应研究。

而技术逆位差是指并购企业的技术水平低于标的企业的技术水平，并购企业在技术转移和并购整合过程中处于技术低位势，并购整合过程中知识技术的转移的过程处于被动的地位，想要顺利实现标的企业的知识技术等无形资产的逆向技术溢出效应和协同效应，难度要远远大于前者。国外关于技术逆位差并购行为的技术效应研究很少，也是因为国外学者所处的优势经济环境所致。而中国的学者这方面研究的要多一些，对于海外并购的逆向溢出效应的研究也要多一些。

二是从技术效应的种类来分类，可以分为并购技术溢出效应的研究和技术创新效应的研究。

关于技术溢出效应的研究又可以分为技术溢出效应和逆向技术溢出效应的研究。技术溢出效应的研究一般为处于技术顺位差的跨国公司进行跨国并购存在的技术效应，国外相关理论文献都是关于这一方面的研究，国内也有部分学者的研究与此相关。而逆向技术溢出效应则是处于技术低位势的发展中国家如中国的企业海外并购发生的技术效应。这种效应对于中国企业来讲实质上就是对国际先进水平的一种技术追赶效应。国内的学者在对中国制造业的技术获取为动因的海外并购进行研究中关于逆向技术溢出效应的研究较多，对于该效应的存在和在中国并购企业的技术水平发展中的作用都给予了高度的评价。

对于并购技术创新效应的研究，国内和国外的研究也存在两个不同的方向。国外的研究集中于跨国公司对小型技术性企业的并购研究，强调大型跨国公司技术研发的迟缓和低效，应引进吸收新兴技术的创投企业，从而提高大企业的研发效率，这种创新效应可以称为吸收性创新效应。而国内的研究更多地关注中国企业进行海外技术并购所带来的对于国内企业本身创新的促进作用上。通过理论的或者是实证的分析研究，有的学者认为作用明显，有的学者则认为作用不明显。

国内外学者关于海外并购技术效应的研究已经比较多，对于技术溢出效应和创新效应基本都给予了肯定的评价，其中存在的分歧主要在于中国企业海外技术并购的创新效应的分析不一致，其不一致原因的产生尚没有非常有说服力的研究结果。

第三节 制造业企业并购的案例分析与借鉴

纵观世界各国企业的发展历史，并购这种经济活动一直与公司这种经济组织形式相伴相生。就并购的历史来说，尽管18世纪就已经出现了零星的并购的萌芽，但绝大多数学者都认为大规模的并购浪潮还是19世纪末最初起源于美国。在100多年的并购历史中，全球共发生了6次大的并购浪潮，积累了无数的并购案例，为后来的企业并购提供了宝贵的经验教训。而中国的企业并购在改革开放后，最早始于20世纪80年代中期，经过30多年的发展，积累了大量值得借鉴的案例，为东北老工业基地新一轮产业结构的优化调整和供给侧改革提供了宝贵的经验教训。

一、吉利收购沃尔沃汽车，通过获取高端品牌获取核心技术

2010年中国民营汽车企业吉利汽车成功收购世界著名汽车品牌瑞典沃尔沃轿车公司，不仅快速实现了企业产品价值的提升，进军海外市场，同时提高了国内自有汽车生产的技术和管理能力。[1]

---

[1] 蒋瑜洁：《中国企业跨国并购后的整合模式——以吉利集团并购沃尔沃汽车为例》，载于《经济与管理》2017年第7期，第126~132页。

第六章　产业整合：东北老工业基地制造业并购

（一）并购背景

浙江吉利控股集团作为一个 1997 年刚刚进入乘用车市场的民营企业，经过 10 多年快速发展，连续 6 年进入中国企业 500 强，成为"中国汽车工业 50 年发展速度最快、成长最好"的企业。但是跟跨国汽车企业和国内老牌国企相比，仍然存在着巨大的差距，只能以低成本的产品在低端市场竞得一席之地。为了实现快速发展，吉利汽车需要获得更高端的汽车品牌来引领企业的发展。面对快速增长而又竞争激烈的乘用车市场，要实现产品价值链的快速提升，进军海外市场，并购海外豪华汽车品牌[①]是实现这一战略转型最有效的途径。

沃尔沃（Volvo）汽车是瑞典著名汽车品牌，曾译为富豪，1924 年由阿萨尔·加布里尔松和古斯塔夫·拉尔松创建。该品牌汽车以质量和性能优异在北欧享有很高声誉，特别是在安全系统方面，沃尔沃汽车公司更具独到之处，被认为是世界上最安全的汽车[②]。1999 年，沃尔沃集团以 64.5 亿美元的总费用将旗下的沃尔沃轿车业务出售给正在寻求全球豪华车业务的美国福特汽车公司。然而，福特的全球豪华车事业（PAG）进展的并不顺利，其收购的捷豹、路虎、阿斯顿马丁和沃尔沃品牌并没有给福特带来任何利润，反致连年亏损，给福特的现金流带来了巨大压力。尤其是 2008 年美国次贷危机的爆发，导致福特面临现金断流的局面。为了保证福特的正常运营，福特汽车提出了"一个福特"的归核战略，只好卖掉非核心业务的捷豹、路虎和沃尔沃汽车来换取现金流，确保福特和林肯两个汽车品牌的顺利发展。

---

① 作为一个国际知名品牌的价值，应该包含该品牌所附着的研发能力和核心技术以及国际市场的渠道。
② 美国新闻杂志 U. S. NEWS 根据美国公路管理局、美国公路安全保险协会等汽车安全权威机构对美国市场车辆测试所得的撞击结果，评出了 2017 年最安全的十大汽车品牌榜，位列第一位的是 Volvo 汽车，http://k.sina.com.cn/article_6079943984_16a649530001002gtw.html?from=auto&subch=bauto。

对于吉利汽车来说，沃尔沃汽车的品牌价值包含着其汽车产品所附着的研发和知识产权、中高端的汽车生产技术、百年历史和高端的品牌形象以及公司运营完备的渠道团队。从吉利汽车和沃尔沃经营模式的差异（见表6－2）可以看出，并购沃尔沃恰好能满足吉利对高端品牌的需求。而恰逢2008年金融危机后美国福特汽车公司经营困难进行产品线收缩，计划出售沃尔沃轿车公司。吉利汽车岂能错过如此良机。

表6－2　并购交易完成前吉利与沃尔沃经营模式的差异

		吉利	沃尔沃
成立时间		1997年	1927年
战略		成本领先战略	品质领先战略
核心价值观		快乐人生，吉利相伴	安全、环保、品质
管理模式		由上至下	由下至上
市场		新兴市场经济车型 （中国94%、其他6%）	欧美市场高端车型 （欧洲60%、北美30%、其他10%）
员工		13000人（主要分布于中国） 年龄20~45岁 工龄2~7年 员工对企业文化认同度较低	19000人（主要分布于瑞典、比利时） 年龄35~55岁 工龄10~30年 员工对企业文化认同度较高
生产	生产方式	串行、片面生产 (Serial Flow、Additive Learning)	并行、全面生产 (Parallel Flow、Wnolistic Learning)
	员工技能	单纯作业低熟练工 少量工位、重复工、不把握生产全流程	多功能熟练工 所有工位的1/4、把握生产全流程
	权限	仅负责本工位生产	自主性高、负责本工位生产的同时也负责生产设备的维护、产品品质的维持

第六章　产业整合：东北老工业基地制造业并购

续表

		吉利	沃尔沃
研发	产品分类	A-、A、B级车	B、C、D级车
	平台	GEC、GBC、GMC、GLC、GCT	P1、P2、P24
	模式	逆向开发、大量项目交叉组合、流水线式开发	正向开发、13组模块化开发、每组分为设计/生产/采购/销售分小组开发

资料来源：百度文库：吉利收购沃尔沃案例分析。

（二）并购过程

早在正式收购沃尔沃之前的2007年5月，吉利集团创始人李书福在标志吉利控股集团实施战略转型的《宁波宣言》中就准备收购沃尔沃了，随后几次尝试与福特接触进行收购都被拒绝。2008年美国次贷危机引发的金融危机在全球蔓延，导致全球市场迅速萎缩，为收购带来了机会。在这个大背景下，吉利迅速组建了国内国外的并购团队，并聘请著名的投资银行法国洛希尔银行、富尔律师事务所和德勤咨询公司，开始"沃尔沃项目"的各项运作。2009年1月，吉利的"沃尔沃项目"最终得到福特总部的认可。

2009年4月1日起，"沃尔沃项目"团队开始进行为期4个月的尽职调查。尽职调查结束之后，吉利向福特提交第二轮标书，正式开始围绕并购的谈判。2009年9月30日，经过艰苦的谈判，福特汽车公开宣布，吉利成为沃尔沃的首选竞购方。然而，围绕着三类知识产权[①]的谈判则更加的艰苦和激烈。2009年

---

① 福特知识产权大体上分为三类：第一类是广泛授权，即福特拥有的知识产权，既对沃尔沃公开，又对吉利公开，这部分非常有限；第二类是有限授权，这部分知识产权是福特拥有，沃尔沃需要可以，但绝对不能向吉利公开；第三类是排除性知识产权，即福特的知识产权沃尔沃可以参与开发或者了解，但沃尔沃不能用。第二类知识产权是吉利最在乎的，也是谈判最费力的。

12月23日，圣诞节前一天，吉利与福特同时宣布，双方就收购沃尔沃的主要商业条款达成一致。

对于并购的价格，福特最初报价为60亿美元。尽职调查结束之后，洛希尔银行给的建议价格是35亿美元。以此为基础，吉利递交了新一轮标书。而2009年9月底，吉利沃尔沃项目团队在哥德堡与沃尔沃高管见面后，根据沃尔沃的未来研发和固定资产投资状况，将报价更改为18亿美元。一个月之后，福特汽车董事会通过了吉利的新报价，最终将收购价锁定在18亿美元。

在中国企业海外并购中，企业工会是并购中不可忽视的力量，也是最棘手的问题，企业工会的态度直接决定了企业并购整合的效果。上汽收购双龙最后经营失败也就是因为工会的问题没有得到妥善处理造成的。面对北欧强大的工会力量，吉利采取了三方面的措施：第一，直接拜访沃尔沃工会，当面表达诚意；第二，直接回应对方担心的问题，及对工会做出承诺；第三，请他们来参观吉利，了解吉利的能力。经过几个月时间的沟通和交流，2010年3月27日，吉利沃尔沃项目与工会达成最后的协议。一周后，吉利与福特的并购协议正式签署。2010年8月2日，沃尔沃的交割仪式在英国伦敦正式举行，双方圆满完成交割手续。

通过这次并购，吉利获得了沃尔沃汽车公司100%股权，意味着吉利拥有了沃尔沃轿车商标所有权和使用权、10963项专利和专用知识产权、10个系列可持续发展的产品及产品平台、两大整车厂约56万辆的生产能力和良好设施、1家发动机公司及3家零部件公司、整车和关键零部件开发独立数据库及3800名高素质科研人才的研发体系和能力，以及分布于100多个国家和地区的2325个网点的销售服务网络等。

（三）并购整合

然而并购的完成只是万里长征迈出的第一步。面对从品牌、生产、规模和技术都远超过自己的沃尔沃汽车，并购之后的整合才是决定该项并购成功与否的关键。吉利对于沃尔沃的并购整合主要从三方面入手。

首先，保持沃尔沃与吉利各自独立运营的品牌与市场战略。从表6-2可以看出，吉利与沃尔沃汽车拥有完全不同的两个品牌战略，为了维护好沃尔沃本身的高端品牌形象，稳固沃尔沃汽车已有的市场地位，并购之后沃尔沃与吉利汽车各自独立运营，同时利用沃尔沃的品牌管理经验和市场优势对吉利汽车进行品牌重塑，提高吉利的品牌形象。2016年10月，产生了基于沃尔沃CMA扩展平台的新的合资品牌LYNK&CO（领克）品牌。新品牌的定位介于吉利汽车和沃尔沃汽车品牌之间，欧洲研发设计，全球制造和销售。可以说，LYNK&CO新品牌是吉利收购沃尔沃之后实现协同效应的成果。

其次，技术的战略整合是此次并购的核心。由于吉利汽车的综合技术水平与沃尔沃存在着巨大差距，吉利集团采取了"并购、融合、学习、再创新"的技术融合模式。第一，对内实行"千名研究生培养计划"培养国际型人才，对这些员工进行业务、外语、国际文化、国际法律等方面的培训，为整合的顺利进行提供人力资源保障；同时对外聘请专业的整合咨询顾问罗兰贝格公司对沃尔沃技术整合进行可行性研究与方案指导，从而提高自身的技术整合能力。第二，加强技术人员要素的融合。吉利先在中国设立一个与瑞典总部并行的沃尔沃总部，将自己优秀的技术人员和优良的生产设备有选择地安排到沃尔沃技术要素中，实现双方技术要素的融合与重组。第三，2013年2月，吉利控股集团欧洲研发中心（CEVT）正式成立，进一步加强与沃尔沃的技术合作融合。通过技术合作，开发出沃尔沃CMA可扩展平台，基于此平台，2016年10月双方共同研发出定位于沃尔沃与吉利自有品牌之间的新产品平台。2017年8月4日吉利控股宣布吉利汽车与沃尔沃汽车合资成立名为"宁波时空方程有限公司"的技术合作公司，实现了对沃尔沃汽车技术的完全融合。

最后，文化的整合历来是海外并购的难点。对于中西方文化的巨大差异，处理不好就会导致并购前功尽弃。首先，吉利集团保持了沃尔沃汽车运营的独立性和管理文化的一贯性，在对管理结构进行有效改造后仍然实行本地化的管理，保证了企业管理的原有文化不变；其次，建立了健全有效的沟通机制，实现双方有效及时的沟通和交流。

（四）并购评价

通过吉利控股的有效并购整合，沃尔沃汽车很快于2013年实现了扭亏为盈。随着并购的整合深入，吉利汽车的品牌形象获得提升，产品技术不断提高，还实现了双方合资的新的中端品牌开发。通过现在的表现可以看出，基本上实现了并购的目标：获取高端的汽车品牌，提升吉利汽车的产品质量和品牌形象，通过技术溢出效应获得了吉利汽车生产的核心技术提升，实现企业在全球价值曲线链左上方的提升。

二、上汽收购罗孚，直接购买核心技术

与吉利收购沃尔沃通过收购高端汽车品牌获取技术不同，上海汽车通过收购罗孚汽车的技术资产直接获取了自己需要的核心技术。

（一）背景介绍

上汽集团，全称上海汽车集团股份有限公司（股票代码600104），是目前国内最大的上市汽车公司。上汽集团起步于1955年11月成立的上海市内燃机配件制造公司，经过1956~1963年间对上海市汽车零配件行业的四次调整整合，形成了专业协作的生产体系，并于1958年9月28日，试制成功了第一辆凤凰牌轿车，实现了上海汽车工业轿车制造"零"的突破，次年受到周恩来总理的亲自检阅。1964年，凤凰牌轿车改名为上

第六章 产业整合：东北老工业基地制造业并购

海牌轿车，至1975年形成5000辆年生产能力，成为中国批量最大的轿车生产基地之一。1978年改革开放后，上汽抓住机遇坚定不移地走上了利用外资、引进技术、加快发展的道路，在中央批准下率先对外开放，引进大众汽车合资生产项目，1983年4月第一辆上海桑塔纳轿车成功下线，并于1985年成立了合资的上海大众汽车有限公司。从而开启了利用外资、引进技术的道路。12年后，上汽同美国通用汽车合资的上海通用汽车有限公司成立。在通过与世界两大汽车整车合作外，上汽还与外企合作生产汽车零部件产品，如1988年合资成立上海纳铁福传动轴有限公司，1995年与德国博世公司合资成立联合汽车电子有限公司等。

  在公司的整体发展战略上，上汽集团一直坚持自主开发与对外合作并举，一方面通过与德国大众、美国通用等全球著名汽车厂商的战略合作，不断推动上海大众、上海通用、上汽通用五菱①等系列产品的持续发展；另一方面通过继承全球资源和技术，加快技术创新，全力推进自主品牌汽车的研发、生产和销售。上汽集团自主品牌的发展思路是：整合各种资源优势，在现有的产品技术平台基础上，通过集成开发和二次创新，以低成本在短时间内形成自己的中高端产品。在汽车技术的研发上，早在1997年6月便与美国通用汽车合资建立了中国首家合资的专业汽车设计开发中心——泛亚汽车技术中心有限公司（PATAC），将通用汽车的先进技术和专业管理能力与上汽集团对中国国内市场的充分了解和丰富的经验相结合，提供世界级的汽车开发服务，为上汽集团自主产品的研发提供了强大的技术基础。经过多年的技术和生产积累，2002年，上汽集团提出了到2007年实现

---

  ① 2002年11月18日正式挂牌成立的上汽通用五菱汽车股份有限公司（SGMW），是由上海汽车集团股份有限公司、通用汽车（中国）投资有限公司和柳州五菱汽车有限责任公司三方共同组建的大型中外合资汽车公司。

自主品牌汽车年产 5 万辆的战略目标。然而，定位中高端产品的自主品牌汽车产品开发和生产的平台一直不是很理想。于是，为了在短期高起点地开发出中高档自主汽车品牌，上汽集团把眼光放在了海外，试图从海外寻找整车的开发平台和技术。

英国罗孚汽车公司创建于 1904 年，是英国百年汽车史上知名的汽车公司，曾包括 4 个部分：罗孚汽车、MG 跑车、罗孚（路虎）越野车和迷你（MINI）小轿车。由于经营不善，1994 年罗孚汽车集团曾被德国宝马汽车以 8 亿英镑接手。因连续 4 年给宝马带来超过 30 亿美元的巨大亏损，2000 年宝马公司决定将罗孚汽车分拆为 MG 和 Rover 两个品牌，将其中的 Rover 以 30 亿美元的价格卖给了美国福特汽车公司，将 MINI 小轿车留在宝马，成为一个宝马的子品牌。同年，将罗孚集团余下的资产——罗孚汽车和 MG 跑车象征性的以 10 英镑卖给了英国私人投资商凤凰集团。但罗孚汽车并没有因为凤凰集团的接手而涅槃重生，反而背上了 15 亿英镑的债务，陷入了破产的境地。在被收购前，该公司还有 Rover25、45、75 轿车和 MG 系列跑车，2003 年还新投产了 City Rover 系列城市小车。

（二）并购过程

在上汽集团接触罗孚之前，2002 年，沈阳华晨金杯汽车曾与罗孚达成合作协议，计划建立合资公司，最后因华晨汽车领导层变故不了了之。之后，南京汽车集团又与罗孚洽谈收购事宜，因南京汽车资金实力不足才寻求与上海汽车合作共同收购。但因双方在股权比例上未达成一致而搁浅。随后普华永道开始了与上汽集团的漫长洽谈。对于上汽来讲，在此次收购中需要的不是整个债台高筑的罗孚汽车，而是上汽自主品牌汽车规划所需要的核心技术。但上汽并没有直接提出这个诉求，而是巧妙地用了一个"拖"字，跟急于脱手的罗孚展开漫长的谈判。

2004 年 6 月 16 日，上汽集团与濒临破产绝境的罗孚汽车签署了战略合作协议，内容包括开发新车型、拓展罗孚包括中国在内的全球汽车市场。接下来，双方展开了近一年漫长的谈判。2004年12月，罗孚汽车同意了上汽集团出资6700万英镑，购买几乎囊括了罗孚所有技术核心的知识产权，包括罗孚1.1~2.5L全系列发动机、罗孚75和罗孚25两个型号产品的核心技术平台的要求。2005年4月，双方谈判破裂，罗孚也宣布破产。之后，7月22日，普华永道宣布，南京汽车集团以出人意料的5000万英镑收购了罗孚其他的资产，拥有了MG以及其发动机供应商Powertrain的资产。至此，最早普华永道开价15亿英镑的一桩并购，被上汽和南汽以合起来不到1.2亿英镑的价格收入囊中，且不用负担其巨额的债务。唯一遗留的问题是，上汽获得了整车的技术，但罗孚和MG的品牌资产落入了南京汽车，两家公司在使用技术和品牌方面都面临着掣肘。

2007年12月26日，上汽集团以20.59亿元现金和上海汽车3.2亿股股份，约合107.38亿元，收购南京汽车控股股东——跃进集团的全部汽车业务。收购完成后，上汽与南汽在中高档轿车中分别拥有自主品牌荣威（上汽基于罗孚技术开发出来的自有品牌）和MG名爵，原来罗孚汽车的生产硬件和品牌资源及其技术资源全部落到上汽集团手中。由此形成互补的态势，发挥协同效应，更高效地实现了自有品牌的运作。

（三）并购后的技术整合

并购之后的整合是并购活动的关键环节。从技术知识的角度讲，上汽收购的罗孚知识产权及技术平台包含了两部分，显性知识部分包括知识产权相关的文件和技术资料以及相关图纸等，这一部分对于上汽的技术研究团队很容易就可以消化吸收掉；而隐性知识部分的吸收和消化则是上汽并购整合的核心内容。由于隐性知识的规范性和透明性比较差，对于罗孚的技术研发团队的依赖性比较强，要想实现隐性技术知识的转移和扩散，有效发挥技术并购的逆向技术效应，需要上汽集团选择与之相配的并购整合策略，实施相应的组织整合模式来保证罗孚既有技术团队的稳定和积极性，同时还要形成有效的隐性技术知识的合理转移通道。上汽集团收购罗孚的知识产权和技术平台，目的是为了尽快地实现企业"高起点打造国际化品牌"的差异化发展战略，但并购技术的价值体现在罗孚汽车既有的研发组织管理中，其关键却是那些掌握核心研发技术知识的工程师，也只有这些工程师们，才能将这些技术快速地解读出来，并迅速变成现实的生产能力。为了更好地匹配企业的发展战略，快速引进吸收消化获得的技术，上汽集团选择了共生共享共同发展的"共生"整合模式，将双方的技术研发力量进行了有效地整合，建立了相应的组织结构模式：以上汽技术中心为中枢，下辖技术中心中国本部、英国技术中心以及韩国双龙研发中心的整体工程开发体系。

2005 年 5 月，上汽集团为了更好地整合罗孚的技术研发力量，在英国成立了上海汽车英国技术中心，隶属上汽工程院，委托世界著名的汽车技术咨询公司 Ricardo 进行管理，技术中心取名 Ricardo2010。2007 年，上汽集团正式成立上汽英国控股公司和上汽英国工程公司，收购 Ricardo2010，正式更名为上海汽车英国技术中心[1]，利用罗孚的技术资源，为上汽在国内生产自主品牌汽车提供技术支持。上汽英国技术中心共有工程师 200 名，其中 150 名是欧洲籍的工程师，另外 50 名是国内的工程师。在 150 名欧洲籍工程师中，80% 是从原 MG 罗孚开发人员中选留的精英，另外 20% 来自于国际一流的零配件供应商。此外，上汽管理层和技术开发团队吸纳了国际著名汽车集团的很多资深专家。这些原罗孚的工程师大多经历过与本田的合作，增强了对生产质量稳定控制的理解，同时在合作中融汇了在设计工艺、技术

---

[1] 新浪汽车：《上海汽车英国技术中心简介》，2007 年 8 月 30 日，http：//auto.sina.com.cn/news/2007 - 08 - 30/1600306116.shtml。

方法等方面更多先进的思想。而英国技术中心的中国本土工程师一边参与设计、一边与上海方面及时沟通。上汽工程研究院则主要针对中国国情的本土化开发，对罗孚、双龙汽车进行吸收消化。上汽英国研究院与中国本部研究院实现数据信息同步共享。在这种组织结构模式下，通过资源整合，在共同合作的过程中，中国的设计师获得了很好的学习实践的机会，也有利于对并购技术的引进消化和吸收，同时这种独立协同的共生结构又将并购双方的组织文化冲突有效地控制在合理的范围内，促进了双方的协同效应和技术的逆向溢出效应。

通过对罗孚技术和技术团队的有效整合，上汽很快消化吸收了并购的罗孚汽车技术，推出了定位中高端市场的自主品牌——荣威（ROEWE）系列车型：2006年，在原来Rover75的全部知识产权基础上，由上汽英国技术中心和上汽工程院共同开发推出了第一款高端的荣威750轿车；2008年，又基于罗孚25平台推出了中级车荣威550；2010年，推出了紧凑型A级车荣威350。2007年收购南京汽车后，又获得了MG名爵的品牌系列，实现了上汽"双品牌差异化"发展战略。

（四）技术并购后的评价

上汽集团通过对罗孚汽车的技术并购和整合，很快地吸收消化了罗孚的知识产权和技术知识，不仅快速地实现了自己高起点自主品牌汽车的开发生产，而且通过合理的组织整合，吸收了罗孚优秀的工程师到自己的研发团队中，实现了对罗孚技术知识核心资产隐性技术知识的成功整合。从而实现了并购的目标，获得了技术并购的逆向技术外溢效应，使得上汽集团在全球汽车价值链中的地位由原来的组装生产进行了整体的提升，既因技术的提升而向全球价值链曲线的左上方提升，也因基于获得的技术开发的产品品牌而向价值链曲线的右上方升级。

三、沈阳机床并购德国希斯机床，推动企业技术和产品升级

（一）并购背景

沈阳机床（集团）有限责任公司于1995年通过对沈阳原三大机床厂资产重组而组建，是中国最大的机床制造商，中国数据机床产业研发基地，产品覆盖了30多个省、自治区，并出口美国、德国等80多个国家和地区。公司主导产品为金属切削机床，包括两大类：一类是数控机床，另一类是普通机床。2007年经济规模突破100亿元，数控机床产量突破2万台，海外市场销售收入突破1.5亿美元。机床产销量、市场占有率居国内同行业首位。但由于中国机床制造企业与发达国家先进机床企业存在着技术上的巨大差距，中国市场大部分高档数控机床以进口为主，国外公司大约占领中国高档机床85%的市场份额，而国内机床制造企业生产大多集中在附加值低的简单经济型数控机床。沈阳机床希望通过海外并购的途径快速获得技术和产品的突破，实现产品和研发技术跨越式发展，最终实现由本土经营向跨国经营的战略转变。

而德国希斯（SCHIESS）公司是一个具有140多年制造历史的知名机床制造商，位于德国萨克森·安哈特州阿瑟斯雷本市。公司主要研制生产重、大型数控龙门铣床、落地镗铣床和立式数控车铣加工中心等铸造装备，其制造技术始终处于世界机床制造领域最高水平，在全世界享有很高的声誉。产品重点服务于国际尖端用户，以电力、造船、重型机械和轨道交通等领域为主要服务对象，主要销往欧洲、美国、中国、俄罗斯等地区。在中国的许多大型加工制造企业中都有希斯的重、大型立式车床、落地镗铣床和龙门铣床等设备。由于传统的欧美市场需求不断下降和德国制造业成本居高不下，加之希斯公司集中进行产品换代研发，投入巨大，背上了巨额债务，从而陷入经营困境，于2004年8

第六章　产业整合：东北老工业基地制造业并购

月1日正式宣布破产。

（二）并购过程

整个并购过程大致经过四个阶段：

第一阶段，在2003年10月到2004年3月间，因为在经营上出现了困难，希斯方面提出沈阳机床参股希斯方案，希斯管理层几次访问沈阳，但沈阳机床希望能够控股而不是参股，希斯管理层对于控股心存疑虑，双方第一次接触未达成协议。

第二阶段，到了2004年4月，沈阳机床提出控股希斯的建议，希斯公司因为在债务泥潭中越陷越深，也表示同意沈阳机床控股希斯公司的意见，并提交了具体方案，但由于双方在投资额上的较大分歧也未达成共识。

第三阶段，2004年7月希斯公司申请破产保护，8月1日宣告正式破产。沈阳机床在第一时间获得信息，迅速行动，向当地法院递交了收购方案和工作计划，同希斯公司开展并购谈判。谈判很艰苦，但沈阳机床提出的三点优惠条件充分考虑和尊重了希斯公司及其员工的利益，对希斯公司很有吸引力：要使新希斯公司取得新的发展；立足于在当地发展企业，而不是把企业搬到中国去；依靠原希斯公司的管理层和员工做好企业。特别是对原有员工的留任使希斯公司管理层吃了一颗定心丸。

第四阶段，在国外，工会组织是非常重要的。因此，在并购过程中，处理好包括工会在内的方方面面的关系非常重要。8月1日，希斯公司破产后，国内外共有七家大公司积极参与了并购。沈阳机床并没有把全部精力放在谈判桌上，而是找当地工会、银行、希斯公司原来的管理层等，分头做了大量的细致工作。对原有员工聘任一半以上。最终沈阳机床公司战胜诸多对手，以200万欧元收购了整个希斯公司，直至2004年10月底完成签约。

（三）并购整合

因为并购希斯公司是沈阳机床实施国际化经营的长期战略行为，因此，并购之初整合过程中，沈阳机床确立了三项基本原则：一是要使新希斯公司取得新的发展，而不是收购后再将其卖掉从中渔利；二是立足于在德国发展企业，而不是把企业搬到中国去；三是主要依靠原希斯公司的管理层和员工做好企业。在并购之后的经营过程中，沈阳机床一直信守承诺履行以上基本原则。

并购之初，沈阳机床制定了新希斯公司的整合方案：以中国、俄罗斯、韩国、印度为主要市场目标，利用中国的人力和制造资源降低成本，整合国内制造资源，分步骤实现制造技术转移，把希斯公司逐步建设成沈阳机床高端产品研发基地、重大型机床产品制造基地、国际市场营销服务基地、比价采购配套基地和专业人才培养基地。在实施中，沈阳机床并没有简单把这种发展战略强加给德方管理层，而是与其经过多方讨论，深入分析导致原希斯公司破产的原因，及如何防止犯同样的错误。最后在统一管理层的思想后，机床集团才开始确定新希斯公司发展方向，发挥新希斯公司在高端、大型产品方面的优势，必须做精产品，做强企业，使之成为行业排头兵。

在并购整合过程中对于文化整合的难点，沈阳机床注重做好管理层和工会的沟通，信守并购前承诺，在求同存异的原则下，从民族文化的差异性与企业文化的差异性中找到交叉点，形成企业新的合力。在经营过程中，双方加强相互沟通，增强相互信任，促进相互合作，提升企业的运行效率。

并购后，沈阳机床迅速启动希斯的生产经营，使企业不仅有了一个成功的开局，并呈现良好的发展势头。2005年实现销售收入2亿元，当年实现扭亏为盈。2006年实现销售收入2.49亿元，2007年实现销售收入3.24亿元。

(四) 并购评价

沈阳机床并购德国希斯机床的动因其实有两个：一个是看中其技术和高端产品线，希望通过并购提升自身的技术能力和产品质量；另一个是通过海外并购实现产品进入欧美市场从而实现国际化经营。4年以后，沈阳机床的战略目标基本实现：首先，通过希斯沈阳机床产品打进欧洲市场，欧洲已占沈阳机床出口份额的1/3；其次，为沈阳机床培养了一大批技术人才；最后，更为关键的是，通过并购德国希斯，接收了希斯的全部技术力量、专利，沈阳机床一步迈进了大型、重型机床生产行列。同时，沈阳机床的接手也使破产的希斯重新焕发了生机，次年扭亏为盈。2005年，德国希斯有限公司获得产品订单3.8亿元，实现销售收入2亿元。同年，希斯所在的德国萨克森·安哈特州阿瑟斯雷本市将"城市经济奖"颁发给了沈阳机床，这是该市首次把经济奖颁发给国外企业。德国工业协会也称此次并购为"成功的跨国并购案例"。

四、南北车合并，实现市场势力的突破

(一) 合并背景

中国机车生产最早起源于1881年生产的"龙号"蒸汽机车。至1949年，中国可统计的机车有4069台，分别出自9个国家的30多家工厂，机车型号多达198种，人称中国是"万国机车博物馆"。新中国成立后，为了适应中国铁路运输事业的迅速发展对机车日益增加的需求，设立了铁道部工厂总局，开始着手沿着仿制、改造、进而自行设计的道路自行设计制造机车。1975年改为铁道部工业总局。为了适应改革开放的要求，1986年又改成中国铁路机车车辆工业总公司，对分布全国的生产、设计企业进行统筹管理。2000年，为了适应政企分开的政策，中车公司与铁道部脱钩，分立组建中国南车集团公司和中国北车集团公司，归国务院国资委领导和监督，开始以企业主体参与市场竞争活动。2007年中国南车股份有限公司成立并于2008年先后在上海证券交易所和香港联交所上市；2008年中国北车股份有限公司成立并先后于2009年和2014年在上海证券交易所和香港联交所上市。

合并之前，南、北车集团在国内外市场各个机车制造领域展开激烈的竞争。南车集团主要从事轨道交通装备（含动车组及城市轨道车辆）、工程机械、机电设备、环保设备、相关部件等产品的研发、制造、修理及技术服务、设备租赁等。南车集团的国内外市场主要包括国内的铁总、大秦铁路、中国神华、中国石油等大型企业以及各大中城市的城轨交通运营商。国外市场的出口地区涉及大洋洲、东南亚、拉丁美洲、中亚、南亚、中东、非洲、欧洲及北美洲超过80个国家及地区。而北车集团主要从事铁路机、客车、货车、动车组、城轨地铁车辆及重要零部件的研发、制造、修理、销售和租赁，以及轨道交通装备专有技术延伸产业等。北车针对的国内外市场主要包括国内市场的铁总、中国神华、中国石化、中国石油等企业或港口等以及各大中城市的城轨交通运营商。国外市场出口地区涉及欧洲、美洲、大洋洲、非洲、亚洲等全球80多个国家和地区。

在国内市场竞争中，南、北车下属企业之间的竞争异常的惨烈。一方面，在城市轨道交通市场，两大集团之间、集团内部企业之间价格竞争非常厉害，市场价格压得越来越低，企业利润被压至极限，严重损害了企业的发展；另一方面，企业为了市场竞争，满足地方政府的需求而到处建厂，造成了资源的严重浪费。

而在国际市场竞争中，面对欧美日西门子、阿尔斯通、庞巴迪和川崎等强大对手的激烈竞争，各自为政，甚至彼此展开恶性竞争。2011年土耳其机车项目招标，南北车互相压价，中国北车以几乎没有利润的价格投标，但最终订单被一家韩国公司抢走；2012年阿根廷政府宣布城轨车辆招标，北车首轮报价为239万美元/辆，南车随即报出比北车降幅近50%的跳水价，导致阿根廷方要求竞标价格不得超过127万美元/辆。最终，南车以121万美元/辆的价格拿下竞标。这种内部两家企业恶性竞争的状态，不仅严重损害了企业利益和国家利益，造成资源的内耗和浪费，也为中国的机车生产带来恶劣影响，降低了中国机车企业的全球竞争力。

在全球市场上，由于轨道车辆制造产业对技术、资本和市场容量的要求比较高，一般一个国家都只有一家轨道交通制造企业，如德国的西门子，法国的阿尔斯通，加拿大的庞巴迪，这样更有利于企业高效地参与国际市场竞争。因此，将南北车进行整合，实行统一管理，也自然成为了中国高铁"走出去"的客观要求。

（二）合并过程

在国务院国资委的安排下，中国南车与中国北车2014年12月30日双双发布重组公告，正式宣布双方以南车换股吸收北车100%股权的方式进行合并，合并后的新公司更名为"中国中车股份有限公司"（以下简称"中车"）。2015年3月5日，中国北车公告称，中国南车、中国北车合并获国资委批准。

2015年4月3日，经中国证券监督管理委员会（以下简称"中国证监会"）上市公司并购重组审核委员会2015年第25次工作会议审核，中国南车股份有限公司（以下简称"公司"）与中国北车股份有限公司合并之重大资产重组事项获得无条件审核通过。

2015年6月8日，中国南车与中国北车合并完成，中国中车诞生。在2000年分开之后，中国机车制造企业又合为一家。

（三）合并意义

从并购的战略来讲，南北车合并属于横向并购，源于对规模经济的追求。中国高铁最大的优势在于成本,南北车合并,其规模优势相比西门子等海外巨头会更加突出。如此形成一个正向的循环,带动整个国内的高铁"走出去"战略。合并之后对中国轨道交通设备的发展战略带来了三个方面的促进:首先,南北车合并后实现了中国机车设备制造产业统一布局海外投资,避免了内部恶性竞争带来的资源浪费,提高了海外投资效率。经过对海外销售渠道和队伍的整合,制定统一的海外市场拓展战略,提高了国际市场的竞争能力;而且经过整合,以统一的品牌形象集中双方优势提高了参与国际市场竞争的效率。其次,经过合并整合,双方在研发、生产、采购和销售等领域充分发挥协同效应,通过统筹研发资源,融合双方优势技术,加速实现核心技术的突破,提高中国机车制造产业尤其是高速铁路机车的核心竞争力,实现机车产业技术和生产的完全自主可控发展;同时,实现生产基地专业化、地域化分工,统筹规划投资,提高效率。实现供应、销售体系全球化整合,充分挖掘规模效应和协同效应。最后,在合并整合双方优势资源的基础上,利用轨道交通装备板块既有资源促进新产业发展。

从企业市场运营来讲,南北车合并后将垄断国内市场,毛利率有望大幅提升,独家垄断国内机车、客车、货车、高铁动车组和城轨市场。目前,除南北车之外,国内只有北方创业从事铁路货车生产制造,京车装备从事城轨整车装备的制造。合并后的中车采购议价能力提高,零部件采购成本降低,提升了毛利率,并将垄断大部分的轨交装备销售。合并之后的中车不论在国内还是国际市场,都将获得更有竞争力和更高利润率的竞标价格。

从国家产业发展战略来讲,这一合并不仅能强力加速中国轨道交通装备业由"中国制造"向"中国创造"的转变,还将有力推动中国高端装备业的产业升级,推进中国由"制造大国"向"制造强国"迈进;顺应了经济全球化和市场一体化的大趋势，也符合"一带一路"倡议方针以及我国优化产业布局、发展高端装备制造业的产业政策。南北车合并，诠释了中国央企新一轮重组的思路，回应了中国国内生产企业供给侧改革、去产能、进行产业优化升级的中央决策。合并后的中车公司不仅将成为全球高铁技术的最大供应商，更将巩固合并后的中车公司作为全球最大轨道运输设备制造商的地位。尤其合并后的实体公司将受益于更大规模、更高运营效率、更高研发效率、更低采购成本和统一的全球战略，将实现更高国际竞争力。南北车合并实质上是既具有中国国企改革特点又符合市场经济规律的一次整合，将为我们国家沿着中国道路、中国模式探索国企改革及央企整合，实现中国大公司战略，提高国际竞争力，实现中国崛起和中国梦奠定重要的基石。

第四节 通过并购推动东北老工业基地制造业转型升级的建议

以重化、机械制造等传统产业为核心的东北老工业基地，在共和国的发展中做出了巨大的贡献。然而随着产业技术的发展，在以新兴产业技术为核心的全球先进制造业的激烈竞争中，东北老工业基地的制造业产业优势风光不再，产业衰退趋势明显，地方经济发展也失去了增长的动力。伴随着经济全球化的深入和国内经济转型升级，长期以来，不论是国家层面还是地方层面不断地采取各种政策措施，通过各种路径意图"振兴"东北老工业基地，实现东北产业结构升级和经济持续稳定发展。而"振兴东北"的核心产业仍然是东北优势产业制造业。其中，并购也是东北老工业基地制造业转型升级重要的路径之一。然而，因东北老工业基地经济发展固有特性，受并购市场化发育不充分、区域内内外资企业并购活动相对不足而缺乏活力、海内外并购活动长期性效果不明显、并购相关服务机构不足及相关人才匮乏等问题的影响，东北制造业并购活动并没有达到理想的效果，仍然存在许多问题需要化解。

一方面，东北老工业基地传统产业规模大、负担重、体制僵化，且技术老化严重，改造和升级缓慢，核心技术缺乏，技术含量高附加价值大的中高端制造业产品生产能力弱，企业效益创造性差。另一方面，受传统产业布局和管理体制影响和行政化条块分割管理的限制，各个地方产业重复建设、资源分散，形成了地方企业规模小、技术低、投资不足的现象。省内企业之间、国内企业之间中低端同质化恶性竞争现象严重。加之企业行政化管理体制僵化，部门间、区域间利益冲突多，企业之间协作水平低，上下游一体化不足，企业的创新能力和创利能力弱，许多企业最终成为地方政府的负担，严重拖累了地方的经济发展。这种地方企业资源分配不足、地方企业管理僵化的现象又限制了新兴中小企业的发展。

以东北发展较为成熟、竞争力较强的机器人产业和机床产业为例。沈阳新松机器人在中国的市场发展已算不错，但仍然不具备核心竞争力。在整个工业机器人的产业链中，机器人生产的关键环节主要是机器人的控制系统，而控制系统的核心技术主要掌握在ABB、发那科和安川电机手中，新松机器人并不具备核心技术。

而机床产业也是如此。尽管东北的机床产业比较发达，但仅是中低端传统机床产业而已，高端数控机床的生产仍然存在巨大差异。问题主要体现在：其一，高端数控机床核心技术缺失，尤其是高端数控系统、关键零配件伺服电机、控制器以及刀具等基本上依赖进口，因此在产业链竞争中处于被动的地位，价值的创造能力低。其二，东北地区机床产业集中度低，同质化低价恶性竞争严重，从而导致企业盈利能力差，亏损严重，研发投入自然也就不足。大连机床和沈阳机床都处于破产的边缘，沈阳机床集团下属的昆明机床已经退市，大连机床也被起诉破产。中国前十家机床共有四家在东北：沈阳机床、大连机床、齐重数控、齐二机床，然而其既无核心技术，集中度还低，且同质低价竞争严重，东北机床会逐渐衰落成为必然。

东北的传统工业经过几十年发展，负重前行，错过了改革开放快速转型升级的机遇。在中国制造业新一轮产业结构优化调整、国民经济向高质量发展转化的形势下，面对东北老工业基地制造业核心技术严重缺乏、产业集中度低带来的竞争力弱的现状，加强产业并购重组，促进产业发展高度集中化，加快产业技术的升级改造，全面提高制造业产业竞争力，是积极推动东北老工业基地制造业振兴的重要途径。

其一，新一轮产业并购重组需要改变以国内市场为主、部门分割、地区分割的传统的管理体制和观念，在全球市场一体化产业竞争的背景下来通盘考虑产业并购重组的战略目的，合理有效地进行区域内、国内甚至全球市场的并购整合。利用供给侧改革和混合所有制改革的契机，彻底打破地方企业条块分割管理的体制和地方保护主义的藩篱，推动国内市场一体化并购重组，形成国内产业适度集中化经营发展，提高全球市场产业链竞争力。由此，局部利益要让位于整体利益、企业个体利益要服从于产业发展利益，形成跨区联合、协同发展、共同进步的产业经济发展的新局面。

其二，在具体的操作上，针对东北地区老工业基地制造业发展并购重组可以采取三个方面并购的形式：一是推动国内或区域内企业的并购重组，强化区域内同类企业的横向并购整合，提高产业集中度；二是创造良好的投资环境，积极推动国有企业管理制度和管理模式的创新，引进外部先进的技术和管理经验，推动东北老工业基地制造业企业的升级改造。

其三，鼓励企业"走出去"通过海外并购获取先进产业技术，或转移产业过剩产能以及重整企业产业链，提高企业产业竞争力，从而实现企业全球价值链升级或重构。

一、产业内部重组

在当前全球经济一体化不断深入发展和新兴产业技术蓬勃兴起进而带来国际产业竞争核心由产品竞争向产业链竞争转换的态势下，针对东北老工业基地产业发展集中度低、总体技术落后和产业升级优化缓慢进而造成产业竞争力低的现状，促进东北老工业基地振兴的有效途径之一便是加快产业内部重组，快速提高产业集中度和协同发展、提高产业技术创新能力，由此增强产业链整体竞争力。

首先，加强内部重组的前提是深化国有企业尤其是地方国有企业管理体制的改革。深化地方国有企业管理体制改革，消除条块分割的管理模式，首先要改革地方国有企业管理体制和方式。一方面取消原有的"家长式"国有资产行政管理模式，进一步地"去行政化"，通过股份转化和投资等形式进行市场化管理而不是行政化管理，形成对国有企业的"投资管理模式"，而不是"资产管理模式"，企业完全进行市场化的运营。政府作为企业的重要股东应关注国有资本的回报率，而不再去干涉企业的经营，更不去为企业的经营行为背书。另一方面推动地方国有企业的混合所有制改革，提高企业内部管理层和员工持股比例，有效地提高企业内部的积极性和对管理层的监督管理，提高企业市场化运行效率，为企业进行并购重组提供制度上的保障。需要警惕的是，在国有企业混合所有制改革的过程中，要切实落实政府机构监督管理的职能，避免在改制过程中造成巨大的国有资产流失。混合所有制改革的目标是要建立完善的现代企业管理制度，而不是使国企沦落为一些领导的私人财产。

其次，在当前形势下，进一步推动东北地区产业内部重组的主要目标是"减负、降耗、增效和提高创新能力"。第一，目前东北老工业企业多数都处于资产负债率高、经营亏损严重的状态,很多企业靠着政府的救济苦苦支撑,尤其是一些"僵尸企业"不断地吞噬着地方本就不足的产业资金,为地方的经济发展带来了沉重的负担。通过区域内企业并购整合,促进企业混合所有制产权改革,可以有效地减轻地方财政和经济发展的压力。第二,以重化工业为支撑的东北老工业基地,由于传统产业转型升级缓慢,工业技术装备和生产工艺老化,能耗高、效率低也就成为东北地区经济发展的主要特征。通过区域内产业重组,淘汰落后产能,提高生产技术,有利于降低能耗,提高区域经济发展的效率。第三,针对当前东北老工业基地产业集中度低、同质恶性竞争和产业发展效率低的态势,通过产业并购整合的协同效应既可以提高企业的生产效率、管理效率和经济效益,还可以减少地方政府和社会的重复投资、提高当地资源的利用率和技术研发投资的投入效率。而且通过产业整合后产业链差异化竞争,形成区域内产业良性竞争态势,提高企业的盈利能力,为东北地区地方经济发展提供新的增长动力。第四,针对东北老工业基地传统产业技术总体落后的现状,通过国内并购重组,对企业内部技术开发能力进行整合,提高技术研发能力和创新能力,集中企业资源和地方技术改造与研发投资于一点,全力投入技术研发和创新研究,为从根本上扭转东北老工业基地制造业缺乏核心技术、竞争力不强的局面奠定基础,开创东北老工业基地振兴的新局面。

最后,实施东北地区老工业基地产业内部重组主要可以包括三个方面:通过横向并购扩大企业生产规模,提高市场占有率和产业集中度;通过纵向并购形成产业链上下游企业深度融合、协同发展,提高企业生产效率和产业整体竞争力;通过混合并购,实现跨行业协作与整合,提高产业融合与协同能力。

其一,通过国内或区域内同业横向并购业务重整,进行内部整合,将产品同类质量相当的企业进行合并重组,减少市场企业数量,增加企业规模,提高产业集中度,形成国内市场"一个细分产业,一家集团公司"或者"一个区域,一家集团公司"的产业竞争态势，进而可以消除国内或区域内企业间同质化低价恶性竞争，减少内耗，同时因内部整合，减少对自然资源、能源、人力和资本因恶性竞争带来的损耗。这种并购整合采取类似于南北车合并形式。将国内或区域内同类企业进行横向整合，形成区域内同一行业同类产品一家大型生产销售企业的局面。一则，将这些企业中相同的产品进行合并生产，既可以提高产品市场占有率，减少同业同质化恶性竞争现象，还可以提高产品的盈利水平，为企业长期稳定发展和产品研发升级提供资金支持；再则，将这些产业中生产同类产品的企业横向合并，整合同类的产业人才、技术和生产资源，提高产业集中度和产业链竞争力以及资源利用效率。

以东北地区机床产业为例。在中国的前十大机床生产企业中，有四家在东北，其中辽宁两家，黑龙江两家。辽宁的两家以通用机床为主的大连机床和沈阳机床曾经是中国机床产业的两颗明星，销量位于世界机床企业前十，占据国内通用机床市场的半壁江山。然而随着市场形势变化和企业经营管理不善，两家机床企业都在发展中遇到了巨大的困难。大连机床于2004年经过改制变成私有化企业，并于2017年11月因债务违约等问题破产重整；沈阳机床陷入了巨大的持续亏损状态，其旗下昆明机床于2018年7月17日正式于上交所退市。东北机床企业的困境，究其原因，通用中低端机床市场不好的客观因素确实存在，但中国机床企业尤其是通用机床企业缺乏核心技术、技术人才匮乏、整机关键配件进口依赖性强、产业集中度低、中高端产品竞争力弱、同质恶性竞争以及企业经营不善是主因。以沈阳机床和昆明机床为例。尽管同属于沈阳机床集团，两家企业不仅没有因为同宗而产生协同效应，反而同类产品同质竞争激烈，更不用说与大连机床的市场竞争了。这种竞争不仅体现在市场的产品竞争上，也体现在企业的发展战略竞争上。沈阳机床历时5年投入12亿元，与同济大学等合作，研制成功I5数控系统；而大连机床与华中数控合作，双方 12 年累计投入三四十亿元，开发出 DMTG 数控系统。尽管双方都是为了摆脱对国际巨头在数控系统上的依赖，实现企业核心技术的掌控，但双方巨大的重复投资也形成了对资源的巨大浪费，给企业的生存发展带来巨大的压力。因此，在新的一轮国家产业结构优化调整、东北老工业基地产业振兴的形势下，对区域内同类企业进行深入的合并重组，形成一个区域一家具有强大市场竞争力的企业集团，一方面可以减少重复建设，节约资源、节省国家投资；另一方面通过整合实现协同效应，提高企业的盈利能力和发展潜力，为东北老工业基地振兴奠定基础，为东北地区经济持续稳定增长带来新的动能。

其二，实施企业纵向业务并购重组，完善企业产业链，提高产业链竞争力。纵向并购的优点在于通过对产业链上下游的整合，实现外部市场内部化，既可以降低企业的市场交易成本，又可以通过内部化管理实现协同效应，提升企业产品技术，降低生产成本，提高市场竞争力，同时保证企业原材料及能源供给的安全性。以美的集团并购专注于机器人减速机和伺服驱动器的以色列企业 Servotronix（高创）为例。美的收购世界机器人生产四大家族之一的德国库卡机器人，全面布局智能制造产业，但因库卡机器人本身也是以机器人整机制造为主，机器人产业伺服系统、控制器等关键零部件也需要外购，并没有减速机和伺服电机的核心技术。为了完善机器人生产产业链，2017 年 2 月，美的集团并购了以色列企业高创公司，通过其与旗下港股上市公司威灵电机的伺服电机相结合，构成完整的机器人伺服技术系统与库卡机器人配套，从而形成完整的产业链，为美的实现"双智战略"奠定了良好的基础。

如第一节所述，东北老工业基地传统制造业产业技术总体落后，制造业核心技术和零备件生产能力薄弱，关键备件基本都靠外购，因此要是想东北老工业基地产业快速升级和优化结构，提高东北制造业产业的关键零备件生产能力具有重要意义。以具有代表性的机器人和机床为例。新松机器人是中国机器人生产企业的代表，但仍然缺乏核心技术，除机器人本体外，伺服电机、减速器、控制系统等核心配件几乎全靠外购，因此在产品成本控制、关键技术上不具有任何竞争力，市场竞争能力尤其是中高端产品的竞争能力弱，如果通过纵向并购或合作等方式解决了这些核心技术问题，新松机器人也就能够在国际市场上与机器人四大家族进行竞争了。而沈阳机床作为中国重要的机床生产企业，同样因缺乏伺服控制器和伺服电机等核心技术而无法生产精密的中高端产品，而中低端通用市场又逐步萎缩，导致连年亏损。如果通过纵向并购解决关键技术核心备件生产能力，随着企业产品竞争力的不断提高，企业的效益自然也就会好起来。另外，通过纵向并购，企业还可以通过并购上游原料供给企业的方式控制原料来源，降低生产采购成本；也可以通过并购下游销售企业控制市场销售渠道，降低销售费用，提高市场份额。

其三，推动企业混合并购，实施跨行业整合或协作，提高产业融合与协同能力，从而增强企业市场竞争力。在经济全球化、高新技术迅速发展的背景下，以互联网、大数据和智能制造等为标志的新兴产业技术的发展给现代工业生产带来了革命性的变化，一方面一些新兴产业如雨后春笋般的成长起来，为经济发展带来新的增长动力；另一方面，在新兴产业技术的应用中，许多传统产业的生产方式和内容发生了质的变化，推动了传统产业的升级和优化。尤其是在新兴技术的应用过程中，很多产业的边界随着技术的发展变得越来越模糊，形成了产业融合的趋势。以美的集团"双智"战略为例。美的集团作为白家电产业的巨头，在激烈的市场竞争中，以白家电生产智能化升级为契机，积极布局智能制造领域，并购了能为白家电生产提供机器人生产设备的库卡机器人，积极布局白家电产业生产机器人，为未来的智能制造市场竞争奠定了坚实的基础。同样的，对于东北老工业基地传统制造业来讲，充分发挥制造业基础雄厚的优势，利用新兴产业技术快速兴起的契机，进行跨产业整合，实现产业协同和传统制造业的转型升级。以新松机器人为例，可以通过机器人的技术和研发，联合沈阳机床、沈飞集团或华晨汽车等，发挥协同效应，进行产业融合式发展，一方面解决机器人市场需求，提高机器人应用研发的效率；另一方面，促进合作生产企业的设备技术更新和改造，提高生产效率，提高企业产业链竞争力。

二、进一步开放，引进资本和技术

借助中央进一步深化改革开放的春风，加快东北改革开放的步伐，通过引进先进的技术和管理经验引领东北的企业走出困境。作为中国传统制造业的产业基地，东北地区传统制造业工业基础雄厚，配套齐全。尽管在新一轮产业技术革命过程中，东北老工业基地传统的制造业转型较慢，但工业技术基础还在、技术工人队伍还在，对于制造业来讲，这些都是巨大的资源。东北地区所面临的就是进一步的改革开放，一方面引进国内发达地区先进的技术生产企业对现有的企业进行重组改造，提高传统工业企业的经营效率和生产技术能力，在此基础上建立东北地区产业生产和研制基地，提高东北的整体产业竞争力；另一方面，将负担较重的一些非核心业务和资产挂牌对外处置，保留企业核心业务的核心资产，既能以此引进外部的资金注入到东北的传统产业中，也能为核心产业带来急需的现金流。以沈阳机床为例，正是因为企业现金流量的严重不足造成了企业经营陷入困境。如果能将其业绩不佳给企业来巨大经营压力的非核心资产进行处置，换取急需的现金流，为企业甩掉包袱轻装上阵，全力发展核心产业提供有力的保障。

再者，进一步引进外资，利用技术溢出效应提高东北地区产业技术水平。尽管从过去的经验来看，核心技术买不来，用市场也换不来，但国外先进的生产制造企业通过在中国生产合作，给中国带来了更高的产业技术、产业发展经验，并培养了大量的相关专业人才和产业工人,而且通过产业链配套建设和市场竞争,为中国相关产业的发展起到了巨大的推动作用。更何况,现今的跨国企业的进入,还会为东北地区产业发展带来巨大的产业发展资金,对东北地区产业升级和发展起到促进作用。以宝马汽车与华晨合资为例,提高了沈阳的汽车产业发展效率,形成了沈阳汽车产业生产基地,同时提升了华晨汽车的设计、生产技术和企业管理能力,为沈阳汽车产业发展做出了巨大的贡献。在面临美国发起的中美贸易战不断加深的宏观形势下,中国的基本国策是进一步深化改革和开放,欢迎更多的跨国企业来中国投资和发展。东北老工业基地,充分利用进一步改革开放的契机,一方面承接一部分南方转移来的企业,另一方面引进一些具有新兴产业技术的跨国企业,加速改造和扩建一批新兴产业基地,为东北振兴再添动力。

三、积极参与全球产业竞争和布局,提高国际市场竞争力

"引进来,走出去"是中国经济发展战略的两个方面。通过"引进来"战略不断地吸收国际资本、技术和管理经验,不断地提高制造业的技术和管理水平;而通过"走出去"战略使企业全面深入地参与全球化市场竞争,根据自己的战略进行全球产业链布局,提高国际竞争力。而"一带一路"倡议正是中国企业以我为主"走出去"通过"产能合作""产能输出"实现产业结构优化升级和产业链整合的良好机遇。

一方面,东北老工业基地制造业企业可以通过加强对以"一带一路"为主的沿线国家和其他发展中国家的并购投资,既可以有效地将东北老工业基地产业落后产能和过剩产能转移出去,并以此拓宽企业职工的就业途径,提高资产质量,推动老工业基地传统制造业转型升级,向高质量发展迈进。同时又可以利用东北地区传统产业优势,加强对发展中国家的投资,积极进行全球产业链布局,为企业全球化发展和竞争奠定基础。

第六章 产业整合：东北老工业基地制造业并购

另一方面，继续加强对发达国家具有相对技术优势企业的并购活动。利用老工业基地企业的政策优势和市场优势，积极有效地继续推进对发达国家拥有核心技术的中小企业的并购重组。这样既可以利用海外并购的逆向技术溢出效应，通过国内外业务整合，不断地提高国内企业生产技术水平，实现对发达国家产业技术的追赶效应，又可以通过对标的企业生产技术和人才的协同整合，吸收其技术研发能力，提高企业产业核心技术的创新能力，从而提高产业的竞争力，推动东北老工业基地传统制造业转型升级，为东北经济振兴和长期稳定发展提供新的动力。

第七章

扩大开放：东北老工业基地制造业国际化

全球化进程的不断推进持续改变着世界各国的经济地位，国际化战略成为各经济体保持持续竞争优势、实现经济持续健康发展的一个重要举措。为顺应全球化发展趋势，中国于 2000 年提出国际化战略，鼓励国内有实力的企业参与到国际竞争中去。2013 年，习近平总书记在出访中亚和东南亚各国时，提出了被世界广泛关注并积极响应的中国国家顶层战略设计——"一带一路"倡议，将国际化战略推向了新的高度，这有利于推动我国经济形成东、西部地区双向互济的发展局面，同时有力于促进沿线国家的经济发展与民生改善。"一带一路"倡议提出后，中国各省份为促进地区经济发展与国际化进程，积极融入国家发展大局中，结合自身实际积极寻求产业国际化发展路径。就东北老工业基地而言，积极推进国际化战略，具有很强的现实意义，在新一轮振兴实施的大背景下，充分利用东北老工业基地区位与产业优势，把沿线国家的经济、文化因素合理融入到东北经济的发展框架中，加强东北地区的国际化程度，有助于促进东北地区优势产业特别是装备制造业"走出去"，进而实现经济转型升级。

"国际化"的一个显著特点是国际间产业的加速转移。随着经济全球化的发展，要素的全球性流动逐步呈现无障碍化特点，这为新兴经济国家聚集更多优质的资源要素创造了良好条件。而作为经济全球化重要代表的制造业全球化中,制造业规模的扩张和结构的调整在不断进行,一方面,东北地区经济以制造业为主导,制造业的全球化成为东北地区经济转型发展的关键举措;另一方面,随着国际贸易的快速发展和技术创新的激增,要使东北地区经济扭转萎靡的发展现状,避免在新一轮国际化产业洗牌浪潮中被淘汰,国际化已不再是东北地区甚至任何地区要不要的问题,而是地区经济发展、企业生存以及提升产业国际竞争力不可避免的问题。

"国际化"战略在经济发展中具有至关重要的地位,国际化进程的快慢深刻影响着地区经济的发展和产业的布局。相对于东部沿海地区来说,东北地区国际化融入程度相对较低,在新一轮老工业基地振兴下,如何嵌入到"国际化"发展战略中?如何有效引导优势产业及过剩产能走出去?如何将国外先进生产技术、管理水平引进来?如何营造良好的市场环境,打破计划经济时代残留的固化的体制机制?政府如何制定政策以扩大市场主导的经济领域,如何深化国有企业改革,扩大地区经济开放度和影响力,激发市场活力?如何主动变革、改变被动局面,实质地推进东北老工业基地振兴?本文所做的研究有助于上述问题的解答。

第一节 德美中老工业基地制造业国际化路径比较与启示

全球老工业制造业基地数量众多,曾借助工业革命带来的技术创新和经济全球化的快车而迅猛发展,但却因为环境污染、产能过剩、因循守旧等沦为"锈带"[1]。其中的一些老工业基地通

---

[1] 赵福帅:《锈带:美欧老工业基地的衰落与复兴》,载于《凤凰周刊》2017年第6期。

过创新转型、再工业化和与国际化接轨而重振,这些都值得东北老工业基地制造业国际化发展借鉴,本节有代表性的选取发达国家的鲁尔工业区和匹兹堡老工业基地以及国内的武汉和重庆老工业基地,深入分析其从衰退到振兴的历程,为东北老工业基地制造业国际化总结出相应的经验启示。

一、德、美老工业基地制造业国际化路径分析

(一)德国鲁尔区:开放式创新,重获竞争优势

作为全球著名老工业基地的德国鲁尔工业区曾经是德国工业的心脏,其鼎盛时期创造了40%的国内生产总值,且在二战后扮演着德国经济复兴的重任。然而,随着重工业化进程减缓和世界产业结构变迁,鲁尔区也曾面临着产能过剩、环境污染、经济衰败的危机。采取了一系列变革措施,尤其是面向经济全球化,如积极转移产业链、吸引发展中国家企业投资,使得鲁尔区的经济因创新转型和再工业化得到了复兴,这对我国东北老工业基地的经济转型发展有着重要的借鉴意义。

历史上,鲁尔区的煤炭、化工、钢铁等产业曾十分发达,是德国最大的重工业区,这缘于其丰富的煤炭、钢铁、石油资源和便利的水路交通枢纽地理位置。然而,从二十世纪六十年代起,鲁尔区的许多煤矿、钢铁厂逐渐倒闭,到八十年代,鲁尔区面临着严重的失业问题。这个时候的鲁尔区与中国现在的东北老工业基地现状极其相似。之后,鲁尔区政府采取了以下几方面措施,值得东北老工业基地在转型发展中借鉴:

第一,果断关闭产能过剩的工厂,补贴健康产业发展。如鲁尔区的波鸿市,早在1973年关闭了全市最后一家煤矿,一方面重建原有老工业区,大力发展健康产业园区,建设生物药园等高科技产业园区,对聚集园区的新兴行业的企业进行补贴;另一方面扩大与世界上发展中经济体的国际合作,逐渐把煤炭、钢铁工

厂及生产线转移到人力成本较低的发展中国家，产业结构完成了从煤炭、钢铁等产能过剩行业向高技术、创新型行业的过度。

第二，定位明确，长期坚持投入物质资本，吸引人力资源，形成新的竞争优势产业领域。波鸿市将城市定位成为德国"工业4.0"信息安全产业之都，并建立波鸿鲁尔大学等高校，促进国际间信息技术高级人才交流，鼓励优秀人力资本本地就业创业，并招商引资，重视引入中国等发展中国家优秀企业入驻工业园区；多特蒙德将城市定位成节能环保创新城市，吸引了大批国内外优秀科技企业和环保企业落户，并用十余年时间将城市二氧化碳减排39%，组织世界范围内环保文化活动，并带动环保科技的产业化，形成世界范围内环保科技的城市名片。

第三，创新城市软硬环境，打造服务型政府。政府作为市场的"引导"作用——引导产业转型，而不是大包大揽式的"主导"企业转型发展。例如，欧宝汽车关闭后，政府利用工厂的地块开发了新经济园区，进行基础设施建设，打造良好园区环境和营商环境，成立创新企业培育基地；多特蒙德市将去产能的钢铁厂建设成为一个人工湖，带动周边居住环境的改善和商业发展。

第四，将废旧工厂打造成为世界工业历史博物馆、老工业基地翻新为主题公园、艺术乐园，吸引国内外艺术家创作著名人文景观，并定期举办文化节，提升地区文化吸引力。鲁尔区的娱乐产业从无到有，甚至在欧洲范围内开始具有初步影响力，这离不开鲁尔区的文化定位——打造世界著名的工业文化旅游城市，在再工业化的同时大力促进文化产业的发展。

（二）美国匹兹堡：开放视角，促产业结构优化

匹兹堡曾是美国的"钢铁之都"，位于近代美国工业的核心地区，却同样在经济发展过程中未能解决人力成本增加、产能过剩、环境污染问题而成为了美国"绣带"，面临着严重的经济危机。然而，到了2009年，却成功转型为绿色文化城市，不仅环

境得到极大改善，经济也在快速复苏之中。这得益于匹兹堡在改善环境的同时重视地区经济的国际化和多元化发展，转型旧产业的同时孕育新兴产业。

第一，早在二战结束之后，匹兹堡政府就积极转移污染严重的工厂，并建立文化、商业中心，直到二十世纪七八十年代，匹兹堡大量钢铁厂关闭。这样十分强硬的措施，后果是经济遭到很大的打击，失业严重。

第二，匹兹堡市在城市基础设施和绿色环境打造完成后，着重促进教育、旅游和 AI 产业的发展。匹兹堡市首先建立 PNC 公园、匹兹堡金融峰会大厦和戴维·劳伦斯会议中心，形成良好的人文环境，再引导匹兹堡大学和卡内基·梅隆大学成为高科技产业的孵化地，促进大学与跨国企业的合作，并积极招商引资，加强与亚马逊、谷歌、Uber 等公司合作，重点发展无人驾驶技术，这一系列措施不仅使匹兹堡市的人文环境得到提高，还逐渐成为可以抗衡硅谷的世界级创新中心。

第三，匹兹堡政府与大学、民间机构参与公私合作组织，形成发展联盟，促进资源共享优势互补。促进大学将研究成果产业化，尤其是将匹兹堡大学和卡内基梅隆大学打造成为全世界著名的医学和计算机科学研发中心，促进大学学生与企业合作创业，创业项目利益与大学共享，形成了良性的创新激励机制，大学附近成为大量高新技术行业创业公司聚集区，市场十分活跃。

二、中国老工业基地制造业国际化发展路径分析

（一）武汉老工业基地：激发区域创新活力，加速产业升级

武汉市位于我国中部长江流域腹地，自古以来就是我国的交通枢纽，有着"九省通衢"的美誉，在我国近代历史发展过程中，起着重要的作用。新中国成立后，与东北地区的沈阳市，成为新中国重要的重工业基地，武钢产量更是在 2005 年达到 2500

第七章　扩大开放：东北老工业基地制造业国际化

多万吨。然而，面对产能过剩和世界经济转型的态势，武汉难以维持原有的经济发展路径和产业结构，面临着与世界老工业基地相似的危机。在十多年的努力和布局下，当今武汉已成功转变原经济路径依赖，转型成为一个生物医药、基因工程、信息技术、智能制造等高科技产业发达的新型工业化城市，其经验值得东北老工业基地借鉴。

首先，将武钢集团及其8家钢铁生产企业从中心城区迁出，使之集中在武汉市东部郊区，并为企业补贴适当资金，引导企业在主城区外围新城集中发展，重工业的搬迁成为武汉市先进制造业发展的重要支撑。在东风、武钢等企业产能过剩之前，武汉市积极布局新兴产业领域，建立武汉光谷，即武汉东湖新技术产业开发区，持续投入资本，面向世界，引进外籍专家、外资企业高管，谋划光谷地区和入驻高科技企业发展，在借鉴国际经验后，着重发展光电子和生物医药领域。

其次，武汉在提高传统汽车产业产能的同时，积极布局新能源汽车、智能网联汽车，形成新老生产线替代趋势。引入国内外高科技人才，参与孵化信息技术产业，在虚拟现实、量子通信、人工智能等前沿领域进行突破。以现有支柱产业向战略性新兴产业积极布局，上下届政府坚持目标一致，不随意改变经济发展规划方向，持续发展。在积极去产能的同时，提升重工业企业效率，减少能耗。重化工业产值占比逐年下降，而不是断崖式下降，同时，每单位产值的能耗却下降迅速。

最后，引进国内外互联网产业转移，促进地区产业创新，在一系列鼓励和引导政策带动下，武汉市软件信息、工程设计、大数据等新兴产业实现收入高增长，高新技术产业发展速度较高，促进了产业转型升级，也为城市带来了良好的国内外声誉，形成马太效应，更多的高科技企业在自身的发展中也谋求转移产业链，与武汉的定位契合。并依托青山绿水，建设良好的人文生态环境，吸引高技术、高知识人才落户。例如，武汉市重建青山老工业棚户区，使之从破旧的工业区转型成为依山傍水的生态旅游区，带动了第三产业的发展。

（二）重庆老工业基地：推进产业链转移，形成产业扩散效应

重庆是我国六大老工业基地之一，是西南地区重要能源基地，煤、天然气、锰、钡、锶等涉矿产业在我国占有重要地位，也是重要制造业基地，在国家41个工业门类中覆盖39个。在新常态下同样面临着产能过剩危机，然而重庆环都市区2017年被纳入中国首批产业转型升级示范区，2018年，重庆环都市区产业转型升级示范区所涉8区GDP总量增长7.8%，规模以上工业增加值增长8.6%，均高于重庆市平均水平，转型升级取得实效。重庆的转型初步成功，这要源于重庆近年来持续地承接国际高科技产业链转移，以此为基础，推进大数据和智能化为中心的创新驱动发展战略。

第一，重庆市采取国际化发展战略。近年来，重庆的工业化和信息化相互融合发展，制造业也完成了从重工业向高科技技术产业发展的进程，环都区更是成为国家公布首批12个老工业城市和资源型城市产业转型升级示范区之一。一方面，重庆市从创新驱动、产业升级、园区建设、绿色发展等方面推进示范区转型发展。例如，重庆永川区探索国际产业合作新模式，面向"一带一路"倡议，吸引外资，建设中德（重庆）智能产业园，利用人力成本、政策等优势，承接德国高端数控机床产业。同时，加强国际间教育合作，重庆西部教育园区与德国西门子公司共同建设了中德西门子国际学院，引进"德国制造"理念，并促进高端制造业技术与产业技能培训融合，转化产业工人，培养了大量智能装备专业人才。近年来，重庆的R&D经费支出占GDP比重持续提高，科研平台、高新技术企业数量持续增加，高新技术产业增加值保持了近百分之二十高速增长率。

第二，重庆市在金融业加强与国际合作，大力引入人力、物

质资本，引导国际金融企业入驻。推进建设沿江 CBD，引入世界 500 强企业、外资办事处，形成中国西南地区金融创新合作氛围，促进地区金融业发展。

第三，打造"生物谷"，发展特色生物医药产业，重点发展细胞药物、生物材料、医疗器械等领域的特色生物医药产业，并结合产业规划、发展平台、龙头企业、投资基金、扶持政策的发展思路，大力引进行业重点企业，积极打造产业创新平台，营造了良好的产业发展生态。

三、"三一重工"国际化发展典型案例

并购是国际化发展的重要路径之一，制造业国际化道路是扩大对外开放的有效路径，特别是对于投资规模相对较大的制造业企业来说，制造业海外并购切实扩大了全球市场。"三一重工"作为一家民营企业，反应迅速转型较快，从上而下践行价值销售，注重风险控制，最重要的是积极开拓海外市场。"三一重工"在并购普茨迈斯特后海外市场销售额逐年提高，在 2016 年海外销售额已经达到总销售额的 45%，并且海外市场份额还在进一步提高。注重制定企业中长期战略，通过运用绩效考核推进战略落实，在并购后重视加强国内外整合及管理，跨国并购带来了卓有成效的整合效果，所以它能在不利的国内市场环境中保持领先于同行并成功转型。"三一重工"的实际操作中，其在长沙以及昆山基地投资建设的智能化控制系统（人工智能）被充分利用到生产制造中。智能化控制系统功能强大，技术过硬，在一定基础上很大程度地降低了生产成本，系统中的某些环节甚至达到军事装备的条件。"三一重工"在长沙产业园投产的 18 号工厂，是全国应用智能化控制系统操作生产的先进示范性基地。并购带来的不仅是"三一重工"利用两大公司的各项技术并购后其展现的产业链建设中的核心优势主要体现为：油缸、自主控制器和显示屏、减速机、回转支承、四轮一带等实现批量保供；多

款马达、驾驶室实现小批量生产；自制底盘、变速箱、车桥等也实现样机下线。

四、老工业基地制造业国际化发展经验与启示

东北老工业基地与德国鲁尔区、美国匹兹堡的历史地位极其相似，也与国内武汉老工业基地、重庆老工业基地经历过一样的衰落期，同样面临着产能过剩、环境污染等危机，虽在工业化过程中取得了很多成绩，但与此同时，积累了较多问题，有必要借鉴世界上较为成功的转型案例经验。

第一，积极去产能，推进软环境建设。东北地区重工业化比例较高，这对今后地区经济发展带来十分严重的包袱，拉低了全国经济增长速度。为此，必须高度重视，敢于向产能过剩行业的重点企业进行整治，借鉴鲁尔区和匹兹堡政府的做法，引导相关企业转移落后产能到中国中西部地区或东南亚等人力成本较低的国家，减少或者消除产能过剩问题。东北老工业基地尽可能多的参与到"一带一路"建设中，在扩大制造业产品市场范围的同时消化过度产能。与此同时，利用关闭企业，建立绿色创新产业园或文化、娱乐基础设施，促进城市软环境建设，吸引区域外部企业及人才的加入。

第二，加大教育投入，促进"产学研"一体化发展。注重大学研究与创新企业发展融合，通过创立孵化园区，让大学找到社会连接点，并走出去，加强与国际著名高校的交流合作，吸收国际大学、创业园区经验，积极引入国际人才，促进高校创新成果转化为经济动力。可效仿匹兹堡大学，推出促进大学研究成果转化政策，以高校为中心，形成良好的企业、高校、政府三者合作生态，建立合理人才激励机制，强化知识产权保护，提高科研成果转化效率。

第三，有效发挥政府在经济过程中的有益作用，积极转变政府职能。东北地区要学习鲁尔区、匹兹堡等地区的城市政府经验，真正成为服务型政府。东北地区行政干预经济现象较为严重，市场不够活跃，为此，应摒弃一以贯之的行政主导市场政策导向，积极转变政府职能，向国有经济、夕阳产业进行干预推动改革，形成良性的政治氛围，增强地区经济复兴信心。

第四，借"一带一路"新契机，实现国际产业转移。加强与跨国企业合作，引入国外高科技产业生产线，促进地区经济转型。东北地区制造业基础雄厚，人力资本丰富，路上交通发达，可利用自身优势适时引入国际上科技含量较高的高新技术企业，建立合资企业园区，促进东北地区制造业向高技术、创新型产业转移。例如，促进形成智能汽车制造产业园、智能机器人产业园、人工智能及大数据产业园区，聚集更多企业和人才，为地区经济转型发展提供动力。

在全面深化改革、振兴东北老工业基地等战略下，中国制造业的国际化再次面临着前所未有的机遇，特别是"一带一路"倡议的提出，为中国东北老工业基地制造业转移产能，并大力发展高端制造业指明了战略发展方向。东北地区必须在产业国际化大潮中，积极拓展市场，转移传统产业产能，引入并发展高技术产业，推进地区经济结构升级转型，以复兴东北老工业基地制造业。

第二节 东北老工业基地制造业国际化进程与成效分析

一、东北老工业基地制造业国际化进程

东北老工业基地是我国计划经济的产物，作为新中国工业的摇篮，东北曾经有过辉煌的历史。早在"一五"时期，全国156个重点建设项目中，就有58个建在东北三省，其中辽宁省24个、黑龙江省22个、吉林省12个，占重点建设项目总数的比例

为37.8%，这些重点建设项目极大地促进了东北的工业化与现代化进程，为我国更好地实施赶超战略与构建独立的、较为完备的工业体系做出了不可磨灭的贡献，成为支撑共和国经济建设，尤其是工业化飞速发展的"助燃剂"。[①] 回顾历史，东北老工业基地制造业的国际化进程早就开始了，1950~1952年初期间，苏联帮助设计的42个工业项目中，除了新疆5个，内蒙古1个之外，剩余30个全部在东北[②]，这既是当时国家恢复国民经济建设的需要，也是东北寻求国际产业合作的具体表现，为东北老工业基地制造业的国际化进程起到了积极的促进作用。改革开放以来，东北老工业基地在国家一系列战略推动与政策向导下，积极发挥区位优势、资源优势及产业优势，大力寻求与日韩等东北亚国家的产业合作，主动融入东亚区域生产网络与世界产业分工体系，极大地促进了制造业国际化进程，增强了产业国际竞争力。

本章借鉴潘宏的划分标准，着重探讨改革开放以来东北老工业基地制造业的产业开放脉络，将东北老工业基地制造业的产业开放发展划分为五个阶段：第一阶段从1979~1991年的初始发展阶段；第二阶段是从1992~2001年的起步发展阶段；第三阶段是从2002~2007年加速发展阶段；第四阶段是从2008~2016年的次贷危机后的调整阶段；第五阶段是从2017年至今为了全面振兴东北老工业基地实施的加深改革开放阶段。

第一阶段：初始发展阶段（1979~1991年）。1984年我国公布了第一批对外开放的试点城市，大连市被列入其中，成为了东北地区对外开放的重要门户，扩大了东北地区的开放程度，为东北老工业基地制造业的国际产业合作提供了良好的历史机遇，是东北地区迈向国际化的重要一步。到1991年，东北地区积极推

---

①② 资料来源：https://baijiahao.baidu.com/s?id=1607101931318048089&wfr=spider&for=pc。

进了一系列对外开放政策,并取得积极进展,当年对外贸易额为222.4亿美元,是1978年的10.9倍,占全国总对外贸易额的3.55%,其中合同利用外资11.7亿美元。

第二阶段:起步发展阶段(1992~2001年)。这一阶段的标志是党的"十四大"的召开,大会确定了中国的改革目标——形成多渠道、多层次、全方位开放的格局,中国由此进入了全面对外开放阶段,同时也标志着东北老工业基地进入了对外开放起步发展阶段。1992~2001年,中国的改革开放全面推进,这段时间也是中国经济快速增长的十年。历史经验表明,中国经济快速发展的推动力很大程度来自于对外开放政策的实施,对外开放不仅推动了市场经济的发展,也加快了体制、机制的调整和变革,中国经济不断融入世界经济体系,提高了中国的国际地位和国际竞争力。1992年,邓小平在南方谈话时提出要加快中国改革开放的步伐,3月,中国开放了吉林省珲春市,黑龙江省绥芬河市和黑河市等十三个市、镇,标志着东北地区沿边开放的开始。随后,1993年,中国政府再次提出要大力提高对外开放的速度,坚定不移的实施对外开放政策。"十五大"之后,改革开放成为中国经济发展的重要战略,中国的开放型经济不断得到加强和提高,开放政策惠及全国各地,形成了沿江、沿边、沿海和内地的全面开放局面,东北地区也在这段时间利用自身优势成立了多个高新技术产业开发区、经济技术开发区以及保税区。到2001年,东北地区的对外贸易总额为546.3亿美元,占全国的比重提高为5.35%,比1992年对外贸易总额增加了248.6亿美元。其中,合同利用外资达81亿美元,比1992年增加了43.7亿美元,而实际利用外资额为52.7亿美元,也比1992年增加了41.2亿美元,增量与增速均十分明显。

第三阶段:加速发展阶段(2002~2007年)。东北地区进入对外开放新阶段的标准是2003年中共中央、国务院《关于实施东北地区等老工业基地振兴战略的若干意见》的颁布。借助振兴战略实施的东风，东北地区加大了外资吸引力度，这期间一些国际知名制造企业入驻东北，如2003年5月成立了汽车生产、销售以及售后等业务的德国合资企业——华晨宝马汽车有限公司。在之后的十多年里，华晨宝马不断同中国经济融合发展，不仅解决了东北地区就业问题，更带来了管理理念与先进技术、促进了地区间的文化交流，不断贡献大量税收、财政收入，成为东北老工业基地制造业开放与合作的成功案例。2005年6月国务院发布《关于促进东北老工业基地进一步扩大对外开放的实施意见》，明确指出，要想实现东北老工业基地的全面振兴，必须加大东北地区对外开放力度，并从五个方面为促进东北老工业基地进一步开放提供了政策建议和制定方向。第一，在国有企业改组改造过程中，鼓励外资参与进来，加快体制改革与机制创新；第二，加强政策引导，积极推进发展重点行业、企业的技术进步的政策落实，从而带动上下游产业的发展；第三，进一步扩大开放领域，大力提升第三产业的发展水平；第四，充分发挥区位优势，加强区域产业合作，促进东北经济健康发展；第五，打造国际化营商环境，为国内外企业营造良好的经营环境，进一步推进经济的全面开放。2007年，东北地区对外贸易额为1797.6亿美元，比2002年对外贸易额增长了2.8倍，地区对外贸易总额占全国的比重为4.3%。其中，合同利用外资额为252.9亿美元，比2002年合同利用外资额增长了2.7倍。

第四阶段：全面调整阶段（2008~2016年）。2008年由美国引起的波及全球的金融危机，对中国经济带来了明显的冲击，经济增长出现了下降势头，外贸出口出现负增长趋势，为了稳妥应对此次金融危机，中国政府基于扩大内需的考虑，推出了"四万亿计划"以刺激经济发展，这期间东北地区也未能独善其身，工业制成品出口受挫。

2009年9月，国务院颁布了《关于进一步实施东北地区等老工业基地振兴战略的若干意见》，进一步促进了东北地区的对外开放程度，老工业基地产业开放，特别是制造业国际化进程迎来了又一发展机遇。2010年，国务院提出优先发展3个区域：一是环渤海地区；二是辽中南地区；三是山东半岛地区。其中，辽中南地区包括了辽宁省省会沈阳地区以及南部营口等地区，辽中南地区成为东北地区对外开放的重要门户。2014年8月，国务院再次颁布《关于近期支持东北振兴若干重大政策举措的意见》，《意见》中的35条就有4条是关于东北地区扩大对外开放的政策举措，可见新一轮老工业基地振兴的一个重要举措是加强对外开放，积极开拓国际市场，营造一流投资营商环境，大力促进产业开放与合作，在开放中寻发展。与此同时，在国务院对东北地区新区建设、产业园区建设等重大批复指示下，将"一带一路"倡议与新一轮东北老工业基地振兴战略相结合，加快培育经济新增长点，也为东北制造业进一步国际化发展提供了良好契机。从进出口总额看东北地区开放程度，2011年东北地区贸易进出口总额为1566.20亿美元；2012年东北地区贸易进出口总额为1662.42亿美元，同比增长6.14个百分点；2013年东北地区贸易进出口总额为1791.89亿美元，同比增长7.78个百分点；2014年贸易总额为1792.80亿美元，同比增长为0.05个百分点，从2011年到2016年东北地区贸易进出口总额的变化可以看出，东北地区由于受到全球金融危机的影响，对外贸易增速放缓。

第五阶段：加深改革开放阶段（2017年至今）。进入新时代，在国家出台的一系列对外开放政策的推动下，东北老工业基地加大外向型经济发展力度，着力破解制约东北经济活力的因素，以打造一流国际营商环境为契机，积极推动国际产能合作，促进优势装备制造业向外转移，将"引进来"与"走出去"有机结合起来，进一步促进制造业的国际化进程。

在这一阶段，直接关于东北地区的政策和批复有：2017年3月份，为全面深化改革、扩大对外开放程度、推动东北老工业基地全面振兴发展，国务院颁布了《中国（辽宁）自由贸易试验区总体方案》。2017年4月，又颁布了《东北地区与东部地区部分省市对口合作工作方案》，明确提出了推进东北老工业基地振兴和促进跨区域经济、制度、机制的合作方案，明确指出了东三省与省会城市以及大连对标省份及城市，参照先进地区的先进经验与方法，推进东北地区的体制机制创新，加快国有经济改革进程，出台促进企业科技成果转化的政策，引进先进地区企业，并大力开展各行业的对接合作。2017年8月，《国务院关于促进外资增长若干措施的通知》的发布，为东北地区有效吸引外资与促进对外投资指明了方向，《通知》要求促进我国外商投资环境的法治化、国际化和便利化水平，提高我国利用外资水平，着力促进外资的增长。同时，中央及地方政府要充分发挥现有财政资金作用，全面提高东北地区的国家级开发区发展水平，比如经济技术开发区、高新技术产业开发区、海关特殊监管区域等地区的科技创新、生态环保、公共服务等方面的发展，从而建设国际化营商环境，以承接高水平制造业转移，提高地区利用外资质量。

2018年1月，国务院发布《中共中央国务院关于实施乡村振兴战略的意见》，《意见》深刻剖析了"一带一路"沿线国家或地区的农产品贸易合作共赢关系，这对于东北地区无疑是一个利好的发展方向。东北地区有着广袤的良田，黑土地则孕育着无可动摇的粮食生产基地的地位，主动参与到"一带一路"沿线国家或地区的农产品贸易中，为东北老工业基地农产品加工业的发展提供了难得的机遇。因此，东北地区要积极推进农产品深加工，延伸产业链，培育出具有良好基础、国际竞争力和比较优势的农产品加工基地，促进农业制成品积极"走出去"。

2017年，东北进出口总额为9166亿元，其中辽宁省为6739亿元，吉林省为1255亿元，黑龙江省为1272亿元，与此同时，东北三省的外贸总额增速为15.6%，高于全国增速1.4个百分点。在中国"一带一路"倡议的实施和进一步发展下，东北地区将迎来新一轮的转型升级机遇，这也为东北地区与中西部地区的经济、社会提供了交流和合作平台,促进了地区间的合作发展。同时,东北老工业基地也会在与俄罗斯、东西欧等国家的贸易往来中形成自身优势,这对于加快国际化进程、促进制造业产业结构转型升级十分有利。

二、东北老工业基地制造业国际化成效分析

(一)辽宁省:构建"五点一线"战略,扩大开放竞争优势

辽宁省制造业国际化发展取得了积极成效,这得益于新一轮振兴战略的实施,更得益于辽宁省开放发展的决策部署,特别是辽宁沿海经济带在促进辽宁省开放发展与推动产业国际化进程中发挥了积极作用,现以辽宁沿海经济带为例对辽宁省近年来制造业国际化发展态势进行评价与分析。

2009年7月,国务院批准了《辽宁沿海经济带发展规划》,这使得辽宁沿海地区成为国家地区战略发展的重要一环,该规划明确了辽宁沿海地区的区域发展定位,凸显了辽宁沿海经济带的重要地理位置和经济作用。辽宁沿海经济带位于辽宁省南部,北部连接了沈阳经济区和东北地区腹地,南部与山东半岛经济区隔海相望,西部连接京津冀经济区,东部地区连接朝鲜半岛。其中,辽宁沿海经济带由一个副省级城市(大连)和五个地级市(营口市、锦州市、丹东市、盘锦市和葫芦岛市)组成。据统计,2016年,辽宁省进出口总额为865.21亿美元,出口总额为430.65亿美元,其中,辽宁沿海经济带占据其中的77%,在六个城市中大连出口总额为248.58亿美元,占辽宁沿海经济带出口总额的75%;出口额位居第二的是营口,为37.49亿美元,占辽宁沿海经济带出口总额的11.4%;辽宁省进口总额为434.56亿美元,辽宁沿海经济带占据进口总额77%,进口额最大的大连市为275.06亿美元,占辽宁沿海经济带进口总额的85%,紧随其后的盘锦市为18.22亿美元,占辽宁沿海经济带进口总额的

5.6%。从图7-1可以看出，辽宁省经济增长变化趋势与全社会固定资产投资总额变化趋势同沿海经济带进出口总额变化趋势相同，图中信息显示，2015年辽宁沿海经济带进口总额与出口总额均出现急剧下滑的趋势，2016年这一趋势持续加大，由于经济发展存在滞后期，当年经济受前期经济增长的影响，因此生产总值从2016年开始出现下滑。

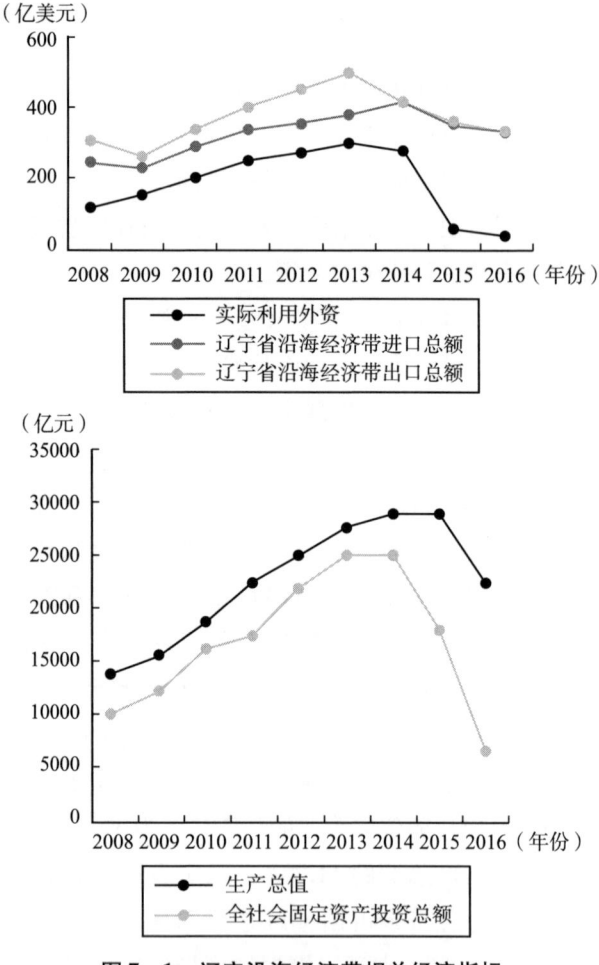

图7-1 辽宁沿海经济带相关经济指标

资料来源：根据历年辽宁统计年鉴整理计算绘制。

第七章 扩大开放：东北老工业基地制造业国际化

从地缘上看，辽宁沿海经济带较其他经济区具有特殊优势，其是东北老工业基地与环渤海湾地区、京津冀地区的交通枢纽，肩负着借助环渤海湾及京津冀地区的经济发展使命，其经济的发展对于推进东北老工业基地转型发展，抓住新一轮全面振兴机遇具有关键作用。对此，辽宁省政府提出了构建"五点一线"的战略构想，规划了辽宁沿海经济带的发展方向。其中，"五点一线"的"五点"是指：营口沿海产业基地、锦州湾沿海经济区、大连花园口经济区、大连长兴岛临港工业区和丹东产业园区，"一线"是指从西到东连接葫芦岛绥中县和丹东东港市的滨海公路。"五点一线"的提出，顺应了国家扩大对外开放的战略部署，有助于辽宁省深度融入"一带一路"，有助于辽宁省加快装备制造业国际产业合作与促进产业国际化发展。

表7-1显示，2008~2016年间，辽宁沿海经济带进出口贸易总额总体情况呈现增长态势，其中，2016年辽宁沿海经济带进出口总额比2008年增长了1.2倍，增长趋势明显，但后期增速开始下降。从辽宁沿海经济带各地区来看，无论是进口贸易总额还是出口贸易总额，大连地区在辽宁沿海经济带各城市中均排名第一，经济发展水平也处于领先地位，同样，增速在2013年出现转折点，需要创新体制机制，促进经济不断持续发展。

从图7-1可见，用以衡量经济发展水平的生产总值发展趋势看，从分析年份2008年开始处于上升趋势，从2015年开始出现下滑势头，这一倒"U"型发展趋势同代表经济带营商环境和外开放度的实际利用外资、辽宁经济沿海经济带出口总额一致，实际利用外资下滑点出现在2014年，辽宁沿海经济带进口总额拐点出现在2015年，而辽宁沿海经济带出口总额拐点出现在2014年，从图7-1可以看出，实际利用外资及出口总额的下降均引起经济下滑，经济不景气的同时辽宁沿海经济带全社会固定资产投资总额出现下滑。东北地区以第二产业为支柱产业，资本

表7-1　辽宁沿海经济带进出口总额

单位：亿元

类别	地区	2008	2009	2010	2011	2012	2013	2014	2015	2016
进口额	大连	216.81	200.65	247.23	288.16	294.31	313.85	350.55	292.92	275.06
	丹东	4.99	5.62	10.54	15.18	17.22	17.10	15.73	14.67	1.44
	锦州	4.70	9.40	11.39	11.16	12.77	14.33	18.15	10.72	9.71
	营口	7.00	4.73	7.16	10.78	16.10	23.22	23.41	19.67	16.59
	盘锦	1.07	0.83	1.13	2.62	4.06	4.89	2.60	5.17	18.22
	葫芦岛	2.97	5.28	6.92	4.85	4.02	2.26	5.79	5.38	2.29
	合计	237.53	226.52	284.37	332.75	348.47	375.64	416.24	348.53	323.31
	占比	0.78	0.77	0.76	0.74	0.76	0.76	0.76	0.78	0.77
出口额	大连	253.06	217.74	272.59	316.94	346.82	374.37	294.57	257.68	248.58
	丹东	13.85	14.49	18.74	23.60	28.75	34.06	30.16	26.57	24.94
	锦州	7.41	8.06	11.79	14.96	17.51	20.72	24.11	13.57	10.35
	营口	16.86	12.00	22.06	32.59	38.82	43.69	45.24	46.15	37.49
	盘锦	2.59	2.92	3.67	5.38	7.06	8.18	6.57	3.73	3.30
	葫芦岛	6.75	4.85	6.53	8.01	9.53	11.03	12.77	10.62	5.06
	合计	300.51	260.07	335.37	401.47	448.49	492.05	413.42	358.32	329.72
	占比	0.71	0.78	0.80	0.79	0.77	0.76	0.72	0.71	0.77

资料来源：根据历年辽宁统计年鉴整理计算。

密集型产业占比较大，国企央企占比高，资产投资不足制约区域经济增长，随着"互联网+"及生产技术水平的提升，借助东北自身雄厚的工业基础从制造强区转变为智造强区，摆正政府职员作风，优先改善营商环境，激活市场活力，同时大力发展服务业。

（二）吉林省：搭建产业合作平台，促进制造业"走出去"

近年来，吉林省加大对外开放力度，积极搭建产业合作平台，强化与东北亚各国的产业对接，特别是借助长吉图开发开放先导区积极开展国际产能合作，加快构建区域物流网络，增进与周边地区的产业联系，积极推动优势制造业"走出去"，大力促进产业特别是制造业的国际化发展取得了积极成效。

2009年8月，国务院批复《中国图们江区域合作开发规划纲要——以长吉图为开发开放先导区》，初步指明了长吉图地区的发展方向。2012年4月，国务院再次发布《国务院办公厅关于支持中国图们江区域（珲春）国际合作示范区建设的若干意见》，为进一步推动图们江区域的国际合作提供了明确的战略部署。长吉图开发开放先导区总面积约3万平方公里，由吉林省的长春市、吉林市和延边州等地区组成，据统计，地区生产总值约占吉林省生产总值的50%，是吉林省经济的中心。

长吉图经济带作为吉林老工业基地新一轮振兴的重要抓手，充分利用"长吉图"开发开放平台，充分利用中心—外围理论，加大先导区经济辐射与带动能力，以提升经济发展水平为主，扩大对外开放。长吉图经济带发展对吉林省甚至东北老工业基地产业结构优化有带动作用，随着国际化政策的实施，创新发展模式，加强基础条件建设、民营企业的发展将带动新兴产业的出现，在产业政策催化下，形成特色的新兴产业集聚区，带动吉林省制造业与东北亚国家深度合作，促进吉林省制造业国际化发展。

从经济总量来看，近年来，长吉图开发开放先导区取得了良好的发展绩效，2016年长春市全年生产总值为5928.5亿元，全年实现进出口总额为141.6亿美元，其中进口额为122.4亿美元，出口额为19.2亿美元；吉林市生产总值为2531.3亿元，进出口总额为7.8亿美元，其中进出为3.3亿美元，出口为4.5亿美元，2016年延边州实现经济生产总值为915.1亿元，全年实现进出口总额为134.7亿元，其中进口额为67.2亿美元，出口额为67.5亿元。而同期沈阳地区生产总值为5460亿元，全年进出口额为113.3亿美元，其中进口额为70.8亿美元，出口额为42.5亿美元；大连市生产总值为6810.2亿元，全年进出口额为514.7亿美元，其中进口额为270.6亿美元，出口额为244.1亿美元。与沈阳、大连等地区相对照而言，在长吉图开发开放先导区的带动下，吉林省对外贸易与开放发展同样正在加速推进。

（三）黑龙江省：发挥区位优势，加强产能合作

近年来，黑龙江省积极落实国家战略部署，深入实施新一轮东北振兴战略，创新发展思路，促进新发展理念落地生根，充分发挥区位优势，加强与周边国家的产业合作，老工业基地转型发展取得良好成效，现以龙江丝路带为例对黑龙江省近年来制造业国际化发展态势进行评价与分析。

2014年4月，黑龙江省提出发展和构建"龙江丝路带"，即"黑龙江陆海丝绸之路经济带"的总体设想，其规划十分具有前瞻性。2015年，"龙江丝路带"被纳入国家发展战略的"一带一路中蒙俄经济走廊"计划之中。在地理位置上黑龙江省与俄罗斯接壤，占我国与俄罗斯总边境线的74%，在地域上有明显的优势。"龙江丝路带"有多条铁路直达中俄边境口岸，并且境外与西伯利亚大铁路、贝阿铁路相连，对欧洲进行货物运输。在国内连接了环渤海、长三角、珠三角等重要地区，对外联通了东北亚地区和欧洲国家。"龙江丝路带"的产业布局定位为"一核四带

一环一外"。其中,"一核"是指哈尔滨都市圈为核心,以哈大齐(满)、哈牡绥东、哈佳双同、哈绥北黑组成四条产业聚集带组为"四带";"一环"是指沿边环形产业聚集带,即东北地区北部沿边开放的先行区;"一外"是指境外产业园区。自2008年以来,哈牡绥东对俄贸易加工区依托于"十大工程"的发展以及"八大经济区"战略布局下黑龙江省以牡丹江、哈尔滨作为支撑,经过几年的发展,黑龙江省2008年生产总值为8367.5亿元,到2016年翻了近一翻达到15386.1亿元;对外贸易额增长出现先增后降的态势,进出口总额从2008年的339亿美元增长到2014年的389.0亿美元,但是到2016年却下降为165.4亿美元,黑龙江省对外贸易额的下滑抑制了经济增长速度的提升。

第三节 东北老工业基地制造业国际化发展路径选择与对策建议

一、东北老工业基地制造业国际化发展的主要瓶颈及问题

第一,制造业整体大而不强,盈利能力水平低。东北地区制造业靠新中国成立初期传统制造业迅猛发展奠定中国工业地位,基本都是通过扩大生产规模以实现规模经济和范围经济来降低生产成本,从而以价格优势在竞争中获胜。低水平重复建设导致传统产业出现产能过程,国内市场消化不及时,技术含量较低难以打开国际市场,导致东北地区制造业在走向国际化过程中,主要承担着劳动密集型为主的初级加工,这使得技术密集型产业的发展相对滞后,技术含量高和高附加价值的产品依然主要依靠进口,低水平的生产能力过剩严重,获利能力较低。

第二,人才流失严重,自主创新能力不强。东北地区以其强

大的工业发展积淀孕育了大量高等院校及机构，但随着东北地区经济下滑，人才市场环境的向劣化以及研发资金投入的降低一定程度制约创新能力壮大。虽然东北老工业基地加大了对科技创新及人才吸引的资金投入，但相比于国内其他地区特别是东部及东南部经济发展较快地区，研发投入相对较低，这直接影响科技创新强度的提升及人才引进力度制约东北老工业基地经济发展潜力挖掘。

第三，产业配套能力差，营商环境有待进一步提高。制造业的配套体系不健全，不只是高端关键部件依然是长期依赖进口，低端的部件也经常需在省外配套。远低于陕西、贵州、四川、江苏的省内配套率。配套水平低，导致企业过高的零配件成本，利润不足，使得企业很难做大做强。与此同时，营商环境制约东北经济振兴的重要因素，营商环境欠优，有发展潜力企业自然规避入驻，难以打破东北地区制造业创新发展屏障，在制造业国际化道路上局限低端锁定，成为新一轮东北老工业基地振兴的首要突破点。2018年"两会"期间，黑龙江省委书记张庆伟在被问及如何整治营商环境问题时指出，黑龙江省的营商环境水平较低、法治建设水平也不完善，政府服务市场主体的本领也亟待改进。

第四，生产方式粗放，资源消耗严重。东北地区制造业发展的初期曾片面追求短期效益，破坏了地区的生产环境，而生产方式的粗放一直难以有效转变，以至于东北地区的资源、环境与经济发展之间矛盾日益激化，难以维持经济的持续健康发展。就装备制造业而言，相较于中国装备制造业发的长三角、珠三角等地区，东北地区单位生产总值的能源消耗量明显偏高，难以获得比较优势。要改变这种情况不是一朝一夕的事情，一个可行的策略是通过寻求跨国资源的并购，保证装备制造业原材料供应和能源供应，促进装备制造业的健康持续发展[①]。

---

① 梁启东、刘晋莉：《辽宁装备制造业发展研究》，载于《财经问题研究》2013年第5期。

第七章 扩大开放：东北老工业基地制造业国际化

二、东北老工业基地制造业国际化发展路径选择

（一）以转变国际营销模式为先导，凸显制造业品牌效应

传统贸易的形式逐渐被电商取代，但是东北制造业并没有全面适应这样一个转折，依旧依赖于传统贸易的方式，缺乏拓展国际市场的机会。解决东北老工业基地制造企业走不出去的问题已经成为东北地区对外贸易过程中迫切需要解决的重要任务。国际营销与国际贸易是两个不同的概念，对企业来说，国际贸易中的产品一出中国海关，整个贸易过程就算完成，对于制造业企业来说直接对应的可能是贸易商，二部直接了解客户的感受和切实需求。国际营销则不同，是确定国外的目标客户，每个客户就像是一棵树，在不同时期有不同的需要并且需要剪枝等个性服务。东北老工业基地制造业实现国际化营销的路径是要做好市场调研，做不好国际营销的市场调研，就不可能做好国际营销；拿出东北地区优势制造业产品和装备制造业产品竞争，找准不同国际市场的切入点；在海外找当地熟悉市场的制造业代理商，防范知识产权风险与信用风险，特别要加强东北老工业基地重大技术装备产品的销售，例如机床、重型机械等优势产品的知识产权保护。

（二）以海外制造业研发基地为跳板，积极布局开放式创新平台

加大海外研发力度，形成国际化的研发平台。当前，国外重型机械制造业不断向着"大制造业"发展，东北地区要把握国际企业的重组机遇，采用收购、控股等方式对境外公司进行渗透，建立跨国合作企业，以快速掌握和提升东北地区企业的核心技术。在站稳国际市场的基础上，逐步实现科研与国际的接轨，打造东北地区高端制造业的国际品牌形象，吸引高端研发人才入住，并创建国际一流的研发中心，为东北经济提供核心动力。适

时在"一带一路"沿线国家建设制造业基地,有助于东北老工业基地制造业国际化发展。这一路径选择要注意两个方面,其一,这些国家是东北门老工业基地长期的大市场,并有较大的制造业潜在市场;其二,这些国家政治稳定因素十分重要,在资金短缺的情况下最大限度减少。

(三)以品牌创建为重点,打造海外生产基地

东北地区制造企业应进一步树立国际化的市场意识,支持并引导一批有实力的企业走出去,到境外建厂、开拓国际市场、优化产品结构。无论是绿地投资还是跨国并购,都必须充分结合东道国市场需求的特点,引进国际先进生产技术和优秀科技人才,为装备制造海外生产基地不断注入新鲜的血液,提升产品质量和境外加工效率,打造国际知名装备制造品牌。同时借鉴国外先进供应、分销渠道,利用先进经营资源和市场网络重新塑造国内生产基地,壮大东北老工业基地制造企业的本土实力。

(四)以产品出口为导向,拓展国际竞争渠道

首先立足国内市场,加大对外资国外先进技术的引进力度。同时东北地区制造企业只有在国内的市场上发展企业优势,才有基础去国外开拓市场,这一步是东北老工业基地走出低谷,重振辉煌必须要解决的首要问题。第一,面对在国内、外市场的竞争,东北地区要以产品的出口为契机,不断变革体制机制,打造国际化的管理内核,逐步实现生产、管理、营销与国际接轨,加大对外开放程度。第二,建立健全国际市场的营销管理体系,不断强化调研国际市场的细分市场,着重选择合适的目标市场进行对接。第三,积极采取直接面对用户、使用中介代理、联合国外公司合作、许可证贸易、设立办事处等多种方式,以发展中国家市场作为突破,逐步开拓发达国家市场。对于高端制造业对外贸易,要采取集中资源,重点突破的方法,针对国际细分市场,推

进产品的差异化发展，以适应不同市场的特点，大力开拓国际市场，形成国内外地区的差异化对外贸易新格局。

（五）利用海外电商平台，促进制造产品"走出去"

在传统贸易之上国际电商的发展给东北老工业基地的制造企业带来更多拓展商机的渠道，如亚马逊、速卖通等电商平台。电商平台为企业提供建站，构建一个本身的域名，除站点搭建、旺铺装修、产物公布等基本功能外，还供给广告推行等增值事项，为企业带来更多客户和订单，为企业降低了制造外贸的门槛。这是新的生产力去旧的生产力的时代，新的商业模式去旧的商业模式的时代，转型升级，这既是挑战也是机会。

三、东北老工业基地制造业国际化发展对策建议

中国政府早在 2001 年就明确地提出了国际化战略。国际化战略主要指技术引进、三来一补、国内合资合营等战略，对于中国甚至地区的对外开放提供了发展的方向。国际化与创新成长是新时期新常态下在全球化背景下中国企业应对国际挑战的重大主题之一，中央和各级政府都在积极鼓励企业的创新成长，但在当今世界开放全球化经济体系中，创新成长必然需要依托于全球性创新资源的发掘与整合。国际化战略提出后，国家和地方政府先后出台了旨在鼓励企业进入国际市场的各种政策和措施。同时，各级政府应根据企业的诉求，逐步建立地区内企业境外投资的公共服务体系，促进企业国际化进程和发展。在中国国际化战略不断深化过程中，越来越多的中国企业必将踏上国际化的征途，为中国经济发展助力。

（一）发挥东北老工业基地产业和区位优势，延长产业链

在新中国建立初期，东北老工业基地为中国的经济发展作出了巨大的贡献，也因此奠定了其工业长子的地位，然而随着改革

开放进程加快,东北地区经济增长水平出现全国垫底现象。新一轮全球产业链和价值链重构正在加速进行,东北地区应充分利用其地处东北亚经济带的核心位置的区位优势以及拥有众多的科研院所及高校、拥有相对健全的工业体系的行业发展优势,以期在未来的国际经济竞争中争取优势地位,打破产业价值链低端锁定,面对国内外产业发展态势及竞争环境的变化,加快东北地区产业调整,推动转型升级。

发展工业 4.0 的同时要积极对尚处于工业 2.0 及 3.0 企业进行技术引导及政策倾斜,向着制造业发展前沿及潮流的智能化、数字化方向转变,东北地区传统制造业和先进制造业并存,在新松机器人产业快速发展的同时还有很多产业处于机械生产阶段,制造业信息化对制造业的作用水平整体来看并不高,发挥人力资本优势,提高专利成果转化能力,重构东北地区制造业产业体系,依托产业优势,打造具有竞争力的产业集群,着重培育智能化、信息化、数字化、服务化于一体的高端集群网络,加强企业创新和竞争力提升,加快现有产业从价值链低端到中高端提升,立足全球产业链重组态势,把握发展趋势,取长补短,壮大优势产业的同时发展外围产业,积极嵌入全球产业链重构体系中,实现东北老工业基地全面振兴。

(二)推进企业开放式创新,实现东北制造业高端化转型

创新作为企业持续发展的动力,决定了企业的竞争力,唯有创新可以改善企业的发展方式,不断提升竞争力。随着新一轮国际产业结构的转变和全球贸易冲突的加剧,日趋严峻的国际产业竞争态势对新一轮东北老工业基地的技术创新活动提出了新的要求,更为有效的技术创新与成果转化成为关键。开放式创新的本质是内外创新资源的融合和集成,在科技进步和经济全球化的推动下,以开放包容的思维,调动和运用全球创新资源,加快融入全球研发创新体系,是实现东北制造业高端化转型成为新一轮东

北振兴的重要路径。

首先，应建立并强化开放式创新组织协调体系。充分发挥政府在内外创新资源配置以及提供公共产品和公共服务方面的引导作用，为开放式创新营造良好的发展环境。此外，成立开放式创新咨询委员会，邀请专家学者、公司高管、创业代表、相关职能部门负责人等参与，共同制定相关规划及政策法规，为开放式创新提供科学指导。

其次，应打造功能全的开放式创新平台支撑体系。依托以中德高端装备制造业产业园和中以产业合作园等项目，提高东北老工业基地产业园区和自贸试验区创新体系的开放性，以全球化视野和战略性思维引导企业将对外技术战略与整体竞争战略有效整合，最大限度融入国际创新网络，此外，还需进一步建立、健全、完善国际联合实验室、国际科技合作基地、院士工作站等项目的建立及实施，重点支持有条件的企业到海外布局研发机构强化对外技术交流与合作。

再者，应建立健全高效率的开放式创新成果转化体系。借鉴"互联网+科技大市场"的模式，筛选东北老工业基地振兴进程中的重大产业技术攻关项目，通过网络在全球范围发标，接受科学家、投资家投标。此外，在政产学研合作方面，允许研究单位和科研人员（创客）通过网络平台联络，自由组合成为课题实体并申请项目，从而整合全球优质研发资源，提升研发效率，进而实现以开放式创新，助推东北传统制造业中高端化转型的战略目的。

（三）加快制造企业跨国并购，提高东北制造业国际竞争力

提高海外市场份额，实现收益最大化，跨国并购成为国内企业向海外扩张的重要方式。特别是国内大型制造业，海外并购的成功经验值得东北老工业基地大型制造业企业借鉴，跨国并购比单纯地依靠自身实力在国外建厂或单纯地依靠财务并购更能在相

对短的时间内取得迅速扩张的效果。制造业企业海外并能实现产业链上的延伸，不仅能帮助企业顺利完成产业结构优化，更是加强了其在核心零部件上的整体开发、在生产中充分应用智能化控制系统，从而理顺了较为完整的产业链，达到实现规模经济的目的，东北老工业基地制造业企业无论国有或是民营都应借鉴海外并购企业的成功经验。

（四）融入"一带一路"建设，推进东北制造业国际化进程

加快"一带一路"建设，是顺应世界经济新变化的需要，也是加强区域间合作开放，维护世界经济自由贸易的需要，而借助"一带一路"建设，在比较大的范围和更深层次开展区域合作，打造区域经济合作框架正是当前实现东北制造业振兴新驱动力的迫切需要，是扩大对外开放，形成倒逼机制，深化改革和转型增长的关键动力。因此，积极融入"一带一路"建设，深化东北制造业国家化进程成为实现新一轮东北振兴的重大举措。

首先，应借助"一带一路"建设，加快推进"中俄蒙"大通道建设。利用俄罗斯的扎鲁比诺港实现"借港出海"，进而加强中俄蒙在科技、能源、金融、农业、人文等领域的交流合作；以基础设施建设为依托，实现"中俄蒙"三国产业创新合作，积极创设、推进跨境和境外产业园建设，开辟三方新的统一市场，形成资金供给、能源矿产开发和销售市场一体化链条，系统推进东北老工业基地传统产业合作式转型升级。

其次，应加快推进中日韩大通道建设。相对于东北地区与日韩之间的经济互补性和广阔的合作空间而言，目前东北地区对日韩开放和合作的潜力还远未充分得到释放。东北地区应充分发挥其作为东北亚中心的区位优势与辽宁的港口优势，以"一带一路"建设和中日韩自贸区建设为契机，实行全面开放政策。可借鉴云南主导湄公河流域开发、广西主导环北部湾经济区开发的

经验，充分发挥东北地方政府在推进中日韩跨境经济合作中的积极性。在中日韩投资协定基础上，加大东北对日韩在金融、技术等生产性服务业领域的开放力度，积极吸引日韩资本、技术、人才等要素进入东北工业领域，进而实现东北新一轮转型升级的新引擎。

第八章

产业引领：东北老工业基地机器人产业发展

制造业是现代工业的基石，随着新能源、新材料技术以及信息技术等重要领域和产业前沿方向的关键技术和基础性研究的突破以及各领域间的交叉融合，由此引发的新一轮的产业变革和全球产业链的调整正在发生，对全球制造业的发展路径将带来颠覆性的质变。而在此之中，依托人工智能技术、新一代信息技术与制造业的深度融合，实现不同行业产品、生产组织方式、工作流程以及业务模式的高质化和高智化，进而系统实现制造业优化升级成为世界各国实现实体经济发展和争抢全球产业链高附加值位势的重要途径。

东北经济持续低迷，企业外迁，人才外流，营商环境不佳，投资呈现下滑趋势，这使得新一轮东北振兴迫在眉睫。2017年8月22日，为深入贯彻落实党中央、国务院关于实施新一轮东北地区等老工业基地振兴战略的决策部署，国家正式出台《推进东北地区等老工业基地振兴三年滚动实施方案（2016~2018年）》，其中指出"着力完善体制机制、着力推进结构调整，着力鼓励创新创业、着力保障和改善民生"成为了四大核心任务，实施方案明确提出了拟于2016~2018年开工建设的对东北振兴有全局性重要影响的，能够有效补短板和培育新动能的127项重大项目。可见，从国家宏观调控的层面上看，新一轮东北老工业基地振兴

第八章 产业引领：东北老工业基地机器人产业发展

备受关注。在此背景下，中央正式明确，通过将沈阳打造为东北业"四个中心"，将高质量贯穿于全面振兴全过程的方针，其中明确指出，2030年要将沈阳打造为东北业先进装备智能制造中心这一议题。

作为传统制造业向智能制造转型的基础，东北地区具有比较优势的人工智能产业，尤其是与制造业密切相关的工业自动化系统设备制造业的发展实现了制造产品全生命周期的信息及生产过程高效整合，对于提升装备制造业生产效率、产品标准化、生产环节高度化具有重大意义，是实现新一轮东北制造业高质量发展，助推其在新时期向全球产业链高端攀升的关键一环。因此，本章将系统地阐释依托先进装备智能制造中心建设，全面提升制造业发展质量的必要性，并从智能制造产业（主要是东北地区具有比较优势的工业机器人产业）发展路径的角度为下一阶段东北制造业高质量发展提出政策建议。

第一节 国际工业化进程下智能制造战略背景对比

随着新能源、新材料技术以及信息技术等重要领域和产业前沿方向的关键技术和基础性研究的突破以及各领域间的交叉融合，由此引发的新一轮的产业变革和全球产业链调整正在发生，对全球制造业的发展路径将带来颠覆性的质变。在全球工业化逐步推进的背景下，依托人工智能技术、新一代信息技术与制造业的深度融合，实现不同行业产品、生产组织方式、工作流程以及业务模式的高质化和高智化，进而系统实现制造业优化升级成为世界各国实现制造业高质量发展的共同趋势。继德国2020高技术战略提出"工业4.0"的概念之后，美国、韩国、中国、日本相继抓住智能制造的发展契机，提出"工业互联网"战略、"机器人未来战略 2022"、"中国制造 2025"以及"社会 5.0"战略。在此基础上,对国际工业化进程下各国智能制造战略背景的对比有助于分析各国智能制造的发展重心,为明确我国依托智能制造实现制造业高质量发展指明路径,也为东北地区建设先进装备智能制造中心明确定位。

一、德国"工业 4.0"战略

"工业 4.0(Industry 4.0)"一词于 2011 年首次提出。"工业 4.0"的提出者是德国人工智能研究中心(DFKI)的 CEO 和科学总监沃夫冈·瓦尔斯特尔(Wolfgang Wahlster)教授。2013 年德国乌尔里希·森德勒编著出版了《工业 4.0》一书,正式开启了德国工业 4.0 时代,在全球引起了巨大反响。总体而言,工业 4.0 是德国政府提出的一项面向制造业高端化发展的高科技战略计划。

2013 年 4 月德国政府于汉诺威工业博览会上正式推出"工业 4.0"研究项目,其目的是为了提高德国工业的竞争力,在新一轮工业革命中占领先机。工业 4.0 的地位是国家级战略,推动者是德国工程院、弗劳恩霍夫协会、西门子公司等德国学术界和产业界。该项目由德国联邦教育及研究部和联邦经济技术部联合资助,投资预计达 2 亿欧元,旨在提升制造业的智能化水平,建立具有适应性、资源效率及人因工程学的智慧工厂,在商业流程及价值流程中整合客户及商业伙伴,其技术基础是网络实体系统及物联网。

所谓工业 4.0,是相对于工业 1.0、工业 2.0、工业 3.0 而言的第四次工业革命,即基于"信息物理系统"(CPS)的智能化所实现的新制造方式,其有助于实现不同行业产品、生产组织方式、工作流程以及业务模式的高质化和高智化,并将推动人类迈入以智能制造为主导的时代。所谓的工业 1.0 是指 18 世纪 60 年代以蒸汽机的出现及改良为标志的工业革命,其通过水力和蒸汽

第八章　产业引领：东北老工业基地机器人产业发展

机实现工厂机械化，工业1.0的结果是机械生产代替了手工劳动，经济社会从以农业、手工业为基础转型到以工业、机械制造带动经济发展的新模式，创造了机器工业的"蒸汽时代"；工业2.0是电气化与自动化时代，即19世纪70年代的电气化与自动化时代，其在劳动分工基础上实现了电力驱动产品的大规模生产模式，由于电力的出现，工业进入了由继电器、电气自动化控制机械设备生产的年代，工业2.0通过零部件生产与产品装配的成功分离，开创了产品批量生产的高效新模式，是的制造业进入"电气时代"；工业3.0是电子信息化时代，即20世纪70年代开始并一直延续至现在的信息化时代，在升级工业2.0的基础上，广泛应用电子与信息技术，使制造过程自动化控制程度再进一步大幅度提高，生产效率、良品率、分工合作、机械设备寿命都得到了前所未有的提高，在此阶段，工厂大量采用由PC、PLC/单片机等真正电子、信息技术自动化控制的机械设备进行生产，自此，机器能够逐步替代人类作业，不仅接管了相当比例的"体力劳动"，还接管了一些"脑力劳动"，使得制造业进入"信息时代"（见图8-1）。

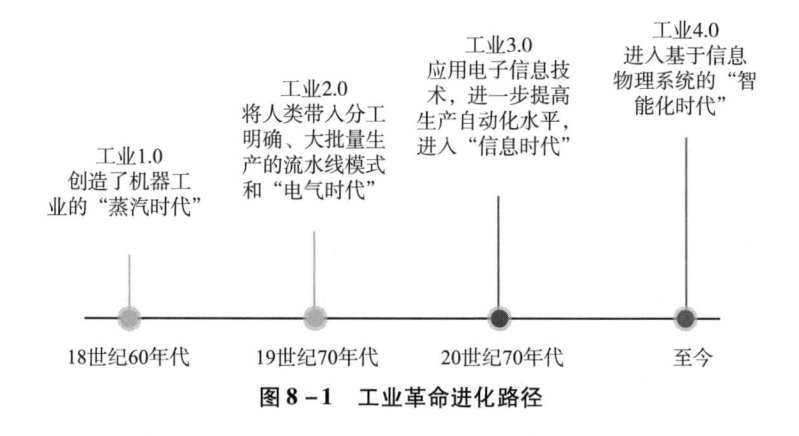

图8-1　工业革命进化路径

18世纪60年代	19世纪70年代	20世纪70年代	至今
工业1.0 创造了机器工业的"蒸汽时代"	工业2.0 将人类带入分工明确、大批量生产的流水线模式和"电气时代"	工业3.0 应用电子信息技术，进一步提高生产自动化水平，进入"信息时代"	工业4.0 进入基于信息物理系统的"智能化时代"

德国于《高技术战略2020》中提出的"工业4.0"制造业

发展战略主要涵盖以下三个方面：

（1）构建信息物理系统。信息物理系统是实现工业4.0的重要基础，它的核心意义在于将物理设备连接到互联网上，使人、物、资源和信息密切联系在一起，从而创建出物联网，使其具备通信、计算、远程协作、精确控制和自治等五大功能，从而使实体的物理系统与虚拟的网络世界之间实现有效的融合，即信息物理系统强调的是制造业在数据分析基础上的转型。

（2）研究智能生产和智能工厂。实现工业4.0的核心在于智能生产和智能工厂。智能生产主要涉及3D打印技术、智能生产物流管理以及人机互动在整个企业生产制造过程中的应用等；而智能工厂的研究重点在于智能化生产系统、过程以及如何实现分布式网络化生产设施。

（3）实现价值链网络的横向集成、网络化制造系统的垂直集成以及横跨整个价值链的端对端数字集成。横向集成是指集成价值链网络上各个企业之间用于不同生产阶段及商业规划过程的IT系统，使各个企业之间实现物资、信息和能源的交换，并通过信息网络达到整合资源和无缝合作的目的，实时提供产品和服务；网络化制造系统的垂直集成是指基于网络化制造体系集成不同层级的IT系统，从而实现个性化需求定制生产。横向集成和垂直集成的目的都是为端对端集成提供解决方案。而横跨整个价值链的端对端数字集成则是指在所有终端实现数字化的基础上整合价值链以求在最大程度上满足个性化定制需求。

为实现"工业4.0"发展战略，《高技术战略2020》中指出需要优先落实的计划，主要涉及行业标准的设定、强化复杂系统管理、建立工业宽带基础设施、强化产业安全与信息安全、相关培训和教育产业的发展、建立信息监管框架以及权衡资源利用效率七个方面（见表8-1）。

第八章　产业引领：东北老工业基地机器人产业发展

表 8 – 1　　　　　　　工业 4.0 优先落实计划

计划范畴	具体内容
产业标准制定	工业 4.0 的实现意味着产业互通联网，并涉及价值网络集成，所以对于产业标准的制定是实现工业 4.0 的基础条件
复杂系统管理	在产业互联的基础上，日益复杂的生产和制造系统需要恰当的模型、技术及计划进行管理
建立工业宽带基础设施	大规模扩展高品质、全面可靠的综合通讯网络是工业 4.0 实现的基础
产业安全	在产业及生产过程互联的基础上，需要确保产品和设施不会对环境或人构成威胁，同时要防止各种信息和数据被滥用和未经授权的访问
教育及培训	工业 4.0 将改变人们的专业能力和工作，需要相关的教育产业或机构进行适当的培训并以培养学习的方式组织工作，并借此实现基于工作地点的个人发展和终身学习
深化监管	工业 4.0 背景下，面临保护企业数据、责任问题和贸易限制等挑战，需要采用包括合同范本、指导方针、公司集体协议和自我监管的措施等手段进行监管
资源利用	工业 4.0 推动的制造业快速发展所带来的资源消耗将会给环境带来一定程度的负担，需要对"投资在智能工厂中的额外资源"与"带来的潜在节约"之间的成本收益进行权衡

总而言之，工业 4.0 的本质是智能制造，其核心是智能工厂，信息物理系统是工业 4.0 的基石，要求的具体内涵是精益生产。工业 4.0 的助手是工业机器人，而软件和工业大数据则是它的大脑。虽然工业时代 4.0 才刚刚开始，但给了我们大概的方向，未来企业会变成数据的企业、创新的企业、集成的企业、不断快速变化的企业，这也为我国东北地区制造业的智能化转型提供了可以借鉴的路径导向。

二、美国"工业互联网"战略

同样处于"4.0"发展领先地位的美国于2012年由奥巴马政府提出投资10亿美元,创建15个美国"国家制造业创新网络"（NNMI）计划,成为美国"工业互联网"战略的前身。此后通用电器、英特尔、思科、AT&T、IBM等企业联合美国奥斯丁国家仪器实验室正式组建工业互联网联盟（IIC, Industrial Internet Consortium）,并系统地推动了美国"工业互联网"战略的实现。2008年金融危机之后,美国政府将发展先进制造业上升为国家战略,希望以新的革命性的生产方式重塑制造业。"工业互联网"战略的核心思想仍然是将虚拟网络与实体连接,形成更具有效率的生产系统。而与德国"工业4.0"战略强调的"硬"制造不同,软件和互联网经济发达的美国更侧重于在"软"服务方面推动新一轮工业革命,希望用互联网激活传统工业,保持制造业的长期竞争力。

美国在"工业4.0"改革进程中最显著的特点在于政府与企业联盟之间的协同作用,即除了美国政府的政策扶持外,行业联盟的率先组建成为"工业互联网战略"发展的重要推手。在计划中,工业互联网联盟采用开放成员制,致力于发展一个"通用蓝图",使各个厂商设备之间可以实现数据共享。该蓝图的标准不仅涉及Internet网络协议,还包括诸如IT系统中数据的存储容量、互联和非互联设备的功率大小、数据流量控制等指标。其目的在于通过制定通用标准,打破技术壁垒,利用互联网激活传统工业过程,更好地促进物理世界和数字世界的融合。然而,工业互联网联盟的实现是建立在2009年即金融危机之后,美国政府的制造业振兴战略,可以说,2009年至今的美国先进制造业发展战略的集合共同组成了"工业互联网战略"本身（见表8-2）。

表 8-2　　美国"工业互联网战略"发展历程

时间	事件	核心内容	
2009年4月	奥巴马就职演讲	美国将重振制造业作为近年最优先发展的战略目标	
2009年12月	《重振美国制造业框架》	详细分析了重振制造业的理论基础及优势，成为美国发展制造业的战略指引，在此基础上，奥巴马政府从战略布局、发展路径到具体措施，逐步铺展，完成了制造业创新计划部署	
2011年6月	"先进制造伙伴计划"	加快抢占21世纪先进制造业制高点	目标在于两个方面：一是调整、提升传统制造业结构及竞争力；二是发展高新技术产业。提出发展包括先进生产技术平台、先进制造工艺及设计与数据基础设施等先进数字化制造技术
2012年2月	"先进制造业国家战略计划"	通过积极政策，鼓励制造企业回归美国本土	
2012年3月	"国家制造业创新网络计划"	建立最多45个研究中心，加强高等院校和制造企业之间的产学研有机结合，在此基础上，投资10亿美元组建美国制造业创新网络（NNMI），集中力量推动数字化制造、新能源以及新材料应用等先进制造业的创新发展，打造一批具有先进制造业能力的创新集群	
2012年12月	"工业互联网战略"	通过制定通用标准，打破技术壁垒，利用互联网激活传统工业过程，更好地促进物理世界和数字世界的融合	

尽管"工业互联网战略"中所涉及的标准建立和最终批准可能需要长时间跨度的准备，但一旦这些标准建立起来，将有助于硬件和软件开发商创建与物联网完全兼容的产品，最终结果可能是实现传感器、网络、计算机、云计算系统、大型企业、车辆和数以百计其他类型的实体得以全面整合，推动整个工业产业链的效率全面提升。由美国"工业互联网战略"中可以看出，由

政府和企业联盟之间协同作用形成的战略本身将具有更强的微观基础与更优秀的可执行性，这也将为我国东北地区依托先进装备智能制造中心建设，全面提升制造业发展质量的过程提供极佳的政策制定导向。

三、日本"社会5.0"战略

"社会5.0"是在2016年的1月，日本内阁会议决定的"第5期科学技术基本计划"（相当于日本的五年规划）中提出的新概念。其主要意图在于最大限度应用信息通讯（ICT）技术，通过网络空间与现实空间的融合，共享给人人带来富裕的"超智慧社会"。而在随后5月的内阁会议上提出的"科学技术创新综合战略2016"中，"社会5.0"被确认是第5期科学技术基本计划中的项目，成为日本当期社会和经济发展的重中之重。2017年1月15日召开的综合科学技术与创新会议，发布了2017年度"科学技术创新综合战略"重点实施策略，针对基于开放创新的结构改革，以及实现解决社会问题的"社会5.0"的机制，战略中特定了232项实施策略。为切实落实232项战略的实现日本政府拨款9538亿日元用于相关产业的发展与基础设施建设活动。

与德国"工业4.0"战略相比，日本的"社会5.0"战略选择不同的视角，即日本政府更加关注社会的构成，其将人类社会的进步划分为狩猎社会、农耕社会、工业社会、信息社会以及超智慧社会五个阶段（见图8-2）。日本认为，当前日本社会处于信息社会的发展时期，而超智慧社会将是日本未来发展的核心。超智能社会5.0，也是在德国工业4.0强化产业竞争力、实现产业变革的基础上，试图通过智能化技术解决相关经济和社会课题的全新的概念模式。简单而言，"社会5.0"要实现的是包含制造业在内的精准服务，它通过整个各个社会子系统，对人类、地理、交通等大数据进行横向应用，从而实现一个充满活力与舒适度日的社会，每个人都接受高质量的服务。

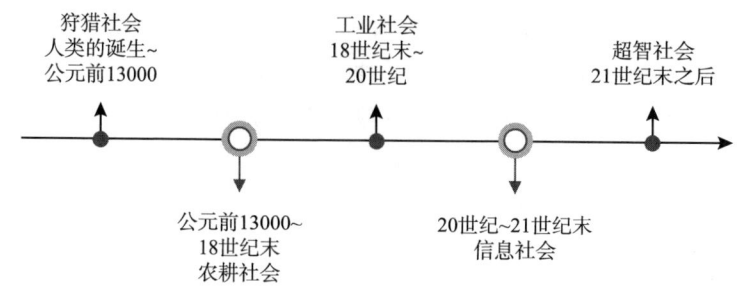

```
狩猎社会                工业社会
人类的诞生~              18世纪末~              超智社会
公元前13000              20世纪                21世纪末之后
```

```
        公元前13000~           20世纪~21世纪末
         18世纪末              信息社会
         农耕社会
```

图 8 - 2　社会 5.0 演变历程

"社会 5.0"战略的实现需要虚拟空间与现实空间两部技术支持，这也是"社会 5.0"战略实施的关键所在。其主要包括[①]：

1. 虚拟空间技术领域

虚拟空间技术主要包括网络安全技术、物联网系统构建技术、大数据解析技术、人工智能技术、设备技术、网络技术、边缘计算技术等。具体如漏洞处理、加密及高容量存储，互联网信用体系建设，系统运行过程中结构改造或新旧设备衔接所需要的结构边缘及服务器侧的虚拟支撑技术，非结构化大数据的实时高速信息处理，建立在深层学习技术基础上的搜索型、知识型、计算型，以及统合型人工智能技术，对大数据进行高速和实时处理的小型超低电力消耗设备，强功能和高性能虚拟系统，新材料和设计技术的融合，高容量的无线通信技术，对大数据实时把握及进行高度分析判断的网络技术，针对信息的实时高速处理的信息分散处理技术，以及确保网关等终端设备安全和无法确保情况下的防范架构技术等。

2. 现实空间技术领域

该领域主要技术包括机器人技术、传感器技术、处理器技术、生物技术、人机交互技术等。具体如：机器人安全评估的国际标准制订，可远程实施的远程监控及性能更新技术，与机理、

---

① 摘自《改革内参》2016 年第 44 期。

驱动、控制等信赖评价及处理器的人工智能研发密切相关的基础研究，微电机系统及生物处理器技术，生物传感器、人体运动数据采集装置、生物驱动器等的开发，生物基础技术研究，高度小型化及超低电量消费的传感器技术，虚拟现实与增强现实、感知工程、认知科学与脑科学等领域技术研发，以及人工智能与人类平等或仅为工具等社会伦理问题研究等。

3. 综合领域相关技术

该领域主要技术包括纳米等原材料技术、光学和量子技术。具体为：一是高效电力控制的半导体技术、工艺创新的触媒技术以及声光控制技术，高端测量诊断和成像技术，生物材料和纳米材料等新型原材料技术，以及支撑能源、基础设施、医疗健康等领域创新型结构材料和功能材料的研发与相关应用组件的升级。二是计算技术、成像与传感技术、信息和能源传输技术、高加工技术等相关基础和应用技术，大容量和高速光子传输等尖端光学和量子技术等。

在技术支持的基础上，"社会5.0"不仅要求涵盖能源、交通、制造、服务等多个系统组合，未来还将包括人员、商务、法律等管理机能，以及劳动力提供与理念创新等人类自我价值的实现。建设超智能社会不仅需要高速公路等交通智能化、能源价值链最优化、制造体系全新化等核心智能系统的开发，也需要跨区域的医疗健康系统、食品产业链、生产体系等新的智能价值链的创造与创新，以及导航卫星系统、数据综合解析系统、公共基础设施认证等方面的支持。日本的"社会5.0"战略与美国"工业互联网"战略具有一定的相似性，但是其本质差别集中于两个方面：其一，美国"工业互联网"战略是由下而上的，由微观至宏观的一项战略措施，而日本是由上而下的方针政策，两者的侧重点不同；其二，美国"工业互联网"战略的本质仍然是探索制造业的发展战略，而日本的"社会5.0"则更侧重于社会整体或者说是人民全体福利水平的上升。对于我国东北地区通过智能制造实现新一轮振兴的终极目标而言，社会整体结构的智能化升级，即不仅包含制造业，而且涵盖社会发展的方方面面的政策方针是重点的借鉴方向。

日本"社会5.0"的整体构架如图8-3所示。

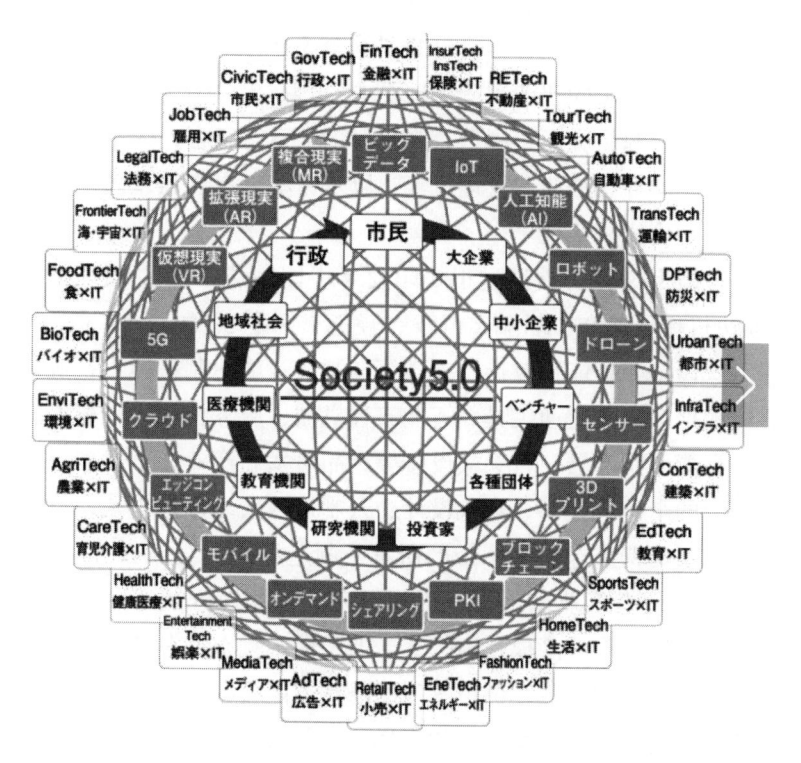

图8-3　日本"社会5.0"整体构架

资料来源：http://www.eepw.com.cn/article/201609/310043.htm。

综上所述，从全球发达国家工业化进程中智能制造的战略背景中可以看出，德国作为老牌制造业强国率先提出以新工业革命为目标的智能制造"工业4.0"战略，旨在通过智能制造实现国家制造业竞争力水平的提升。与此同时，同样位于全球"4.0"领袖位置的美国则从自身比较优势出发，以软件和互联网经济为重心，在"软"服务方面推动新一轮工业革命，在此基础上，由下而上的形成"工业互联网"战略，实现并不仅限于制造业，而是形成涵盖的领域更加广泛，主要涵盖五大行业（制造、电力、能源、交通、医疗）共有九个平台的国家协同发展网络，其核心仍然是实现制造业的高质量发展。而相比较与美国和德国的智能制造发展战略，日本提出的"社会5.0"则是从社会结构的角度对更广范畴的智能制造提出要求，其指出"社会5.0"不仅要求涵盖能源、交通、制造、服务等多个系统组合，未来还将包括人员、商务、法律等管理机能，以及劳动力提供与理念创新等人类自我价值的实现。

2015年，国务院通过正式印发《中国制造2025》明确指出"加快机械、航空、船舶、汽车、轻工、纺织、食品、电子等行业生产设备的智能化改造，提高精准制造、敏捷制造能力；统筹布局和推动智能交通工具、智能工程机械、服务机器人、智能家电、智能照明电器、可穿戴设备等产品研发和产业化；发展基于互联网的个性化定制、众包设计、云制造等新型制造模式，推动形成基于消费需求动态感知的研发、制造和产业组织方式"。自2003年东北老工业基地振兴提出以来，东北地区制造业取得了稳健的发展，产业规模逐渐扩大，但长期困扰东北制造业发展的劳动力流失、生产效率低下等问题仍然未能有效解决，从而制约了制造业向高质量转型升级的步伐。在国家大力推进智能制造的背景下，通过提升制造业智能化水平成为东北地区制造业高质量转型升级的重要途径。2017年年底，中央正式明确"通过将沈阳打造为东北亚'四个中心'，将高质量贯穿于全面振兴全过程"的方针，其中"四个中心"明确指出，2030年要将沈阳打造为东北亚国际化中心城市、科技创新中心、先进装备智能制造中心、高品质公共服务中心，而依托中国科学院沈阳自动化研究所，加快推进机器人与智能制造创新研究院、国家机器人创新中心、国科大机器人学院、沈阳材料国家研究中心，集中发展以已然形成比较优势的工业自动化控制系统制造业为核心的整体智能制造体系，不断提升制造业智能化水平，逐渐建成先进装备智能制造中心，是东北制造业新一轮高质量转型升级的重中之重。因此，对于我国当前工业自动化控制系统制造业的发展态势以及东北地区相关产业竞争力进行分析，并对工业自动化控制系统制造业带动、推动作用进行分析具有十分重要的现实意义。

第二节 工业机器人产业的发展态势

一、全球工业机器人产业发展态势

（一）销售规模

国际机器人联合会（IFR）将机器人分为两类：一类为工业机器人；另一类为服务机器人。目前工业机器人主要应用于汽车、机械加工、电子电器制造、橡胶及塑料生产以及物流等行业。

如图8-4所示，根据国际机器人联合会（IFR）统计，2014年全球工业机器人销售量为22.9万台。在2010年至2014年之间，全球工业机器人平均销售量增长约为17%，在2005~2008年之间，工业机器人年平均销售量为115000台，而2010~2014年这个数字上升至171000台，上涨约为48%[1]，因此可见，全球工业机器人的市场规模呈现出不断扩大的趋势，发展势态良好，而且自2008年经济危机之后，全球机器人产业呈现复苏且加速发展的趋势。

---

[1] 资料来源：IFR：《2015年全球工业机器人研究报告》。

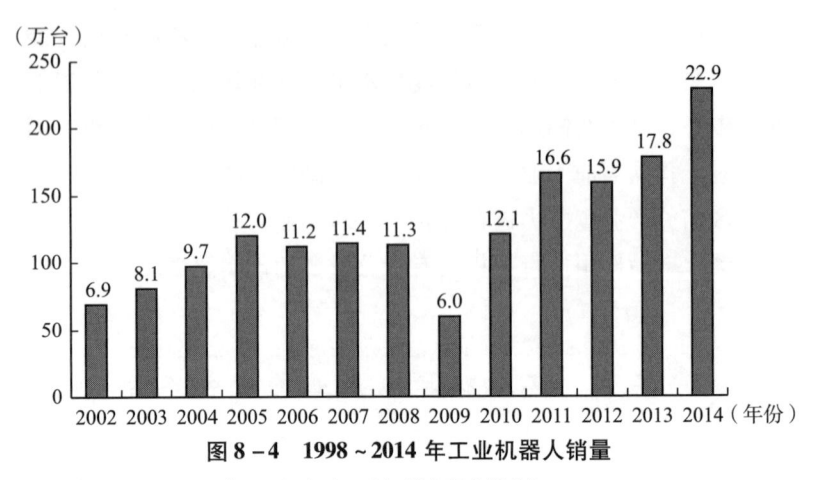

（万台）

图 8-4　1998~2014 年工业机器人销量

资料来源：IFR：《2015 年全球工业机器人研究报告》。

如图 8-5 所示，从不同区域国家的工业机器人销售数量比较来看，亚洲（包括澳大利亚）已经成为目前最大的机器人市场。根据 IFR 的统计数据显示，2014 年亚洲（包含澳大利亚）工业机器人销量 139344 台，同比增长 41% 左右。2013 年和 2014

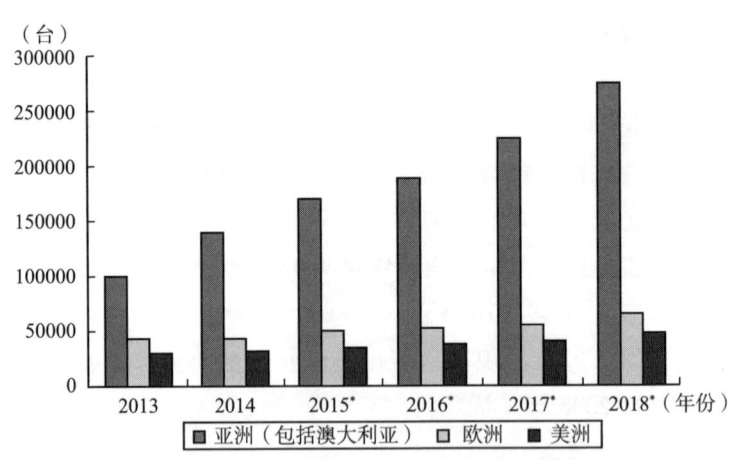

图 8-5　2013~2014 年亚洲（包括澳大利亚）、
欧洲、美洲三大洲工业机器人销量

注：* 为预测值。
资料来源：IFR：《2015 年全球工业机器人研究报告》。

第八章　产业引领：东北老工业基地机器人产业发展

年多功能工业机器人销售量，中国、美国、日本、韩国分别位于1~4位，分别占2013年总销售数量的62.7%和2014年总销售数量的62%[①]，可见中国、美国、日本、韩国已经成为全球工业机器人销售的重要市场。

（二）机器人密度

机器人密度是指平均每万人所使用的机器人的数量，是衡量机器人渗透率的重要指标。2014年世界前五大机器人供应国中，我国机器人密度为30台/万人（见图8-6），显著低于其他四个国家，这意味着我国机器人渗透比率仍然处于较低水平。这一比例也低于全球平均机器人密度62台/万人。

根据IFR统计资料显示[②]，2014年，欧洲平均的机器人密度为85台/万人，美洲为79台/万人，亚洲为54台/万人。按照所属的行业来分，总体而言全球汽车制造业的机器人密度显著高于其他行业。在2014年，日本具有全世界最高的机器人密度，约为1414台/万人，紧随其后排在第二位的德国为1149台/万人，第三位的是美国，为1141台/万人，第四位是韩国为1129台/万人。2014年中国在汽车制造业方面的机器人密度较2007年已经有了极大的提高，大到305台/万人，但是与其他四个国家相比仍然存在较大差距。这一差距可能并不是机器人的应用程度低，而是汽车制造业的从业人员过多所导致的。

虽然作为工业机器人主要运用方向的电子电器制造业具有相对较高的机器人密度，但是从全球总体上来看，普通产业（除汽车制造业以外的全部产业）机器人密度仍然处于较低的水平。位于首位的韩国机器人密度为365台/万人，日本、韩国、瑞士分别以211台/万人、161台/万人、142台/万人位于2~4位，中国台湾地区凭借近几年快速发展的机器人产业以138台/万人位于第五位。总体而

[①][②] 资料来源：IFR：《2015年全球工业机器人研究报告》。

言,大多数的新兴机器人市场国家的机器人密度低于30台/万人。

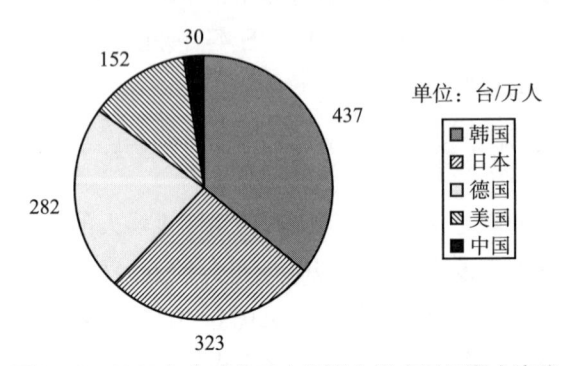

图 8-6　2015年全球前五大机器人供应国机器人密度
资料来源:《2016~2020年中国智能制造产业深度调研及投资前景预测报告》。

(三) 工业机器人主要的应用领域

具有极强的联系带动作用的汽车制造业作为一个集劳动、技术、资本密集型的综合性产业,对于国民经济的发展起到重要的支撑作用。随着国际汽车制造业竞争力压力的不断提高,对于各国汽车制造业的效率有了更高的要求,机器人的大规模使用便是这一趋势的结果。

根据IFR统计资料显示[1],全球汽车制造业在2010~2014年间新增购买并使用工业机器人数量的年平均增长量为27%[2],在2014年年末新增购买并使用工业机器人98900台,达到历史最高水平,这一数字相比较于2013年提高了43%,其占2014年全部新增工业机器人使用量的43%。2014年全球电子电器制造业[3]新增购买并使用工业机器人达到最高水平,为48400台,相比较于

---

[1] 资料来源:《2015年全球工业机器人研究报告》。
[2] 2010~2014年汽车制造业购买并使用机器人数量的年平均增长率采用年复合年均增长率(CAGR)的方式进行核算。
[3] 这里的电子电器制造业主要包括,家用电器、电器机械设备、电子元器件/装置、计算机及辅助设备、家用和专业信息交互设备、医学精密和光学仪器及其他未分类的电气设备。

第八章 产业引领：东北老工业基地机器人产业发展

2013年提高了34%，占2014年全部新增工业机器人使用量的21%。随着全球经济复苏，各国对于电子电器产品的需求量的逐渐增加，尤其是低收入国家对于汽车及其相关产品的需求量逐年上涨，成为上述现象出现的重要原因。可见，汽车制造业和电子电器制造业对于机器人的需求已经成为机器人渗透率及机器人产业发展在需求方向的核心推动力量。

在2010～2014年间，除汽车制造业及电子电器制造业以外，其他产业年平均新增工业机器人使用量增长率约为17%，虽然与汽车制造业与电子电器制造业相比年平均增长率仍存在较大差异，但是，总体而言仍呈现出上涨的趋势，这也意味着全球经济发展正在向着"机器替人"的方向逐渐前进（见图8-7）。

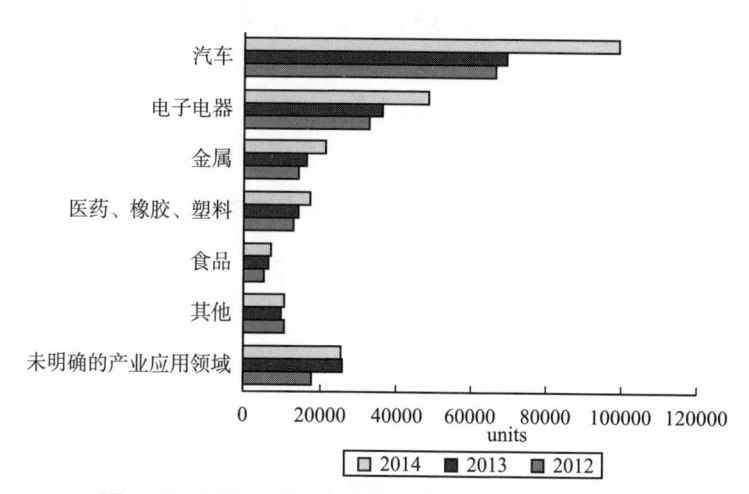

图8-7　2012～2014年全球工业机器人应用领域分布

资料来源：IFR：《2015年全球工业机器人研究报告》。

从亚洲、欧洲、美洲三大洲各自的工业机器人应用领域分布来看，除欧洲地区呈现出汽车制造业和金属产业[①]双头支撑的局面外，

---

① 金属产业主要包括：基本材料（铁、钢、铝、铜和铬）、金属产品（机械设备除外）、机械行业、未制定金属。

亚洲、美洲均以汽车制造业和电子电器制造业作为机器人购买及使用的先头产业,亚洲更是呈现汽车制造业和电子电器制造业并驾齐驱的局面。相比较而言,中国所呈现的分布情况与全球总体的分布情况相类似,但仍处于较低水平,具有极大的发展空间。

二、我国工业机器人产业发展态势

(一)我国工业机器人产业规模不断扩大

据中国机器人产业联盟 2016 年统计数据,国产工业机器人市场总体保持稳定增长,2015 年上半年销售工业机器人 11275 台,同比增长 76.8%。2014 年,我国工业机器人市场规模达到 5.7 万台,约占全球销量的 1/4,同比增长 56%(见图 8-8)。如图 8-8 所示,中国机器人供应商装机量约 1.6 万台,同比增长 78%;国外机器人供应商装机量约 4.1 万台,同比增长 49%。可见,2010~2014 年间我国机器人产业的市场规模正在不断扩大,机器人产业呈现不断扩张的发展趋势。

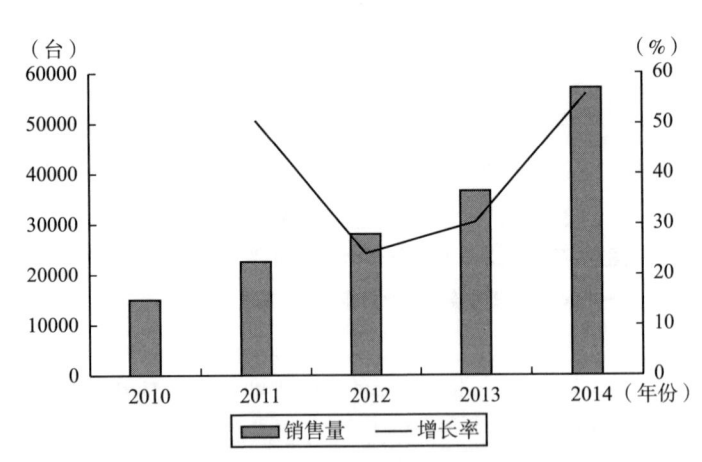

图 8-8 2010~2014 年中国工业机器人销量规模

资料来源:根据《2016~2020 年中国工业机器人产业深度调研及投资前景预测报告》整理所得。

第八章　产业引领：东北老工业基地机器人产业发展

（二）我国机器人产业集聚效应愈发明显

在需求快速扩张及国家自主创新政策作用下，国内一大批企业或自主研制或与科研院所合作，进入机器人研制和生产行列，使得我国工业机器人和服务机器人产业的集聚效应愈发明显。其中，工业机器人发展已形成环渤海、长三角、珠三角和中西部四大产业集聚区。

环渤海地区以沈阳、哈尔滨和北京为核心城市，以沈阳新松、哈工大集团、哈尔滨博实为龙头企业，聚集了中科院沈阳自动化研究所等一大批研究机构，具有极强的科研实力，凭借本地区深厚的工业底蕴形成了具有一定竞争优势的环渤海机器人产业聚集区。

长三角地区凭借良好的电子信息产业基础，在发展机器人产业方面拥有得天独厚的先发优势，机器人产业发展较早、实力雄厚。该地区以上海为中心，以高校为主要的科研力量，积极吸引外资，安川、ABB、库卡、发那科四大家在上海均有建厂，凭借庞大的市场需求和技术的消化吸收，形成自身独有的发展优势。

中西部地区机器人产业起步较晚，但市场庞大，近年来借助外部科技资源，发展势头强劲。典型案例有安徽埃夫特依托哈工大科技资源，近年来发展迅猛，快速成长为行业龙头企业。国内代表企业有埃夫特、武汉奋进、长沙长泰、安徽巨一等。研究机构有重庆中科院等，本地科研资源不足。

珠三角地区控制系统占有优势，广州数控作为中国南方数控产业基地，一直致力于控制系统研究，是国内技术领先的专业成套机床数控系统供应商，是国内最大的机床数控系统研发和生产基地，凭借其自身具有的独特优势，形成了广州数控和广州瑞松等一系列的具有竞争力的企业。

（三）我国机器人产业在核心零部件方面劣势明显

由图 8-9 可知，在工业机器人的全产业链中，上游产业链主要是指模块化的零部件生产商，中游产业链主要由机器人本体生产商占据，下游产业链主要是指机器人集成商，终端应用于各行业领域的自动化生产线。机器人集成是指在上述机器人本体上加装夹具及其他配套系统完成特定功能。可以将上述机器人本体理解为一只手臂，那么系统集成就是给手臂安装上手（夹具），复杂的系统集成还需要集成视觉控制、力度控制等完成相应动作及功能。

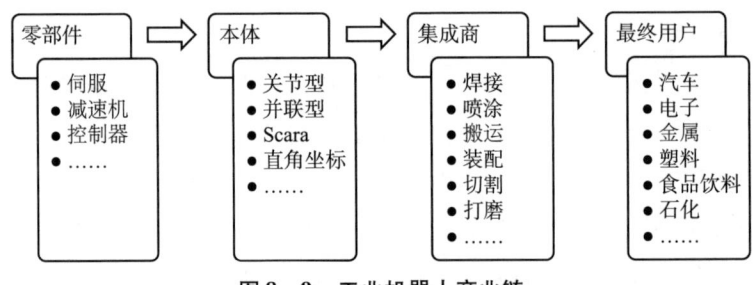

零部件	本体	集成商	最终用户
●伺服 ●减速机 ●控制器 ●……	●关节型 ●并联型 ●Scara ●直角坐标 ●……	●焊接 ●喷涂 ●搬运 ●装配 ●切割 ●打磨 ●……	●汽车 ●电子 ●金属 ●塑料 ●食品饮料 ●石化 ●……

图 8-9　工业机器人产业链

在工业机器人生产的产业链中，作为最上游产业的零部件生产环节是机器人产业技术密集度最高的部分。其中，三大核心零部件减速机、伺服系统和运动控制器是工业机器人的关键部分，也是产业链的核心所在，减速机占有工业机器人 36% 的成本份额，伺服系统占有 24%，运动控制器占有 12%，三大核心零部件共占有工业机器人 72% 的成本份额（见表 8-3）。从工业机器人的产业链角度来看，掌握核心零部件技术的厂商具有较强的议价能力，同样也是产业链布局的关键。

表 8-3　　　　我国工业机器人的基本构成　　　　单位：%

工业机器人组成	成本占比
减速机	36
伺服系统	24
本体	22
运动控制器	12
其他	6

资料来源：根据 wind 数据库整理所得。

根据德勒发布的《2013 年中国智能制造与应用企业调查》的相关数据显示①：在全部受访的智能制造企业中，有 50% 的企业认为产业配套能力不足是阻碍其发展的重要原因，其次有 31% 的企业认为智能制造企业技术研发各自为政难以形成有效的技术竞争优势，在 50% 的认为产业配套能力不足是阻碍其发展的重要原因的企业中，61% 的企业认为国内配套产品质量较低，53% 的企业指出核心零部件依赖国外采购是企业当前面临的最主要的外部制约力量之一（见图 8-10）。可见，作为最上游产业的核心零部件生产环节是当前我国工业机器人发展最需要攻克的壁垒。

然而，外资企业占据了三大核心零部件的绝大多数的市场份额，这就导致我国生产工业机器人的企业在核心零部件购买议价中处于被动，导致生产成本较高，市场竞争力较弱，企业盈利能力较低。OFweek 行业研究中心的统计数据显示，2015 年中国机器人行业业务规模总体呈现增长态势，其中上半年 80% 的厂商业务出现同比上涨，仅有 20% 的厂商呈现下降趋势，但是，就盈利情况而言 70% 以上的企业处于亏损状态。

---

① 虽然德勒发布的《2013 年中国智能制造与应用企业调查》是针对全部的智能制造企业进行的调查问卷，但同样能够反映出中国机器人产业所面临的问题。

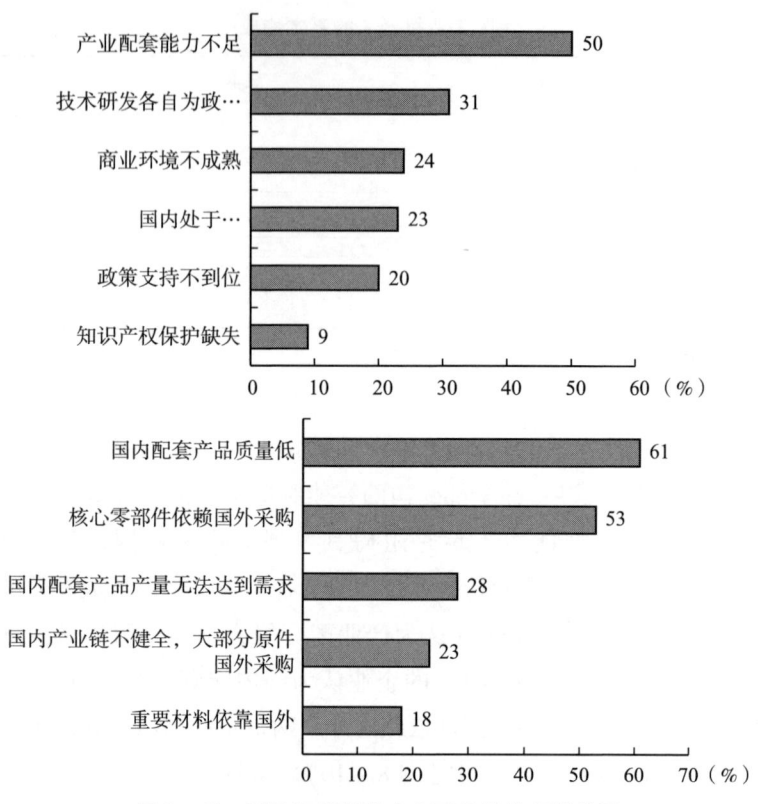

图8-10 受访智能制造企业面临的外部挑战及产业配套能力不足的主要表现

产业配套能力不足 50
技术研发各自为政… 31
商业环境不成熟 24
国内处于… 23
政策支持不到位 20
知识产权保护缺失 9

国内配套产品质量低 61
核心零部件依赖国外采购 53
国内配套产品产量无法达到需求 28
国内产业链不健全，大部分原件国外采购 23
重要材料依靠国外 18

资料来源：德勒。

如表8-4所示，以2015年一台165千克的六轴关节焊接机器人为例，国外生产一台165千克的六轴关节焊接机器人的成本为16.86万元，而国产同类型的机器人则需要花费29.90万元，总产本高于国外约77%。在总成本构成中，核心零部件是导致国产机器人成本高于国外同类型机器人的显著原因，构成国产机器人[1]总成本31%的减速器零件的成本高于外国同类机器人

---

[1] 这里的机器人均指的是2015年时的一台165千克的六轴关节焊接机器人。

341%，伺服电机高于外国同类机器人68%，伺服驱动高于外国同类机器人95%，运动控制器高于外国同类机器人160%，就成本构成而言，我国机器人仅在装配与调试方面具有相对优势。可见，核心零部件成本过高是导致我国工业机器人产品在市场上缺乏价格竞争力的重要原因，一旦减速机、控制器和伺服系统能够实现国产化，那么内资品牌则可以和外资品牌在价格上拉开差距，机器人成本的下降也将促使机器人成本的回收周期下降，机器人成本回收周期的下降将有助于机器人进一步实现劳动力替代。

表 8-4　2015 年一台 165 千克的工业焊接机器人国内外成本比

项目	国外	成本占比（%）	国内	成本占比（%）	比较
165 千克六轴工业焊接机器人（万元）	16.68		29.9		1.79
机械本体（元）	47040	28	65269	22	1.39
减速机（元）	20840	12	91813	31	4.41
伺服电机（元）	225475	15	42816	14	0.19
伺服驱动（元）	19000	11	37053	12	1.95
运动控制器（元）	5000	3	13000	4	2.60
其他电气部分（元）	26050	15	26050	9	1.00
装配与调试（元）	25200	15	23000	8	0.91
钕铁硼材料（元）	5095		8563		1.68
N35SH 售价（元/公斤）	220		220		1.00
单位用量（公斤）	23		39		1.70

资料来源：作者经中国产业信息网整理所得。

由此可见，工业机器人产业发展的关键在于模块化和标准化。由表 8-5 可知，根据招商证券 2015 年 8 月《中国工业机器人专题报告》的相关数据显示，单体机器人随着产量规模的上升成本迅速下降，通过国产化、优化配套厂家资源、批量材料加工等方式，我们测算生产规模增加到1000台套时，单机成本由30万元①降低至18.7万元，成本降幅高达37.67%。当不通过关键零部件国产化，仅考虑规模生产的效应，那么当生产规模增加到1000台套时，单机成本由30万元降低至24.17万元，成本降幅达19.43%。可见由于关键零部件国产化及优化配套厂家资源，可以使工业机器人成本下降约18.24%左右。② 因此可知，在实现关键零部件国产化的同时，全面布局关键零部件规模化生产是降低工业机器人成本，增强我国工业机器人竞争能力和实现劳动力替代的关键。

表8-5　　　165千克工业焊接机器人产业化成本分析

类别	名称	生产单机费用（100台）	生产单机费用（1000台）	生产单机费用（100台）	生产单机费用（1000台）
进口配给件	RV减速机	9.4（进口）	8.1（进口）	5（国产）	4（国产）
	伺服驱动器	6.8（进口）	6（进口）	5.5（国产）	4.8（国产）
	运动控制器	1.1（进口）	0.97（进口）	1（国产）	0.8（国产）
国产配给件	机械本体	6	5.5	6	5.5
	电器元件	2.5	2	2.5	2
其他	辅助费用	1.9	1.6	1.9	1.6
单机成本合计		27.7（87%）	24.17（75%）	21.9（69%）	18.7（56%）

资料来源：招商证券。

---

① 根据安信证券研究中心的统计数据，2015年一台165千克的六轴关节焊接机器人的国产成本为29.90万元，但为保证分析数据的统一性，此处采用招商证券2015年《中国工业机器人专题报告》中的数据即单个一台国产工业机器人的成本按照31.8万元计算，之后的关键零部件的数据也均采用招商证券提供的相关数据。

② 这里仅考虑关键零部件的替代性所带来的成本的降低，而替代的产品质量，或者说国内各地区企业获得关键零部件的难易程度及企业的异质性并未在考查的范围内。

第三节 工业机器人产业竞争力评价

一、我国工业机器人产业国际竞争力评价

（一）我国工业机器人产业国际竞争力指标体系构建

本节从生产竞争力、市场竞争力以及技术竞争力三个方面构建我国工业机器人产业国际竞争力指标体系，如表 8-6 所示。

表 8-6　我国工业机器人产业国际竞争力指标体系

	一级指标	二级指标
工业机器人产业国际竞争力	生产竞争力	工业总产量
		生产成本总额
		毛利润率
		年末从业人员数
		全员劳动生产率
	市场竞争力	贸易竞争指数
		出口商品质量指数
		工业机器人市场认可度
		核心零部件市场认可度
		市场占有率
		国内市场容量
	技术竞争力	拥有专利数
		技术研发经费支出
		技术研发人员比重

生产竞争力指标主要用于衡量一国在工业机器人生产方面所

具有的相对竞争状况，主要包括工业总产量、成本总额、毛利润率、年末从业人员及全员劳动生产率总数五个指标。工业总产量是指以数量表现的报告期内工业生产最终有效成果的价值总和；生产成本总额是指在报告期内工业机器人生产的总成本，用以衡量一个国家工业机器人产品在国际市场上的价格优势；毛利润率是指毛利润占主营业务收入的比重，用以衡量一个国家工业机器人产品附加值的大小，毛利润率＝[(主营业务收入－主营业务成本)/主营业务收入]＊100%；年末从业人员总数是用来衡量工业机器人产业发展的规模水平；全员劳动生产率是指根据产品的价值量指标计算的平均每一个从业人员在单位时间内的产品生产量，用以衡量一个国家工业机器人产业生产效率水平，全员劳动生产率＝工业总产值/年末从业人员数。

市场竞争力指标主要从国际贸易的角度对于一个国家工业机器人产业的国际竞争力进行评价，主要包括贸易竞争指数、出口商品质量指数、工业机器人市场认可度、核心零部件市场认可度、市场占有率及国内市场容量六个指标。贸易竞争指数即 TC (Trade Competitiveness) 指数，它表示一国进出口贸易的差额占进出口贸易总额的比重，即 TC 指数＝(出口额－进口额)/(出口额＋进口额)；出口商品质量指数，用以衡量一个国家出口工业机器人产品质量竞争状况，出口商品质量指数＝工业机器人出口产品总值/工业机器人出口总数；工业机器人认可度是指某国工业机器人产品被国外消费者认可的程度，是用来衡量某国工业机器人出口市场广度的重要指标；核心零部件市场认可度是指某国所生产的工业精密减速机、伺服系统、控制器三大核心零部件国外消费者认可的程度，是用来衡量某国核心零部件产业市场广度的重要指标；市场占有率是用来衡量某国工业机器人全球市场占有情况的主要指标；国内市场容量是用来衡量一个国家国内市场能够吸收多少全球工业机器人产品的主要指标。

技术竞争力是从技术创新的角度对一个国家生产的工业机

器人的国际竞争力进行评价,主要包括拥有专利数、技术研发经费支出、技术研发人员比重三个指标。拥有专利数是指包含原发创新和应用创新在内的全部研发专利的数量;技术研发人员比重是指工业机器人领域从事技术研发的人员占全部从业人员的比重,是用来衡量一个国家工业机器人产业技术创新水平的重要指标。

(二)我国工业机器人产业国际竞争力评价

1. 生产竞争力

根据 2013~2015 年 IFR 的相关数据,可以得到全球工业机器人主要生产国的工业机器人产出总量,如表 8-7 所示。为便于总体概括我国工业机器人国际竞争力,对于全球工业机器人主要生产国的工业机器人产出总量进行同质化、去量纲处理,利用各国该年的总产出数量除以该年全球工业机器人产出总量得出各国该年工业机器人总产出量占全球工业机器人产出总量的比重。在此基础上,以各国该年工业机器人总产出量占全球工业机器人产出总量的比重为单元进行评价(见表 8-8)。

表 8-7　　　　2013~2015 年全球工业机器人主要
生产国的总产出　　　　　　单位:台

国家	2013 年	2014 年	2015 年
中国	30317	32616	68556
美国	36560	57096	38134
德国	18297	20051	20105
日本	25110	29297	35023
韩国	21307	24721	38285
总数	178132	229261	253748

资料来源:IFR。

表8-8　　　　　2013~2015年全球工业机器人
主要生产国总产出水平评价

国家	2013年	2014年	2015年
中国	2.30	1.99	3.43
美国	2.78	3.49	1.91
德国	1.39	1.22	1.00
日本	1.91	1.79	1.75
韩国	1.62	1.51	1.91

资料来源：笔者整理。

总产出水平是用来衡量一个国家工业机器人生产能力的主要指标，评分越高意味着该国工业机器人应对市场扩张能够快速调整产出从而适应产出水平的变化。但是，由于工业机器人产业是十分强调规模效应的高端装备制造业，因此，总产出水平评价较高也意味着在市场萧条时该国存在巨大的沉没成本风险，难以快速适应市场的变化。

2. 市场竞争力

（1）贸易竞争力指数TC（Trade Competitiveness）指数，是对国际竞争力分析时比较常用的测度指标之一，它表示一国进出口贸易的差额占进出口贸易总额的比重，即TC指数=（出口额-进口额）/（出口额+进口额）。该指标作为一个与贸易总额的相对值，剔除了经济膨胀、通货膨胀等宏观因素方面波动的影响，即无论进出口的绝对量是多少，该指标均在-1~1之间。其值越接近于0表示竞争力越接近于平均水平；该指数为-1时表示该产业只进口不出口，越接近于-1表示竞争力越薄弱；该指数为1时表示该产业只出口不进口，越接近于1则表示竞争力越大。

由表8-9、图8-11可知，在1996~2015年间，日本工业机器人国际贸易竞争力指数一直维持在1左右，这意味着日本在工业机器人领域具有十分强的国际竞争优势。韩国1996~2005

年间在工业机器人国际竞争中一直处于平均水平以下即处于竞争劣势。然而随着本国变频系统向伺服系统转型过程的进行以及国内电子制造业产业的快速发展，自 2005 年之后韩国在工业机器人领域基本维持在全球平均水平左右。美国和德国在工业机器人国际贸易竞争力指数方面一直位于平均水平。我国自 1996~2015 年一直处于国际竞争劣势地位，一方面我国国内对于工业机器人的需求日益增加，另一方面我国本土生产的工业机器人在产出数量和质量方面均难以满足国内消费需求，这就导致我国工业机器人产品依赖国外市场严重。而且国内工业机器人生产企业出现低端聚集情况，大量低附加值工业机器人出口和高附加值机器人进口致使我国国际贸易竞争力指数一直低于国际平均水平即在国际竞争中处于劣势地位。

表 8-9　　　　1996~2015 年全球工业机器人主要生产国贸易竞争力指数

年份	中国	美国	德国	日本	韩国
1996	-0.97	-0.07	0.02	0.87	-0.64
1997	-0.99	0.07	-0.07	0.88	-0.79
1998	-0.98	0.11	0.37	0.82	-0.41
1999	-0.98	-0.33	0.34	0.86	-0.62
2000	-1.00	-0.13	0.17	0.88	-0.71
2001	-0.97	-0.13	0.16	0.83	-0.57
2002	-0.96	0.06	0.29	0.91	-0.61
2003	-0.95	0.16	0.52	0.92	-0.58
2004	-0.97	0.09	0.26	0.95	-0.36
2005	-0.96	0.14	0.09	0.95	0.08
2006	-0.94	0.18	0.16	0.96	-0.04
2007	-0.87	0.34	0.13	0.94	0.25

续表

年份	中国	美国	德国	日本	韩国
2008	-0.75	0.25	0.32	0.92	0.01
2009	-0.85	0.21	0.34	0.96	0.06
2010	-0.79	0.13	0.10	0.96	-0.01
2011	-0.73	0.14	0.15	0.98	0.15
2012	-0.72	-0.12	0.25	0.96	0.14
2013	-0.68	-0.07	0.31	0.96	0.17
2014	-0.73	-0.13	0.21	0.95	0.11
2015	-0.70	-0.24	0.19	0.92	0.25

资料来源：笔者根据联合国国际贸易统计数据库数据整理。

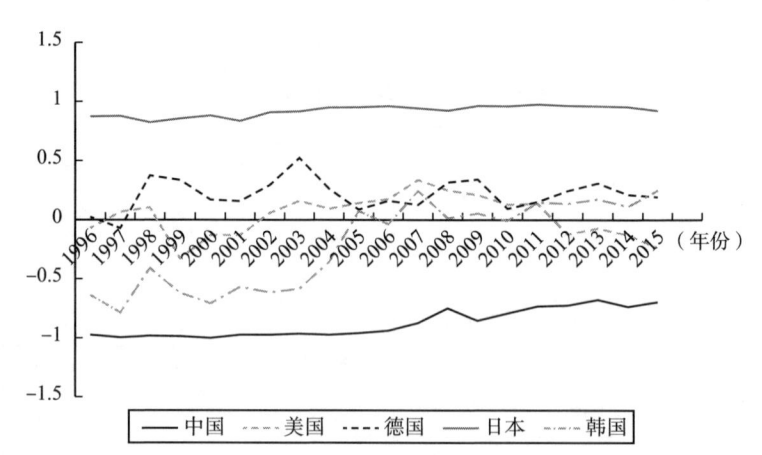

图 8-11 1996~2015 年全球工业机器人主要生产国贸易竞争力指数趋势

资料来源：笔者整理。

对于 1996~2015 年全球工业机器人主要生产国贸易竞争力指数进行同质化、去量纲处理，即可得到全球工业机器人主要生产国贸易竞争力评价指数，如表 8-10 所示。

表 8-10　1996~2015 年全球工业机器人主要生产国贸易竞争力评价指数

年份	中国	美国	德国	日本	韩国
1996	0.13	4.64	5.12	9.36	1.80
1997	0.03	5.34	4.65	9.39	1.07
1998	0.10	5.53	6.87	9.12	2.95
1999	0.08	3.36	6.68	9.28	1.91
2000	0.00	4.34	5.85	9.40	1.46
2001	0.14	4.34	5.79	9.17	2.16
2002	0.19	5.30	6.47	9.54	1.93
2003	0.23	5.81	7.62	9.58	2.08
2004	0.14	5.47	6.31	9.75	3.21
2005	0.21	5.72	5.44	9.76	5.38
2006	0.31	5.88	5.81	9.81	4.82
2007	0.64	6.69	5.64	9.71	6.23
2008	1.26	6.25	6.59	9.62	5.07
2009	0.74	6.05	6.71	9.82	5.28
2010	1.04	5.65	5.48	9.80	4.96
2011	1.34	5.69	5.77	9.88	5.74
2012	1.38	4.38	6.23	9.82	5.70
2013	1.62	4.65	6.55	9.80	5.87
2014	1.33	4.35	6.07	9.77	5.57
2015	1.52	3.81	5.97	9.61	6.24

资料来源：笔者整理。

（2）出口商品质量指数。如何测量出口商品质量是一个难题，目前较为简单而且使用较为普遍的方法是依据出口商品价格信息来间接测量出口商品质量。其经济逻辑是：在差异商品的垄断竞争市场中，一种商品的价格在一定程度上反映了该商品的质量，而且是价格越高质量越高。因此，这里采用出口商品质量指数＝工业机器人出口产品总值/工业机器人出口总数来间接反映一个国家出口商品质量。

由表 8 - 11、图 8 - 12 可知，2000 ~ 2012 年间，我国由于工业机器人技术水平的提高以及国内汽车制造业和电子电器制造业的发展，出口商品质量呈现逐渐递增的趋势；而在 2000 ~ 2015 年间，日本出口产品质量指数呈现缓慢下降的趋势，其他国家基本维持在 20000 ~ 30000 美元/台的水平上。

表 8 - 11　　2000 ~ 2015 年全球工业机器人主要生产国出口商品质量指数

年份	中国	美国	德国	日本	韩国
2000	4895.83	19479.48	20960.57	20959.41	20948.29
2001	5083.74	16888.52	17803.09	22210.09	17803.98
2002	14455.08	19471.59	23391.59	22075.03	23416.72
2003	4360.29	23204.73	20831.19	24299.41	20843.92
2004	21085.66	21874.21	20621.52	25856.46	20617.96
2005	17391.16	21451.99	20621.18	24949.36	20618.23
2006	23099.52	23047.88	20620.92	22894.26	20625.30
2007	17429.95	27536.49	25950.00	19821.10	35012.32
2008	26908.26	27221.38	23666.44	22853.19	23663.53
2009	20651.84	27713.63	29301.65	21217.12	29295.20
2010	28712.56	26653.16	27083.79	19570.69	27086.47
2011	29336.54	27625.64	26499.27	21075.84	26498.57
2012	21147.98	28068.69	27469.64	21211.42	20522.26
2013	17505.02	27435.31	27469.81	18105.54	27470.60
2014	14368.42	26820.17	26821.58	15747.28	26821.76
2015	12242.94	28284.93	26360.77	12031.50	10454.54

资料来源：笔者根据联合国国际贸易统计数据库数据整理。

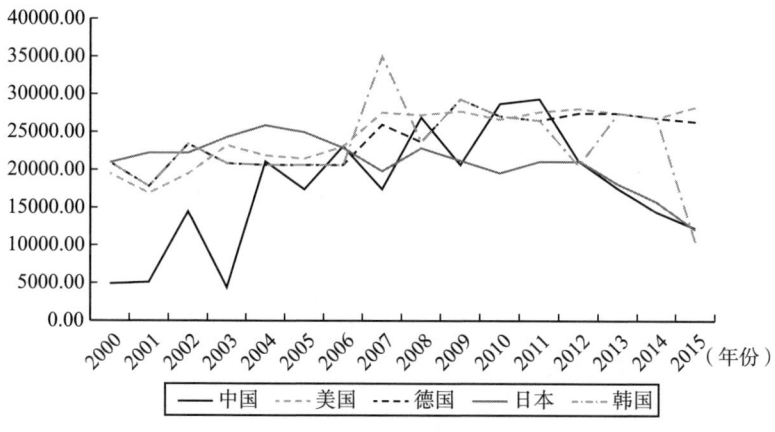

第八章　产业引领：东北老工业基地机器人产业发展

图 8-12　2000~2015 年全球工业机器人主要
生产国出口商品质量指数趋势

资料来源：笔者整理。

对于 2000~2015 年全球工业机器人主要生产国出口商品质量指数进行同质化处理，即可得到全球工业机器人主要生产国出口商品质量评价指数，如表 8-12 所示。

表 8-12　　　　2000~2015 年全球工业机器人主要
生产国出口商品质量评价指数

年份	中国	美国	德国	日本	韩国
2000	1.63	6.49	6.99	6.99	6.98
2001	1.69	5.63	5.93	7.40	5.93
2002	4.82	6.49	7.80	7.36	7.81
2003	1.45	7.73	6.94	8.10	6.95
2004	7.03	7.29	6.87	8.62	6.87
2005	5.80	7.15	6.87	8.32	6.87
2006	7.70	7.68	6.87	7.63	6.88
2007	5.81	9.18	8.65	6.61	11.67
2008	8.97	9.07	7.89	7.62	7.89
2009	6.88	9.24	9.77	7.07	9.77

续表

年份	中国	美国	德国	日本	韩国
2010	9.57	8.88	9.03	6.52	9.03
2011	9.78	9.21	8.83	7.03	8.83
2012	7.05	9.36	9.16	7.07	6.84
2013	5.84	9.15	9.16	6.04	9.16
2014	4.79	8.94	8.94	5.25	8.94
2015	4.08	9.43	8.79	4.01	3.48

资料来源：笔者整理。

（3）工业机器人本体市场认可度。工业机器人本体是工业机器人产品的重要组成部分，工业机器人本体制造的质量和组装的结构精度也是制约我国工业机器人国际竞争力的关键环节。因此，对于我国工业机器人本体的国际贸易态势的分析可以在一定程度上反映我国工业机器人的国际竞争力。

本部分采用 UCINET 对全球工业机器人本体的贸易网络进行分析，并以网络节点密度衡量工业机器人本体市场认可度。

全球工业机器人本体的网络密度仅为 0.081[①]，这就意味着相对而言整个全球工业机器人本体的贸易网络的连通性十分闭塞，即整个网络中存在一个或几个贸易中心国家，这些国家大量向外出口工业机器人本体。相对而言，存在大量的贸易国家单一的或者仅从少数几个贸易国家进口工业机器人本体。在对全球工业机器人贸易网络进行聚类分析的过程中，由于其整体的网络密度较低，因此出现全球工业机器人本体贸易网络聚类分散的情况，位于最末梯队的国家普遍呈现出单一依赖某一或少数几个贸易国家的情况。为分析我国工业机器人本体产品在国际贸易网络中所处的地位，将我国所在的工业机器人本体贸易网络的第一梯队单独

---

① 总体网络密度的值位于 0~1 之间，越接近于 0 则整体网络的连通性越差，越接近于 1 则整体网络的连通性越好。

第八章　产业引领：东北老工业基地机器人产业发展

列出进行分析。

通过凝聚子群分析可知，同位于第一梯队的国家为日本、丹麦、以色列、中国、瑞典、奥地利、荷兰、意大利、法国、德国、美国、瑞士、英国、西班牙，以上14个国家是全球工业机器人本体贸易网络密度最高的贸易单位，作为全球工业机器人本体产品最受认可的贸易中心国家。其中10个国家位于欧洲，3个位于亚洲，北美洲只有美国一个国家，可见位于第一梯队的国家多为老牌高新技术产业竞争力较强的国家，我国作为新兴经济体，在工业机器人本体产品认可度方面进入第一梯队意味着我国在工业机器人本体的生产方面具有一定程度的优势。

根据工业机器人本体全球贸易网络可以得到2015年全球工业机器人本体主要生产国网络节点密度（见表8-13）。其中，outdegree是指该国工业机器人本体出口的贸易网络节点密度；indegree是指该国工业机器人本体进口贸易网络节点密度。可见我国在工业机器人本体产品的认可度方面相较于其他工业机器人主要生产国具有相对优势。

表8-13　　2015年全球工业机器人主要生产国
工业机器人本体网络节点密度

国家	outdegree	indegree
中国	50	24.21
美国	48.43	28.12
德国	48.43	28.12
日本	35.93	19.53
韩国	28.90	18.75

资料来源：笔者根据联合国国际贸易统计数据库数据整理。

对 2015 年全球工业机器人主要生产国工业机器人本体网络节点密度进行同质化、去量纲处理，即可得到 2015 年全球工业机器人本体市场认可度，如表 8-14 所示。

表 8-14　　2015 年部分全球工业机器人主要生产国
工业机器人本体市场认可度

国家	outdegree	indegree
中国	5.0	2.4
美国	4.8	2.8
德国	4.8	2.8
日本	3.6	2.0
韩国	2.9	1.9

资料来源：笔者根据联合国国际贸易统计数据库数据整理。

（4）工业精密减速机市场认可度。根据之上的分析我们可以看出，占有工业机器人成本 36% 的工业精密减速机是制约我国工业机器人国际竞争力的主要方面，因此，对于我国工业精密减速机的国际贸易态势的分析可以从侧面反映我国工业机器人的国际竞争力。

本部分采用 UCINET 对全球工业精密减速机[①]国际贸易网络进行分析，并通过测算工业精密减速机全球贸易网络节点密度来度量其市场认可度。通过聚类分析可以按照网络密度将全球工业精密减速机贸易国分为六大类，其中第一梯队一组，第二梯队三组，第三梯队两组。

总体而言全球工业精密减速机网络密度为 0.2964，这就意味着相对而言整个工业精密减速机贸易网络的连通性较差，即整个网络中存在一个或几个贸易中心国家，这些国家大量向外出口工业精密减速机。相对而言，存在大量的贸易国家单一的

---

① 这里的全球工业精密减速机统计数据实际上包括，工业精密减速机、减速机齿轮、减速箱及其他减速设备，由于同样适用于减速机市场，并且更进一步细分市场的数据难以获得因此采用联合国国际贸易统计数据库的这组数据进行分析。

第八章 产业引领：东北老工业基地机器人产业发展

或者仅从少数几个贸易国家进口工业精密减速机。按照网络密度将全球工业精密减速机贸易国分为六大类，其中中国、德国、瑞士、韩国、加拿大、日本、美国、比利时、芬兰、荷兰、意大利、瑞典、西班牙、英国、墨西哥、泰国作为网络最高的第一梯队，在16个网络密度最高的贸易国家中9个来自欧洲，4个来自亚洲，3个来自北美洲。来自亚洲的国家中，泰国主要通过廉价的劳动力优势进行工业精密减速机的加工从而成为最重要的贸易国家之一，中国正处在由加工到自主研发的过程之中，日本则是通过工业精密减速机的研发设计从而成为最重要的贸易国家之一，这也体现了工业精密减速机全球贸易网络中的三种基本角色。

不同梯队间网络中心度的差异显示，第一梯队的国家之间进行国际贸易的频率明显高于第三梯队国家之间进行国际贸易的频率，这在不同梯队的国家群体之间表现得十分明显，这也就从一定程度上反映了工业精密减速机进出口更为频繁地发生在制造水平①相对较为接近的国家之间。

根据工业精密减速机全球贸易网络可以得到2015年全球工业精密减速机主要生产国网络节点密度（见表8-15）。其中，outdegree是指该国工业精密减速机出口的贸易网络节点密度；indegree是指该国工业精密减速机进口贸易网络节点密度。可见中国出口的贸易网络密度明显低于进口的贸易网络密度，但两者均位于较高的水平上。这说明我国对于工业精密减速机的采购并不仅限于少数国家，这在一定程度上保证了我国在工业精密减速机采购中谈判的话语权。

---

① 这里工业精密减速机制造能力是通过该国产品被全球消费者认可的程度来反映的，即通过网络节点的密度来显示。

表8-15　　　2015年全球工业机器人主要生产国工业
　　　　　　精密减速机网络节点密度

国家	outdegree	indegree
中国	72.7	85.0
美国	65.0	76.0
德国	94.0	80.3
日本	77.0	65.8
韩国	79.0	67.5

资料来源：笔者根据联合国国际贸易统计数据库数据整理。

对2015年全球工业机器人主要生产国工业精密减速机网络节点密度进行同质化、去量纲处理，即可得到2015年全球工业精密减速机市场认可度，如表8-16所示。

表8-16　　　2015年部分全球工业机器人主要生产国
　　　　　　工业精密减速机市场认可度

国家	outdegree	indegree
中国	7.3	8.5
美国	6.5	7.6
德国	9.4	8.0
日本	7.7	6.6
韩国	7.9	6.8

资料来源：笔者根据联合国国际贸易统计数据库数据整理。

（5）伺服系统及控制器市场认可度。根据之上的分析我们可以看出，伺服系统占有我国工业机器人成本的24%，而控制器则占有我国工业机器人成本的12%，两者作为工业机器人的核心零部件在一定程度上制约了我国工业机器人产品的国际竞争力，因此，对我国伺服系统及控制器①的国际贸易态势的分析可

---

① 此处所指的伺服系统及控制器具体是指伺服系统和运动控制器。

以从侧面反映我国工业机器人的国际竞争力。

本部分采用 UCINET 对全球伺服系统及控制器的贸易网络进行分析,并通过测算伺服系统及控制器的全球贸易网络节点密度度量其市场认可度。

全球伺服系统及控制器的整体贸易网络密度为 0.2166,这就意味着相对而言整个全球工业机器人本体的贸易网络的连通性较低,即整个网络中存在一个或几个贸易中心国家,这些国家大量向外出口伺服系统及控制器。相对而言,存在大量的贸易国家单一的或者仅从少数几个贸易国家进口伺服系统及控制器。在对全球伺服系统及控制器贸易网络进行聚类分析的过程中,由于整体贸易网络密度较低,因此出现了全球伺服系统及控制器贸易网络聚类相对分散的情况,但相比较而言,分散情况仍呈现出部分聚集的现象。

通过聚类分析可知,位于第一梯队的国家为挪威、德国、泰国、波兰、荷兰、墨西哥、美国、加拿大,以上 8 个国家是全球伺服系统及控制器贸易网络节点密度最高的贸易单位。作为全球工业机器人本体产品最受认可的贸易中心国家,其中 4 个国家位于欧洲,1 个国家位于亚洲,3 个国家位于北美洲。在全球伺服系统及控制器贸易网络节点密度最高的国家中并没有中国,我国处于伺服系统及控制器全球贸易网络的第二梯队。因此可见,在伺服系统及控制器制造方面,虽然我国已经具备一定的优势,但是产品认可度与全球最领先的第一梯队国家而言仍然存在一定差距。

根据伺服系统及控制器全球贸易网络可以得到 2015 年全球工业机器人主要生产国的伺服系统及控制器贸易网络节点密度(见表 8-17)。其中,outdegree 是指该国伺服系统及控制器出口的贸易网络节点密度;indegree 是指该国伺服系统及控制器进口贸易网络节点密度。可见,我国虽然未进入全球伺服系统及控制器贸易网络的第一梯队,但是其贸易网络出口节点密度与位于第一梯队的国家差距不大,仍存在发展的空间。

表 8-17　　2015 年全球工业机器人主要生产国伺服
　　　　　　系统及控制器网络节点密度

国家	outdegree	indegree
中国	83.59	40.62
美国	84.37	54.68
德国	89.06	51.56
日本	69.53	35.93
韩国	64.84	32.81

资料来源：笔者根据联合国国际贸易统计数据库数据整理。

对 2015 年全球工业机器人主要生产国伺服系统及控制器网络节点密度进行同质化处理，即可得到 2015 年全球伺服系统及控制器市场认可度（见表 8-18）。

表 8-18　　2015 年部分全球工业机器人主要生产
　　　　　　国伺服系统及控制器市场认可度

国家	outdegree	indegree
中国	8.4	4.1
美国	8.4	5.5
德国	8.9	5.2
日本	7.0	3.6
韩国	6.5	3.3

资料来源：笔者根据联合国国际贸易统计数据库数据整理。

（6）市场占有率。如果将一个国家看作一个企业的话，按照销售额即出口额占当年全部出口额的比重即可以得到一个国家在全球市场的占有率。对 2015 年全球工业机器人主要生产国市场占有率（见表 8-19）进行去量纲处理，即可得到 2015 年全球工业机器人主要生产国市场占有率评价指数，如表 8-20 所示。

表8-19　2015年全球工业机器人主要生产国市场占有率

国家	出口额（美元）	市场占有率（%）
中国	144442259	3.43
美国	180061878	4.28
德国	636454477	15.12
日本	1437439168	34.15
韩国	235572181	5.56

资料来源：笔者根据联合国国际贸易统计数据库数据整理。

表8-20　2015年全球工业机器人主要生产国市场占有率评价指数

国家	市场占有率评价指数
中国	0.686
美国	0.856
德国	3.024
日本	6.83
韩国	1.112

资料来源：笔者根据联合国国际贸易统计数据库数据整理。

（7）国内市场容量。国内市场容量是用来衡量一个国家国内市场能够吸收多少全球工业机器人产品的主要指标，因此这里采用该国一定时期内工业机器人的保有量和该时期全球工业机器人的保有量的比值的百分数来进行衡量。对2014年全球主要工业机器人生产厂商的国内市场容量进行去量纲处理即可得到全球主要工业机器人生产厂商的国内市场容量评价指数，2014年全球主要工业机器人生产厂商的国内市场容量评价指数如表8-21、表8-22所示。

表 8-21　　2001~2014 年全球主要工业机器人生产厂商的国内市场容量　　单位：%

年份	中国	美国	德国	日本	韩国
2001	0.22	12.86	13.11	47.75	5.46
2002	0.28	13.44	13.66	45.47	5.75
2003	0.45	14.04	14.04	43.57	5.98
2004	0.84	14.56	14.19	41.96	6.04
2005	1.25	15.17	13.69	40.47	6.67
2006	1.82	15.87	13.96	37.02	7.20
2007	2.40	16.16	14.08	35.83	7.24
2008	3.07	16.27	13.97	34.34	7.43
2009	3.66	16.28	14.12	32.60	7.74
2010	4.94	16.35	14.00	29.05	9.54
2011	6.44	16.02	13.64	26.64	10.77
2012	7.85	16.02	13.11	25.13	11.24
2013	9.97	16.20	12.58	22.82	11.72
2014	12.79	16.00	11.87	19.98	11.94

资料来源：笔者根据联合国国际贸易统计数据库数据整理。

表 8-22　　2014 年全球主要工业机器人生产厂商的国内市场容量评价指数

国家	国内市场容量评价指数
中国	6.40
美国	8.00
德国	5.94
日本	9.99
韩国	5.97

资料来源：笔者根据联合国国际贸易统计数据库数据整理。

第八章 产业引领：东北老工业基地机器人产业发展

3. 技术竞争力

（1）拥有专利数。拥有专利数是用来衡量一国工业机器人产业国际竞争力的主要显性指标之一。由于数据获取的局限性，这里的专利数是指包含原发创新和应用创新在内的全部研发专利的数量。全球最早的工业机器人专利申请于1954年，该专利由美国人乔治德沃尔申请，专利名称为可编程的操作装置，基于这项专利，乔治·德沃尔联合约瑟夫·英格博格在1959年生产出世界上第一台工业机器人"Unimation robots"。

为了更加明确地反映各主要工业机器人生产国在工业机器人技术方面所具有的竞争力情况，本部分将1954~2015年全球主要工业机器人生产国工业机器人专利拥有数（见表8-23）进行加总并且进行去量纲处理后即可得到全球主要工业机器人生产国工业机器人专利拥有数评价指数，如表8-24所示。

表8-23　1954~2015年全球主要工业机器人生产国工业机器人专利拥有数

国家	1954~1964年	1965~1974年	1975~1984年	1985~1994年	1995~2004年	2005~2015年
中国			3	27	300	10394
美国	40	49	499	1111	2559	4149
德国		34	773	1247	1152	1748
日本		20	765	2734	6226	6089
韩国			6	92	1155	3686

资料来源：Derwent Innovations Index，Thomson Innovation，中华人民共和国知识产权局。

表8-24　　2015年全球主要工业机器人生产国工业机器人专利拥有数评价指数

国家	专利数评价指标
中国	5.36
美国	4.21
德国	2.48
日本	7.92
韩国	2.47

资料来源：笔者整理。

（2）技术研发经费支出。技术研发经费支出是用来衡量一个国家工业机器人产业技术水平及未来技术进步可能性的关键指标。由于当前尚未出现以国家为单位的系统的机器人产业技术研发投入的相关数据，因此本部分根据2016年美国《机器人商业评论》所列举的2016年全球前50家机器人制造企业，将其中所有的上市公司的机器人生产部门的研发投入占该部门主营业务收入的比重的平均值[①]与2015年我国主要机器人制造企业的研发投入占该企业主营业务收入的比重的平均值进行比较从而反映我国工业机器人产业在技术研发方面的国际竞争力。结果显示，我国机器人产业在技术研发经费支出占主营业务收入的比率方面在2006~2015年间均低于全球平均水平（见表8-25）。

表8-25　　2006~2015年我国与全球机器人技术研发经费支出比率比较　　单位：%

年份	中国	全球
2006	2.88	4.84
2007	3.73	4.79

---

① 在计算所有的上市公司的机器人生产部门的研发投入占该部门主营业务收入的比重的平均值时包括了2015年进入全球前50家机器人制造企业的中国企业。

续表

年份	中国	全球
2008	3.77	5.16
2009	3.36	4.65
2010	3.69	4.96
2011	4.58	5.35
2012	13.02	28.26
2013	5.68	22.74
2014	6.22	27.56
2015	6.73	19.26

资料来源：笔者整理。

将2015年我国与全球机器人技术研发经费支出比率进行同质化处理即可得到2015年我国与全球机器人技术研发经费支出评价指数，如表8-26所示。

表8-26　　　　2015[①]年我国与全球机器人技术
研发经费支出评价指数

地区	我国与全球机器人技术研发经费支出评价指数
中国	3.37
全球	9.63

注：①受数据所限且为国际比较提供支持，仅列出2015年我国与全球机器人技术研发经费支出评价指数。
资料来源：笔者整理。

4. 综合分析

在之上分析结果的基础上，对2015年全球工业机器人主要生产国的国际竞争力水平进行比较，如表8-27、图8-13所示。

表 8-27　2015 年全球工业机器人主要生产国国际竞争力比较

国家	中国	美国	德国	日本	韩国
总产出水平评价指数	3.43	1.91	1	1.75	1.91
贸易竞争力评价指数	1.52	3.81	5.97	9.61	6.24
出口商品质量评价指数	4.08	9.43	8.79	4.01	3.48
工业机器人本体市场认可度评价指数	5	4.8	4.8	3.6	2.9
工业减速机市场认可度评价指数	7.3	6.5	9.4	7.7	7.9
伺服系统及控制器市场认可度评价指数	8.4	8.4	8.9	7	6.5
市场占有率评价指数	0.686	0.856	3.024	6.83	1.112
国内市场容量评价指数[②]	6.4	8	5.94	9.99	5.97
专利数评价指数	5.36	4.21	2.48	7.92	2.47
技术研发支出评价指数[①]	3.37				

注：[①]由作者写作时数据获取所限此处市场容量评价指数为 2014 年数据，但各国市场容量数据年限统一，且该指数变化相对稳定，故分析结果可靠。
[②]由数据获取的限制，从技术研发支出评价指数的角度比较工业机器人国际竞争力仅能从中国与全球平均水平的角度测度，难以进从国家间的对标分析。
资料来源：笔者根据联合国国际贸易统计数据库数据整理。

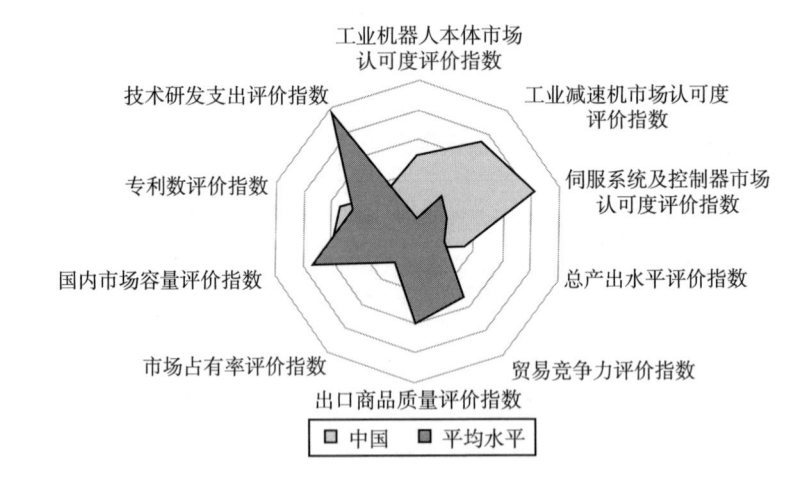

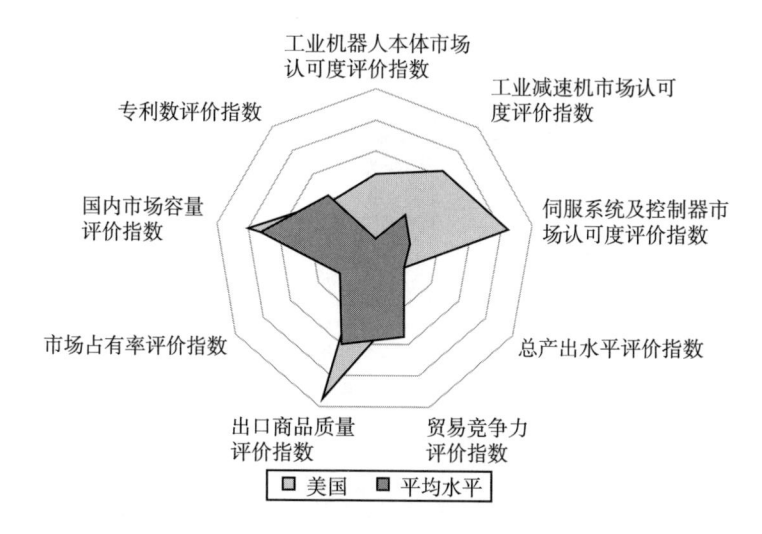

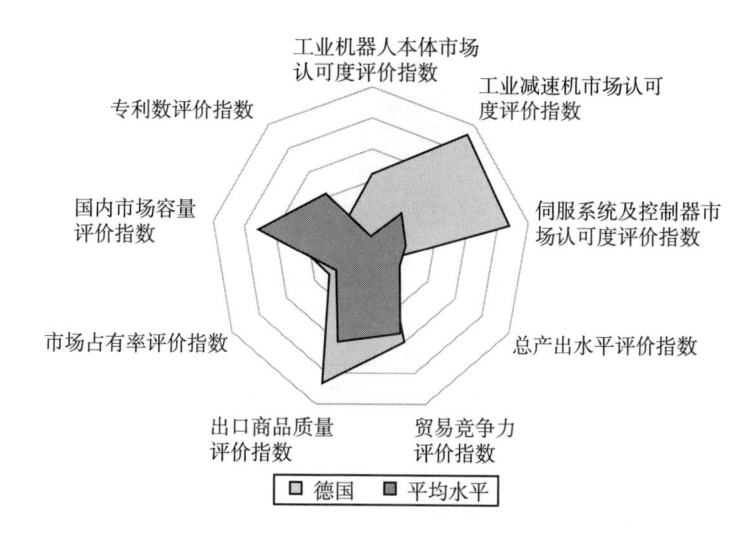

第八章 产业引领：东北老工业基地机器人产业发展

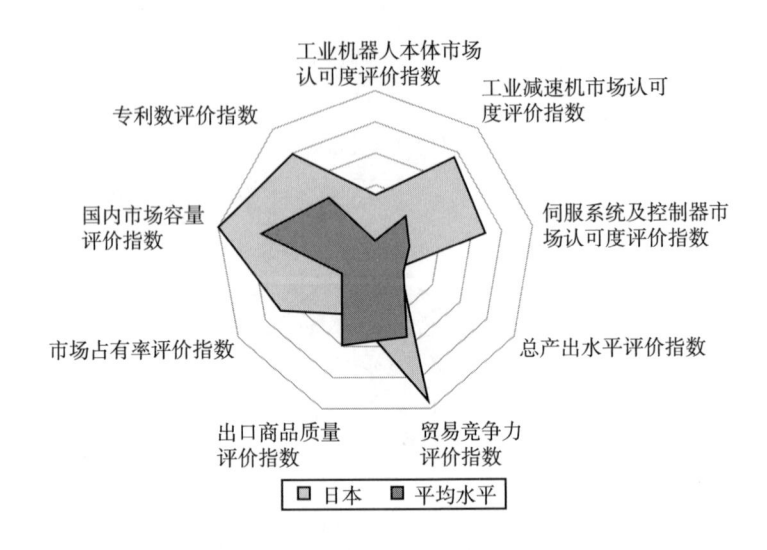

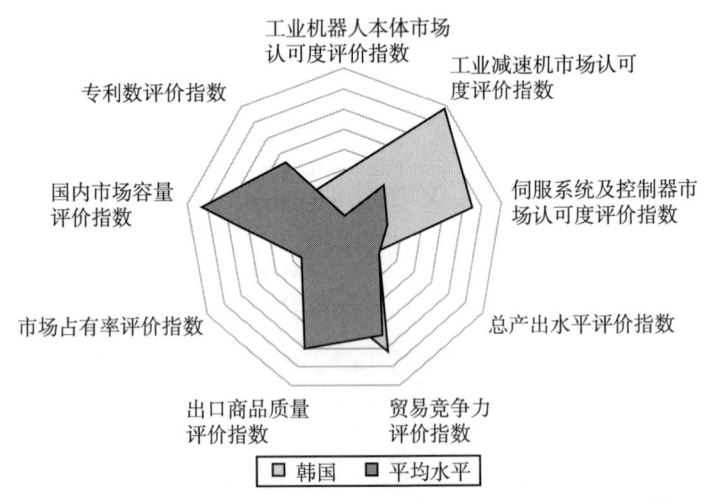

图 8-13　2015 年全球工业机器人主要生产国国际竞争力比较

资料来源：笔者根据联合国国际贸易统计数据库数据整理。

从 2015 年全球工业机器人主要生产国国际竞争力比较中可以看出，首先，我国在产出能力方面具有优势，这种优势是建立在工业机器人全球市场发展良好的基础上的。因为工业机器人产业是要求规模经济的产业，较强的生产能力意味着较大的生产规

第八章 产业引领：东北老工业基地机器人产业发展

模，这就意味着在工业机器人全球市场发展良好的基础上我国可以依靠生产优势快速适应市场变化。但是在全球工业机器人市场状况恶化的状况下，过大的生产规模将会形成较大的沉没成本不利于我国工业机器人产业的灵活调整。其次，我国在工业机器人本体、工业减速机、伺服系统及控制器的市场认可程度上具有相对优势，这意味我国在工业机器人制造方面已经较为成熟，能够得到全球工业机器人市场的广泛认可。但是我国工业机器人产业在出口产品质量、市场占有率、技术研发投入方面均处于劣势地位，而且虽然我国专利的数量多于全球平均水平，但是其中多为应用型专利而非原发性专利，因此总体而言我国在制造方面具有优势但是在核心技术研发方面国际竞争力较低。

美国工业机器人产业独特核心竞争力在于出口工业机器人产品的质量以及国内市场容量，这为美国工业机器人产业参与全球工业机器人产品竞争奠定了坚实的后盾。美国在工业机器人本体、工业精密减速机、伺服系统及控制器方面也具有十分强的市场认可度，虽然其在市场占有率、专利持有量以及总产出能力方面并不占有相对优势，但是其凭借工业机器人产品其他方面的特点形成了其自身独有的竞争模式。德国虽然在市场占有率和市场规模方面并不占有优势，但是其通过工业机器人出口产品质量、工业精密减速机、伺服系统及控制器的制造形成优势，这符合德国工业历史所形成的工匠精神。日本通过工业精密减速机的生产、市场占有率以及庞大的国际贸易顺差形成其主要的竞争优势。值得注意的是，日本具有最大的国内市场容量，这不仅为其发展工业机器人产业奠定优势，也促进了其劳动生产率的增长。与日本相类似，韩国也主要通过庞大的国际贸易顺差从而形成其独有的国际竞争优势，这主要是由于两国与亚洲庞大的新兴经济体市场相连所导致的。

二、东北地区工业机器人产业国内竞争力评价

从全国工业机器人产业竞争力中我们可以看出，虽然制造能力得到广泛认可，或者说在制造环节细分产业链领域内我国占据上游，具有较高的竞争力，但是在工业机器人整体产业链中我国也集中表现出制造环节集中，系统化解决方案逐渐发展，核心零部件及核心技术研发相对滞后的总体特征，这也是国内工业机器人产业所表现出的共性特征。而东北地区不仅具有国家层面上的总体共性特征，也具有地区内的竞争力强弱差异。而在国家总体共性特征的水平上对东北地区工业机器人产业的国内竞争力进行评价，不仅有助于提升地区工业机器人产业在国际市场中智能制造的前沿性，也为明确地区竞争优势，避免行业恶性竞争，实现地区产业和谐发展提供了重要的实践依据。

（一）东北地区工业机器人产业竞争总体概况

机器人产业发展至今并非是技术革命凭空出现的产物，我国机器人产业在1995~2016年间呈现逐渐演化、不断发展的过程。在生产技术变革和计算机技术不断革新的过程中，传统的通用设备制造业作为母体，逐渐分化出工业自动化控制系统设备制造业，并在1992年国民经济行业分类中正式独立，形成单独的产业类别。本部分选取三个重要时点1995年、2008年和2013年，基于微观企业数据，对全国30个省（自治区、直辖市）工业自动化控制系统设备制造业竞争力进行分析，从机器人产业演进的角度，对东北地区机器人产业全国竞争力定位，在明确定位的基础上为东北地区机器人产业发展提供指导性建议。

在机器人产业竞争力分析的过程中，本部分通过构建竞争力评价体系进行分析，指标构建及相关解释说明如表8-28所示。

第八章 产业引领：东北老工业基地机器人产业发展

表 8-28　东北地区工业机器人产业国内竞争力评价指标体系

指标名称	指标含义	相关解释说明
$Scale_{it}$	企业规模	通过当年价工业总产值占全产业总业总产值的比重进行表示，用以反映企业的生产规模
$profit_{it}$	固定资产净收益率	通过企业净利润与固定资产合计的比值进行表示，用以描述企业盈利能力
$revenue_{it}$	人均产品销售收入	通过企业主营业务收入与年末劳动力总量的比值进行表示，用以衡量企业单位产品平均质量水平高低
$R\&D_{it}$	新产品研发投入比重	通过新产品研发投入支出占主营业务收入的比重进行表示，用以描述企业产品革新及技术革新倾向
adm_{it}	管理费用率	通过管理费用占主营业务收入的比重进行表示，用以描述企业从事管理和组织生产活动所支出的费用，侧面反映管理水平的高低
$flow_{it}$	资产流动性	通过流动资产占资产总计的比重进行表示，用以描述企业资产流动性的大小
$surplus_{it}$	产能过剩率	通过单位固定资本销售产值冗率进行衡量，用以评价企业平均产能过剩水平
$debt_{it}$	企业负债率	通过负债总额占企业资产总额的比重进行表示，用以衡量企业负债杠杆水平

本部分研究数据来源于 1995~2014 年中国工业企业数据库以及 2015 年中国海关数据库。该数据库统计相应年份中国全部规模以上企业，关于"规模以上"的定义，以 2011 年为分界点，2011 年以前"规模以上"要求企业每年的主营业务收入（即销售额）在 500 万元及以上，2011 年之后该标准修改为 2000 万元及以上。此外，由于我国国民经济行业分类于 1992 年、2002 年和 2011 年进行了细微调整，工业自动化控制系统设备制造业从 1992 年的通用设备制造业细分行业转入 2002 年专用设备制造业

细分行业，并于 2011 年调整至仪器仪表制造业细分行业，行业代码也经历 4211、4111 和 4011 的调整，但本部分竞争力评价企业数据均来自工业自动化控制系统设备制造业名录。

从表 8-29 1995 年、2008 年以及 2013 年省际机器人产业竞争力指数中可以看出，辽宁省工业自动化控制系统设备制造业竞争力分别位于第 1 位（1995 年）、第 1 位（2008 年）和第 5 位（2013 年），2013 年位于辽宁省之前的为河南省、湖南省、山东省、浙江省四个省份。从时间跨度上来看，辽宁省相对竞争力指数总体呈现缓慢下降趋势，这意味着原有的工业基础红利正在随着技术外溢效应以及其他省份实体产业的发展而逐渐降低，由此所带来的产业优势也在逐渐减缓。相比较于辽宁省，吉林省和黑龙江省工业自动化控制系统设备制造业竞争力相对较弱，吉林省分为位于第 10 位（1995 年）、第 10 位（2008 年）和第 13 位（2013 年），而黑龙江省则位于第 21 位（1995 年）、第 20 位（2008 年）和第 19 位（2013 年），其整体竞争力上升幅度较低，同样反映了工业基础红利的丧失。在与辽宁省工业自动化控制系统设备制造业竞争力相对较为接近的省份中，以浙江省为代表的省份，其竞争力虽然低于辽宁省，但省域内企业竞争力方差较低，意味着省域内企业发展相对较为平衡，不存在恶性竞争的可能，区域协同效应较为明显。而以河南省为代表的省份，其省域内企业竞争力方差相对较高，这就意味着省域内企业发展结构不均衡，存在恶性竞争的可能，企业间协同发展效应较差。从时间跨度的角度来看，辽宁省工业自动化控制系统设备制造业发展呈现良性态势，虽然竞争力水平并未明显提高，但省域内企业竞争力方差大幅度降低，这就意味着省域内产业发展结构趋于协调，企业间协同效应逐渐体现。在此基础上，本部分将以与东北地区较为接近的北京市、上海市、浙江省、河北省、广东省、江苏省和山东省为参照，对地区机器人产业发展（集中于工业机器人产业）进行解构分析。

第八章 产业引领：东北老工业基地机器人产业发展

表8-29   1995年、2008年、2013年全国30省、区、市
机器人产业竞争力

省、区、市	1995年	2008年	2013年	省、区、市	1995年	2008年	2013年
安徽	0.80	0.94	1.33	江苏	1.02	1.19	1.47
	0.37	0.43	2.72		4.85	5.68	13.53
北京	0.74	0.86	1.00	江西	0.72	0.85	1.22
	0.16	0.19	0.63		0.17	0.20	0.22
福建	0.90	1.06	1.30	内蒙古	—	—	0.55
	0.16	0.19	0.36		—	—	—
甘肃	0.74	0.87	0.85	宁夏	0.53	0.62	0.65
	—	—	—		—	—	—
广东	0.75	0.87	1.23	山东	0.98	1.15	3.40
	0.16	0.19	0.83		1.14	1.33	8.80
广西	0.58	0.68	0.77	山西	0.96	1.12	1.23
	0.01	0.01	0.01		0.90	1.06	0.72
贵州	1.04	1.21	0.74	陕西	0.67	0.78	0.91
	0.72	0.84	0.01		0.03	0.04	0.11
海南	—	—	0.72	上海	0.79	0.93	1.07
	—	—	—		0.70	0.82	0.20
河北	0.84	0.98	0.91	四川	1.02	1.20	0.76
	0.28	0.33	0.08		1.91	2.24	0.02
河南	0.84	0.98	3.69	天津	0.97	1.14	1.40
	0.34	0.40	65.22		1.29	1.51	4.54
黑龙江	0.66	0.78	0.81	新疆	—	—	0.52
	0.09	0.11	0.14		—	—	—
吉林	0.86	1.01	1.05	云南	0.69	0.81	0.56
	0.51	0.60	7.16		0.03	0.03	—
辽宁	1.89	2.21	1.80	浙江	1.58	1.85	1.92
	32.78	38.41	5.85		0.15	0.17	0.80

续表

省、区、市	1995年	2008年	2013年	省、区、市	1995年	2008年	2013年
湖北	0.70	0.82	0.91	重庆	0.98	1.15	0.85
	32.38	37.95	0.16		0.71	0.83	0.05
湖南	0.78	0.92	1.83				
	0.33	0.38	3.26				

注：（1）竞争力指数通过各省该年份全部规模以上企业竞争力指数平均所得。（2）阴影部分表示各省该年份全部规模以上企业竞争力指数方差，用以衡量省域内机器人产业发展均衡状况。

（二）东北地区工业机器人产业发展解构分析

1. 贡献率有待加强，主导产业特征不够突出

作为东北地区环渤海机器人产业带的重心地区，辽宁省凭借厚重的工业基础、坚实的科研实力以及完整的高端装备制造业产业系统成为东北地区工业机器人生产的前沿地区。因此，为进一步建设中国工业机器人基地，提升辽宁省在全国的工业机器人贡献率，突出工业机器人产业主导地位是必由之路。

在中国工业企业分类标准中，工业机器人产业被列入仪器仪表制造业中的工业自动化系统设备制造业子目录。对于辽宁省而言，工业机器人产业占工业自动化系统设备制造业的比重约为60%[①]左右，因此，在对辽宁省工业机器人产业进行关联度分析的过程中，采用工业自动化系统设备制造业进行代替。

根据2012年辽宁省139部门投入产出表可以得出，工业自动化系统设备制造业的影响力系数为1.128，感应度系数为3.584，这就证明，辽宁省工业机器人产业对于地区内其他产业具有较强的推动作用和拉动作用，相对较高的感应度系数意味着辽宁省工业机器人产业对于地方产业的最终产品具有较强的需

---

① 根据2012年中国工业企业数据库的相关企业数据计算所得。

求,属于敏感关联型产业,具有主导产业特征。因此,工业机器人产业发展将会对地区产业带来较强的联系带动作用,从而促进地区整体经济的增长。

2014年辽宁省工业机器人产业共有企业57家,吉林省为4家,黑龙江省为8家,而2014年全国工业机器人产业拥有1069家企业。从全国各主要省份的工业机器人产业企业数量分布来看,辽宁省占有全国5%的工业机器人企业,而江苏省位于全国首位,占有35%的工业机器人企业(见图8-14)。

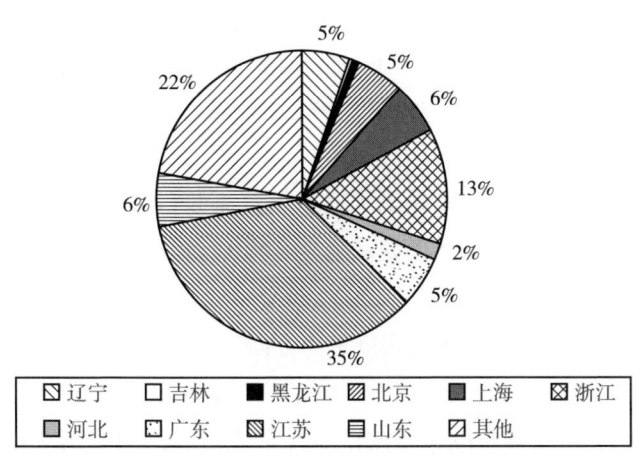

图8-14 东北地区及主要省份工业机器人产业企业数

资料来源:笔者根据2014年中国工业企业数据库数据整理。

2014年辽宁省工业机器人产业工业总产值为8145641万元,吉林省为543635万元,黑龙江省为451319万元,而2014年全国工业机器人工业总产值为292261126万元。在对全国工业机器人产业的工业总产值贡献率方面,江苏位居首位,占据全国工业机器人总产值的58%,辽宁省仅占有3%,占比相对较低,位于全国第7位(见图8-15)。

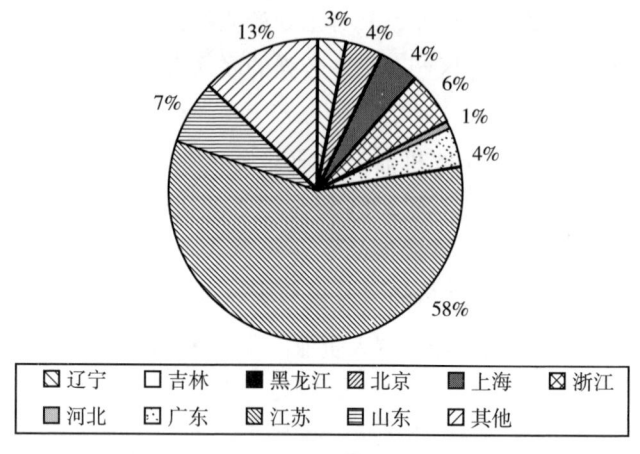

图8-15 东北地区及主要省份工业机器人产业工业总产值贡献率

资料来源：笔者根据2014年中国工业企业数据库数据整理。

2014年辽宁省工业机器人产业主营业务利润为826905万元，吉林省为36756万元，黑龙江省为16810万元，而2014年全国工业机器人产业主营业务利润为26259467万元。在对全国工业机器人产业的主营业务利润贡献率方面，拥有372家工业机器人制造企业的江苏省占有57%，位于全国首位，辽宁省则仅占有3%，位于全国第6位，相比较而言企业盈利能力有所欠缺（见图8-16）。

从之上的分析中可以看出，2014年江苏省占有全国工业机器人企业数量的35%，但是其所创造的工业总产值与主营业务利润却占有全国总值的50%以上。相比较而言，占有全国工业机器人企业数量的5%的辽宁省，所创造的工业总产值与主营业务利润却只有3%左右。这就意味着，辽宁省工业机器人产业呈现出生产和盈利效率相对较低的问题，而由于作为高端装备制造业重要环节的工业机器人产业在辽宁省内部具有十分明显的主导产业特征，因此，提高工业机器人产业生产和盈利效率，提升经济贡献率，激发主导产业效应是未来发展辽宁省工业机器人产业

第八章 产业引领：东北老工业基地机器人产业发展

的重中之重。

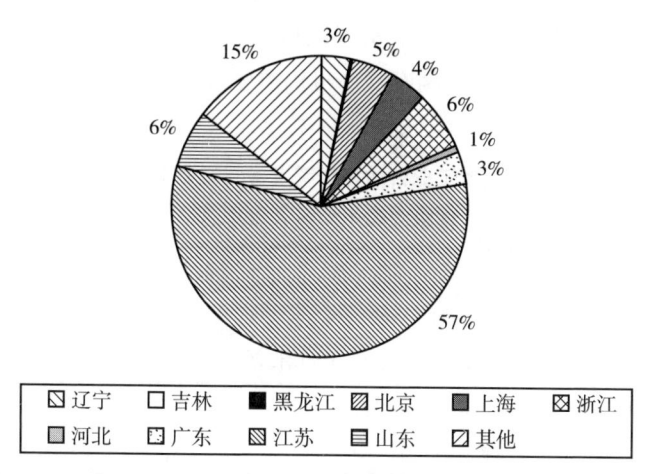

图8-16 东北地区及主要省份工业机器人产业主营业务利润贡献率

辽宁 57%，吉林 3%，黑龙江 5%，北京 4%，上海 6%，浙江 1%，河北 3%，广东 6%，江苏 15%，山东 3%，其他 6%

资料来源：笔者根据2014年中国工业企业数据库数据整理。

2. 省内产业链断档，核心零部件区域短缺

精密减速机、伺服电机和运动控制系统是制约工业机器人发展的三大核心零部件。长期以来工业机器人三大核心零部件受制于国外供给，但随着国内核心零部件制造企业的逐渐发展，进口替代的趋势已经愈发明显。在伺服电机以及运动控制系统方面国内产品的质量已经基本达到国际先进水平，这使得在区域内布局工业机器人全产业链从而促进产业效率的提升成为可能。

从中间投入率和中间需求率的角度来看，辽宁省工业自动化系统设备制造业的中间投入率排名前五的为金属加工机械制造业、电机制造业、汽车零部件及配件制造业、钢压延产品制造业以及输配电及运动控制设备制造业（见表8-30）。由此可见，工业机器人产业的地区内部需求主要集中于工业机器人本体生产所需要的高质量钢材以及电机制造业和输配电及运动控制设备制造业所提供的伺服电机和运动控制系统上，对于提供精密减速机的轴承、

齿轮和传动部件制造业的中间投入率仅为 0.012，处于相对较低的水平上，这就意味着辽宁省工业机器人产业在伺服电机和运动控制器方面能够在一定程度上实现区域内自给，但是作为占据工业机器人成本 40% 左右的精密减速机仍需要从区域外部采购。

表 8-30　辽宁省工业自动化系统设备制造业中间
需求率和中间投入率排名

指标	辽宁省
中间投入率	金属加工机械
	采矿、冶金、建筑专用设备
	汽车零部件及配件
	钢压延产品
	输配电及控制设备
中间需求率	钢压延产品
	金属制品
	电机
	批发和零售
	电力、热力生产和供应

资料来源：笔者根据 2012 年辽宁省投入产出表整理。

由表 8-31 可知，从东北地区工业机器人产业链的发展状况来看，在机器人本体生产环节，辽宁省占有 57 家企业，吉林省占有 4 家企业，黑龙江省占有 8 家企业。由此可见，东北地区相比较于环渤海工业机器人产业带中的北京市、河北省、山东省等省份基本处于同一水平，而相比较于长江三角洲地区的上海市、江苏省、浙江省等地则仍存在一定的差距。企业数量的差距也在一定程度上造成了贡献率的差异。在工业减速机产业中，辽宁省占有 39 家企业，吉林省占有 5 家企业，黑龙江省占有 9 家企业，相比较于长江三角洲地区仍然有所欠缺。在运动控制器产业中，辽宁省占有31家企业，吉林占有4家企业，黑龙江省占有3家企业，与在运动控制器领域具有较强竞争优势的广东地区相比，具有较大劣势。在伺服电机产业中，辽宁省占有50家企业，吉林省和黑龙江省分别占有5家企业，相比较于环渤海工业机器人产业带中的北京、河北、山东等省份处于较高的水平。

表8-31　东北地区及全国各主要省市工业机器人产业链各部门企业数量　　单位：个

省市	工业机器人本体	工业减速机	运动控制器	伺服电机
辽宁	57	39	31	50
吉林	4	5	4	5
黑龙江	8	9	3	5
北京	56	2	10	6
上海	60	37	69	45
浙江	135	129	230	184
河北	19	34	23	13
广东	59	23	265	64
江苏	372	179	171	100
山东	62	99	96	87
全国	1069	799	1157	850

资料来源：笔者根据2014年中国工业企业数据库数据整理。

总体而言，东北地区在工业机器人产业链的各个环节中占有的企业数量相对于国内先进地区较少，然而，较少的企业数量虽然在一定程度上制约了地区该产业的发展，但也有助于降低同业恶性竞争，形成规模经济优势，因此，需要对各地区产业的高度化[①]进行衡量。

---

① 本部分通过计算东北地区及全国各主要省份工业机器人产业链各部门单位企业净利润来衡量地区响应产业的高度化水平。

表 8-32　东北地区及全国各主要省市工业机器人产业链各部门单位企业净利润　　单位：万元

省市	工业机器人本体	工业减速机	运动控制器	伺服电机
辽宁	19507.11	10532.87	10906.45	15168.56
吉林	9189.00	18429.20	15864.25	6861.20
黑龙江	2101.25	20201.78	3696.00	47826.40
北京	21613.71	1119.00	2382.40	2112.67
上海	17698.20	4519.08	12950.29	23485.18
浙江	12191.33	6260.86	4290.14	14593.67
河北	10061.11	16014.26	23399.78	5471.77
广东	15464.54	6797.52	7117.64	9399.80
江苏	40063.20	21289.75	12949.56	14750.86
山东	26189.24	10652.53	16720.55	15854.33
全国	24564.52	13097.36	9390.16	13979.55

资料来源：笔者根据 2014 年中国工业企业数据库数据整理。

由表 8-32 可以看出，虽然辽宁省、吉林省和黑龙江省在工业机器人产业链各环节的企业数量方面并不占有优势，但是，较少的企业数量成功地转化为规模经济结果。从单位企业净利润衡量产业高度化角度可以看出，辽宁省在工业机器人本体制造方面占有相对优势；吉林省在运动控制器和减速机的生产方面占有相对优势；而黑龙江省则在伺服电机的制造方面占有相对优势。其中，吉林省在工业减速机以及运动控制器方面的产业高度化水平远高于全国的平均水平，黑龙江省伺服电机制造产业的单位企业净利润高达 47826.4 万元，远高于同时期的国内其他省份，位于龙头地位，具有极强的竞争优势。

从上述分析中我们可以看出，东北地区工业机器人产业链相对完全，辽宁省、吉林省和黑龙江省具备各自的相对优势，有效避免了同业恶性竞争的态势。辽宁省作为环渤海工业机器人产业

第八章　产业引领：东北老工业基地机器人产业发展

带的关键一环，其依托环渤海工业机器人产业带内部的联系带动作用，在工业机器人本体的制造领域内具有相对优势；吉林省和黑龙江省在关键零部件的制造领域具有相较于国内而言更为深厚的工业基础，虽然相比较于国外领先企业的高度化水平仍然有所差距，但是具备大力扶持从而构建工业机器人全产业链的基础，进而形成以辽宁省为首的东北工业机器人全产业链。

3. "集聚不经济"状况明显，省内协调发展有待加强

工业机器人产业作为"中国制造2025"的核心砥柱，其自身具有极强的联系带动作用。产业的空间集聚将会形成高水平的相互关联效应，有助于降低同业竞争，降低产业间交易成本，从而提高产业核心竞争力。但是，长期以来国内政策性的产业集聚所带来的效果不尽理想，逐步出现"集聚不经济"的现象。国家扶持政策的出台，导致地方贸然扶持不具有比较优势的产业，并依据该产业建立政策诱导型的产业集群，从而造成产业间联系薄弱，同类产业聚集以及恶性竞争等非效率行为。因此，明确东北地区产业空间集聚现状，从而在现有的通过竞争环境形成的空间集聚水平上对工业机器人产业加以精准扶持方为正途。

如表8-33所示，在对空间集聚水平进行测度的过程中，由于吉林省和黑龙江省工业机器人产业链中各产业部门所包含的企业相对较少，所以不在测度的范围之内。从2014年我国主要省份工业机器人产业链各部门空间集聚水平测度中可以看出，辽宁省在工业机器人本体和伺服电机制造业方面的空间集聚水平高于全国的平均水平，且在工业机器人本体制造产业中除低于上海地区的1.9596以外，均高于长江三角洲工业机器人产业带中的其他省份位于全国第4位，而工业减速机以及运动控制器制造产业的空间及集聚水平则明显低于全国平均水平。相比较而言，辽宁省在伺服电机制造业空间集聚水平相较于其他主要省份并不占有较大优势，虽然高于全国平均水平，但仅位于全国第10位。

表 8-33 我国主要省市工业机器人产业链各部门空间集聚水平测度

省市	工业机器人本体	工业减速机	运动控制器	伺服电机
辽宁	1.6613	1.3215	1.4320	1.6846
上海	1.9596	1.7365	1.6395	1.5140
江苏	1.6440	1.5308	1.4149	1.7322
浙江	1.5224	1.4398	1.6132	1.6823
全国	1.5322	1.5750	1.4879	1.6791

资料来源：根据2014年中国工业企业数据库数据计算所得。本部分通过2014年中国工业企业数据库中相应省份各产业中企业地址，辅以google地图数据库中的企业经纬度，通过经纬度计算每两个不同企业之间的距离，并对距离按照计算个数求取平均值从而衡量空间聚集度。

综上所述，辽宁省工业机器人本体产业在空间上已经基本实现聚集态势，而伺服电机制造产业仍位于产业聚集初期。因此，当地政府应当促进工业机器人本体制造企业以地方龙头企业为中心的形成产业聚集，引导伺服电机产业的良性发展，从而在市场竞争的背景下促进地区产业集聚，避免政策诱导性的"集聚不经济"的出现，激发企业联系与合作的积极性，增强地区工业机器人产业核心竞争力。

4. 基础研究初露头角，为高端化发展提供动力

重大关键技术的原始创新均建立在基础研究之上，作为产业链的上游部门，基础性研究的根基决定着关键技术的研发高度，而工业机器人产业作为高技术附加值的高端装备制造业的一员，基础性研究对于其自身技术成果的研发尤为重要。

从截至2016年的全国各主要省份工业机器人产业基础性研究成果分布中可以看出，江苏省占有全国工业机器人基础性研究成果的22%，在运动控制系统方面具有突出优势的广东省占有14%，而辽宁省仅占有3%，吉林省和黑龙江省仅占有0.6%和1.6%，总体处于较低水平（见图8-17）。作为对于高技术附加值的工业机器人产业技术成果研发尤为重要的基础性研究较为欠

缺的问题，地区政府应当坚决落实强基工程，依托重点行业、重点产品、重点工程、重大项目和骨干企业，显著提升关键基础材料、核心基础零部件（元器件）、先进基础工艺和产业技术基础发展水平，重点发展高强度紧固件、高精密大型铸锻件、高精密轴承、大型精密锻压/冲压模具、高性能阀门等通用基础部件以及高端装备基础性材料，提升基础产品配给能力，提质产业高端土壤。

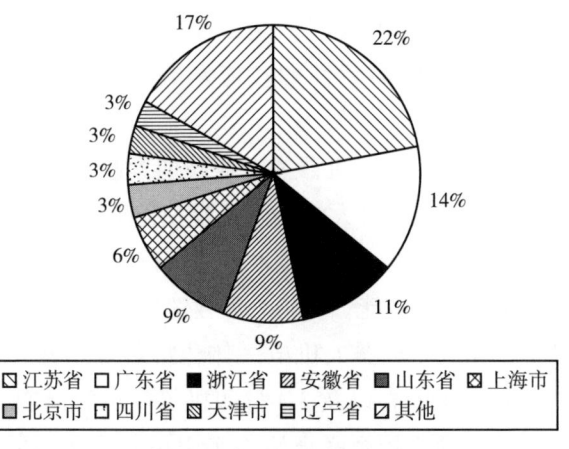

图8-17 截至2016年全国各主要省份工业机器人产业基础性研究成果分布

注：对于基础性研究的界定，本部分通过伯腾专利数据库整理截止至2016年我国所有工业机器人的有效专利，从中选择理论性研究、原发性研究以及发明授权专利整理得到基础性研究成果。

资料来源：根据伯腾专利数据库整理。

5. 工业机器人产业技能紧缺，人才积累逐步体现

随着交通运输的快速发展，国内地区间的资源流通边界逐渐被打破，地区间分工逐渐深化，人力资本自由流动成为当前的主要特征。而在东北地区工业机器人发展过程中，技能紧缺[①]的问

---

① 英国国家培训署（National Training Agency）将"技能紧缺"定义为"有特定技能要求的工作岗位无法得到足够的具备这一岗位技能要求的员工。"

题逐渐体现，这并不仅仅是我国或者东北地区独有的特征。在美国和英国，产业和政策部门很早就意识到技能短缺问题对工业机器人发展的制约，各国均采取一系列措施来应对。而东北地区方兴未艾的工业机器人发展背后的隐忧是相应技能工人的供给和储备还远不能满足产业快速发展的需求。从一般意义上讲，工业机器人制造流程中最简单的上机操作的培训周期短则两个周，长则需要几个月，而且进行培训的工人的技术基础相对要求较高，这就使得人才积累显得尤为重要，以避免具有时间滞后性的技能紧缺所导致的发展的制约效应。

针对逐渐体现的工业机器人产业技能紧缺现象，2018年11月9日，东北地区规模最大的工业机器人实训基地于沈阳永安机床小镇落成。这个机器人实训基地占地面积近2万平方米，包括媒体教室、实训室、技能训练中心等教学场所，引进工业机器人操调实训平台、工业机器人机电一体化拆装工作站、智能制造生产线、五轴加工中心以及3D打印机等先进智能制造设备60余套。该实训基地为校企联合培养实用型人才做出标榜，特引进《工业机器人编程与操作》《智能产线运营与维护》等培训课程资源包6个，引进工业机器人操调、工业机器人装调等仿真软件4个，为智能制造企业和职业院校的师生，在工业机器人、数控加工、智能生产线、3D打印方面提供相关技术服务。沈阳永安机床小镇工业机器人实训基地的建成为东北地区工业机器人产业的发展提供了强大且稳固的技能补充，但现今为止，人才的问题仍然存在，这就需要地区长时间的人才积累，而东北地区呈现出的工业机器人实训基地正是构成了人才积累的主要动力。

第八章　产业引领：东北老工业基地机器人产业发展

第四节　工业机器人产业经济带动作用案例分析

一、新松机器人借助柔性化实现系统化解决方案输出

（一）公司简介

沈阳新松机器人自动化股份有限公司是我国环渤海机器人产业聚集区的核心产业，其相关技术和核心零部件的研发情况代表了中国机器人行业的先进水平。根据 OFweek 相关资料显示，沈阳新松机器人自动化股份有限公司在伺服电机方面已经实现了自主研发，但部分产品仍然需要依赖进口；机器人的控制及驱动已经实现自主研发；在 RV 减速机和谐波减速机方面仍然需要依赖进口；机器人本体的生产能力居全国首位。

在技术研发方面，2012~2014 年间，沈阳新松机器人自动化股份有限公司的研发投入占营业收入的比重由 3.56% 提高到 4.47%（见表 8-34）。截至 2015 年 12 月 31 日，沈阳新松机器人自动化股份有限公司正式员工 3097 人，其中技术人员占比 65.65%，硕士及以上学历人员占比 26.09%，本专科学历人员占比 66.03%（见表 8-35）。由此可见，沈阳新松机器人自动化股份有限公司已经将技术研发及产品开发作为公司发展的重中之重，这也代表了我国先进机器人生产厂商共同的发展趋势。

表 8-34　2012~2014 年沈阳新松机器人自动化股份有限公司研发投入

指标	2014 年	2013 年	2012 年
研发投入金额（元）	68085754.44	40877899.17	37135957.5
研发占营业收入比例（%）	4.47	3.10	3.56

续表

指标	2014年	2013年	2012年
研发支出资本化金额（元）	2689387.3	1532921.219	1244054.576
资本化研发支出占研发投入的比例（%）	3.95	3.75	3.35
资本化研发支出占当期净利润的比重（%）	3.31	2.96	3.16

资料来源：2015年沈阳新松机器人自动化股份有限公司财务报表。

表8－35　　2015年沈阳新松机器人自动化股份有限公司员工分布情况

依照专业构成划分					
人员构成	技术人员	销售人员	生产人员	管理人员	合计
人数（人）	2033	149	486	429	3097
所占比率（%）	65.64	4.81	15.69	13.85	100.00
按照学历划分					
学历构成	硕士及以上	本、专科	高中及以下	合计	
人数（人）	808	2045	244	3097	
所占比率（%）	26.09	66.03	7.88	100.00	

资料来源：2015年沈阳新松机器人自动化股份有限公司财务报表。

在企业自身寻求发展出路的基础上，政府的扶持为企业未来发展指引道路，促进了我国机器人产业技术升级和良态发展。截至2015年12月31日，沈阳新松机器人自动化股份有限公司所接受的政府对于零部件及关键产品的补助中，主要包括工业机器人高精密度高效率减速器开发、机器人用精密轴承研制及应用示范项目、工业机器人RV减速器研发生产及应用示范项目（见表8－36）。可以看出，政府正在试图打破全球市场工业机器人减速器被日本企业垄断的态势，对于我国先进机器人制造厂商在减速器及其他核心零部件的研发和生产中予以支持。这将有助于我国机器人企业摆脱过度依赖外资企业，生产成本较高、市场竞争力差的现状，对于我国机器人产业形成竞争优势具有促进作用。

表8-36　2015年沈阳新松机器人自动化股份有限公司零部件及关键产品政府补助项目

负债项目	期初余额	本期新增补助金额	本期计入营业外收入金额	其他变动	期末余额	与资产相关/与收益相关
极大规模集成电路制造装备及成套工艺	14620000				14620000	与收益相关
工业机器人高精度高效率减速机开发	915000				915000	与收益相关
硅片集成传输系统研发与示范应用	335600	2339900			2675500	与收益相关
硅片集成传输系统研发与示范应用		3267000			3267000	与收益相关
机器人用精密轴承研制及应用示范		300000			300000	与收益相关
工业机器人RV减速器研发生产及应用示范		205000			205000	与收益相关

资料来源：2015年沈阳新松机器人自动化股份有限公司财务报表。

（二）依托柔性化提供系统化解决方案

在现代制造业生产过程中，为真正实现某一产品、某一工序的全自动生产作业，其配套的多数柔性自动化生产设备都会将工业机器人（六轴机器人、四轴机器人等）应用其中，工业机器人已成为智能装备自动化的重要实施手段。可以说，工业机器人是柔性自动化生产的重要基础与核心，而柔性自动化生产及系统集成则是工业机器人商业化、规模化应用的关键。

在生产工业机器人的基础上高效应用工业机器人成为新松机器人自动化股份有限公司的突出优势。在此基础上，系统化解决方案要求制造业企业根据客户需要，根据地区气候、厂房条件、等具体制造应用流程设计并系统化安装工业机器人设备，使其形成系统化的生产流程，这就要求应用工业机器人实现柔性化生产。

依托柔性化生产，2006~2015年沈阳新松自动化股份有限公司的主营业务收入主要分为工业机器人销售和系统化解决方案，而系统化解决方案则分为物流、自动化装配生产线以及交通自动化。其中，在工业机器人方面，新松的机器人产品组合十分多元，包含圆柱坐标机器人、并联式机器人、多关节机器人。该公司的工业机器人业务亦表现为生产无尘室机器人及特殊用途机器人。在物流领域，新松侧重于其高性能自动导引车，推出一系列周边物流应用产品，包括堆垛机、自动化输送设备以及高速分拣系统。目前该公司仅着重于向工业客户提供物流解决方案，但也着眼于高潜力的电子商务领域。在自动化装配生产线方面，公司具有强大的系统整合能力，加上内部机器人硬件支持，因此成为顶尖的自动化装备解决方案供货商，特别是在汽车与电子产业。在交通自动化方面，新松在交通产业的解决方案可分为两大领域，分别是自动售检票系统（AFC）以及轨道交通监控系统。新松是沈阳及墨尔本地铁系统的AFC供货商。可见，在2006~2015年沈阳新松自动化股份有限公司的主营业务收入分布中，系统化解决方案已经成为其最主要的收入来源，根据2015年wind数据库中沈阳新松自动化股份有限公司所提供的数据显示，系统化解决方案已经逐渐占据公司60%的主营业务收入份额。

二、华晨宝马凭借全集成自动化实现智能工厂

（一）公司简介

宝马最初是一家飞机发动机制造商，后更名为巴伐利亚发动机制造厂股份有限公司，BMW 是 Bayerische Motoren Werke 的缩写。1928 年宝马收购了埃森那赫汽车厂并开始生产汽车。目前宝马集团拥有 BMW、MINI（迷你）和 Rolls-Royce（劳斯莱斯）三个品牌，占据了从小型车到顶级豪华轿车各个细分市场的高端，是世界上唯一一家专注于高档汽车和摩托车的制造商。作为一家全球性公司，宝马集团在 14 个国家拥有 30 家生产和组装厂，销售网络遍及 140 多个国家和地区。2003 年 3 月 27 日，宝马集团和华晨汽车共同组建一个生产和销售宝马汽车的合资公司，即华晨宝马汽车有限公司，其生产厂设在辽宁省省会沈阳市。宝马集团与其中方合作伙伴分别持有合资公司 50% 的股权。

（二）以 TIA 为本建设智能工厂

在制造行业中，生产效率和生产力是迈向成功的两大重要因素。在复杂的机器和工厂生产中，工程组态尤为重要。也正因此，在工程组态早期阶段，即可实现高效应用，从而使生产运行更快速、更灵活和更智能。为此，西门子率先推出了全集成自动化（TIA）的解决方案理念。

西门子推出的这一款工业自动化系统 TIA 是所有自动化组件高效协作的典范。其中，开放式系统架构覆盖了整个生产过程，并且所有的组件都具有以下特性：统一的数据管理、全球统一标准以及统一的硬件和软件接口。这些特性极大地缩短了工程组态时间，从而在大幅提升系统灵活性的同时显著降低成本和面市时间。集成的工程组态显著缩短了系统组态时间、成本和工作量，因而极大地提升了工程项目的盈利能力和市场竞争力。运行过程

中所有数据的记录/生成高度透明,确保了管理决策的准确性,进而能大幅提升工厂的成本效益。通信集成基于国际标准,实现跨供应商标准的灵活应用,这种无限制的通信集成可确保所有层级全部组件间的高效协作与数据的高度透明,即在工厂任何角落均可随时获取相关信息[①]。

作为宝马集团全球最先进工厂之一的沈阳铁西华晨宝马工厂(见图 8 – 18)全面应用了西门子 TIA 解决方案,在 SIMATIC Manager 集成环境下使用了 PLC 编程软件 STEP 7,还配合着使用了西门子 LIS 超宽带实时定位识别系统,且集成了 PROFIsafe 安全技术解决方案,在此基础上,辅以瑞士 ABB 四轴及六轴工业机器人,整合成为系统的全集成自动化解决方案。

图 8 – 18 华晨宝马工厂

注:左图为瑞士 ABB 工业机器人,右图为西门子翻转工位。

宝马的最终目标是将铁西华晨宝马工厂打造成一个全球生产灵活性最高的工厂,使其一个生产线能同时且快捷地生产多个车型。在铁西工厂建设的过程中,华晨宝马提出的目标是把产量从 15 台/小时提高到 30 台/小时,为了实现这个目标,让人工与机器有机结合,缩短每条生产线上的节拍时间,是西门子在全集成自动化解决方案中对总装车间的改造方向之一。在西门子 LIS 识别系统的辅助下,总装车间取消了原来专门用于扫描车辆条形码

---

① 引自《中国智能制造参考案例》,电子工业出版社 2016 年版。

的工位，车辆每到一个工位，车型、车辆识别码（VIN，Vehicle Identification Number）、根据车辆的不同配置需要装配的各种零件等信息会自动显示在工位前方的操作屏上，甚至会自动提供图片及装配辅助指令直接引导工人完成相应工作。此外，"立体仓库"是西门子对总装车间进行的改造的主要项目之一，全部应用西门子 PLC 来完成。该系统在不需要人工干预的情况下，针对不同车型，可以从仓库调出所需要的动力总成托盘排成相应的生产序列，为工人操作提供具体支持。这在很大幅度上降低了工人装错零部件或者装的零部件不达标的风险，不但提高了生产效率，更保证了车辆的质量。

第五节 工业机器人产业驱动东北地区传统制造业优化升级政策建议

从以上的分析中我们可以得出三点结论：首先，通过智能制造提升制造业发展质量是全球制造业发展的必然趋势；其次，依托智能制造实现制造业高质量发展成果显著，以柔性化生产、提高制造业效率为主要体现；最后，我国集中发展智能制造产业，促进制造业智能升级已然成为大势所趋，并且我国以工业机器人为代表的智能制造设备产业发展态势迅猛，具备自身的国际竞争力，而其中，东北地区在智能制造设备竞争力优势凸显，在建设先进装备智能制造中心的层面上具有一定的发展潜力。因此，需要产业政策为东北地区先进装备智能制造中心保驾护航，而其中，最具竞争优势的工业机器人产业首当其冲。

一、增强产业辐射带动作用，助力地区装备制造业转型

工业机器人产业作为智能工厂建设的基础环节，其为装备制造业厂商提供成熟的工业机器人系统解决方案，可以有针对性地

解决东北传统装备制造业自身所面临的劳动力成本上升,生产效率低下,难以实现高效率、高精度柔性化生产的问题,因此,增强东北地区省装备制造业辐射带动作用,对于装备制造业转型升级具有重要意义。

2014年全国工业机器人产业拥有1069家企业,辽宁省拥有57家企业,工业总产值为8145641万元,占全国工业机器人工业总产值的3%;黑龙江省拥有8家企业,工业总产值451319万元,占全国的0.15%;吉林省拥有4家企业,工业总产值543635万元,占全国的0.18%。但与居于全国首位的占有35%的工业机器人企业且创造57%工业总产值的江苏省相比,东北地区工业机器人产业仍然面临生产和盈利效率相对较低的问题。在2014年按企业应付职工薪酬计算的装备制造业工业机器人密度中,中国除港澳台以外地区平均工业机器人密度为0.056,而东北地区传统装备制造业工业机器人密度仅为0.041,远低于全国平均水平。因此,首先东北地区应当建立以政府投入为引导、企业投入为主体、金融投入为支撑的多元化投资体系,通过发展工业机器人融资租赁的方式支持地区装备制造业企业使用工业机器人产品,降低地区装备制造业企业的转型升级风险,使装备制造业企业敢于享受工业机器人产业的辐射带动作用;其次,要改变原有仅补贴成套采用工业机器人系统化解决方案的装备制造业企业的方式,对工业机器人系统化解决方案的提供商亦给予补贴,使得地区工业机器人厂商敢于生产具有自主知识产权的工业机器人产品,从而在供需两方面增强地区工业机器人产业的辐射推动作用,助力东北传统装备制造业智能升级。

二、综合利用老工业基地优势,填补核心零部件短板

精密减速机、伺服电机和运动控制系统是掣肘工业机器人发展的三大核心零部件,长期以来工业机器人三大核心零部件受制于国外供给,占有工业机器人产品成本40%的精密减速机全球

第八章 产业引领：东北老工业基地机器人产业发展

市场的75%由日本纳博特斯克和哈默纳科两家企业掌控。但随着国内核心零部件制造企业的逐渐发展，进口替代的趋势已经愈发明显，在伺服电机以及运动控制系统方面国内产品的质量已经基本达到国际先进水平，这使得在区域内实现全产业链协同促进产业效率的提升成为可能。

地区政府在工业核心零部件方面应当引进、合作、研发同时着手，一方面利用辽宁省自贸试验区优势，引进国外先进的工业机器人核心零部件制造厂商，以本地区提供配套服务的方式与其建立合作关系，通过为其提供配套部件以及检验检测从而倒逼本地区核心零部件产业配套企业的发展。另一方面，在此基础上，合理利用社会资本积极引进国际尖端工业机器人制造企业，帮助其打通地区生产链，鼓励国内有基础核心零部件制造企业嵌入生产链的关键环节，在更大程度上吸收国际尖端工业机器人制造企业的技术外溢效应，从而促进地区核心零部件企业向高端化迈进并为国内工业机器人产业的发展奠定基础。在引进、消化吸收的同时，也应当着力推动工业机器人核心零部件以及关键技术的研发活动和相关领域人才的培养，政府应当积极开展"东北工业机器人研发网络计划"，将研发网络尽可能地覆盖区域内全部的研究机构。由于工业机器人产品及其核心零部件的研发周期相对较长，要想在工业机器人领域实现弯道超车，那么就需要形成区域协同创新网络，采用政府与社会资本相结合的模式，通过开放式的创新平台，建立东北工业机器人研发网络，将产业、学界和政府的创新资源连接在一起，推动工业机器人产品及其核心零部件的研发并加速其商业化的过程。与此同时，加强核心零部件高端人才的培养和储备，鼓励高校定向培养专业人才，加大专项人才引进力度，为东北工业机器人及其核心零部件产业的发展提供有力支撑。

三、构建"互联网+产业集群"模式,打造东北区域工业机器人品牌

工业机器人产业当前面临的最突出的问题在于工业机器人产品的国内认可率相对较低,如沈阳华晨宝马汽车制造厂全厂使用瑞士ABB工业焊接机器人而不选择与沈阳新松进行合作。这就导致地区工业机器人产业与装备制造业之间难以形成良性互动关系,从而在一定程度上制约了两者相互促进的乘数效应的发挥。建立地区"互联网+产业集群",打造区域工业机器人品牌将成为有效的破冰路径。互联网产业集群通过平台推广,让生产者、消费者、运作者需求共生,实现共赢,针对难以打通供销渠道的品质优良产商,施以援手,通过"经济共享"的方式,把品质商品纳入推广渠道,为品质产商提供大量的流量和需求订单,最终实现产商和消费者的无缝对接。

构建东北工业机器人产业"互联网+产业集群"可以使得地区工业机器人产业的辐射半径在互联网的帮助下呈几何级数扩大从而获得更大的市场机会,集群内工业机器人企业可以通过电子商务营销实现企业共享管理成本、促进无边界扩张,从而扩大集群的整体市场容量。此外,构建工业机器人产业"互联网+产业集群"有助于数据联通,促进工业机器人产品柔性化。基于制造企业、贸易公司、消费者之间的信息不对称,导致了消费信息和数据不能流通,工业机器人制造企业很难了解装备制造业厂商的个性化需求,从而导致工业机器人细分市场的开发存在困难。工业机器人产业"互联网+产业集群"的建设将不仅使得装备制造业企业对于工业机器人系统化解决方案的个性化需求能够即时地反馈至产品生产厂商,而且有助于工业机器人制造企业将核心零部件的个性化需求传达给产业链上游企业,推动产业链信息透明化,在打破既有的经营模式和格局的基础上,实现东北地区工业机器人产业链的整体优化与完善。因此,全面构建"互联网+产

业集群",抢占区域工业机器人品牌先机刻不容缓。

四、提高工业机器人行业准入门槛,避免产业中低端重复建设

东北地区大部分的装备制造业企业仍处在"工业3.0"的转型阶段,可替代工人繁重体力劳动以及有害环境下作业的中低端工业机器人市场巨大,中低端工业机器人市场需求的快速扩张,在一定程度上激发了地区工业机器人产业的投资热情,再加上地区政府的扶持引导政策,从而导致了缺乏技术积累,盲目模仿的低端产能聚集,地区工业机器人产业重复建设问题逐渐显露。

因此,工业机器人产业扶持政策的优化调整势在必行。建议东北地区各地方政府从三方面进行着手,一是落实好产业规范条件和产业发展健康指导意见,促使资源向优势企业集中,促进工业机器人产业向高端化、服务化的方向转型;二是促进研究具有工业机器人产业特点的关键技术参数的测量、测试技术,开发和升级工业机器人产业专用的高端测量、检测设备,实现覆盖工业机器人产品全产业链、全产品生命周期的系统性计量工作,加强产品性能及关键技术指标的精准测量能力,为地区工业机器人产品的测试提供更加权威性的服务;三是加强机器人标准体系建设,加快研究制订工业机器人产业急需的各项技术标准和指标体系。在此基础上,有选择地提高工业机器人产业的准入标准,严厉杜绝低端产能重复上线的情况出现,逐渐整合现有的资源,倒逼现有工业机器人产业向高端化转型。

五、积极布局工业机器人再制造领域,焕发国产工业机器人新活力

国产工业机器人产品面临使用寿命较短、产品质量相对较低的困境,而进口高端工业机器人产品则面临固定资产投资较高的现状。与此同时,废旧工业机器人回收利用率低下的现象在东北地区普遍存在,根据阿里巴巴、再生网等废旧机械回收网站的资料显示，废旧工业机器人的回收多以拆解零部件的形式进行，利用率相对较低。在此背景下，积极布局工业机器人再制造领域将从绿色制造的理念出发，为东北地区工业机器人产业和传统装备制造业破除困境。

再制造是指以先进的表面工程技术为修复手段，在达到甚至超过与原有新品相同质量和性能的前提下，将废旧设备零部件、工程机械、制造设备等进行专业化修复的批量化生产过程。再制造不但能延长机电产品的使用寿命，提高机电产品技术性能和附加值，与制造新品相比，再制造产品可节省成本，节能节材，是循环经济"再利用"的高级形式。而针对工业机器人产业而言，工业机器人产品再制造领域的布局具有重大的前瞻性意义。当前国产工业机器人与进口工业机器人的双重困境是东北地区传统装备制造业转型升级的重要阻碍，建立机器人再制造评估、交易平台，形成拆解、维修、再应用的工业机器人再制造产业链，综合地区工业机器人产业在系统集成方面的优势和国外进口工业机器人产品在技术方面的优势，通过进口高端工业机器人产品再制造，拓展地区工业机器人再制造市场，降低东北地区传统装备制造业利用工业机器人实现智能化升级的风险。与此同时，在工业机器人产品再制造的过程中，再制造企业可以通过拆解、维修、创新再设计、再制造、再装配过程间接辐射地区工业机器人制造企业，促进地区工业机器人产业高端化进程，焕发地区工业机器人产业新活力。

六、完善产业资本引进和监管体系，拒绝产业"资本品化"

在全国乃至全球不同程度集中发展智能制造的背景下，东北工业机器人产业的发展急需的是资本的投入，但害怕的也是资本的投入。我国以往的新兴产业发展（如光伏产业和新能源汽车产业）具有典型的政策导向性，国家为了实现新兴产业的快速发展对产业进行大量的财政补贴，希望以此吸引国内外资本流向该产

第八章　产业引领：东北老工业基地机器人产业发展

业以实现产业的快速壮大。但是光伏产业和新能源汽车产业的现实告诉我们，国家补贴的结果并不够理想，而其中"资本品化"的投资是主要原因之一。

工业机器人产业和传统的大型制造业一样，投资回报期相对较长，而国家对于工业机器人产业的高补贴使得逐利的资本快速涌入行业，这些资本希望"快进快出"的收获资本报酬而非真正致力于产业的长远发展，因而国家对于产业的补贴并未进入生产研发领域从而形成长远而高效的生产力，而是进入了生产领域和销售领域，致使企业不惜采用低价策略自耗来抢占市场，吸引下一轮接盘者，使得整个产业呈现"资本品化"的趋势，这对于产业发展是百害而无一利的。工业机器人产业隶属于制造业行业，其自身有属于自己的发展逻辑：公司需要长时间的技术积累，需要较长的成长周期并在市场化的条件下自发淘汰不具竞争力的企业，从而实现产业内高竞争力的企业快速发展。而工业机器人产业是资本密集型产业，对于资本的投入相对敏感，不了解产业详情的资本更加倾向于"善于宣传"的企业，这些企业在既没技术也没市场的情况下依然可以拿到巨额融资，拿到钱之后，这些企业为了追求快速发展，不惜通过低价恶性竞争来抢夺市场。这是产业低端聚集恶性竞争的源头所在。这种问题在东北地区尤为显著，为了避免重走光伏产业和新能源汽车产业的老路，东北地区为实现工业机器人产业发展而引进国内外资本的同时应当加强监督，避免产业"资本品化"趋势。

第九章

创新驱动：东北老工业基地制造业发展动力

东北制造业在全国地位下降是东北经济衰落的主要表现和直接原因。东北三省除了吉林以外，辽宁和黑龙江的制造业均出现显著的下降。创新驱动能力不强是东北制造业竞争乏力、地位下降的深层原因。创新是与产业紧密相关的，产业的发展与创新是耦合在一起的。不同产业具有不同的要素密集度，也具有不同的技术特征，因此产业结构本身会影响创新的特征和轨道。反过来，创新会通过其创造性破坏和创造性积累两种作用推动产业结构的变化。创造性积累会不断推动原有产业技术升级，创造性破坏则会催生新的产业。东北地区的产业偏资源型、偏重化工型、偏传统型，这种结构加上行业内的企业大多处于自然垄断或行政垄断地位，抑制了东北地区的创新动力（李政、于凡修，2017）。如果东北地区的制造业不通过创新进行升级再造，则不能满足高质量发展的需求，而且会逐渐被创新更快的地区所超越、替代。东北地区制造业的创新必须根据自身的产业结构和产业的技术特征选择恰当的创新模式和创新途径。

第九章　创新驱动：东北老工业基地制造业发展动力

第一节　东北老工业基地制造业创新的总体概况

由于没有既分地区又分行业的创新统计数据，本节以工业整体为分析对象，但由于工业中以制造业为主导，而且创新主要体现在制造业上，因此，由工业整体得出的结论是适用于制造业的。

由于统计口径的变化，为了可比性，本节用2011年之后的数据，对规模以上工业企业，从多个与创新有关的指标上对东北地区制造业创新整体情况进行分析。

2015年，分地区看，研究与试验发展（R&D）经费支出超过千亿元的省（市）有5个，分别为江苏（占12.7%）、广东（占12.7%）、山东（占10.1%）、北京（占9.8%）和浙江（占7.1%）。研究与试验发展（R&D）经费投入强度（与地区生产总值之比）超过全国平均水平的省（市）有8个，分别为北京、上海、天津、江苏、广东、浙江、山东和陕西[①]。

一、制造业创新投入与产出

在投入产出分析部分，创新投入指标用R&D人员投入和R&D经费支出来衡量，并通过新产品销售收入和专利数量指标来衡量创新产出[②]。

在创新投入层面上，从规模以上工业企业R&D人员数量看，2011年，东北地区R&D人员150026人，占全国的比重为5.89%，2015年东北地区R&D人员153183人，但占全国比重下降为4.2%，下降了1.7个百分点；从R&D经费内部支出看，

---

① 资料来源：《2015年全国科技经费投入统计公报》。
② 本节数据根据2012年和2016年《中国工业企业科技统计年鉴》计算，下同。

2011年，东北地区占全国比重为6.8%，2015年下降为4.15%，下降了2.65个百分点。由此可见，东北地区R&D经费支出占全国比重下降的幅度大于R&D人员数量所占比重的下降幅度。从R&D经费投入强度（R&D经费内部支出与主营业务收入之比）看，2011年，东北地区为0.57%，比全国低0.14个百分点，到2015年时，东北地区为0.62%，比全国低0.28个百分点，差距扩大。

在创新产出层面上，2011年，新产品开发经费支出，东北地区占全国的比重为6.31%，新产品销售收入占全国比重为5.89%，而到2015年时，这两个比重分别下降为4.22%和3.76%。不仅如此，2011年，全国每单位新产品开发经费产生的新产品销售收入为1469.2元，东北地区为1371.4元，为全国的93.34%，至2015年时，全国为1468.79元，东北地区为1309.05元，为全国的89.12%，这表明东北地区的创新效益在下降。而从专利来看，2011年，东北地区专利申请数占全国的3.42%，发明专利申请数占3.59%，有效发明专利占3.35%，至2015年时，三个比例分别下降为2.36%、2.71%、2.85%。

二、制造业协同创新与技术引进

企业在自己进行创新之外，还需要与其他机构进行合作创新，这可以通过企业R&D经费外部支出来考察。在企业全部R&D经费支出中，R&D经费外部支出比重，2011年东北地区为5.07%，低于全国平均水平的5.6%，至2015年时，东北地区这一比重上升为6.26%，而全国水平则下降为4.94%，这表明东北制造企业日益重视与其之外的科研机构的合作与协同。但另一方面也可能反映出企业自身创新能力不能满足需求，或者说东北地区企业自身创新能力的提升不如全国平均水平快。

从技术引进情况来看，2011年，东北地区引进国外技术经费占全国比重为4.25%，消化吸收经费占全国比重为3.02%，至 2015 年时，东北地区这两个指标占全国比重分别提高到 8.45%和 5.22%，而购买国内技术经费和技术改造经费支出占全国的比重则从 9.14%和 8.5%分别下降为 6.59%和 6.04%。

三、制造业创新政策支持

按照创新政策的作用对象可以将创新政策支持从两个层面上进行考察。在创新政策的外部支持上，主要表现为政府部门的资金、研发费用加计扣除减免税、高新技术企业减免税三个部分。2011 年东北地区使用来自政府部门的资金占全国比重为 11.72%，2015 年下降到 9.96%，这可能与东北地方政府投入科技活动的资金减少有关。研究开发费用加计扣除减免税，2011 年东北地区占全国比重为 4.31%，2015 年增加到 5.42%。在高新技术企业减免税方面，2011 年东北地区占全国比重为 3.83%，2015 年增加到 3.98%，这意味着东北地方政府对企业进行创新的政策支持力度有所增强。

在创新政策的内部支持方面，鼓励企业设立自己的研究机构是最主要的创新政策支持对象。企业建有自己的研发机构，才能持续地从事创新活动，是否有研发机构，本身就反映了企业创新能力。从 2011 年到 2015 年，东北地区规模以上工业企业数下降，从 25439 家减少为 22143 家，占全国的比重从 7.81%下降为 5.78%。企业办研发机构数，东北地区从 950 家增加到 1006 家，但占全国比重从 3.03%下降到 1.6%。在全部规模以上工业企业中，东北地区办研发机构的企业 2011 年占 3.73%，2015 年占 4.54%，仅上升 0.8 个百分点，而全国这一比例则从 9.61%上升到 16.43%，上升近 7 个百分点。因而地方政府针对企业科研机构设立的内部创新政策显得尤为重要。

东北地区规模以上工业企业中，国有及国有控股企业数略有增加（1395 家增加到 1423 家），但国有企业办研发机构数减少了 3 家（292 家减少为 289 家）。东北地区企业办研发机构数量的增加来自非国有企业（民营企业、港澳台和外资企业）。就东北地区而言，研发机构的增加是来自民营企业和港澳台企业。但研发机构数量增加很少，反映了东北地区民营企业创新能力的薄弱。

四、制造业创新主体与融资渠道

科技创新是企业在激烈的市场竞争中得以维持市场地位的核心源泉，创新主体与融资渠道是分析东北老工业基地制造业创新能力的重要维度。

从 R&D 人员看，2011 年，东北地区国有企业占规模以上工业企业的 69%，全国为 34.3%，到 2015 年时，东北地区国有企业 R&D 人员占 65.37%，全国为 27.5%，东北地区大部分的 R&D 人员集中在国有企业。规模以上工业企业的 R&D 经费内部支出中，东北地区国有及国有控股企业占有重要地位，也呈下降趋势。2011 年，东北地区国有及国有控股企业 R&D 经费内部支出占全国比重为 13.5%，2015 年下降为 9.84%，这表明即使在东北地区占有绝对优势的国有企业，在创新投入上也在下降。

R&D 经费内部支出中，国有及国有控股企业所占比重，2011 年，东北地区为 75.65%，全国水平为 38.1%，而 2015 年时，东北地区这一比重为 69.15%，下降 6.5 个百分点，全国为 29.19%，下降约 9 个百分点，这表明在 R&D 经费投入的所有制结构上，国有企业的地位都有所下降，但国有企业的创新投入在东北仍居于绝对支配地位。

国有企业 R&D 经费中政府资金所占比重，2011 年东北地区为 10.36%，全国为 6.34%，东北地区高出约 4 个百分点；2015 年，东北地区为 14.02%，全国为 8.59%，东北地区高出 5.4 个百分点。

2011 年，东北地区政府投入的 R&D 经费中，90.62% 投入了国有及国有控股企业，全国这一比例为 57.66%；2015 年，东北地区政府资金投入国有企业的比重下降为85.75%，而全国的这一比例则上升为59.93%。一方面，东北地区R&D经费中政府资金比重上升，另一方面，投入国企的比重下降，表明东北地区政府资金对民营企业创新的重视正逐渐加强。

2011年，新产品开发经费中，东北地区国有企业占68.72%，全国为35.28%；到2015年，东北地区上升为69.59%，全国下降为26.63%。新产品销售收入中，2011年，东北地区国有企业占74.63%，全国为36.76%；2015年，东北地区为73.07%，全国为25.99%。

再看专利，2011年，专利申请数、发明专利申请数、有效发明专利数，东北地区国有企业所占比例分别为49.49%、45.62%、41.57%，全国相对应的比例分别为23.38%、28.58%、24.76%。到2015年，东北地区国有企业在专利申请、发明专利申请、有效发明专利上所占比例均大幅上升，分别达到57.28%、57.53%、47.39%，而全国相对应的比例也略有上升，分别为24.03%、29.61%、28.04%。

创新政策上，东北地区国有及国有控股企业享受的优惠更明显。东北地区国有企业享受的研究开发费用加计扣除减免税占全国比重从2011年的5.05%增加到2015年的13.21%，享受的高新技术企业免税占全国比重从2011年的4.93%增加到7.07%。国有企业享受的优惠所占比重上升幅度都显著高于工业整体。

从东北工业内部看，2011年东北地区政府部门的研发资金中84.23%由国有企业使用，全国为56.52%；研究开发费用加计扣除减免税，东北地区国企所占比重47.37%，全国为40.45%；高新技术企业减免税，东北地区国企所占比重为54.65%，全国为42.44%。到2015年，这三项政策中，全国的国有企业使用政府科技资金占比上升为58.91%；其他两项中国有企业所占比重分别下降为28.62%、21.99%。东北地区，国有企业使用的政府资金上升到83.41%，研究开发费用加计扣除减免税国有企业比重增加到69.73%；高新技术企业减免税国有企业比重下降为39.03%,这可能意味着,东北地区非国有高新技术企业有所发展。技术引进和技术改造经费中,东北地区的国有企业在2011年和2015年均占90%左右的比重。总的来看,东北地区的国有及国有控股企业在创新上仍处于绝对支配地位。

从创新融资来看,企业进行创新的资金来自企业自有资金、政府资金、境外资金和其他资金。2011年,东北地区R&D经费内部支出中,政府资金占8.65%,这一比重是全国水平的2倍;企业资金占90.69%,低于全国水平3.5个百分点。境外资金占0.32%,其他资金占0.34%,均不到全国水平的一半。2015年,东北地区政府资金所占比重上升为11.31%,是全国水平的2.7倍;企业资金所占比重下降为87.61%,比全国水平94.35%低6.7个百分点。其他资金比重为0.78%,明显上升。

虽然企业自有资金是企业创新资金的主要来源,但东北地区R&D经费中,政府资金所占比重显著高于全国水平,而且与2011年相比,2015年这一比重显著上升,而企业资金所占比重明显下降。不仅如此,东北地区R&D经费中企业资金绝对数都在下降,从2011年的3694363万元下降到2015年的3645257万元。由此可见,企业R&D经费投入低是东北地区创新投入不足的主要原因。

第二节 东北老工业基地制造业分类:基于R&D投入

根据中国现行统计分类标准,制造业涵盖31个大类(C13-C43)。根据《2015年全国科技经费投入统计公报》[①],2015年,

---

[①] 见国家统计局网站:http://www.stats.gov.cn/tjsj/zxfb/201611/t20161111_1427139.html。

第九章 创新驱动：东北老工业基地制造业发展动力

分产业部门看，全国研究与试验发展（R&D）经费支出超过500亿元的行业大类有7个（化学原料和化学制品制造业，黑色金属冶炼和压延加工业，通用设备制造业，专用设备制造业，汽车制造业，电气机械和器材制造业，计算机、通信和其他电子设备制造业），这7个行业的经费支出占全部规模以上工业企业研究与试验发展（R&D）经费支出的比重为60.8%；研究与试验发展（R&D）经费支出在100亿元以上且投入强度（与主营业务收入之比）超过规模以上工业企业平均水平的行业大类有9个。

根据这一统计，本节根据 R&D 经费支出总额和 R&D 投入强度两个指标对制造业进行分类：R&D 经费投入以100亿元为界限，R&D 投入强度以制造业平均水平（2015年制造业整体 R&D 投入强度为0.97%）为界限。根据这两个维度，可以将制造业分为四类：高 R&D 投入、高投入强度，高 R&D 投入、低投入强度，低 R&D 投入、高投入强度，低 R&D 投入、低投入强度。各个类型所包含的行业如图9-1和表9-1所示。

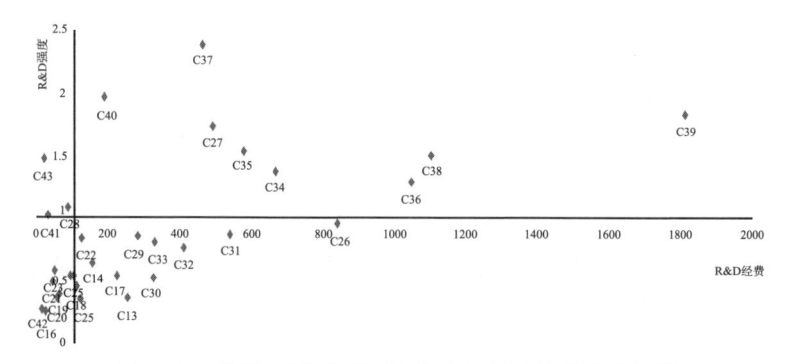

图9-1 根据 R&D 经费投入和投入强度的制造业分类

资料来源：笔者绘制。

表 9-1　根据 R&D 经费投入和投入强度的制造业分类

	低投入	高投入
高强度	3 个 化学纤维制造业，其他制造业，金属制品、机械和设备修理业	8 个 医药制造业，通用设备制造业，专用设备制造业，汽车制造业，铁路、船舶、航空航天和其他运输设备制造业，电气机械和器材制造业，计算机、通信和其他电子设备制造业，仪器仪表制造业
低强度	7 个 烟草制品业，皮革、毛皮、羽毛及其制品和制鞋业，木材加工和木、竹、藤、棕、草制品业，家具制造业，印刷和记录媒介复制业，文教、工美、体育和娱乐用品制造业，废弃资源综合利用业	13 个 化学原料和化学制品制造业，农副食品加工业，食品制造业，酒、饮料和精制茶制造业，纺织业，纺织服装、服饰业，造纸和纸制品业，石油加工、炼焦和核燃料加工业，橡胶和塑料制品业，非金属矿物制品业，黑色金属冶炼和压延加工业，有色金属冶炼和压延加工业，金属制品业

资料来源：笔者整理。

高 R&D 投入、高投入强度的行业基本上也是专利密集型产业。根据知识产权局发布的《专利密集型产业目录（2016）》，专利密集型产业包括信息基础产业、软件和信息技术服务业、现代交通装备产业、智能制造装备产业、生物医药产业、新型功能材料产业以及高效能环保产业、资源循环利用产业共计八大产业。除了软件和信息技术服务业属于第三产业外，其他七类属于化学原料和化学制品制造业、医药制造业和我国界定的装备制造业[①]。

高 R&D 投入、高投入强度的行业并一定是东北地区的优势或主导产业。对东北地区的制造业按照销售产值从高到低排名，排在前 10 名的行业是：农副食品加工业，汽车制造业，石油加

---

① http：//finance.sina.com.cn/china/gncj/2016-10-27/doc-ifxxfyez2109109.shtml。根据《专利密集型产业主要统计数据报告（2015）》，中国专利密集型产业对经济的拉动能力不断增强。2015 年中国的专利密集型产业的新产品销售收入占主营业务总收入的比重超过了 23%，这个比例是非专利密集型产业的 2.5 倍，出口交货值占销售产值比重的 16%，也是后者的两倍。总体来看，2015 年中国专利密集型产业的经济效益创新水平和发展活力都在国民经济中保持着领先的态势。

工、炼焦和核燃料加工业，非金属矿物制品业，化学原料和化学制品制造业，黑色金属冶炼和压延加工业，通用设备制造业，医药制造业，专用设备制造业，电气机械和器材制造业。这 10 个行业销售产值占东北地区全部规模以上工业的 75.6%。比重超过 2% 的行业还有：木材加工和木、竹、藤、棕、草制品业，金属制品业，铁路、船舶、航空航天和其他运输设备制造业，食品制造业，橡胶和塑料制品业，酒、饮料和精制茶制造业。可以粗略的认为，这些行业构成了东北制造业的支柱，是东北的优势产业。

根据上述分类，将东北地区优势产业进行归类。

第一类是高研发投入、高研发投入强度的行业。东北地区的汽车制造业、通用设备制造业、医药制造业、专用设备制造业、电气机械和器材制造业，铁路、船舶、航空航天和其他运输设备制造业等 6 个行业属于高 R&D 投入、高投入强度的行业，也是专利密集型行业。其中，除了医药制造业之外，其他都属于装备制造业。

东北地区的计算机、通信和其他电子设备制造业按销售产值算仅占规模以上工业的 1.2%，仪器仪表制造业占比仅 0.4%，实力过于薄弱。

第二类是高研发投入、低研发投入强度的行业。东北地区优势行业中的化学原料和化学制品制造业、农副食品加工业，食品制造业，酒、饮料和精制茶制造业，石油加工、炼焦和核燃料加工业，非金属矿物制品业，黑色金属冶炼和压延加工业，金属制品业，橡胶和塑料制品业等 9 个行业属于高 R&D 投入但低投入强度的行业。

第三类是低研发投入、高研发投入强度的行业。这一类中的 3 个行业，化学纤维制造业，其他制造业，金属制品、机械和设备修理业，不仅数量少，而且比重低，东北地区没有什么优势，不做进一步讨论。

第四类是低研发投入、低研发投入强度的行业。东北地区的优势行业中只有木材加工和木、竹、藤、棕、草制品业属于这一类，2015年销售收入占规模以上制造业销售收入的2.89%。其余6个行业占比不超过3%，不做进一步讨论。

第三节　东北老工业基地制造业的创新路径：基于Pavitt分类的分析

根据以上分析可以看到，东北地区制造业要实现创新发展，或者说要实现发展动力由传统投资驱动转向创新驱动，应主要关注第一、第二大类中相对具有优势的行业：第一类中的医药制造业，通用设备制造业，专用设备制造业，汽车制造业，铁路、船舶、航空航天和其他运输设备制造业，电气机械及器材制造业；第二类中的农副食品加工业，食品制造业，酒、饮料和精制茶制造业，石油加工、炼焦和核燃料加工业，非金属矿物制品业，黑色金属冶炼和压延加工业，化学原料和化学制品制造业。此外，还应关注东北地区比较弱小但特别重要的计算机、通信和其他电子设备制造业。

不同行业在创新特征或者说在技术轨迹上存在明显差异，要根据不同行业的技术特点采取恰当的创新途径。这里根据Pavitt分类对这些行业进一步区分。Pavitt根据企业不同的技术轨迹特征，将企业分为四个部门：供应商主导型、规模密集型、专业供应商型、基于科学型（见表9-2）。

表9-2　　Pavitt分类中四类行业的创新技术特征

分类	主要创新技术来源	创新类型	企业规模	东北地区优势行业	
				第一类	第二类
基于科学部门	企业内部，校所，供应商	混合型	大	医药制造业，电气机械及器材制造业	化学原料和化学制品制造业

第九章　创新驱动：东北老工业基地制造业发展动力

续表

分类	主要创新技术来源	创新类型	企业规模	东北地区优势行业 第一类	东北地区优势行业 第二类
专业供应商部门	企业内部，用户	产品创新	小	通用设备制造业，专用设备制造业	—
规模密集部门	企业内部，供应商	工艺创新	大	汽车制造业，铁路、船舶、航空航天和其他运输设备制造业	石油加工、炼焦和核燃料加工业，非金属矿物制品业，黑色金属冶炼和压延加工业
供应商主导部门	供应商	工艺创新	小	—	农副食品加工业，食品制造业，酒、饮料和精制茶制造业

资料来源：笔者整理。

一、基于科学部门

基于科学的部门，其创新技术主要来源于企业内部研发，最典型的是医药制造业。对这类行业，要加强企业研发机构建设，提升企业自身创新能力。由于这类行业对基础科学研究有较强的依赖，而大学和科研院所在基础研究上有较强的优势，所以这类行业要特别注意加强产学研合作，以尽快将大学和科研院所的学术研究成果商业化。此外，这类行业新产品的推出，往往对新工艺提出需求，这需要供应商予以满足，或者上游供应商的创新会改进基于科学的部门的工艺，所以这类行业也要加强与供应商的合作。

二、专业供应商部门

专业供应商部门，其创新技术主要来源于企业内部研发和与用户的密切合作。专业供应商企业的产品常常具有行业专用性、甚至用户专用性，因此这类行业中的企业具有持续改进产品设计和性能以快速应对用户需求的能力。

通用设备制造业和专用设备制造业是东北地区的优势产业，其创新与下游用户有着密切关系。另外，现代化的设备已经不是纯粹的机械制造，而是嵌入了先进的信息技术，智能化程度不断提高。作为专用供应商，需要上游的电子信息、仪器仪表等产业的推动，也需要下游的用户的拉动。对于东北地区而言，不幸的是，上游和下游均比较弱，其重要的上游零部件供应商和主要的市场均在南方。地理距离以及与此相关的社会、文化、政策、制度上的差异，使得东北地区的装备制造业不能形成产业链、创新链的协同。

东北地区对于装备制造业有需求的行业多为规模密集型，如汽车制造业，铁路、船舶、航空航天和其他运输设备制造业，冶金、石化等，这些行业需要的多是国际水平的高端装备，东北地区的装备制造业又满足不了这类高端需求。如汽车、飞机制造中需要的高档数控机床，大部分是进口国外的产品。

对于这类企业，要加强企业自身研发机构建设，而且要特别注意与下游用户建立密切的关系。这类企业要密切关注市场需求的变动，一方面不断改进、升级原有产品，另一方面，要能快速推出新产品填补市场空白。另外，对于这类企业而言，单纯的产品创新已不能适应市场需求，而以提供系统化解决方案为目标的集成式创新更能为企业带来效益，换言之，即产品创新加服务创新。

三、规模密集部门

规模密集型部门，技术机会较多，企业内部研发投入较大，企业倾向于把创新同生产设备结合起来。这些行业以工艺创新为主，技术主要来源于内部的生产工程部门，供应商也提供一定的创新技术。东北地区这类行业占的比重最大，而这类行业又是国有企业占绝对主导。

第九章 创新驱动：东北老工业基地制造业发展动力

汽车制造业市场巨大，东北地区尤其是吉林和辽宁，在汽车行业有一定的基础和优势，但横向比较来看，在全国并不突出。对于未来市场至关重要的新能源汽车领域，东北地区实际上已经落后。对于汽车行业，东北地区必须产品创新和工艺创新同时推进，加大企业研发力度，尤其要在新能源汽车领域有所作为。要推进国有企业改革，提高国有汽车企业的经营活力、创新能力。例如，辽宁的华晨汽车，如果没有华晨宝马的支撑，华晨已经没有能力生存。只有深化国有企业改革，理顺企业的管理体制机制，激活企业的创造力，这类企业才可能转向创新驱动。

铁路、船舶、航空、航天等运输设备制造业，东北地区有比较优势，主要是因为这些行业由中央企业主导，受益于国家战略需要，近些年，国家对这些行业投入巨大。但东北地区这些行业的地位比较尴尬，因为东北地区在这些行业主要是完成最终产品，而为这些产品配套的零部件大部分来自南方企业或国外企业。这些行业对东北本地的产业带动作用并不明显。

四、供应商主导部门

供应商主导部门，这些行业属于典型的供应商主导型，内生技术不多，企业研发投入强度较低，技术创新主要来源于设备、原料及其他投入的供应商。东北地区的这些行业主要包括农副食品加工业，食品制造业，酒、饮料和精制茶制造业，主要应提升工艺水平，可以完全交给市场。

第四节 东北老工业基地制造业创新发展的政策建议

第三节根据东北制造业不同行业的技术特征提出了其创新的着力点和途径，但正如前述已经指出的，东北地区的国有企业在创新方面仍居于主导地位,民营企业的创新能力亟待提高。东北制造业要真正实现创新驱动发展,必须进一步深化国有企业改革,切实激发其创新活力,同时破除人为壁垒,大力支持民营企业发展,提升民营企业的创新水平。政府要从消极、被动地保护国有企业转向鼓励竞争与政策支持相结合,推动国有企业和民营企业的通力合作。

一、进一步深化国有企业体制改革,改善存量,提高创新效率

完善国有企业薪酬激励体系。在现代混合所有制企业中,虽然通常的监督机制和激励机制不能解决经营者的创新激励问题,但企业可以通过多种途径让经营者同时是企业所有者,其中一个有效方式是对经营者实施股权激励等中长期激励计划。因此,进一步深化国企改革,应当建设包括股票、股权、限制性股票股权、延期奖金机制等中长期激励手段在内的多元化薪酬体系。

完善公司治理结构。有研究证明,证券投资基金、QFII(合格的境外机构投资者)、保险资金等机构投资者持股能促进企业创新,因此应当引入外部股东和提高机构投资者持股比例,以完善国有企业的治理结构。

改革国有企业高管聘任制度。对国有企业而言,由于其经营目标多元化,经理人市场具有非竞争性,在公司治理中,非经济因素影响很大,机构投资者话语权有限,其创新效应难以有效发挥,因此,为了有效推进国有企业自主创新,国有企业要加快高管的聘任制度改革,弱化非经济因素在高管任命中的作用,加快竞争性国有企业经理人市场的建设。

二、大力支持民营企业,壮大规模,鼓励上市

民营企业以盈利为目标,经理人市场有较强的竞争性,持股较高的机构股东在公司治理中有较高的话语权,对成功的创新有共同的利益追求,整体而言对企业的自主创新有积极作用,因此

要积极发展民营企业和鼓励民营企业上市。政府创新资金要向民营中小企业倾斜。对于国有企业而言，已经具有较大规模，资金实力较强，融资渠道广泛，政府资金对于它们的研发起不到实质作用。但对于规模较小的民营企业而言，政府资金支持可能会起到关键作用。

三、合理引进外资，注重外资的创新带动作用

严格选择外资，在引进外资时要更加注重其对地方创新的促进作用。特别鼓励和吸引外资企业把更高技术水平、更高附加值的研发创新、服务外包等活动转移到东北。吸引外资企业来东北建立研发中心。鼓励本地企业、研究机构与外资企业进行合作。鼓励外资企业通过组建合资企业、合作生产、联合制造等方式向东北转移先进技术，促进外资企业与本地企业的技术交流。鼓励外资企业与本地科研机构、高等院校在科研和技术开发方面开展合作。吸引外资企业来东北参加或举办商展、研讨、培训等活动，展示推介新产品、新技术、新工艺，拓宽信息外溢的渠道。建立外资企业技术辐射效果的评价体系。研究设立技术辐射的指标，如雇佣本地研发人员比例、在本地首次注册专利比例等。通过评选技术辐射优秀外资企业，引导外资企业重视发挥其对本地自主创新的积极作用。

四、鼓励国有与民营制造业企业采用多种形式进行合作创新

国有企业和民营企业各具优势，应该加强在创新方面的合作。一是纵向合作，即同一条产业链上的各个环节的国有企业与民营企业合作，共同应对本产业链上的薄弱环节，争取自主创新的突破。二是横向合作，即同一个行业中有代表性的国有企业与民营企业共同合作，共同解决本行业中的重大技术问题和发展中的瓶颈问题。三是合资建立子公司，双方出资、出人建立子公司，把国有企业和民营企业的优势都吸收进来，从事研究、开发

和推广。完善国有企业和民营企业之间分工协作，鼓励国有大型、特大型企业剥离非核心产品，集中精力搞核心产品的开发与生产，把数量众多的零部件放开，通过竞争方式留给民营企业分散生产，最后由控制核心部件的企业统一组装，使国有企业、民营企业通过企业之间分工协作得到协同发展。

第十章

体系再造：东北老工业基地制造业现代产业体系构建

现代化经济体系是习近平新时代中国特色社会主义伟大理论的重要组成部分，是解决新时代我国社会主要矛盾的战略举措，是推进新时代中国经济高质量发展的重要保障。现代化经济体系与新发展理念紧密相连。创新、协调、绿色、开放、共享就是指导新时代我国经济发展的新理念，建设现代化经济体系必须贯彻落实新发展理念。

构建制造业现代产业体系，是应对世界贸易格局大变局和未来国际市场规则变迁等不确定性，是明确审视中国在世界经济格局中的地位，特别是制造业在全球产业链、价值链发展中的定位，切实将中国由制造业大国迈向制造业强国的重要战略举措。

第一节 东北老工业基地制造业产业体系形成的历史沿革和评价

东北老工业基地制造业体系的形成与发展，我们认为，基本上与东北老工业基地的建设和发展是同步的。从新中国成立初期即20世纪50年代至21世纪20年代，历时70余载，经历了五个阶段的演化过程，即，1949~1978年是东北老工业基地制造业相对国内其他省份基础工业门类齐全的制造业产业体系形成期；1979~2003年是东北老工业基地制造业产业体系发展期；2004~2008年是东北老工业基地制造业产业体系提升期；2009~2016年是东北老工业基地制造业产业体系震荡期；2017~2020年是东北老工业基地制造业现代产业体系构建探索期。

一、东北老工业基地工业体系形成与发展

（一）东北老工业基地工业体系形成背景

新中国成立后"一五"时期（1953~1957年），计划由苏联援建中国的"156个项目中"①，辽宁24项，吉林11项，黑龙江22项，内蒙古5项，东北三省及蒙东地区援建项目数占实际援建项目数的41%，这样的统计数字还不算为156个项目配套建设的项目，可见东北老工业基地名副其实，工业基础占据全国近半壁江山（见表10-1）。

表10-1　苏联援建"156个项目"典型省份典型项目

省区	苏联援建主要项目
辽宁	1. 鞍山钢铁公司 2. 本溪钢铁公司的扩建 3. 抚顺发电厂 4. 阜新发电厂 5. 大连第二发电厂的增容 6. 阜新新丘竖井 7. 阜新平安竖井 8. 阜新海州露天煤矿 9. 抚顺东露天矿 10. 抚顺老虎台煤矿 11. 抚顺西露天矿 12. 抚顺胜利矿刘山竖井 13. 抚顺龙凤矿竖井的新建扩建 14. 抚顺石油二厂 15. 抚顺铝厂 16. 沈阳第一机床厂 17. 沈阳第二机床厂（中捷友谊厂）18. 沈阳风动工具厂 19. 沈阳电缆厂 20. 沈阳航空工业学校（现为沈阳航空航天大学）21 沈阳飞机制造公司（原名112厂）22. 一一二厂 23. 四一〇厂 24. 渤海造船厂的新建和扩建改建工程

---

① 苏联援建中国156个项目分三批次进行，分别是1952年8月签署50项，1953年5月签署91项，累计141项，1954年签署15项，总计156项，但实际兴建150项，人们习惯称之为156个项目。

第十章 体系再造：东北老工业基地制造业现代产业体系构建

续表

省区	苏联援建主要项目
吉林	1. 长春第一汽车制造厂 2. 中国石油吉林石化公司 3. 吉林染料厂 4. 吉林电极厂（现吉林碳素厂）5. 吉林化肥厂 6. 吉林铁合金厂钨铁生产部分 7. 通化湾沟工井 8. 丰满发电厂（共三期扩建）
黑龙江	1. 哈尔滨电机厂 2. 哈尔滨汽轮机厂 3. 哈尔滨锅炉厂 4. 哈尔滨轴承厂 5. 哈尔滨伟建机器厂（原哈飞）6. 哈尔滨东安机械厂 7. 哈尔滨东北轻合金厂（原哈尔滨101厂）8. 哈尔滨量具刃具厂 9. 电碳厂 10. 电表仪器厂 11. 阿城继电器厂 12. 佳木斯造纸厂 13. 中国第一重型机械集团公司 14. 鹤岗兴安台10号立井 15. 鹤岗东山1号立井 16. 鹤岗兴安台洗煤厂 17. 鸡西城子河洗煤厂 18. 鸡西城子河9号立井 19. 鹤岗兴安台2号立井 20. 双鸭山洗煤厂 21. 友谊农场 22. 齐齐哈尔钢（北满特钢）
内蒙古	1. 包头钢铁公司 2. 内蒙古第一机械厂内蒙古第一机械制造（集团）有限公司 3. 第二机械厂 4. 包头第一热电厂 5. 内蒙古蒙电华能热电股份有限公司（包头第二热电厂）
陕西	1. 西安高压电瓷有限责任公司 2. 西安立井 3. 西飞集团 4. 陕西开关整流器厂 5. 西安西电电工材料有限责任公司（原名西安绝缘材料厂）6. 西安电力电窗容器厂 7. 西安高压电瓷 8. 西安热电站 9. 由苏联援建的西安发动机附件厂、飞机附件厂、宝鸡航空仪表厂、兴平航空电器厂经国家正式验收投产 10、铜川玉石凹立井
四川	1. 重庆发电厂 2. 锦江电机厂 3. 新兴仪器厂 4. 西南无线电器材厂 5. 成都发电厂 6. 重庆肉类联合加工厂 7. 红光电子管厂 8. 国光电子管厂 9. 成都电机厂 10. 四川长虹电子集团公司 11. 四川九洲应用电子系统有限责任公司 12. 成都773厂 13. 狮子滩电站

注：典型省份典型项目并不代表某一省份的全部项目，笔者只是例举事实，分析东北等老工业基地的工业体系。

经历了几个"五年计划"约30年的建设，东北老工业基地初步形成了煤炭、石油、化工、钢铁、有色金属、木材等一系列工业基础产业，形成了以机床、汽车、电机以及重型机械为代表的工业体系，并且在整个国家的经济恢复和发展建设时期做出了不可磨灭的时代贡献（见表10-2）。

表 10-2 1949~1978 年东北老工业基地重点制造业产业

省区	重点制造业产业
辽宁	机床、重型机械、飞机制造、船舶制造、线缆制造、风机、泵业、仪器仪表
吉林	汽车
黑龙江	电机、汽轮机、锅炉、轴承、重型机械、飞机制造、量具、继电器、仪器仪表
内蒙古	重型机械

(二) 东北老工业基地支柱产业的形成与发展

1. 辽宁省支柱产业

东北老工业基地三个省份的工业支柱型产业各有不同、又有相似。辽宁省工业支柱型产业有 13 个，这 13 个支柱产业占辽宁工业总产值比重排序如表 10-3 所示，然而这 13 个行业 1999~2003 年增长速度同全国同行业增长速度之比却并非领先，辽宁工业总产值排名前五位的行业，其中三个行业属能源消耗及高污染行业，只有交通运输设备制造业和通用设备制造业属制造业当中的装备制造业，这两个行业在全国同行业中的增速也是在 20 名左右，非增长较快行业。1999~2003 年增长速度同全国同行业增长速度相对较快的只有专用设备制造业，增长数值为 1.0514，全国同行业排序第 7 位，在辽宁省工业总产值比重排序第 12 位。从 1999~2003 年的统计数据可见，辽宁省工业支柱型产业以制造业为主，又以制造业中的装备制造业为重点，交通运输设备制造业、通用设备制造业、专用设备制造业、通信设备计算机及其他电子设备制造业、电气机械及器材制造业这五种装备制造业在辽宁制造业中具有发展优势，除专用设备制造在全国同行业领先外，其他几个装备制造业行业均受到同行业的冲击，20 余年间，南方沿海城市的制造业、装备制造业已经形成强劲的发

第十章 体系再造：东北老工业基地制造业现代产业体系构建

展势头，形成了各自具有制造业优势的产业体系。

表 10-3　　　　辽宁省支柱产业相对增长速度

支柱产业	1999~2003年增长速度同全国同行业增长速度之比 数值	排序	占辽宁省工业总产值比重排序
石油加工、炼焦及核燃料加工业	0.9563	15	1
黑色金属冶炼及压延加工业	0.8048	24	2
交通运输设备制造业	0.8838	21	3
通用设备制造业	0.9436	16	4
化学原料及化学制品制造业	0.8056	23	5
通信设备、计算机及其他电子设备	0.7887	26	6
电力、热力的生产和供应业	0.9362	17	7
石油和天然气开采业	1.0081	9	8
农副食品加工业	1.0072	10	9
非金属矿物制品业	0.9641	14	10
电气机械及器材制造业	0.7432	29	11
专用设备制造业	1.0514	7	12
有色金属冶炼及压延加工业	0.6855	32	13

资料来源：根据相关年份《工业统计年报》计算。

2. 吉林省支柱产业

吉林省代表性支柱产业依然是汽车。经过半个世纪的发展，交通运输设备制造业总产值比重排名占吉林省全省第 1 位，与同时期全国同行业增长速度比较排名第 6 位，处于全国领先水平。吉林省的交通运输设备制造业领先于辽宁省。吉林省制造业支柱型产业有 8 个，交通运输设备制造业属装备制造业中最强项，同样，吉林省的石油和天然气开采业在全国同行业中增速排名第 8 位，占吉林省工业总产值比重排名第 7 位。吉林省也是农业大省，农副食品加工业这些年的发展超过了辽宁，农副食品加工业占吉林工业总产值比重排名第3位，同一时期全国同行业增速排名第4位，辽宁省此时排名第9位。吉林省和辽宁省相比较，吉林省装备制造业属于一枝独秀，无论在本省比较还是全国比较都处于领先地位。辽宁省装备制造业行业覆盖面较广，装备制造业产业基础较大，但是无论是从省内还是全国同行业来看，没有一枝独秀的装备制造业产业，这些行业在全国增速都在排名20位左右，只有专用设备制造业在全国进入前十，但在本省工业中并没有处于前十的排位，这说明1999～2003年辽宁省装备制造业的发展欠均衡，没有形成吉林省交通运输设备制造那样的本省主导产业（见表10-4）。

表10-4　　　　吉林省支柱产业相对增长速度

支柱产业	1999～2003年增长速度同全国同行业增长速度之比		占吉林省工业总产值比重排序
	数值	排序	
交通运输设备制造业	1.3547	6	1
化学原料及化学制品制造业	0.6834	24	2
农副食品加工业	1.5188	4	3
黑色金属冶炼及压延加工业	0.8558	17	4
医药制造业	1.0998	11	5
电力、热力的生产和供应业	0.6440	27	6
石油和天然气开采业	1.1447	8	7
非金属矿物制品业	0.8305	18	8

资料来源：根据相关年份《工业统计年报》计算。

3. 黑龙江省支柱产业

黑龙江省代表性支柱产业中在全国同行业增速第1位的是电力、热力的生产和供应业，主要是新中国成立初期"156个项目"的哈锅、哈电、汽轮机大型制造业国有企业的贡献。黑龙江省与吉林省有一个共同特点就是食品制造业和医药制造业发展得较快,在全国同行业中增速均排在前5位。黑龙江省的交通运输设备制造业和通用设备制造业占全省工业总产值比重排名分别为第4位和第10位,而在全国同行业增速排名分别是第12位和第11位。这两个行业的增速都超过了同一时期的辽宁省。通过东北老工业基地支柱性产业的增速分析,1999~2003年间,东北老工业基地制造业的发展以装备制造业为主,然而其整体发展与全国相比增速较缓,但东北老工业基地装备制造业行业齐全,具有进一步深度发展的良好基础（见表10-5）。

表10-5 黑龙江省支柱产业相对增长速度

支柱产业	1999~2003年增长速度同全国同行业增长速度之比		占黑龙江省工业总产值比重排序
	数值	排序	
石油和天然气开采业	0.8643	10	1
石油加工、炼焦及核燃料加工业	0.9299	8	2
电力、热力的生产和供应业	1.3492	1	3
交通运输设备制造业	0.8115	12	4
农副食品加工业	0.7572	16	5
食品制造业	1.2153	3	6
煤炭开采和洗选业	0.6632	24	7
医药制造业	1.1559	4	8
化学原料及化学制品制造业	0.7711	15	9
通用设备制造业	0.8276	11	10

资料来源：根据相关年份《工业统计年报》计算。

4. 东北三省综合支柱产业

本部分从支柱产业利润率分析东北老工业基地制造业情况。

例如，根据 2003 年东北老工业基地制造业行业产值利润率、工业总产值比重排序、各制造业行业全国产值利润率的数据（见表 10-6），可见，行业产值利润率虽大但占工业总产值比重排序不一定靠前，如石油和天然气开采业，三省各自产值利润率都是排序第 1 位，但辽宁省、吉林省两省占工业总产值比重排序是第 8 位和第 7 位。石油加工、炼焦及核燃料加工业，辽宁省、黑龙江省各自占省内工业总产值比重排序第 1 位和第 2 位，但产值利润率分别是第 27 位和第 23 位。黑色金属冶炼及压延加工业，吉林省发展得最好，产值利润率和占省内工业总产值比重排序分别是第 3 位和第 4 位，此行业辽宁省的产值利润率与占省内工业总产值比重排序分别是第 15 位和第 2 位。以上列举的这三个制造业行业都是资源消耗型行业，并且需要大量能源提供动力，以至于三个省的电力、热力的生产和供应业工业总产值比重各自都很大，分别是各省的第 7 位、第 6 位、第 3 位。资源和能源消耗型制造业行业势必面临资源枯竭、制造业转型升级的必经之路，这一点已经是东北老工业基地经济增长放缓的必然条件。从东北老工业基地整体看，装备制造业的发展行业较全，以交通设备制造业为代表的装备制造业引领东北老工业基地装备制造业的发展，龙头企业为沈阳金杯、丹东黄海、华晨宝马、吉林一汽、哈飞汽车。其他装备制造业行业面临着产值利润率和工业总产值占比不一致性，特别是辽宁的装备制造业，在此期间内发展的不均衡性日渐突出。

（三）东北老工业基地工业体系的约束因素

1. 国有企业体制改革滞后，改革十分困难

受计划经济影响，东北老工业基地国有企业居多，人们计划经济思想根深蒂固，认为国有企业"铁饭碗""大锅饭"的思想时至今日没有彻底消除，1978 年改革开放实行市场经济，但东北老工业基地直到 20 世纪 90 年代才进行大规模体制改革，真正

第十章 体系再造：东北老工业基地制造业现代产业体系构建

表10-6 2003年东北老工业基地支柱产业产值利润率

支柱产业	辽宁省 产值利润率 数值(%)	辽宁省 产值利润率 排序	辽宁省 占工业总产值比重排序	吉林省 产值利润率 数值(%)	吉林省 产值利润率 排序	吉林省 占工业总产值比重排序	黑龙江省 产值利润率 数值(%)	黑龙江省 产值利润率 排序	黑龙江省 占工业总产值比重排序	全国 产值利润率(%)
煤炭开采和洗选业	22.98	1					1.81	22	7	5.70
石油和天然气开采业	2.64	21	8	27.29	1	7	63.02	1	1	35.11
农副食品加工业			9	2.44	16	3	1.88	20	5	2.81
食品制造业	1.48	27	1				5.54	6	6	4.94
石油加工、炼焦及核燃料加工业	2.32	25	5	2.68	15	2	1.79	23	2	1.98
化学原料及化学制品制造业	2.21	26	10	10.26	2	5	2.43	17	9	5.11
医药制造业				5.00	10	8	7.48	4	8	8.98
非金属矿物制品业			2	9.99	3	4				5.14
黑色金属冶炼及压延加工业	3.86	15	13							6.09
有色金属冶炼及压延加工业	0.57	31								4.34
通用设备制造业	5.24	12	4				1.86	21	10	5.25

续表

支柱产业	辽宁省 产值利润率 数值(%)	辽宁省 产值利润率 排序	辽宁省 占工业总产值比重排序	吉林省 产值利润率 数值(%)	吉林省 产值利润率 排序	吉林省 占工业总产值比重排序	黑龙江省 产值利润率 数值(%)	黑龙江省 产值利润率 排序	黑龙江省 占工业总产值比重排序	全国 产值利润率(%)
专用设备制造业	1.07	29	12							4.53
交通运输设备制造业	0.89	30	3	8.04	4	1	1.24	27	4	6.93
电气机械及器材制造业	2.63	22	11							4.73
通信设备、计算机及其他电子设备	2.59	23	6							3.90
电力、热力的生产和供应业	8.93	4	7	−5.88	32	6	−0.19	30	3	10.20

资料来源：根据相关年份《工业统计年报》计算。

第十章 体系再造：东北老工业基地制造业现代产业体系构建

有效的国企改革推迟了近10年时间。1979~1990年这一阶段，人们还很难彻底转变观念，谁都不愿意面对国有企业改革减员裁员自谋职业。特别是1992年起，东北老工业基地国有企业改革，大量国有企业工人无法面对下岗的局面，东北地区私营经济很少，能够解决富余劳动力的私营大公司凤毛麟角，下岗工人只能自谋职业，做些小买卖，但大家都去做小买卖生意也是经营惨淡。通常情况下，一个小家庭至少有1人在国有企业工作，甚至双职工都在国有企业工作，大家庭中兄弟姐妹们在国有企业工作的就更多。因此，在国有企业大规模改革工人大面积下岗的情况下，一家老小的生活保障就成了问题，社会动荡不安，犯罪率升高，东北老工业基地的下岗再等待就业的产业工人生活在水深火热中。

2. 市场经济体制贯彻不到位，所生产的产品与市场需求有距离

计划经济时代遗留下来的缺点是按部就班，还是粗放型生产，产品没有创新，不考虑市场需求，依然是大批量生产，然而此时的南方沿海城市，市场经济贯彻执行已有近10年时间，能够根据客户的实际需求小批量进行订单生产，并在生产环节上注重跑冒滴漏等资源浪费的弊端。但是在东北老工业基地国有经济体制下，人们的这种节约意识还没有跟上，这就造成生产成本方面南方私营经济又胜一筹，以至于产品又好价格又相对便宜。因此，除了国家垄断控制生产的产品外，南方沿海城市生产的其他制造业产品已经能够跟东北老工业基地的产品在市场上竞争并且取胜。因此，市场经济体制贯彻不到位阻碍了东北老工业基地制造业的发展，阻碍了装备制造业的发展，这一阶段，东北老工业基地错过了制造业产业转型升级的第一个有利时期。

3. 转型升级缺乏资金投入，缺乏技术创新的研发投入

东北老工业基地的传统产业是以重化工业为主，各行业企业的机器设备都由国家投资购买，然而，多年以来这些设备普遍陈

旧，生产效率低，能源消耗大①。虽然东北老工业基地装备制造业发达，有一定的制造能力，能够生产出经济建设所需的大型机器和重大技术装备产品，但是核心技术能力主要还是依靠引进发达国家的先进技术，这就需要大量外汇购买技术。东北老工业基地自主创新的科研力度不够，2003年以前没有更好地利用引进来的技术进行消化吸收再创新，没有完成更适合本地生产使用的技术国产化过程。20世纪90年代以来近10年的国有企业改革已经消耗了大量的资金，制造业科研投入不足，特别是东北老工业基地已经成型的重大技术装备制造业科研创新投入不足，例如，沈阳机床、沈阳鼓风机、沈阳重型机械、哈尔滨锅炉、哈尔滨汽轮机、哈尔滨电机等国家经济建设所需重大技术装备的国有企业，在维持生存的状态下自主研发投入甚少，长时间以来就失去国际竞争优势。

二、东北老工业基地制造业产业体系构建的新命题

（一）积极推进优势产业发展

2003年10月，中共中央、国务院发布《关于实施东北地区等老工业基地振兴战略的若干意见》，指出巩固和提升全国最重要的商品粮食生产基地、重要林业基地、能源原材料基地、机械工业和医药工业基地地位和功能，是振兴东北地区的关键基础。2003年12月，国务院发布《国务院关于成立国务院振兴东北地

---

① 《东北地区经济振兴战略与政策》"六五"以来，沈阳市大约1/10的企业得到不同程度的技术改造，主要工业企业生产设备属于国际先进水平的仅为13.4%，属于国内先进水平的仅为19.2%。20世纪60年代以前的老设备有70%还在运转。哈尔滨市工业企业设备役龄在20年以上的约占23.8%，30年以上的占9.2%，全市有25%以上的企业仍然沿用建厂时的老设备。长春市工业设备的平均役龄在20年以上的约有60%，在2.4万多台机床中，20世纪80年代水平的约占17%，40年代水平的占47.2%，50年代水平的占19.7%，40年代水平的占15.4%。与一些新兴工业地区相比，东北企业设备普遍陈旧，生产效率低下，企业用于更新改造的资金需求量大。加之企业产品没有销路，收入下降，资金回流比较困难。

第十章 体系再造：东北老工业基地制造业现代产业体系构建

区等老工业基地领导小组的决定》①。两份文件的印发拉开了东北老工业基地振兴的序幕。文件明确指出要发展优势产业。东北老工业基地的优势产业是制造业，特别是装备制造业及重大技术装备制造业。然而，东北老工业基地制造业产业体系未能完全适应市场经济发展的要求，企业组织大而全，配套和支持产业发展的分工协作滞后，专业化程度不高，制造业生产规模小，劳动生产率较低，产品利润率很低，产业集群程度不高，本应该在东北老工业基地区域内配套生产的零部件及上下游生产原料，而未能在产业体系内部供给，只能依靠更适合市场经济发展的南方企业进行配套生产，因为南方的这些配套产品在价格、质量、服务上都优于老工业基地区域内配套产品。因此，东北老工业基地的制造业产业体系迫切需要升级。

2003~2008年，国家不断出台有利于国有企业兼并重组、扩大对外开放、促进产业结构调整、促进各制造业行业发展的若干协调意见和产业政策，不断投入资金为改革提供保障。5年间，东北老工业基地具有优势与基础的制造业行业和企业，特别是装备制造业的行业和企业进行决定性的变革，使原有的制造业产业体系得到升级。如果说改革开放的第一个30年，东北老工业基地制造业产业体系遭遇危机，没有抓住有效时间完成制造业产业体系的升级，那么这5年的东北振兴，东北老工业基地制造业产业体系的升级是成功的。尽管没有达到南方沿海省份的制造业产业体系的发达程度，但我们是有进步的：能够做到装备制造业产品趋于高端，装备制造业基础配套设备能够实现东北三省

---

① 国务院振兴东北地区等老工业基地领导小组办公室主要职责是：研究提出东北地区等老工业基地振兴战略、专项规划、重大问题和有关政策、法规的建议；对东北地区等老工业基地振兴规划进行指导、论证、综合平衡和衔接；研究提出东北地区等老工业基地优势产业发展、资源枯竭城市转型以及重大项目布局的建议并协调实施；研究提出东北地区等老工业基地深化改革、扩大开放和引进国内外资金、技术、人才的政策建议，协调重点基础设施建设、生态环境保护和建设、工业与其他相关产业的协调发展；承办领导小组交办的其他事项。

区域内生产，形成制造业行业产业链的有效衔接（见表10-7）。例如，汽车制造业以沈阳华晨宝马为例，产业链上的配套产品橡胶座椅、汽车内饰，沈阳本地企业就能配套生产，并且能够小批量地生产不同车型的内饰，以供应吉林、哈尔滨汽车制造企业。橡胶轮胎部分可以实现省内供应，沈阳本地知名企业如新松机器人，拥有自主知识产权的机器人能够为华晨宝马提供整车生产必需的智能工艺机器，等等。长春一汽、哈飞汽车也都具有类似的配套产业。目前主要以锂电池为动力的新能源汽车制造业，东北地区也有能够提供规模化生产的配套企业，如哈尔滨光宇集团，等等[1]。

表10-7 东北老工业基地具有优势和基础的装备制造业行业和企业（2006年统计数据）

辽宁省	
在全国具有优势的行业	水轮机、冷冻设备、微电机、诊断器材和电真空器件、机器人、数控机床、环保机械、小客车和计算机整机制造业*
在全国具有一定基础的行业	车用柴油发动机、远洋运输船舶、铁路机车及铁路设备、轴承等行业
优势企业	沈阳机床集团为全国最大的机床开发制造商，进入世界机床行业15强；大连机床集团公司跻身世界机床业销售排名20强；大森数控占国内中等数控系统21.6%市场份额；瓦轴集团主要经营指标在中国轴承行业排名第1，世界第15位；大连冰山集团、大连重工起重集团为国内同行业的最大工业企业；沈阳鼓风机股份有限公司国内市场占有率已达到50%以上；沈阳机车车辆有限责任公司是亚洲最大的货车生产基地；大连机车车辆有限公司的规模产量在国内具有绝对优势，且在国际上也处于前列，内燃机车出口占全国总量的80%以上；大连新船重工集团是我国最大的造船企业，进入国际造船企业前30强；新松公司开发的机器人已有4大类、10余种，成为我国为数不多的能与国外公司抗衡的装备产品

---

[1] 光宇集团、哈飞汽车、哈尔滨博实自动化、新松机器人、北方重工、沈阳机床、哈电、哈锅、哈汽轮机等东北老工业基地重点制造业企业，编写组成员曾经去实地调研。

第十章 体系再造：东北老工业基地制造业现代产业体系构建

续表

	辽宁省
优势产品	超高压输变电设备；千万吨级露天煤矿采矿设备、大型全断面隧道掘进机；30万吨油轮；高吨位大型起重机；4万空分装置用压缩机组；大功率内燃机车和蒸汽机车；歼击机、导弹、舰艇；高速加工中心、数控机床及数控系统、组合机床；铁路机车；燃气轮机；环保设备；大中型轴承；低速大功率柴油机、嵌入式软件系统、机器人及自动化生产线、数字化医疗影响设备等
	吉林省
在全国具有优势的行业	小轿车、其他铁路运输设备制造业、载重汽车制造业（其中吉林汽车工业销售收入占全国的13%左右）
在全国具有一定基础的行业	机车车辆、汽车零部件及配件、渔业机械、手术机械、其他金属加工机械、工业用电炉制造业等行业
优势企业	一汽集团是全国最大的汽车生产基地，拥有六大系列产品，销售占国内市场份额18%，在吉林省内占总产量的54%，轿车市场占有率位居国内第2位，中重型车占国内第1位，轻微型车位居同行业前5位
优势产品	重、中、轻、轿等汽车整车；电线束、消音器、变速箱控制单元、精锻连杆、仪表板总成等汽车零部件；光学仪器；联合收割机等
	黑龙江省
在全国具有优势的行业	发电机制造业、货车制造业、汽轮机制造业（其中大型火电和水电装备分别占全国市场的33%和50%）
在全国具有一定基础的行业	飞机制造业、冶金工业专用设备制造业、锅炉制造业、机械化农机具制造业、微型汽车制造业、切割工具制造业等行业
优势企业	哈电集团年产水电2000MW、火电4500MW，是我国最大的发电设备和舰船动力装置制造基地；哈飞集团汽车年产能30万辆，在全国微型汽车行业中排列第1；东安微型发动机年产35万台，市场占有率居全国第1；一重集团热壁加氢反应器达到千吨级
优势产品	600MW超临界汽轮发电机组、大型抽水蓄能机组、300MW大型循环流化床锅炉；大功率采煤机、大型连轧、锻压设备；精密轴承、量仪等

注：*其中造船业2004年突破190万吨，产能占全国1/3，占世界的3%~4%；机床产值100亿元，占全国的26%左右；内燃机车、冷冻设备、风动工具产量居全国第1，石油设备第2，数控机床第3。

资料来源：《东北老工业基地装备制造业重组战略研究报告》。

411

(二) 积极促进资源型制造业转型升级

东北老工业基地有煤炭城市、冶金城市、石油城市、木材城市，这些资源的开采属于采矿业①，不是我们这章讨论的重点。我们主要讨论资源型制造业，其中，石油加工、炼焦及核燃料加工业，化学原料和化学制品制造业，黑色金属冶炼和压延加工业，有色金属冶炼和压延加工业②这四个制造业行业是本部分讨论的范围。资源型制造业产业转型升级主要出发点是延续产业链，建立具有科技含量的智能制造业产业体系。延长产业链开发下游产品，资源型制造业产业转型升级较为成功。辽宁盘锦、抚顺、辽阳、锦州、葫芦岛的石化企业，发展了炼油、乙烯生产等下游产品。2004年大庆市政府核准大庆油田年产百万吨乙烯、百万吨聚丙烯、数百万吨复合肥、百万吨甲醇、百万吨醋酸项目。复合肥产品可以作为生产原料直接生产为老工业基地农业产业提供肥料，乙烯、聚乙烯、聚丙烯等产品可以进行塑料合成，满足人们衣食住行的需要，高档塑料可以做成颗粒，为老工业基地汽车塑料、橡胶塑料、工业塑料的发展提供原料延伸了下游产品的产业链、丰富了工业塑料生活塑料的产品品种。吉林石化是吉林的龙头企业，围绕吉林石化乙烯改扩建、烯烃、合成氨、芳烃，建设百万吨乙烯扩建项目，生产聚乙烯、丁苯橡胶、有机硅等项目③。东北老工业基地最重要的冶金城市鞍山和本溪，2005年辽宁省政府核准鞍山和本溪用高新技术和先进适用技术改造传统产业，黑色、有色金属冶炼和压延产业转型升级，规划鞍山生产精品钢材、轻纺、矿产加工。规划本溪做大做强冶金支柱产业，注重提高冶炼技术，用更先进的工艺最大限度地挖掘本溪

---

① 国民经济行业分类 GB/T4754-2011 中，B06-B12 属于采矿业。
② 国民经济行业分类 GB/T4754-2011 中，C13-C43 属于制造业。
③ 《东北地区经济振兴战略与政策》

第十章　体系再造：东北老工业基地制造业现代产业体系构建

铁矿石特有的优点，形成以高附加值主导的精品钢铁品种，改变了资源型制造业生产粗放的局面，逐步延长产业链，深加工产品。

（三）积极吸收外商直接投资

改革开放40年的经验告诉我们，南方沿海城市利用外商的直接投资有助于本地区经济增长，从而增加人民的收入水平，近而改变人们的消费结构，间接促进产业结构的升级。直接利用外资在东北老工业基地振兴过程中促进制造业的发展方面，起到了优化制造业产业结构的作用，主要表现在外商将资金、技术生产要素投入到东北老工业基地制造业的直接生产过程中创造价值。另外一方面主要表现在制造产品的对外贸易，使东北老工业基地的制造业产品走出国门占领国际市场，为下一阶段技术创新、建立自主知识产权积累必要的国际经验，同时使东北老工业基地的制造业产品在国内市场具有技术优势，打破南方企业占领国内市场的局面，在市场经济条件下，提高了东北老工业基地制造业产品的竞争力，扩大国内市场份额。

（四）积极扩大东北亚区域贸易

1994年日本著名学者森岛通夫首次提出"中日韩经济合作体"的设想①，中日韩三国的经济合作多边共赢成为当时经济界、政治界关注的热点问题。2002年韩国学者李昌在提出了"东北亚经济协商组织"②。李公允、王咏梅（2006）提出辽宁参与到东北亚经济领域的范围要扩大。张弛、邱翼民（2006）提出东北经济振兴与东北亚区域合作存在互联效应。2001年11月中

---

①　森岛通夫在他的作品《日本的选择》一书中提到。
②　李昌在：《东亚经济一体化及东北亚经济合作前景》，载于《开放导报》2002年第12期。

国正式加入世界贸易组织 WTO 后,制造业产品出口也增多,东北老工业基地制造业以装备制造业为主,由于东北三省装备制造业出口的数据在统计年鉴上未能直接找出,特别是吉林省装备制造业对外经贸数据甚少,本书借助全国装备制造业产品出口增长的数据,分析我国装备制造业对东北亚国家出口的情况,通过指标数据的客观变化,宏观的指出东北老工业基地在全国数据的宏观趋势变化条件下,对照自己的情况,制定下一阶段东北老工业基地装备制造业出口东北亚国家的计划目标(见表 10 - 8)。2003 年至 2008 年我国装备制造业对日、韩、俄、朝、蒙的出口比重持续增加,出口贸易额持续增加即 IM 数值持续增加(2008 年蒙古国数值是减少的)。特别说明一点,2008 年遇上全球金融危机,前四个国家 IM 数值仍然增加,只有蒙古国相对减少,说明在经济危机环境下,我国装备制造业在东北亚市场上仍然能持续稳定占有份额。从 EM 数值来看,各国家总体上中国出口东北亚国家的装备制造业种类是增加的品种多样,即便数值上下略有波动,总体趋势是上升的,值得注意的是,2008 经济危机那一年的数据,前四个国家比上一年都略有增加,似乎并没有受经济危机的巨大影响,说明我国装备制造业种类齐全,生产体系较为健全,能生产出不同种类和不同质量要求的产品,能够抵御制造业的风险,使我们认识到装备制造业生产体系健全的重要性。

表 10 - 8　　中国对东北亚装备制造业产品出口增长的二元边际

年份	日本 EM	日本 IM	韩国 EM	韩国 IM	俄罗斯 EM	俄罗斯 IM	朝鲜 EM	朝鲜 IM	蒙古国 EM	蒙古国 IM
2003	0.9566	0.2166	0.9628	0.1088	0.9639	0.0375	0.9731	0.2264	0.9069	0.1178
2004	0.9651	0.2338	0.9667	0.1473	0.9639	0.0383	0.9638	0.2925	0.9502	0.1427
2005	0.9688	0.2550	0.9650	0.1694	0.9880	0.0503	0.9809	0.4179	0.9437	0.2574

第十章　体系再造：东北老工业基地制造业现代产业体系构建

续表

年份	日本 EM	日本 IM	韩国 EM	韩国 IM	俄罗斯 EM	俄罗斯 IM	朝鲜 EM	朝鲜 IM	蒙古国 EM	蒙古国 IM
2006	0.9632	0.2657	0.9604	0.1868	0.9699	0.0653	0.9726	0.4975	0.9152	0.3264
2007	0.9606	0.2822	0.9686	0.2181	0.9635	0.0842	0.9982	0.6705	0.9798	0.3771
2008	0.9861	0.3005	0.9806	0.2718	0.9752	0.0872	0.9913	0.7455	0.9772	0.3287

注：EM 表示中国对东北亚装备制造业产品出口增长的扩展边际值。指标数值越大，从静态方面表明中国出口到东北亚装备制造业产品种类与世界出口到东北亚装备制造业产品的种类重合度越高。从动态方面，如果扩展边际越大就代表中国对东北亚在装备制造业产品种类上实现了更多的出口，表明中国出口东北亚装备制造业产品上呈现多样化。

IM 表示中国对东北亚各国装备制造业产品出口增长的集约边际值，可解释为中国向东北亚各国出口装备制造业产品贸易额占世界向东北亚出口装备制造业产品贸易额的比重。该指标越大，表明中国出口东北亚各国与世界出口东北亚各国的装备制造业产品中，中国出口贸易额越多，即中国对东北亚装备制造业出口增长的集约边际越大。

资料来源：《东北亚区域经济合作对装备制造业出口的影响——兼论辽宁省装备制造业出口对策》图表节选。

第二节　东北老工业基地构建制造业现代产业体系的环境与因素

一、东北老工业基地进入制造业全面振兴与发展新时期

（一）构建现代产业体系是中国经济社会发展的时代要求

2007年党的十七大正式提出建立现代产业体系，这是2002年党的十六大提出的走新型工业化道路的深化发展。现代化经济体系是紧扣新时代中国特色社会主义伟大理论提出的，是为解决新时代我国社会主要矛盾提出的，是为保证新时代中国经济高质量发展提出的。党的十七大时期现代产业体系的提出具有实践先于理论的特点，针对国际产业分工的新格局及中国经济结构问题

提出坚持走中国特色新型工业化道路，大力推进两化融合，促进工业由大变强。制造业是中国实体经济的主体，是中国工业经济的核心，先进制造业的发展促进产业结构优化，传统制造业的发展促进产业转型升级。先进制造业的发展是世界各工业强国的国家战略目标，而先进的程度又是相对概念。我国先进制造业产业有一些已经步入世界前列，还有大部分的先进制造业和传统制造业没有达到世界先进的标准，因此，我国制造业整体发展水平处于世界第三梯队。中美贸易摩擦的表象是贸易差额，其根本原因在于制造业的冲击，欧美制造业企业或破产或低附加值产品的生产转移到中国，造成大量失业产业工人的存在。我国劳动力成本低的优势正在减弱，我国的低附加值产品加工也有转移到东南亚等国家。面对经济全球化的经济背景，面对国际经济形势的走向，结合我国经济发展阶段的实际国情，为提升我国制造业整体实力，为研判和避免工业强国曾出现的制造业危机，提出构建制造业现代产业体系的理论正当其时，这是具有理论意义和现实意义的，是建设现代化经济体系的有力支撑。

（二）发展先进制造业、做强传统优势产业是关键因素

1. 东北老工业基地先进制造业与传统制造业的关系

先进制造业与传统制造业的联系密切，从产业链视角看，先进制造业对重塑传统制造业产业链具有决定意义。传统制造业产业链可以描述为从产品设计、原料采购、生产制造、营销销售以及到达消费者的整个过程，制造业产业链主要包括研发、生产、销售三个主要环节，中端位置为获利低位[①]（见图10-1）。传统制造业微笑曲线的微笑程度大，传统制造业与智能和生产相结合，有可能使传统制造业微笑曲线变成"浅笑曲线"以提高东

---

① 节选自编写组研究成果【教育部哲学社会科学研究重大课题攻关项目"我国先进制造业发展战略研究"（14JZD018）】第二章。

第十章 体系再造：东北老工业基地制造业现代产业体系构建

北老工业基地的产业链值。

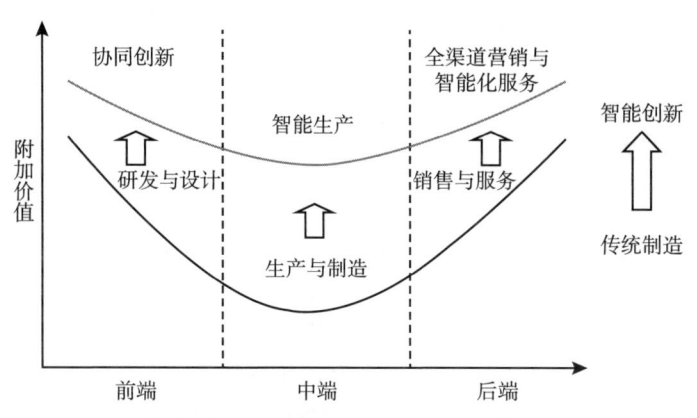

图 10-1　先进制造业与传统制造业的关系

资料来源：国信博后观察。

本部分根据 2010~2015 年我国制造业发展水平综合评价得分的结果进行先进制造业的识别。现阶段我国的综合发展水平最为先进的制造业前十名依次为：计算机、通信和其他电子设备制造业，烟草制品业，电气机械和器材制造业，汽车制造业，仪器仪表制造业，铁路、船舶、航空航天和其他运输设备制造业，医药制造业，通用设备制造业，专用设备制造业，化学原料和化学制品制造业。从前十名产业所属的领域来看，7 个行业属于装备制造领域，2 个行业位于医药、化学领域，传统制造领域则只有烟草制品业（见表 10-9）。

表 10-9　2010~2015 中国制造业各产业综合得分

行业名称	2015年	2013年	2010年	行业名称	2015年	2013年	2010年
计算机、通信和其他电子设备制造业	1	1	1	烟草制品业	2	2	2

续表

行业名称	2015年	2013年	2010年	行业名称	2015年	2013年	2010年
电气机械和器材制造业	3	3	3	纺织业	17	24	24
汽车制造业	4	8	7	食品制造业	18	27	22
仪器仪表制造业	5	5	4	农副食品加工业	19	23	21
铁路、船舶、航空航天和其他运输设备制造业	6	4	5	皮革、毛皮、羽毛及其制品和制鞋业	20	17	12
医药制造业	7	11	8	家具制造业	21	21	13
通用设备制造业	8	7	17	化学纤维制造业	22	25	28
专用设备制造业	9	6	6	印刷和记录媒介复制业	23	19	20
化学原料和化学制品制造业	10	10	10	其他制造业	24	20	26
金属制品业	11	16	11	非金属矿物制品业	25	26	25
文教、工美、体育和娱乐用品制造业	12	9	9	造纸和纸制品业	26	28	29
橡胶和塑料制品业	13	18	15	木材加工和木、竹、藤、棕、草制品业	27	29	27
纺织服装、服饰业	14	13	16	石油加工、炼焦和核燃料加工业	28	14	19
酒、饮料和精制茶制造业	15	22	23	黑色金属冶炼和压延加工业	29	15	18
有色金属冶炼和压延加工业	16	12	14				

资料来源：教育部哲学社会科学研究重大课题攻关项目"我国先进制造业发展战略研究"（14JZD018）项目结题报告第二章第二节，课题组计算整理而成。

东北地区先进制造业各行业规模状况的特点是东北地区先进制造业各行业的出口交货值明显低于工业销售产值和资产总额，说明其产业开放不足。以汽车制造业（C36）2015年为例，工业销售产值与资产总额高达8421.36亿元与7747.20亿元，而出口

第十章 体系再造:东北老工业基地制造业现代产业体系构建

交货值仅为112.28亿元。另外,出口交货值与工业销售产值和资产总额在先进制造业各行业间表现各异。从表10-10看,出口交货值在各行业间的变化幅度相对较小,而工业销售产值与资产总额在各行业间的变化幅度相当大,工业销售产值最大的汽车制造业(C36)与最小的仪器仪表制造业(C40)之间的差额达到8179.81亿元,资产总额最大的汽车制造业(C36)与最小的烟草制品业(C16)之间的差额达到7417.45亿元。

表10-10　2015年东北地区制造业行业规模情况表　　单位:亿元

行业名称:先进制造业	行业代码	工业销售产值	出口交货值	资产总额
计算机、通信和其他电子设备制造业	C39	684.67	225.58	969.30
烟草制品业	C16	341.21	—	329.75
电气机械和器材制造业	C38	1903.59	119.08	1868.60
汽车制造业	C36	8421.36	112.28	7747.20
仪器仪表制造业	C40	241.55	24.10	331.68
铁路、船舶、航空航天和其他	C37	1588.16	307.72	3117.00
医药制造业	C27	2675.08	34.64	2613.08
通用设备制造业	C34	3124.59	175.42	3454.92
专用设备制造业	C35	2420.72	101.92	3247.95
化学原料和化学制品制造业	C26	4069.26	53.70	3686.33
行业名称:传统制造业	行业代码	工业销售产值	出口交货值	资产总额
农副食品加工业	C13	8839.60	369.54	4385.05
食品制造业	C14	1551.98	36.12	1098.54
酒、饮料和精制茶制造业	C15	1199.96	10.19	922.77
纺织业	C17	486.02	42.76	349.51
纺织服装、服饰业	C18	509.07	155.01	245.40
皮革、毛皮、羽毛及其制品和制鞋业	C19	297.95	—	100.89

续表

行业名称：传统制造业	行业代码	工业销售产值	出口交货值	资产总额
木材加工和木、竹、藤、棕、草制品业	C20	1687.34	149.22	786.08
家具制造业	C21	415.66	38.92	272.99
造纸和纸制品业	C22	438.13	4.93	348.37
印刷和记录媒介复制业	C23	188.12	—	201.25
文教、工美、体育和娱乐用品制造业	C24	211.25	15.59	90.33
石油加工、炼焦和核燃料加工业	C25	4437.84	—	2511.97
化学纤维制造业	C28	100.18	—	127.52
橡胶和塑料制品业	C29	1535.41	59.41	1330.54
非金属矿物制品业	C30	4359.80	118.87	3615.38
黑色金属冶炼和压延加工业	C31	4026.28	373.97	7011.07
有色金属冶炼和压延加工业	C32	1014.99	38.53	2019.60
金属制品业	C33	1650.03	70.22	1359.26
其他制造业	C41	112.76		101.67

注：为了更加全面地反映先进制造业的状况，课题组一并给出了传统制造业的相关情况，下同。

资料来源：由2016年《中国工业统计年鉴》整理计算得到。

2. 东北老工业基地重视发展战略性新兴产业特别是高端装备制造业[①]

2016年出台的《中共中央国务院关于全面振兴东北地区等

[①] 《国务院关于加快培育和发展战略性新兴产业的决定》和《国务院关于印发"十二五"国家战略性新兴产业发展规划的通知》明确指出，战略性新兴产业是以重大技术突破和重大发展需求为基础，对经济社会全局和长远发展具有重大引领带动作用，知识技术密集、物质资源消耗少、成长潜力大、综合效益好的产业。"十二五"国家战略性新兴产业发展规划提到节能环保、新一代信息技术、生物、高端装备制造、新能源、新材料、新能源汽车等战略性新兴产业是"十二五"重点发展的产业。

第十章 体系再造：东北老工业基地制造业现代产业体系构建

老工业基地的若干意见》为东北定的目标是"成为全国重要的经济支撑带，具有国际竞争力的先进装备制造业基地和重大技术装备战略基地，国家新型原材料基地、现代农业生产基地和重要技术创新与研发基地"，即"一带五基地"。针对此目标，东北各地区均出台了许多措施加以贯彻落实。2018年6月1日，辽宁省召开省委常委会会议，决定新组建13家省属事业单位，其中5家就是围绕"五基地"建设而成立的，分别是先进装备制造业基地建设工程中心、重大技术装备战略基地建设工程中心、国家新型原材料基地建设工程中心、现代农业生产基地建设工程中心、重要技术创新与研发基地建设工程中心。

对东北地区而言，其先进制造业的主体是高端装备制造业。高端装备制造业处于技术高端，位于价值链高端和产业链核心环节，关联带动作用强，是先进生产力的集中体现，是产业综合竞争力的象征。东北地区高端装备制造业在国家重点支持的关键领域基础雄厚，技术水平居于全国先进行列。借此新一轮东北振兴时机，东北高端装备制造业应该也必须崛起，成为老工业基地振兴的引领和标志。将高端装备制造业作为东北地区制造业发展重点，体现出选择性产业政策，而从企业创新主体、国际创新合作、创新平台、科技服务以及区域间创新政策协调等方面提出的政策建议，则体现了强化功能性产业政策的原则[①]。

二、东北老工业基地先进制造业、传统制造业、战略性新兴产业协同发展建立新产业体系

2008年全球金融危机过后，东北老工业基地制造业产业受到冲击，国家在关键时刻出台一系列产业政策促进制造业发展，特别是出台《国务院关于进一步实施东北地区等老工业基地振兴

---

① 节选自编写组研究成果【教育部哲学社会科学研究重大课题攻关项目"我国先进制造业发展战略研究"（14JZD018）】第十章。

战略的若干意见》，坚定了东北老工业基地优化经济结构，做优做强支柱产业，建立现代产业体系的决心。贯彻落实重点产业调整振兴规划，加大结构调整力度，加快淘汰生产工艺落后企业，防止重复建设。积极推进信息化与工业化融合，用现代信息手段改造传统产业，提高数字化、智能化水平。提高对东北老工业基地调整改造项目的中央预算内资金支持比例。支持东北老工业基地优势产业、骨干企业、重要品牌扩大市场份额。大力发展东北地区具有优势的大型铸锻件、核电设备、风电机组、盾构机械、先进船舶和海洋工程装备、大型农业机械、高速动车组、大功率机车、高档数控机床等市场急需产品及关键配套件。鼓励采购国产设备和推广应用首台（套）重大技术装备。进出口银行每年安排一定的信贷额度用于支持东北地区重大技术装备出口，人民银行和外汇局要在政策上给予支持。努力促进东北地区汽车产业调整结构，重点发展自主品牌汽车、小排量汽车、新能源汽车及关键零部件。继续调整钢铁工业产品结构，加强节能减排，淘汰落后产能，提高市场竞争力，同时加大资源勘探开发和对外合作力度，提高矿石资源的保障水平。优化提升石化产业，抓紧组织实施大型炼油、乙烯项目，提高加工度，发展精细化工、化肥等[①]。2012年11月党的十八大召开，进一步强调强化需求导向，推动战略性新兴产业、先进制造业健康发展，加快传统产业转型升级。

产业发展指数是衡量产业发展水平和发展态势的重要指标，中国东北振兴研究院《2016东北老工业基地全面振兴进程评价报告》中的研究成果非常值得借鉴，认为产业发展的测度包括产业均衡、服务业发展、重化调整、金融深化、现代农业五个方面共10项关键指标。江苏、浙江、广东又是改革开放制造业发达

---

① 《国务院关于进一步实施东北地区等老工业基地振兴战略的若干意见》第一条第三点。

第十章 体系再造：东北老工业基地制造业现代产业体系构建

省份，东北三省的产业发展与东南三省比较具有现实意义，能够反映出重化工业和制造业的情况（见表10-11）。表10-11反映了六省产业的总体情况，东南三省整体的产业发展优于东北三省，东北三省中黑龙江省优于辽宁省、吉林省，但这个指数只能从总体上判断2011~2015年东北老工业基地产业发展逐年向好。

表10-11　2011~2015年6省产业发展指数的值及单年排名①

年份	辽宁省 值/序	吉林省 值/序	黑龙江省 值/序	江苏省 值/序	浙江省 值/序	广东省 值/序	全国平均 值
2011	51.02/11	47.20/15	54.31/10	70.09/4	75.70/2	64.28/6	47.93
2012	52.78/11	47.41/14	52.76/12	68.11/4	72.18/2	62.42/6	47.48
2013	54.43/10	47.43/15	54.32/11	66.79/5	69.76/2	61.85/6	48.80
2014	55.45/11	50.89/15	62.72/7	71.02/3	70.77/4	66.01/6	51.15
2015	61.65/11	55.40/17	69.10/6	72.74/4	73.91/2	68.63/7	55.98
平均	55.06/10.8	49.67/15.2	58.64/9.2	69.75/4.0	72.47/2.4	64.64/6.2	50.27

资料来源：中国东北振兴研究院：《2016东北老工业基地全面振兴进程评价报告》。

下面着重探讨产业发展指数中的产业均衡和重化工调整这两个对制造业起到关键作用的指标。用泰尔指数作为判断产业均衡好坏程度的依据，泰尔指数越小，产业均衡度越好（见表10-12）。横向比较东南三省产业均衡度好于东北三省，黑龙江省好于辽宁省、吉林省，浙江省好于江苏省、广东省，广东省好于黑龙江省。纵向比较东北三省泰尔指数都是逐年减少的，产业均衡度一直在优化，浙江省、广东省在2015年稍有上升，2011~2015年东北老工业基地产业均衡发展。

---

① 产业发展指数的定义：中国东北振兴研究院《2016东北老工业基地全面振兴进程评价报告》中认为产业发展的测度包括产业均衡、服务业发展、重化工调整、金融深化、现代农业五个方面共10项关键指标，每项指标都有计算公式，五项指标综合计算得到每年的指数。

表 10–12　　2011~2015 年 6 省产业分布泰尔指数的原始值及单年排名①

年份	辽宁省 值/序	吉林省 值/序	黑龙江省 值/序	江苏省 值/序	浙江省 值/序	广东省 值/序	全国平均 值
2011	0.2147/12	0.3398/21	—	0.0894/5	0.0549/3	0.1351/7	0.2641
2012	0.2015/12	0.3231/21	—	0.0820/5	0.0555/3	0.1346/7	0.2475
2013	0.1651/12	0.2813/21	—	0.0837/5	0.0561/4	0.1332/8	0.2284
2014	0.1668/13	0.2572/20	0.1275/9	0.0807/5	0.0571/4	0.1268/8	0.2142
2015	0.1573/13	0.2277/19	0.1045/8	0.0732/5	0.0568/4	0.1274/11	0.1992
平均	0.1811/12.4	0.2858/20.4	0.1160/8.5	0.0818/5.0	0.0561/3.6	0.1314/8.2	0.2306

资料来源：中国东北振兴研究院：《2016 东北老工业基地全面振兴进程评价报告》。

我国四大经济区域重化工业比重由低到高依次是东部、东北、中部、西部。从表 10–13 可见四大区域重工业比重相差并不大，而且年排名东北与东部相比差距并不明显。这一衡量指标再次印证东北老工业基地并非以传统落后的重工业为主，经过经济体制改革、对外开放、东北振兴等一系列的举措，直到 2015 年即"十二五"末期东北老工业基地制造业产业基本建立新的产业体系。这种新的制造业产业体系是先进制造业与传统制造业的融合，也是战略性新兴产业中的东北优势即以先进装备制造业为主导三者协调发展的制造业产业体系。

---

① 产业分布泰尔指数 = $\sum_{i=1}^{3}$（产业增加值 i/GDP）× ln[（产业增加值 i/产业就业 i)/(GDP/总就业)]。公式来源：中国东北振兴研究院：《2016 东北老工业基地全面振兴进程评价报告》。

第十章　体系再造：东北老工业基地制造业现代产业体系构建

表 10 – 13　　　2011~2015 年四大经济区重化工业比重的平均值及排名*

年份	东北 平均值	东北 年排名	东部 平均值	东部 年排名	西部 平均值	西部 年排名	中部 平均值	中部 年排名
2011	75.29	18.0	72.67	14.0	78.37	18.4	74.40	13.5
2012	73.45	16.0	71.80	13.8	78.50	19.6	73.09	12.5
2013	71.56	13.7	70.93	14.1	78.05	19.9	72.18	12.5
2014	71.09	14.0	71.25	14.5	76.63	19.7	71.22	12.2
2015	68.47	13.0	70.04	15.0	74.45	19.3	69.97	12.7
平均	71.97	14.9	71.34	14.3	77.20	19.4	72.17	12.7

注：重化工调整的衡量采用重化工比重、重化工比重增速两个指标，重化工业比重 = 除汽车产业外的重化工业主营业务收入/规模以上工业企业主营业务收入 × 100%。重化工业比重增速 = （当年重化工业比重 – 上一年重化工业比重）/上一年重化工业比重 × 100%。公式来源：中国东北振兴研究院《2016 东北老工业基地全面振兴进程评价报告》。

资料来源：中国东北振兴研究院：《2016 东北老工业基地全面振兴进程评价报告》。

第三节　东北老工业基地制造业现代产业体系构建的设想与对策建议

一、东北老工业基地制造业现代产业体系构建的基本路径

（一）利用智能制造全面改造和升级东北制造业产业体系

提高东北老工业基地制造业智能制造技术，推动东北老工业基地制造业产业创新发展。"云物移大智"[①] 快速发展，生产方式趋向智能化。随着"云物移大智"等新一代信息技术的发展

---

① "云、物、移、大、智"，即云计算、物联网、移动互联网、大数据、智慧城市。

以及信息化水平的普遍提高,数字技术、网络技术和智能技术日益渗透融入产品研发、设计、制造的全过程,推动产品生产方式的重大变革。主要发达国家和跨国企业均把智能制造作为新一轮发展的主攻方向,德国提出工业4.0、美国发展工业互联网、法国实施未来工业计划等,一些跨国企业也纷纷加大智能化改造、先进机器人研发的投入力度,传统制造加速向以人工智能、机器人和数字制造为核心的智能制造转变。据预测,到2025年,发达经济体中15%~25%的企业制造将实现智能化和自动化,而新兴经济体中该比重将占5%~15%[1]。

(二)先进制造业带动传统制造业关联发展

从产业分类的角度讲,先进制造业和传统制造业的生产技术要求存在差异。先进制造业对生产设备的要求是智能化程度高的通用机床或专用智能成套设备,对人的要求是掌握专业技术原理并能精准操作设备的产业工人,快速小批量生产;而传统制造业对人的经验性要求更高,更看重设备的可用性、保运转,能够连续稳定生产就是效率,能够规模化生产就是效益。从企业性质讲,国有制造业和民营制造业各自关联交易不同。国有制造业企业产业链上下游的中间产品很大一部分是国有系统内企业生产,使内部关联交易的成本与价格较高,对企业盈利性和获利能力没有最大化,没有更好地参与市场竞争。民营制造业企业产业链的中间产品很大程度实现市场化,较为充分地实现资源配置,优胜劣汰,民营制造业企业通常具有更强的产品创新意识。从区域发展的角度讲,省份间制造业发展各具特色,不同经济区域制造业发展不均衡,长三角、珠三角、京津冀的制造业较为先进,东北等老工业基地发展滞后。从产业布局的角度讲,各经济区域与各省份存在各自为主

---

[1] 资料来源:麦肯锡咨询公司预测。此处引用本书编写组成员的前期研究成果教育部重大项目"我国制造业发展战略研究"结题报告中的观点。

第十章 体系再造：东北老工业基地制造业现代产业体系构建

争先上马，同一时期兴起制造产品高度相似的制造业企业，造成同类产品产能过剩，重复生产，然后要调整产业结构去产能、去库存。从创新驱动的角度讲，通常认为制造业产业结构优化、产业转型升级的关键因素是技术创新，这样的理解没有充分认识到科技是第一生产力的深层内涵，从实现技术创新到实现产业创新再到实现产业关联创新，是对科技是第一生产力的再认识。

我国制造业存在多重问题，通过构建制造业现代产业体系能够有效解决关键问题。（1）构建制造业现代产业体系是传统工业体系的升级与传承。智能化技术不断渗透到先进制造业和传统制造业，提高先进制造业产业间关联程度，避免一头独大对抗国际产业替代能力低的风险，具备研发能力体系和制造能力体系。智能化技术渗透到传统制造业，并不是对大国工匠的取代，它在提高传统制造业整体生产效率的同时，要求产业工人能够完成智能加工设备也不能完成的技术，更加激励产业工人去钻研，更体现出工匠精神的可贵之处。（2）构建制造业现代产业体系有助于三大制造业经济体的关联性发展。国有制造业、民营制造业、外资制造业三者各有自己的生产方式，特别是国有与民营制造业的合作融合，能够互补短板，国有制造业能够进一步实现市场化，提高市场竞争能力，民营制造业能够进一步参与国家战略合作，做大做强企业。（3）构建制造业现代产业体系是供给侧结构性改革的精髓所在。解决中国人民对高质量生产生活产品的需要，解决中国目前发展不平衡不充分的问题，靠供给侧结构性改革，落实到具体层面就是靠产品和劳务。产业间的联系主要是生产技术联系、价格联系、投资联系、劳动就业联系，无论是先进制造业各行业产业内，先进制造业产业间，传统制造业各行业产业内，传统制造业产业间，或是先进制造业与传统制造业产业间，抑或是制造业产业间的联系最终体现在产品与产品的关联，劳务与劳务的关联，产品与劳务的关联，最终使人能够得到高质量的产品，社会发展较为平衡，资源利用较为充分，生产制造更加体系化，每个人的劳动更加有意义。(4) 构建制造业现代产业体系是建立现代化经济体系的重要支撑。制造业现代产业体系的建立能从本质上实现资源充分利用，提高生产效率；产业布局更加合理，审批前预判需求产能，研判产业间关联程度，为产业升级或产业转型提供依据，全盘规划系统管理；制造业现代产业体系能减少或避免大幅度调整产业结构，避免资源将近枯竭或环境已经污染后的产业转型。(5) 构建制造业现代产业体系符合习近平新时期中国特色社会主义思想要求，少走不必要的弯路，利用有限的时间加快中国工业化进程，加快建立现代化经济体系，解决当前社会人民日益增长的美好生活需要和不平衡不充分的发展之间的矛盾。

二、充分发挥东北老工业基地先进制造业的引领性作用

(一) 先进制造业引领东北老工业基地再振兴

推行什么样的产业政策以及采用什么手段，取决于产业的特征。新结构经济学将中等发达国家的产业分为五个大类：一是追赶型产业。这类产业的技术水平跟国际上发达国家的产业还有差距，如集成电路、民航客机等产业。二是领先型产业。经过多年的发展，中国在一些行业，像家电、摩托车等，已经位于领先或接近领先地位。三是弯道超车型产业。当前新一轮的科技革命正在发生，我国与发达国家在一些领域几乎处于同一起跑线，像新能源、人工智能、生物技术、新一代通信技术等，它的研发以人力资本投入为主。我国的创新人才跟发达国家其实没有多大的差距，政府如果加大引导和资助力度，我国可以在这一类型的产业中实现弯道超车，跟发达国家直接去竞争。四是国防安全产业。我国国防科技工业已经取得长足进步，某些领域已经位于世界前沿，而且这类产业属于受技术封锁的产业，要保证国家安全，必须坚持自力更生、自主创新。五是退出型产业。如劳动力密集的

第十章 体系再造：东北老工业基地制造业现代产业体系构建

出口加工产业，现在由于劳动力成本上升等原因而失去比较优势，需要退出。上述五类产业处于产业发展的不同阶段，在技术、投入、生产组织、管理、市场等方面均有不同的特征，所需要的产业政策也不一样。先进制造业主要涉及的是前四类产业，当然所谓的第五类产业，也不一定就会退出，完全可以采用更先进的设备、工艺或者组织模式等提升其先进水平。

无论怎样定义先进制造业，也无论用多少特征来刻画先进制造业，我们认为先进制造业都可以概略地从纵横两个维度来看待。例如，同样是纺织业，现代的纺织制造水平肯定比传统的纺织制造水平更先进；同样是电子产品制造业，整体上中国的水平落后于美国；再如彩电产业，从传统的 CRT 显像管到液晶面板，同样是液晶面板但从小显示屏到大显示屏，都可以看作是纵向不断升级的过程。发展先进制造业是要兼顾两个维度的。一方面，我们要选择一些整体上技术更为先进、更加环保、更加节约资源能源、更能代表未来经济发展趋势的产业，如我国提出战略性新兴产业，这是从横向维度而言的。这种产业一般是属于新技术经济范式形成过程、位于技术革命浪潮前沿的产业。新的技术革命会提供创新潜力巨大、创新频次很高的"机会窗口"，这被贾根良称为"第一种机会窗口"。另外，新技术革命也会通过"创造性毁灭过程"对传统工业进行改造，这是"第二种机会窗口"。所以，先进制造业也要顾及纵向的维度，要提高所有产业的先进性水平，对传统的农产品、纺织、服装制造、冶金、石化等，都要不断地发展，亦即用先进技术改造传统产业。其实，任何一个产业内部，其技术水平或者是更为广义的先进性水平差距是很大的。即使传统的农产品加工业、纺织服装鞋帽制造业等，其现代加工制造方式中也采用了非常前沿的科学技术，呈现"低端产业高附加值"特点。另一方面，整体上被认为先进的产业，内部也存在传统的环节。如电子产品制造业、光伏产品制造业、机器人制造业，被认为是先进制造业，但我国这类行业中很多只是从事简单加工组装，技术含量很低，存在"高端产业低端化"现象。

（二）选择性产业政策与功能性产业政策相结合

一般而言，大多数学者在支持功能性产业政策的同时，并不排斥选择性产业政策，少数学者提出应全面退出选择性产业政策[①]。具体到先进制造业，我们认为从先进制造业的两个维度来看，应采取选择性和功能性相结合的产业政策（见图10-2）。[②]"既要针对特定产品或服务、特定行业或领域、特定技术路线、特定地区、特定产业链、特定机构和特定企业来制定实施纵向的选择性产业政策，更要针对创新激励、人才培育、知识产权、信息基础设施、公平竞争、完善投资环境、信息与数据安全、协同网络与联盟等而制定实施横向的功能性产业政策。"[③]

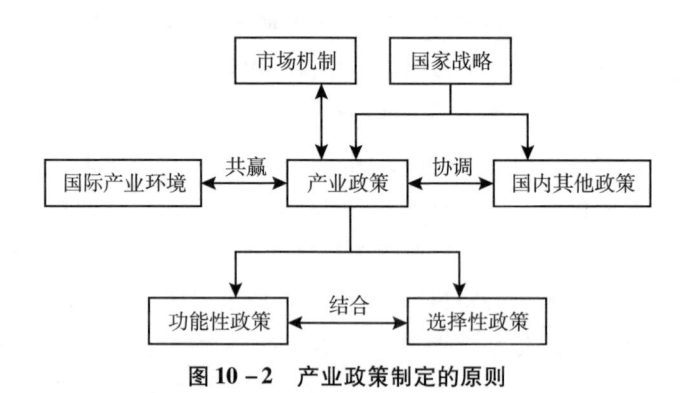

图10-2 产业政策制定的原则

资料来源：魏际刚和赵昌文：《高质量发展推动产业政策适时调整》，载于《中国经济时报》2018年5月30日，A5版。

[①] 江飞涛、李晓萍：《当前中国产业政策转型的基本逻辑》，载于《南京大学学报》2015年第3期，第17~24页。

[②] 国务院发展研究中心的魏际刚和赵昌文在一篇文章中提出，新时期产业政策调整应遵循"围绕国家发展战略，弥补市场缺陷，强化功能性政策，优化选择性政策，兼顾政策协调性，实现共赢国际化"等原则。见魏际刚和赵昌文：《高质量发展推动产业政策适时调整》，载于《中国经济时报》2018年5月30日，A5版。

[③] 国务院发展研究中心产业经济研究部"中国制造2025政策体系研究"课题组：《构建"中国制造2025"产业政策体系的顶层思考》，中国智库网，2018年4月16日，http://www.chinathinktanks.org.cn/content/detail/id/3042140。

第十章　体系再造：东北老工业基地制造业现代产业体系构建

从国家战略层面讲，要将政府有限的资源用于支持有限的产业，自然要选择具有战略重要性、代表未来发展趋势的产业。如高铁、大飞机、航天、北斗导航等，都是此类。但要发展这类产业，要提升综合国力，要改善全国居民的福祉，就必须不断提升所有行业的发展水平，要提升支撑所有行业发展的软硬件基础设施水平，提高人口素质，提高大众的创新意识、创新能力，等等，这就需要普惠性的功能性产业政策。如今我国大力推进的"大众创业、万众创新"、"互联网+"、简政放权、减税降费等系列措施，其实可以看作功能性的产业政策。

考虑我国长期以来偏重于使用选择性产业政策，政策具有覆盖面过广、直接干预市场、选择性强等特征，而且经常产生产业政策实施结果与初衷相反的"事与愿违"的情况，因此，在新时期大力发展先进制造业，实现建成制造强国的目标，必须在优化选择性政策的同时，强化功能性政策。所谓优化选择性产业政策，即减少政府对特定产业的直接干预，将产业政策的作用严格限定在确实需要重点发展或解决问题的产业或领域。所谓强化功能性产业政策，即营造产业发展的良好环境、激励创新创业、提升产业发展的要素与公共服务支撑、规范市场主体行为等。[①]

三、东北老工业基地制造业产业体系构建的战略对策

2018年6月1日，辽宁省召开省委常委会会议，决定新组建13家省属事业单位，其中5家就是围绕"五基地"建设而成立的，分别是：先进装备制造业基地建设工程中心、重大技术装备战略基地建设工程中心、国家新型原材料基地建设工程中心、现代农业生产基地建设工程中心、重要技术创新与研发基地建设工程中心。

[①] 见魏际刚和赵昌文：《高质量发展推动产业政策适时调整》，载于《中国经济时报》2018年5月30日，A5版。

（一）突出企业创新主体地位，增强产业发展原动力

实现创新驱动高端装备制造业发展，首先要突出企业的技术创新主体地位。东北地区航空装备、轨道交通装备、海洋工程装备领域的骨干企业都是中央企业下属企业，智能装备制造领域主要是地方国企主导，众多高科技民企参与其中。充分调动多方利益主体，努力提升各类企业创新能力，对于高端装备制造业发展意义重大。

1. 进一步强化与中直企业的联系，促进央地融合

《国务院关于近期支持东北振兴若干重大政策举措的意见》提出"中央企业和地方企业协同发展""支持中央企业与地方共建产业园区""设立军民融合发展示范园区"等许多促进央地融合发展的措施，东北地区应把握机遇，切实从战略上加强与中央企业的合作。高端装备制造领军企业多为中央直属，设在东北地区的科研单位和生产企业为数众多。东北在航空、船舶、轨道交通、智能装备、大型成套设备、基础部件等领域，均具有国内领先的生产企业和科研单位。东北地区应充分利用这些优势，吸引央企加大对其在东北的企业和科研机构的投资力度，打破"条块分割"的制度藩篱，以市场化手段，建立以资本为纽带的紧密型央地企业联系，促进中央企业和地方企业之间创新合作，为本地区高端装备制造业发展提供要素支撑。

2. 大力推进地方国企改革，激发企业创新活力与潜能

东北高端装备制造业的骨干企业很多是地方国企，其创新能力的高低，直接关系到装备制造业的整体竞争力。由于体制因素影响，国有企业内生发展动力不足已成为固有顽疾，依靠科技创新提升核心竞争力更是面临诸多制约机制。就目前来看，国企改革途径、重点等操作层面已不存在更多的疑难问题，关键在于实施时机与推进力度。另外，积极借鉴中关村、张江等国家自主创新示范区在科技成果处置权、收益权、股权激励等方面的政策，

在东北的地方国企和研究院所稳步推广，用体制和分配政策激发科技人员的科研活动热情，促进国有企事业单位自主创新和科技成果转化。

3. 积极创造条件，培育民营企业健康成长

在高端装备制造领域，东北地区拥有一批实力不俗的民营企业。例如，辽宁大连光洋集团成功开发出串并混联控制系统，应用于国产大飞机总装，打破了国外的技术垄断。大连四达高技术发展有限公司自主研发设计出大部件对接柔性装配系统，成功用于国产大飞机制造的大部件自动化装配环节，是国内唯一一家为国产大飞机数字化装配服务的民营企业。沈阳远大集团在装备制造多个领域具备与国际同行竞争的实力。相对于国有企业，民营企业产权清晰、发展动力更强。因此，应不断加大对民营企业创新的支持力度，包括在财政政策方面予以扶持，还包括为有实力的民营企业争取更多的行业参与机会，例如，在航空制造领域积极吸引并鼓励民营资本和企业参与。对于军机研制，要主动鼓励、引导和帮助民营企业取得武器装备研制保密资格和许可资格，并为其切实参与军机研制提供便利；在民机领域，帮助民营资本和民营企业参与国产大飞机、支线飞机的配套，进军通用飞机、直升机等的研究和生产领域。如果东北的民营企业的科技创新能力大力提升，能有更多的企业参与到重大技术装备的配套中来，那么东北高端装备制造业发展将获得不竭的内生动力[①]。

(二) 加强国际交流与合作，提升产业整体技术水平

高端装备制造业前沿与核心技术仍被少数发达国家所控制，必须善于利用国外科技力量和国外市场，通过引进来、走出去和各种形式的国际合作，不断缩小与世界先进水平的差距。

---

① 参见许静、李占芳：《辽宁航空制造业开放式创新系统的构建》，载于《辽宁经济》2013年第9期，第11~16页。

1. 加大引资引智力度

近年来，通过购买技术、引进外资、合作生产、聘用海外专家或研发团队等措施，东北地区的通用航空、海洋工程、数控机床、盾构机等行业在技术和市场方面纷纷取得突破，明显缩小了与先进水平的差距，但在利用国外资金和创新资源方面还亟待加大力度。例如，机器人产业面临空前的发展机遇，许多省市争先恐后借助国际著名机器人公司的进入做大这一新兴产业，东北地区的黑龙江、辽宁在机器人的研发、制造方面，基础雄厚，但在利用国际资源方面却乏善可陈。

为此，应根据产业的关键需求和产业结构优化升级方向，东北各省应修订外商投资产业指导目录，进一步优化利用外资结构和空间布局，重点引导和鼓励外资投向高端装备制造领域，适当限制在传统行业和非实体行业的外商投资；重点引进发达国家先进企业和世界五百强企业，在符合国家政策前提下，鼓励外资以多种形式参与东北装备制造企业的重组改造。加大海外技术人才、创业人才的引进力度；鼓励和支持境外企业、科研院所、科技人才到东北设立研发机构；支持符合条件的外资企业、东北以外的企业与东北企业、研究机构合作申请国家科研项目；通过多种渠道加强与国内外政府部门、企业和科研机构之间的对话、协商和沟通。

2. 加快装备制造企业"走出去"步伐

在数控机床、轨道交通、基础装备等高端装备制造领域，东北的企业已经通过产品出口、工程承包、海外并购、投资建厂等多种形式开拓了国际市场，但相比于南方一些先进省市，走出去的步伐仍小、速度仍慢、保障仍弱。近两三年，由于世界经济增长乏力，国际环境动荡加大，东北企业走出去面临更加严峻的形势。

目前，东北企业走出去主要面临技术能力弱、融资困难、人才缺乏、贸易争端等问题，应以更敏捷的反应、更多元的手段、

第十章 体系再造：东北老工业基地制造业现代产业体系构建

更强力的措施支持高端装备制造企业走向国际市场。提高对企业研发特别是重大技术创新的支持，降低企业的创新风险；有条件的企业应想方设法到境外设立或并购研发机构，设立国际科技园和孵化器；鼓励装备制造高技术企业收购境外先进技术和知名品牌企业；在不违反国际贸易规则前提下，增加对走出去企业的财政补贴额度，降低其运营成本；鼓励装备制造企业在境外投资设立营销网络、生产基地和经贸合作区；拓宽融资渠道，鼓励装备制造企业吸引国际风险投资，鼓励企业到海外上市，利用国际金融机构融资；对走出去加大信用担保和风险补偿力度；加强高校和企业的合作，共同培养精通专业知识、外语、国际贸易、法律、知识产权等方面的国际化人才；对企业人员出国，在办理护照、申请签证等方面，尽可能提供协助、简化手续，扩大一些证件如 APEC 商务旅行卡的覆盖范围；成立专门机构或建立长效机制协助企业应对国际知识产权、贸易壁垒和反倾销等贸易争端。

（三）分类构建平台与载体，优化产业科技创新基础条件

高端装备产品作为众多共性技术和专门技术的集成，企业独自承担技术开发困难很大，必须运用合适的机制，将有关企业和科研机构联合起来，为重大技术研发和产业化提供平台和载体。

1. 建设和完善技术创新平台

（1）建设高端装备制造业共性技术创新平台。高端装备制造业所需要的共性技术涉及智能化、数字化、绿色化、服务化等方向，包括数字化设计与制造技术、传感与检测技术、新材料及其工艺技术、光机电一体化技术、先进能耗监测技术与排放分析设备、信息技术与计算机应用、先进数控等众多领域。应围绕这些重点领域，整合已有优势产业资源，依托东北地区科研实力突出的高等院校、科研院所，以院士、长江学者等领军人才及其研发团队为核心，建设若干服务东北、面向全国的高端装备共性技术创新平台。

(2) 建设高端装备制造业专业技术创新平台。引导领军型企业自主选择高校和科研机构，联合建立企业主导的实体型专业技术创新平台。依托此平台，企业和校所对关键专业技术进行联合研发，同时，在高校、科研机构内培养一批长期为企业提供技术研发服务的专业研究人员和团队，从而实现产学研深度融合，技术供给和需求无缝对接。

(3) 打造高端装备制造业创新综合服务平台。高端装备制造业技术创新复杂，对资源整合能力要求高，单靠市场解决不了问题，因此政府要积极转变职能，优化服务，引导支持建立产业技术创新综合服务平台，为企业信息、金融、知识产权、财务、法律、培训等新型技术创新专业服务。

2. 围绕高端装备组建协同创新中心

协同创新中心是近几年涌现的产学研合作新模式，对于提高协作紧密度具有良好效果。目前，辽宁已经成立以大连理工大学牵头、其他高校和企业为成员的"辽宁重大装备制造协同创新中心"，依托沈阳航空航天大学组建了"先进航空装备设计与制造协同创新中心"。东北高端装备领域研发创新资源丰富，但这些创新资源分属不同部门，研发活动各自为战，研究领域低水平、低强度重复，迫切需要资源整合。应围绕高端装备制造业重点发展领域和行业特点，继续组建若干协同创新中心，如"数控机床协同创新中心""机器人及自动化装备协同创新中心""海洋工程装备协同创新中心""轨道交通装备协同创新中心"等。

(四) 建设成果转化体系，畅通科技与产业融通渠道

相对于科技生产体系，东北的科技成果转化体系更为薄弱，吸引外部高端科技成果少。以辽宁为例，中科院在辽宁五个研究机构的成果，省内转化比例为14%，成果转化企业新增销售收入在本省的比例为10%，无论是成果转化率还是成果转化效益都远低于省外。

第十章 体系再造：东北老工业基地制造业现代产业体系构建

应尽快制定出台高校、科研院所科技成果转化的实施细则，明确如下政策：第一，将科技成果转化取得利税额度作为专业技术职务任职资格评审的重要依据。第二，简化、下放校所科技成果处置及审批权限，赋予科研机构自主处置权，由原来的主管部门审批制改为交易备案制。科技成果转化由市场定价，公开交易。第三，明确科技成果转化收益和科技服务个人收益比例，包括明确成果完成人创办企业享有的股权收益比例，明确科技成果转让收益比例，明确与企业横向研发课题中科研人员个人劳务费的获取比例。第四，解决校所人员创办科技企业或以科技成果入股企业的政策界定，明确哪些人员、什么职级的教师和科研人员能够以科技成果、知识产权等离岗创办企业，或以技术入股企业。第五，加大鼓励科技成果转化的财政支持力度，设立科技成果转化专项经费，引导企业与校所共同开展科技成果转化。第六，促进校所科研与企业需求有效对接，科研管理部门在立项中要注意吸纳企业意见，采取纵向课题和横向课题相结合的方式，鼓励科研人员深入企业，面向市场、面向经济建设主战场，开展科技创新课题研究。

（五）发展科技金融与服务，为产业发展提供多元化支撑

高端装备制造业的发展除了依靠中央企业、地方国企等龙头企业的引领外，还需要大批具备较强科技创新能力的民企、科技型中小企业共同参与。必须大力发展多种类型的科技服务业和多元化的投融资体系，以适应各类企业的创新需求。

1. 积极推进科技服务业快速发展

2014年，国务院常务会议部署加快发展科技服务业的5项举措；北京、浙江、四川、青岛四省市成为首批科技服务业创新发展试点。科技服务业主要包括科学研究、专业技术服务、技术推广、科技信息交流、科技培训、技术咨询、技术孵化、技术市场、知识产权服务、科技评估和科技鉴证等活动。东北地区尤其

要加快科技服务业发展，依靠市场机制解决技术成果和市场需求的对接问题。

2. 促进装备制造和金融业的融合

（1）大力发展融资租赁业务。国际成熟市场的经验表明，作为设备供应方和技术掌握者的装备制造企业，对融资租赁市场起着重要推动作用，直接贡献了50%以上的融资租赁业务。融资租赁是装备制造企业进行服务转型和全球竞争的必备基础设施，也是其提高定价能力、加快资金周转和保护信用评级的有效金融工具。中央加大了对东北地区的金融政策支持力度，特别提出"允许符合条件的重点装备制造企业设立金融租赁公司开展金融租赁业务"，要以此为契机，加快发展适合东北高端装备制造业的金融服务业。

（2）建立科技产业发展银行或中小企业创新银行，采取税款返还担保、股票股权抵押、保单抵押、债券抵押和其他权益抵押等多种贷款形式，发放各种低风险的创新贷款，解决企业创新过程中出现的资金难题。

（3）进一步优化融资环境，健全多元化、多层次资本市场，以科技信贷和科技保险为核心，聚集各种创业投资和风险资金，形成以政府为引导、企业为主导、金融机构为支撑、社会投入为辅助的科技创新投融资体系。

（4）提高政府对R&D的支持力度，建立与经济增长相匹配的财政科技投入机制，建立和完善科技发展基金、风险投资基金、重大产业技术攻关基金、技术创新和孵化基金等政策性基金。

（5）积极扶持中小企业利用多种渠道融资，鼓励和帮助其在中小企业板、创业板上市融资，支持中小企业发行企业债券、公司债券、短期融资融券、中期票据、集合债券、集合票据等。

第十章　体系再造：东北老工业基地制造业现代产业体系构建

（六）加强政策协调与体制机制保障

高端装备制造业创新涉及跨领域的基础科学和应用技术的集成，需要各类政策的扶持，需要跨部门甚至跨区域的协调合作。对高端装备制造业的支持要突破针对一点、一个环节的做法，构建跨部门、多层次的协调机制，形成政策互补、合力推动的强大效应。

1. 形成鼓励原始创新的政策合力

基础研究虽然不能取得短期效果，但对一个地区的发展却具有长期红利。对基础研究的重视将吸引大批高端人才，这些人才具有巨大的外溢效应。航空制造业本来并不发达的上海、天津近年来在航空产业上发展迅速，与这些地区及周围科研基础雄厚和容易吸引人才有直接关系。因此，应加强对基础研究和基础设施技术发展的支持，提高原始创新能力。积极调整财政科技支出结构，加大对基础研究投入强度。加大对重点院校、重点科研机构以及国家级和省级重点实验室等参与基础研究机构的经费投入。加大力度建设一批重大基础设施和重大科学工程，形成合理的建设、运行和科研投入机制。加强基础研究人才队伍建设，形成基础研究人才梯次队伍培育体系。引导行业龙头骨干企业开展基础研究，支持企业建设重点实验室、院士工作站、扩大博士后科研工作站等基础研究载体；利用产业联盟的形式吸引更多企业参与国家各种基础研究计划和项目。

2. 构建多层次的政策整合机制

在开放式环境下，高端装备制造业创新体系从纵向上跨越了国家、区域、省、市多个不同等级。国家层面主要是进行宏观规划和政策指导，制定创新战略，运用国家项目计划对重大项目和重点区域进行资源支持。区域层面，要在相关领域加强跨省的合作，根据各自的优势，分工协作，避免重复竞争。东北地区应围绕高端装备制造业重大创新上加强合作，统一制定和组织实施跨省的创新总体方案和规划,协调解决跨地区、跨议题的重大区域创新政策问题。在省级层面,东北各省要发展出符合各省省情的差别化创新政策和治理工具,实现既协同合作又错位竞争的优良态势。

3. 完善区域科技创新协调机制

为加强东北地区各省、各市之间以及东北与外省市的协调,建议通过联席会议等形式,加强有关部门、装备制造业集聚区、产业代表之间的沟通、互动与合作。通过这种协调机制,发挥区域主体在地方合作决策和沟通中的作用,确立跨行政区域的重大科技合作事项,解决区域科技合作中的重大问题。打破区域内部行政壁垒和体制障碍,基本实现不同区域的科技政策对接、衔接和配套,避免因重复、冲突造成的科技资源浪费。加强区域间在创新政策的制定、执行和监督各环节的磋商对话与协调行动,促进合作从事务性、局部性、阶段性向政策性、整体性、制度性转变,最终实现科技资源优化配置。

参考文献

中文文献

1. 念沛豪、邵立国:《我国制造业发展水平评价与分区研究》,载于《工业经济论坛》2018 年第 3 期。

2. 吴传清、申雨琦:《长江经济带装备制造业发展水平评价研究》,载于《徐州工程学院学报》(社会科学版)2018 年第 1 期。

3. 杨明海、张红霞、孙亚男、李倩倩:《中国八大综合经济区科技创新能力的区域差距及其影响因素研究》,载于《数量经济技术经济研究》2018 年第 4 期。

4. 王换换、李康、李志学:《中国光伏制造业发展水平测算与营销策略研究》,载于《西安石油大学学报》(社会科学版)2018 年第 2 期。

5. 李金华:《中国先进制造业技术效率的测度及政策思考》,载于《中国地质大学学报》(社会科学版)2017 年第 4 期。

6. 毕克新、李妍、付珊娜:《制造业产业升级对低碳技术突破性创新的影响:基于制造业发展水平的中介作用研究》,载于《科技管理研究》2017 年第 23 期。

7. 赵玉林、汪美辰:《产业融合、产业集聚与区域产业竞争优势提升——基于湖北省先进制造业产业数据的实证分析》,载于《科技进步与对策》2016 年第 3 期。

8. 王姣娥、杜德林:《东北振兴以来地区经济发展水平演化及空间分异模式》,载于《地理科学》2016 年第 9 期。

9. 杨浩昌、武翠、王佳玮、余菜花:《江苏制造业发展水平预测及影响因素分析——基于灰色系统理论》，载于《阅江学刊》2015 年第 2 期。

10. 唐晓华、李绍东：《中国装备制造业与经济增长实证研究》，载于《中国工业经济》2010 年第 12 期。

11. 杨浩昌、李廉水、刘军：《中国制造业低碳经济发展水平及其行业差异——基于熵权的灰色关联投影法综合评价研究》，载于《世界经济与政治论坛》2014 年第 2 期。

12. 和军：《装备制造业发展水平评价与比较研究综述》，载于《经济学动态》2012 年第 8 期。

13. 张丹宁、唐晓华：《中国装备制造业"先进性"发展水平研究——基于系统评价模型的实证分析》，载于《产业经济评论》2011 年第 1 期。

14. 张同斌、范庆泉：《中国高新技术产业区域发展水平的梯度变迁与影响因素》，载于《数量经济技术经济研究》2010 年第 11 期。

15. 冉斌、陈明：《区域分异对中国服务业与制造业发展水平影响的比较》，载于《社会科学战线》2010 年第 9 期。

16. 赵阳华：《培育高端装备制造产业的对策研究》，载于《中国经贸导刊》2011 年第 13 期。

17. 张燕：《离"世界爱上中国造"还有多远?》，载于《宁波经济》（财经观点）2016 年第 9 期。

18. 李嵩：《论道"自主创新"——第二届中国制造高峰论坛在北京举行》，载于《制冷与空调》2016 年第 7 期。

19. 《国务院关于近期支持东北振兴若干重大政策举措的意见》，中国政府网，2014 年 8 月 19 日。

20. 紫叶：《推动"三个转变"》，载于《上海质量》2014 年第 5 期。

21. 涂兴佩：《抓住科技腾飞的关键》，载于《中国科技奖励》2016 年第 7 期。

22. 柳百成：《提升工业基础创新能力——2016 国家制造强国建设专家论坛·精彩演讲》，载于《中国工业报》2016 年 9 月 13 日。

23. 胡立彪：《为"中国制造"的成长点赞》，载于《中国质量报》2016 年 8 月 4 日。

24. 王国平：《李克强的王牌计划：中国制造 2025》，凤凰网，2015 年 3 月 11 日。

25. 李善风、蔡攸敏、王今朝：《新时代混合所有制改革的目标推进速度与模式探索——基于契约视角和中外历史及现实经验的思考》，载于《西部论坛》2019 年第 6 期。

26. 逯东、黄丹、杨丹：《国有企业非实际控制人的董事会权力与并购效率》，载于《管理世界》2019 年第 6 期。

27. 唐克敏：《混合所有制改革面临的主要难题与对策》，载于《经济问题》2015 年第 6 期。

28. 田丹：《社会主义市场经济是对马克思主义经济理论的重大发展》，载于《环球市场信息导报（理论）》2014 年第 5 期。

29. 刘伟：《发展混合所有制经济是建设社会主义市场经济的根本性制度创新》，载于《经济理论与经济管理》2015 年第 1 期。

30. 贾淑军：《如何理解混合所有制经济是基本经济制度的重要实现形式》，载于《河北日报》2013 年 12 月 18 日。

31. 常修泽：《社会主义市场经济体制的基础：混合所有制经济》，载于《理论导报》2014 年 7 月 20 日。

32. 张冰石、马忠、夏子航：《国有企业混合所有制改革理论研究》，载于《经济体制改革》2017 年第 6 期。

33. 曾宪奎：《国有企业的双重特性与混合所有制改革》，载于《红旗》2015 年第 24 期。

34. 韩亮亮、段成钢：《地方国有企业混合所有制改革阶段的划分及应用》，载于《党政干部学刊》2016 年第 12 期。

35. 严小章：《12 剂"猛药"、10 条"军规"瑞安提升营商环境放大招》，载于《瑞安日报》2018年3月12日。

36. 乔雪峰：《三大航企完成改制 中央企业全面步入公司制时代》，人民网，2018年1月4日。

37. 郭宏颖、张弛：《辽宁将开展国企混合所有制改革试点，放开股权比例，支持集团层面混改》，载于《沈阳日报》2018年1月29日。

38. 张金英、石美遐：《约束型低碳经济政策手段就业效应的地区差异——基于地区 CO_2 结构偏离度的面板数据分析》，载于《经济评论》2013年第3期。

39. 周银香：《交通碳排放与行业经济增长脱钩及耦合关系研究——基于Tapio脱钩模型和协整理论》，载于《经济问题探索》2016年第6期。

40. 贾立江、范德成、武艳君：《低碳经济背景下我国产业结构调整研究》，载于《经济问题探索》2013年第2期。

41. 顾阿伦、何崇恺、吕志强：《基于LMDI方法分析中国产业结构变动对碳排放的影响》，载于《资源科学》2016年第10期。

42. 洪兴建：《中国地区差距、极化与流动性》，载于《经济研究》2010年第12期。

43. 关爱萍、张宇：《中国制造业产业集聚度的演进态势：1993～2012——基于修正的E-G指数》，载于《产经评论》2015年第4期。

44. 徐常萍：《环境规制对制造业产业结构升级的影响及机制研究》，东南大学，2016年。

45. 袁纯清：《共生理论——兼论小型经济》，经济科学出版社1998年版。

46. 郭朝先：《产业结构变动对中国碳排放的影响》，载于《中国人口·资源与环境》2012年第7期。

47. 朱永彬、刘昌新、王铮、史雅娟：《我国产业结构演变趋势及其减排潜力分析》，载于《中国软科学》2013年第2期。

48. 唐晓华、刘相锋：《能源强度与中国制造业产业结构优化实证》，载于《中国人口·资源与环境》2016年第10期。

49. 刘明、赵彦云：《中国制造业产业结构空间关系与实证》，载于《经济理论与经济管理》2017年第3期。

50. 国家发展和改革委员会应对气候变化司：《中国温室气体清单研究》，中国环境出版社2014年版。

51. 袁志刚、高虹：《中国城市制造业就业对服务业就业的乘数效应》，载于《经济研究》2015年第7期。

52. 顾乃华、毕斗斗、任旺兵：《生产性服务业与制造业互动发展：文献综述》，载于《经济学家》2006年第6期。

53. 江小涓、李辉：《服务业与中国经济：相关性和加快增长的潜力》，载于《经济研究》2004年第1期。

54. 程大中：《中国生产性服务业的水平、结构及影响——基于投入—产出法的国际比较研究》，载于《经济研究》2008年第1期。

55. 李廉水、杨浩昌、刘军：《我国区域制造业综合发展能力评价研究——基于东、中、西部制造业的实证分析》，载于《中国软科学》2014年第2期。

56. 杨珂玲、蒋杭、张志刚：《基于TOPSIS法的我国现代服务业发展潜力评价研究载》，载于《软科学》2014年第3期。

57. 洪兴建：《中国地区差距、极化与流动性》，载于《经济研究》2010年第12期。

58. 张勇、蒲勇健、陈立泰：《城镇化与服务业集聚——基于系统耦合互动的观点》，载于《中国工业经济》2013年第6期。

59. 张樨樨、张鹏飞、徐子轶：《海洋产业集聚与海洋科技人才集聚协同发展研究——基于耦合模型构建》，载于《山东大学学报》（哲学社会科学版）2014年第6期。

60. 唐晓华、张欣钰、李阳：《制造业与生产性服务业协同发展对制造效率影响的差异性研究》，载于《数量经济技术经济研究》2018 年第 3 期。

61. 刘利超：《生产性服务业与制造业协同发展机理和特征分析——以辽宁为例》，载于《辽宁工业大学学报》（社会科学版）2018 年第 1 期。

62. 席强敏、罗心然：《京津冀生产性服务业与制造业协同发展特征与对策研究》，载于《河北学刊》2017 年第 1 期。

63. 李宁、韦颜秋：《天津市生产性服务业与制造业协同发展研究》，载于《地域研究与开发》2016 年第 6 期。

64. 唐晓华、张欣钰、李阳：《中国制造业与生产性服务业动态协调发展实证研究》，载于《经济研究》2018 年第 3 期。

65. 陈超凡、韩晶、毛渊龙：《环境规制、行业异质性与中国工业绿色增长——基于全要素生产率视角的非线性检验》，载于《山西财经大学学报》2018 年第 3 期。

66. 陈琛：《智慧发展助力产业集群转型升级》，载于《电气时代》2017 年第 5 期。

67. 陈嘉豪、张旭尧、徐达宇：《产业集群及相关概念辨析》，载于《中国商论》2018 年第 1 期。

68. 陈伟、周文、郎益夫：《集聚结构、中介性与集群创新网络抗风险能力研究——以东北新能源汽车产业集群为例》，载于《管理评论》2015 年第 10 期。

69. 陈小勇：《产业集群的虚拟转型》，载于《中国工业经济》2017 年第 12 期。

70. 陈旭、赵芮：《政府在产业集群技术创新中的作用机理分析》，载于《中共四川省委党校学报》2017 年第 4 期。

71. 陈阳、唐晓华：《制造业集聚对城市绿色全要素生产率的溢出效应研究——基于城市等级视角》，载于《财贸研究》2018 年第 1 期。

72. 陈阳：《东北地区制造业空间集聚时空特征研究》，载于《区域经济评论》2017 年第 3 期。

73. 陈阳：《制造业与生产性服务业的协同集聚时空演变——基于东北三省地级市数据》，载于《区域经济评论》2018年第3期。

74. 程进文、杨利宏：《空间关联、劳动集聚与工资分布》，载于《世界经济》2018年第2期。

75. 寸晓宏、巩福培：《高新技术产业高端化与产业集群升级》，载于《学术探索》2017年第11期。

76. 范育鹏、乔琦、方琳：《产业生态系统新型定量研究方法综述》，载于《生态学报》2017年第13期。

77. 方慧、魏文菁、尚雅楠：《英国文化产业集群创新机制研究》，载于《世界经济研究》2014年第1期。

78. 方忠权、方锦鹏、张颖、宋欣迪、张婧瑜：《会展产业集群的识别——以北京国际展览中心集聚区为例》，载于《华南师范大学学报》（自然科学版）2017年第1期。

79. 冈田英幸、多和田真、足立正博：《日本东海地区的产业集群》，载于《南方经济》2011年第7期。

80. 高友才、汤凯：《临空经济与供给侧结构性改革——作用机理和改革指向》，载于《经济管理》2017年第10期。

81. 葛东霞、高长春：《创意产业集群价值网络模块化研究》，载于《海南大学学报》（人文社会科学版）2017年第6期。

82. 贺灿飞、潘峰华：《中国城市产业增长研究：基于动态外部性与经济转型视角》，载于《地理研究》2009年第3期。

83. 赫连志巍、邢建军：《创新网络成果传递能力与产业集群升级》，载于《企业经济》2017年第10期。

84. 侯雪、康萌越、侯彦：《中国制造2025背景下产业园区的分类与发展模式》，载于《开发研究》2017年第6期。

85. 胡志强、苗健铭、苗长虹：《中国地市工业集聚与污染排放的空间特征及计量检验》，载于《地理科学》2018年第1期。

86. 黄群慧：《论新时期中国实体经济的发展》，载于《中国工业经济》2017年第9期。

87. 姜仁良：《会展产业集群的产业链属性及创新驱动力》，载于《商业经济研究》2016年第1期。

88. 焦翠红、陈钰：《R&D资源配置、空间关联与区域全要素生产率提升》，载于《科学学研究》2018年第1期。

89. 李健、李澎：《东北三省城市生产效率及其影响因素分析——基于三要素投入随机前沿分析方法研究》，载于《经济经纬》2018年第1期。

90. 李汝资、刘耀彬：《1978年以来中国省际全要素生产率时空演变特征研究》，载于《华东经济管理》2016年第7期。

91. 李延军、史笑迎、李海月：《京津冀区域金融集聚对经济增长的空间溢出效应研究》，载于《经济与管理》2018年第1期。

92. 林柯、吕想科：《路径依赖、锁定效应与产业集群发展的风险——以美国底特律汽车产业集群为例》，载于《区域经济评论》2015年第1期。

93. 刘晨、葛顺奇、罗伟：《FDI、异质性劳动力市场与城市工资提升》，载于《国际贸易问题》2018年第1期。

94. 娄本宁：《郑州临空产业集群发展现状及路径选择》，载于《当代经济》2017年第16期。

95. 吕国庆、曾刚、马双、刘刚：《产业集群创新网络的演化分析——以东营市石油装备制造业为例》，载于《科学学研究》2014年第9期。

96. 孟亮：《辽宁葫芦岛泳装行业首创"产业集群海外仓"的效应及经验做法》，载于《对外经贸实务》2017年第7期。

97. 孟祥宁、张林：《中国装备制造业绿色全要素生产率增长的演化轨迹及动力》，载于《经济与管理研究》2018年第1期。

98. 潘登、蒋丽丽：《城市空间理论视角下文化创意产业集群提升城市品牌路径研究》，载于《当代经济》2017年第21期。

99. 任家华：《浙江块状经济的生态转型与升级策略分析——基于商业生态系统视角》，载于《科技管理研究》2010年第22期。

100. 沉钩：《中国高铁创多个世界第一》，载于《交通与运输》2007年第33期。

101. 加里·杰里菲：《全球价值链和国际发展：理论框架、研究发现和政策分析》，上海人民出版社2018年版。

102. 蒋国俊、蒋明新：《产业链理论及其稳定机制研究》，载于《重庆大学学报》（社会科学版）2004年第10期。

103. 蒋瑜洁：《中国企业跨国并购后的整合模式——以吉利集团并购沃尔沃汽车为例》，载于《经济与管理》2017年第38期。

104. 李良成、陈明凤：《基于技术寻求型跨国并购整合研究——以上汽并购罗孚为例》，载于《企业经济》2012年第6期。

105. 李中：《京东方崛起对我国制造强国建设的启示》，载于《求实》2016年第6期。

106. 李自杰、梁屿汀、李卓璠：《跨国并购中的知识转移——沈阳机床并购德国希斯的案例研究》，载于《国际商务》（对外经济贸易大学学报）2014年第1期。

107. 梁建：《百年美国企业并购简析》，载于《清华金融评论》2016年第3期。

108. 刘鲲：《我国工业机器人的产业链分析》，载于《工程技术：全文版》2016年第9期。

109. 刘烈宏、陈治亚：《产业链演进的动力机制及影响因素》，载于《世界经济与政治论坛》2016年第1期。

110. 刘烈宏、陈治亚：《电子信息产业链竞争力构成要素分析》，载于《电子技术应用》2015年第2期。

111. 路风：《光变》，当代中国出版社2016年版。

112. 迈克尔·波特：《国家竞争优势》，中信出版社2007年版。

113. 穆俊杰：《对东北老工业基地再振兴的创新性思考》，载于《现代交际》2016年第1期。

114. 庞强：《中国工业机器人产业链发展研究》，西南财经大学，2016年。

115. 芮明杰、刘明宇：《产业链整合理论述评》，载于《产业经济研究》2006年第3期。

116. 邵昶：《产业链形成机制研究》，中南大学，2005年。

117. 邵萌：《H半导体公司价值链分析与优化》，北京理工大学，2016年。

118. 宋慧欣：《美的收购库卡的隐含意义》，载于《自动化博览》2016年第9期。

119. 唐晓华、张丹宁：《东北老工业基地振兴中的相关理论前沿问题——"2008东北三省博士生学术论坛"观点综述》，载于《辽宁大学学报》（哲学社会科学版）2008年第6期。

120. 斐瑱、彭飞：《文化距离与中国海外并购绩效：基于跨国并购经验的实证研究》，载于《经济经纬》2019年第6期。

121. 王林慧：《美的收购德国库卡的案例分析》，载于《财讯》2017年第10期。

122. 魏少军：《2017年中国集成电路产业现状分析》，载于《集成电路应用》2017年第4期。

123. 陈岩、郭文博：《跨国并购提高了中国企业的竞争优势吗？——基于区域性与非区域性企业特定优势的检验》，载于《外国经济与管理》2019年第4期。

124. 谢思：《东北老工业基地振兴的问题与对策》，载于《经贸实践》2016年第8期。

125. 杨金亮：《从代工到标杆，品质是领跑行业的秘诀——对话辽宁三三工业有限公司研究设计院院长刘双仲》，载于《世界轨道交通》2016年第9期。

126. 杨锐：《产业链竞争力理论研究》，复旦大学，2012年。

127. 姚之驹、陈丹、赵军平：《我国工业机器人须完善产业链体系》，载于《中国战略新兴产业》2014年第22期。

128. 叶前：《国产机器人核心技术亟待追赶》，载于《江苏企业管理》2017年第6期。

129. 于燮康：《中国集成电路产业链的现状分析》，载于《集成电路应用》2017 年第 9 期。

130. 张可云：《东北老工业基地振兴的难点与重构新思路》，载于《中国发展观察》2016 年第 2 期。

131. 张铁男、罗晓梅：《产业链分析及其战略环节的确定研究》，载于《工业技术经济》2005 年第 6 期。

132. 甄文庆：《增强产业集中度打造产业链竞争优势》，载于《机械设计与制造工程》2010 年第 20 期。

133. 周永亮：《价值链重构——突破企业成长的关口》，机械工业出版社 2016 年版。

134. 陈煜明、杨锐：《产业链竞争优势的内涵与源泉——治理视角》，载于《改革与战略》2014 年第 7 期。

135. 杜龙政、汪延明、李石：《产业链治理架构及其基本模式研究》，载于《中国工业经济》2010 年第 3 期。

136. 习近平：《"共同创造亚洲和世界的美好未来——在博鳌亚洲论坛 2013 年年会上的主旨演讲"》，新华网，2013 年 4 月 7 日。

137. 卢锋、李昕、李双双、姜志霄、张杰平、杨业伟：《为什么是中国？——"一带一路"的经济逻辑》，载于《国际经济评论》2017 年第 2 期。

138. 毕德利：《述说"一带一路"中蒙俄经济圈助力东北发展振兴》，光明网—经济频道，2017 年 6 月 19 日。

139. 潘宏：《东北老工业基地对外开放竞争力研究》，辽宁大学，2016 年。

140. 崔国玺：《沈阳 i5：打造"中国制造"升级新范本》，载于《中国经济导报》2016 年 5 月 4 日。

141. 戴青兰：《"一带一路"背景下沿海沿边地区发展策略研究》，载于《泉州师范学院学报》2017 年第 10 期。

142. 王志华：《"一带一路"法律图谱分析》，载于《兖州大学学报》（人文社会科学版）2018 年第 2 期。

143. 石源华：《"一带一路"与"中国梦"路线图的同步融合》，载于《世界知识》2018 年第 1 期。

144. 夏荣静：《全面提升"一带一路"战略的探讨综述》，载于《经济研究参考》2015 年第 7 期。

145. 袁晓江：《"一带一路"经济体的差异性和互补性》，载于《中国经济特区研究》2017 年第 1 期。

146. 宋晓巍：《东北三省外贸结构及其优化问题研究》，东北师范大学，2011 年。

147. 于欣：《经济危机背景下沈阳机床对中南美洲出口问题研究》，沈阳理工大学硕士论文，2014 年 6 月。

148. 曹朝晖：《经济全球化背景下河北省推进企业国际化问题研究》，河北大学，2017 年。

149. 张祥：《我国企业国际化经营及其绩效研究》，西南财经大学，2013 年。

150. 刘红：《经济全球化将呈现六个发展趋势》，载于《金融时报》2017 年 7 月 5 日。

151. 吴先明、高厚宾、邵福泽：《当后发企业接近技术创新的前沿：国际化的"跳板作用"》，载于《管理评论》2018 年第 6 期。

152. 汪涛、贾煜、王康、崔楠：《中国企业的国际化战略：基于新兴经济体企业的视角》，载于《中国工业经济》2018 年第 5 期。

153. 吴先明：《企业特定优势、国际化动因与海外并购的股权选择——国有股权的调节作用》，载于《经济管理》2017 年第 12 期。

154. 杨忠、张骁：《企业国际化程度与绩效关系研究》，载于《经济研究》2009 年第 2 期。

155. 王田苗、陶永：《我国工业机器人技术现状与产业化发展战略》，载于《机械工程学报》2014年第9期。

156. 梁文莉：《快速增长的中国机器人市场——2012中国工业机器人市场统计数据》，载于《机器人技术与应用》2014年第3期。

157. 顾震宇：《全球工业机器人产业现状与趋势》，载于《机电一体化》2006年第2期。

158. 张杨：《国内工业机器人市场及发展趋势》，载于《大众科技》2006年第6期。

159. 李瑞峰：《中国工业机器人产业化发展战略》，载于《航空制造技术》2010年第9期。

160. 廉立静：《工业机器人在汽车制造业的重要作用》，载于《现代零部件》2009年第2期。

161. 赵臣、王刚：《我国工业机器人产业发展的现状调研报告》，载于《机器人技术与应用》2009年第2期。

162. 毕胜：《国内外工业机器人的发展现状》，载于《机械工程师》2008年第7期。

163. 陈爱珍：《日本工业机器人的发展历史及现状》，载于《机械工程师》2008年第7期。

164. 李景海：《智能制造转型的产业政策选择》，载于《财经科学》2019年第3期。

165. 李京文、韩行：《基于系统动力学的工业机器人产业发展路径研究》，载于《东北大学学报（社会科学版）》2019年第2期。

166. 王伟：《数说2014年中国工业机器人》，载于《机器人技术与应用》2014年第4期。

167. 梁文莉：《中国工业机器人数据统计》，载于《机器人技术与应用》2015年第2期。

168. 马岚：《中国会出现机器人对人工的规模替代吗？——基于日韩经验的实证研究》，载于《世界经济研究》2015年第

10 期。

169. 鲁棒：《全球机器人市场统计数据分析》，载于《机器人技术与应用》2013 年第 1 期。

170. 杨瑞雄：《中国工业机器人产业的发展与趋势研究》，载于《经营管理者》2013 年第 17 期。

171. 鲁棒：《全球机器人市场统计数据分析》，载于《机器人技术与应用》2012 年第 1 期。

172. 卢月品：《解读〈中国机器人产业发展白皮书（2016 版）〉》，载于《机器人产业》2016 年第 3 期。

173. 王仁曾：《产业国际竞争力决定因素的实证研究——进展、困难、模型及对中国制造业截面数据的估计与检验》，载于《统计研究》2002 年第 4 期。

174. 钟昌标：《国内区际分工和贸易与国际竞争力》，载于《中国社会科学》2002 年第 1 期。

175. 彭丽红：《基于国际竞争力指数的"一带一路"沿线国家分类及合作共建原则》，载于《经济纵横》2018 年第 10 期。

176. 金碚：《产业国际竞争力研究》，载于《经济研究》1996 年第 11 期。

177. 任若恩：《关于中国制造业国际竞争力的初步研究》，载于《中国软科学》1996 年第 9 期。

178. 金碚、李钢、陈志：《加入 WTO 以来中国制造业国际竞争力的实证分析》，载于《中国工业经济》2006 年第 10 期。

179. 王勤：《当代国际竞争力理论与评价体系综述》，载于《国外社会科学》2006 年第 6 期。

180. 刘林青、谭力文：《产业国际竞争力的二维评价——全球价值链背景下的思考》，载于《中国工业经济》2006 年第 12 期。

181. 张小蒂、孙景蔚：《基于垂直专业化分工的中国产业国际竞争力分析》，载于《世界经济》2006 年第 5 期。

182. 李怀政：《我国服务贸易国际竞争力现状及国家竞争优

势战略》，载于《国际贸易问题》2003年第2期。

183. 保永文、马颖：《中国制造业技术创新与产业国际竞争力》，载于《云南财经大学学报》2018年第8期。

184. 蓝庆新、王述英：《论中国产业国际竞争力的现状与提高对策》，载于《经济评论》2003年第1期。

185. 谭小芬：《中国服务贸易竞争力的国际比较》，载于《经济评论》2003年第2期。

186. 贺正楚、曹德、吴艳：《中国制造业发展质量与国际竞争力的互动路径》，载于《当代财经》2018年第11期。

187. 万绪才、李刚、张安：《区域旅游业国际竞争力定量评价理论与实践研究——江苏省各地市实例分析》，载于《经济地理》2001年第3期。

188. 史清琪、张于喆：《国外产业国际竞争力评价理论与方法》，载于《宏观经济研究》2001年第2期。

189. 国家计委宏观经济研究院产业发展研究所课题组：《我国产业国际竞争力评价理论与方法研究》，载于《宏观经济研究》2001年第7期。

190. 张金昌：《用出口数据评价国际竞争力的方法研究》，载于《经济管理》2001年第20期。

191. 任若恩：《关于中国制造业国际竞争力的进一步研究》，载于《经济研究》1998年第2期。

192. 赵彦云、李静萍：《当代国际竞争力理论及其应用》，载于《中国人民大学学报》1996年第5期。

193. 邹薇：《关于中国国际竞争力的实证测度与理论研究》，载于《经济评论》1999年第5期。

194. 黎洁、赵西萍：《论国际旅游竞争力及其阶段性演进》，载于《社会科学家》1999年第5期。

195. 孙少勤、邱璐：《全球价值链视角下中国装备制造业国际竞争力的测度及其影响因素研究》，载于《东南大学学报（哲学社会科学版)》2018年第1期。

196. 俞乔：《购买力平价、实际汇率与国际竞争力——关于测算我国加权实际汇率指数的理论方法》，载于《金融研究》2000年第1期。

197. 赵彦云、汪涛：《金融体系国际竞争力理论及应用研究》，载于《金融研究》2000年第8期。

198. 穆荣平：《高技术产业国际竞争力评价方法初步研究》，载于《科研管理》2000年第1期。

199. 周星、付英：《产业国际竞争力评价指标体系探究》，载于《科研管理》2000年第3期。

200. 和军、张依：《改革开放以来东北地区工业竞争力演变原因及提升路径》，载于《中国特色社会主义研究》2018年第5期。

201. 陈立敏、谭力文：《评价中国制造业国际竞争力的实证方法研究——兼与波特指标及产业分类法比较》，载于《中国工业经济》2004年第5期。

202. 郑吉昌、夏晴：《服务贸易国际竞争力的相关因素探讨》，载于《国际贸易问题》2004年第2期。

203. 傅京燕、李丽莎：《环境规制、要素禀赋与产业国际竞争力的实证研究——基于中国制造业的面板数据》，载于《管理世界》2010年第10期。

204. 殷凤、陈宪：《国际服务贸易影响因素与我国服务贸易国际竞争力研究》，载于《国际贸易问题》2009年第2期。

205. [挪]詹·法格博格、[美]戴维·莫利、[美]理查德·纳尔逊：《牛津创新手册》，柳卸林等译，知识产权出版社2009年版。

206. 李冬琴、廖中举、程华：《行业R&D投入与产出绩效的非线性关系研究——基于创新产业分类的视角》，载于《工业技术经济》2013年第10期。

207. 李政、于凡修：《东北地区实现创新驱动发展的动力机制与基本路径》，载于《社会科学辑刊》2017 年第 1 期。

208. 李政：《当前东北地区经济增长问题成因与创新转型对策》，载于《经济纵横》2015 年第 7 期。

209. 李占芳、许静：《不同所有制企业的创新差异研究》，载于《改革与战略》2015 年第 3 期。

210. 李志强、刘经东：《技术变革视角的产业部门分类——Pavitt 产业部门分类法评述及启示》，载于《济南大学学报》（社会科学版）2014 年第 4 期。

211. 刘依杭：《新时代构建我国现代农业产业体系的若干思考》，载于《中州学刊》2018 年第 5 期。

212. 赵儒煜、陈强、王媛玉：《从产业发展看东北经济复兴的历史必然性与路径选择》，载于《商业研究》2018 年第 5 期。

213. 李桥兴、思慧：《基于知识图谱的现代产业体系研究综述》，载于《科研管理》2019 年第 2 期。

214. 董洪梅：《大庆构建多元产业体系的问题研究》，载于《中国商论》2018 年第 25 期。

215. 芮明杰：《构建现代产业体系的战略思路、目标与路径》，载于《中国工业经济》2018 年第 9 期。

216. 周英楠：《构建现代农业产业体系提升农业竞争力》，载于《山西农经》2018 年第 12 期。

217. 颜廷标：《加快构建创新驱动型现代产业体系》，载于《河北日报》2018 年 6 月 8 日。

218. 白恩来、赵玉林：《战略性新兴产业发展的政策支持机制研究》，载于《科学学研究》2018 年第 3 期。

219. 高柏：《产业政策与竞争政策：从经济社会学的角度看新结构经济学》，载于《上海对外经贸大学学报》2018 年第 3 期。

220. 葛东升、宋磊：《产业政策研究的演化经济学范式：日文文献的贡献》，载于《南方经济》2018 年第 1 期。

221. 郭本海、李军强、张笑腾：《政策协同对政策效力的影响》，载于《科学学研究》2018年第5期。

222. 国务院发展研究中心产业经济研究部"中国制造2025政策体系研究"课题组：《构建"中国制造2025"产业政策体系的顶层思考》，中国智库网，2018年4月16日。

223. 黄群慧、黄阳华、贺俊等：《面向中上等收入阶段的中国工业化战略研究》，载于《中国社会科学》2017年第12期。

224. 贾根良：《演化发展经济学与新结构经济学》，载于《南方经济》2018年第1期。

225. 江飞涛、李晓萍：《产业政策中的市场与政府——从林毅夫与张维迎产业政策之争说起》，载于《财经问题研究》2018年第1期。

226. 李健旋：《美德中制造业创新发展战略重点及政策分析》，载于《中国软科学》2016年第9期。

227. 林毅夫：《产业政策与我国经济发展：新结构经济学视角》，载于《比较》2016年第6期。

228. 邓丽姝：《北京高精尖产业体系建设浅析》，载于《前线》2019年第3期。

229. 马静洲、伍新木：《战略性新兴产业政策的国际对比研究》，载于《河南社会科学》2018年第4期。

230. 瞿宛文：《多层级模式：中国特色的产业政策》，载于《文化纵横》2018年第2期。

231. 宋磊：《追赶型工业战略的比较政治经济学》，北京大学出版社2016年版。

232. 王媛媛：《美国推动先进制造业发展的政策、经验及启示》，载于《亚太经济》2017年第6期。

233. 魏际刚、赵昌文：《高质量发展推动产业政策适时调整》，载于《中国经济时报》2018年5月30日。

234. 许静、李占芳：《辽宁航空制造业开放式创新系统的构建》,载于《辽宁经济》2013年第9期。

235. 张其仔:《第四次工业革命与产业政策的转型》,载于《天津社会科学》2018年第1期。

236. 赵阳华:《美、日、韩推进装备制造业的做法》,载于《中国科技投资》2008年第12期。

外文文献

1. Fisher – Vanden, K., Jefferson, G. H., Liu, H., Tao, Q.. What is Driving China's Decline in Energy Intensity? *Resource & Energy Economics*, Vol. 26, 2004.

2. Wang, P., Wu, W., Zhu, B., Wei, Y.. Examining the Impact Factors of Energy-related CO2 Emissions using the Stirpat model in Guangdong Province, China, *Applied Energy*, Vol. 106, 2013.

3. Jeswiet, J., Kara, S.. Carbon emissions and CESTM in manufacturing, *CIRP Annals – Manufacturing Technology*, Vol. 57, 2008.

4. Deb, K., Pratap, A., Agarwal, S., et al. A Fast and Elitist Multi-objective Genetic Algorithm: NSGA – II, *IEEE Transactions on Evolutionary Computation*, Vol. 6, 2002.

5. Bailly, A. S.. Producer Servicers Researcher in Europe, *Professional Geographer*, Vol. 49, 1999.

6. Bayson, J. R.. Business Service Firms, Service Apace and the Management of Change. *Entrepreneurship and Regional Development*, Vol. 9, 1997.

7. Benhabib, J. and Spiegel, M.. The Role of Human Capital in Economic Development: Evidence from Aggregate Cross – Country Date. *Journal of monetary Economic*, Vol. 34, 1994.

8. Beyers, W. B.. Producer Servicers. *Progress in Human Geography*, Vol. 17, 1993.

9. Browning, H. C. and Singelmann, J.. The Emergence of a Service Society National Technical Information Service. *Springfield Virginia*, 1975.

10. Clark, C., *The Conditions of Economic Progress*. London: Macmillan, 1957.

11. Coffey, W. J.. Producer Services in Canada. *Professional Geograghy*, Vol. 47, 1995.

12. Czarnitzki Dirk, Spielkamp. Business Services in Germany: Bridges for Innovation. *Service Industries Journal*, Vol. 30, 2003.

13. Daniels, P. W.. Producer Services Research in the United Kingdom. *Professional Geographer*, Vol. 47, 1995.

14. Daniels, P. W., Services Industries: A Geographical Appraisal. *London: Methuen*, 1985.

15. Dnniels, P. W.. Some Perspectives on the Geography of Services. *Progress in Human Geography*, Vol. 13, 1989.

16. Fisher, A. G.. Capital and the Growth OJ Knowledge. *Economic Journal*, Vol. 9, 1933.

17. Fisher, A. G.. Production, primary, secondary, and Tertiary. *Economic Record*, Vol. 6, 1939.

18. Frans Van der Zee and Felix Brandes. Manufacturing Futures for Europe – Survey of the Literature.. *Final Report*, Vol. 17, 2007.

19. Francois, J. K.. Producer Services, Scale, and the Division of Labor. *Oxford Economic Papers*, Vol. 42, 1990.

20. Giuseppe Nicoletti. Regulation in Servicers: OECD Patterns and Economic Implications. *OECD Economics Department Working Papers*, Vol. 287, 2001.

21. Geo, W. R.. The Growth of Producer Service Industries: Sorting through the externalization debate. *Growth and Change*, Vol. 22, 1991.

22. Se Hark Park. Intersectional Relationships between Manufacturing and Servicer: New Evidence from Selected Pacific Basin Countries. *ASEAN Economic Bulletin*, Vol. 03, 1999.

23. Selya, R. W.. Taiwan as a Service Economy. *Geoforum*, Vol. 25, 1994.

24. Tschetter John. Producer Servicers Industries: Why are They Growing So Rapidly. *Monthly Labor Review*, Vol. 110, 1987.

25. W. Richard Goe. Factors Associated with the Development of Nonmetropolitan Growth Nodes in Producer Services Industries. *Rural Sociology*, Vol. 67, 2002.

26. Francois, J. , Woerz, J. , Producer Services, Manufacturing Linkages, and Trade. *Social Science Electronic Publishing*, Vol. 8, No. 3 - 4, 2008, pp. 199 - 229.

27. Macpherson, A. , Producer Service Linkages and Industrial Innovation: Results of a Twelve - Year Tracking Study of New York State Manufacturers. Growth & Change, Vol. 39, No. 1, 2010, pp. 1 - 23.

28. Eswaran, M. , Kotwal, A. , The Role of the Service Sector in the Process of Industrialization. *Journal of Development Economics*, Vol. 68, No. 2, 2002, pp. 401 - 420.

29. Restuccia, D. , Yang, D. T. , Zhu, X. , Agriculture and Aggregate Productivity: A Quantitative Cross-country Analysis. *Journal of Monetary Economics*, Vol. 55, No. 2, 2008, pp. 234 - 250.

30. Preissl, B. , The German Service Gap or Re-organizing the Manufacturing-services Puzzle. *Metroeconomica*, Vol. 55, No. 3, 2007, pp. 457 - 478.

31. Francois, J. , Hoekman, B. , Services Trade and Policy. *Journal of Economic Literature*, Vol. 8, No. 3, 2010, pp. 642 - 692.

32. Goe, W. R. , Factors Associated with the Development of Nonmetropolitan Growth Nodes in Producer Services Industries, 1980 – 1990. *Rural Sociology*, Vol. 67, No. 3, 2002, pp. 416 – 441.

33. Eberts, D. , Randall, J. E. , Producer Services, Labor Market Segmentation and Peripheral Regions: The Case of Saskatchewan. *Growth & Change*, Vol. 29, No. 4, 2002, pp. 401 – 422.

34. Kelle, M. , Crossing Industry Borders: German Manufacturers as Services Exporters. *World Economy*, Vol. 26, No. 12, 2012, pp. 1494 – 1515.

35. Valerie, I. , The Penguin Dictionary of Physics. *Beijing Foreign Language Press*, 1996, pp. 92 – 93.

36. Andrew G, Arora R, Bilmes J, Livescu K, Deep canonical correlation analysis. *International Conference on International Conference on Machine Learning*, Vol. 28, No. 3, 2013, pp. 1247 – 1255.

37. Michaeli, T. , Wang, W. , Livescu, K. , Nonparametric canonical correlation analysis. *Computer Science*, Vol. 33, No. 1, 2015, pp. 1 – 13.

38. Cohen, J. P. , Economic Benefits of Investment in Transport Infrastructure. Oecd/itf *Joint Transport Research Centre Discussion Papers*, 2016.

39. Fréret, S. , Maguain, D. . The effects of agglomeration on tax competition: *evidence from a two-regime spatial panel model on French data*: International Tax & Public Finance, 2017, 24 (6): pp. 1 – 41.

40. Higón, D. A. , Máñez, J. A. , Rochinabarrachina, M. E. , et al. The Impact of the Great Recession on TFP Convergence among EU Countries. *Working Papers*, 2017 (5): pp. 1 – 4.

41. Marshall, A. *The Principles of Economics*. London: Macmillan. 1920.

42. Mitra, A. , Nagar, J. P. . City Size, Deprivation and Other

Indicators of Development: Evidence from India. *World Development*, 2018, 106: pp. 273 -283.

43. Qingying Zheng, Boqiang Lin. Impact of Industrial Agglomeration on Energy Efficiency in China's Paper Industry. *Journal of Cleaner Production*, 2018 (184): pp. 1072 -1080.

44. Sarma, J. V. M. , Kamble, P. . Efficiency and Adequacy of Public Health System in Improving Health Outcomes: *A Stochastic Frontier Analysis for Indian States*. 2018.

45. Yoon, S. , Nadvi, K. . Industrial Clusters and Industrial Ecology: Building "Eco-collective Efficiency" in a South Korean Cluster. *Geoforum*, 2018, 90: pp. 159 -173.

46. Zhu, X. , Chen, Y. , Feng, C. . Green Total Factor Productivity of China's Mining and Quarrying Industry: A Global Data Envelopment Analysis. *Resources Policy*, 2018.

47. Andrzej Cieślik, Iryna Gauger, Jan Jakub Michalek. Agglomeration Externalities, Competition and Productivity: Empirical Evidence from Firms Located in Ukraine. *Annals of Regional Science*, 2017 (1): pp. 1 -21.

48. A. Musa, A. Gunasekaran and Y. Yusuf, *Supply Chain Product Visibility: Methods, Systems and Impacts*. Pergamon Press, Inc. 2014.

49. G. Buciuni and L. Mola, How do Entrepreneurial Firms Establish Cross-border Relationships? A Global Value Chain Perspective. *Journal of International Entrepreneurship*, Vol. 12, No. 1, 2014 pp. 67 -84.

50. G. Gereffi and M. Korzeniewicz, *Commodity Chains and Global Capitalism*. London: Praeger, 1994.

51. G. Gereffi, A Global Value Chain Perspective on Industrial Policy and Development in Emerging Markets. *Prepared for the Duke Journal of Comparative and International Law's 2013 symposium*, 2014.

52. J. K. Campos, F. Straube and S. Wutke, Creating Value by Sustainable Manufacturing and Supply Chain Management Practices-a Cross – Country Comparison. *Procedia Manufacturing*, Vol. 8, 2017.

53. J. Humphrey and H. Schmitz, Governance and Upgrading in Global Value Chains. Paper for the Bellagio Value Chain Workshop, *Institute of Development Studies University of Sussex Brighton*, 2000.

54. J. Humphrey and H. Schmitz: How does Insertion in Global Value Chains Affect Upgrading in Industrial Clusters. *Regional Studies*, 2002.

55. K. Nadvi, Globalisation and Poverty: How can Global Value Chain Research Inform the Policy Debate? *Ids Bulletin*, Vol. 35, No. 1, 2010, pp. 20 – 30.

56. M. Yao and S. Minner, Review of Multi – Supplier Inventory Models in Supply Chain Management: An Update. *Social Science Electronic Publishing*, 2017.

57. M. V. Tatikonda and G. N. Stock, Product Technology Transfer in the Upstream Supply Chain. *Journal of Product Innovation Management*, Vol. 20. No. 6, 2010, pp. 444 – 467.

58. P. Antràs and D. Chor, Organizing the Global Value Chain. *Econometrica*, Vol. 81, No. 6, 2013, pp. 2127 – 2204.

59. S ülkü and G M. Schmidt, Matching Product Architecture and Supply Chain Configuration. *Production & Operations Management*, Vol. 20, No. 1, 2011.

60. S. Arndt and H. Kierzkowski (eds), *Fragmentation: New Production Patterns in the World Economy*. Oxford University Press, 2001.

61. S. Gilaninia, The Impact of Supply Chain Management Practices on Competitive Advantage International, *Journal of Economic Policy in Emerging Economies*, 2017.

62. Timothy J. Sturgeon and Gary Gereffi, Measuring Success in the Global Economy: International Trade, Industrial Upgrading, and Business Function Outsourcing in Global Value Chains-in Memory of Sanjaya Lall. *Transnational Corporations*, Vol. 18, No. 12, 2009.

63. Francesco Bogliacino, Mario Pianta, The Pavitt Taxonomy, Revisited: Patterns of Innovation in Manufacturing and Services. *Economia Politica*, Vol. 33, No. 2, 2016, pp. 153 – 180.

64. Alder Simon, Lin Shoo, Maurizio Zilibotti, Economic Reforms and Industrial Policy In A Panel of Chinese Cities. *Journal of Economic Growth*, Vol. 21, No. 2, 2016, pp. 305 – 349.

65. Christor Pitelis and Jochen Runde, Capabilities, Resources, Learning and Innovation: A Blueprint for A Post – Classical Economics and Public Policy. *Journal of Economics*, Vol. 41, No. 3, 2017, pp. 679 – 691.

66. Schrank, A. and Whitford, J. , Industrial Policy in the United States: A Neo – Polanyian Interpretation. *Politics& Society*, Vol. 37, No. 4, 2009, pp. 521 – 553.

67. Wade, R. H. , The Return of Industrial Policy. *International Review of Applied Economics*, Vol. 26, No. 2, 2012, pp. 223 – 240.

后　　记

本书是"辽宁大学先进制造业研究中心"的集体研究成果。由唐晓华教授负责提出总体研究思路，确定研究框架，并组织团队开展研究和撰写工作。本书具体分工如下：导论（唐晓华）、第一章（余建刚）、第二章（李亚杰）、第三章（张欣钰）、第四章（张欣钰、余建刚、景文治）、第五章（陈阳）、第六章（高鹏）、第七章（孙元君）、第八章（景文治）、第九章（李占芳）、第十章（刘蕊），全书由李占芳、余建刚协助唐晓华教授进行稿件的体例编排和修订工作，最后由唐晓华教授审核定稿。

本书的完成，是"辽宁大学先进制造业研究中心"在新一轮东北振兴与制造业转型升级研究方面的一项阶段性成果。在这一成果的研究和撰写过程中，我们借鉴了大量学者的前期成果，在此一并表示感谢。作者希望此项研究能为相关理论与实践探讨提供参考与借鉴。同时，由于作者研究水平有限，书中难免存在疏漏与错误，欢迎读者给予批评指正。我们将以更大的热忱和更多的精力投入到东北振兴的相关研究之中。

唐晓华
2019 年 6 月于沈阳